应用型本科　经济管理类专业系列教材

财务管理理论与应用

主　编　李竞成
副主编　曹雪梅　窦鑫丰　毛胜利
　　　　王玲俊　刘　融

西安电子科技大学出版社

内 容 简 介

本书坚持理论与实践相结合，立足于应用型本科教学的实际需求，以《企业会计准则》和《企业财务通则》为依据，以企业价值最大化为企业财务管理目标，以企业筹资、投资、经营和分配活动为主线，深入浅出地介绍了财务管理的基本理论和方法，将《企业会计准则》《企业财务通则》和财务管理最新理论有机地融入教材之中。全书共分为11章，主要内容包括财务管理的基本理论、筹资管理、投资管理、营运资金管理、利润分配管理、财务预算及财务报表分析等。

本书内容翔实，体系完整，语言精练，实践性强，可作为应用型本科高等院校经济与管理类专业的教材，也可作为企业财务与管理人员的培训和自学教材。

为了方便教学，本书配有练习题参考答案，需要者可扫描每章章末的二维码获取。

图书在版编目(CIP)数据

财务管理理论与应用/李竟成主编. —西安：西安电子科技大学出版社，2020.9
(2021.5重印)
ISBN 978-7-5606-5750-9

Ⅰ. ①财… Ⅱ. ①李… Ⅲ. ①财务管理—高等学校—教材 Ⅳ. ①F275

中国版本图书馆CIP数据核字(2020)第132121号

策划编辑 高 樱
责任编辑 杜敏娟 马晓娟
出版发行 西安电子科技大学出版社(西安市太白南路2号)
电 话 (029)88242885 88201467 邮 编 710071
网 址 www.xduph.com 电子邮箱 xdupfxb001@163.com
经 销 新华书店
印刷单位 陕西天意印务有限责任公司
版 次 2020年9月第1版 2021年5月第2次印刷
开 本 787毫米×1092毫米 1/16 印张 20
字 数 475千字
印 数 1001～3000册
定 价 49.00元
ISBN 978-7-5606-5750-9/F

XDUP 6052001-2

前　言

财务管理学是高等学校工商管理学科各专业的主干课程，也是各类经济组织管理人员必须具备的基本知识。随着经济国际化进程的加快，我国再次站到了一个历史的新起点上，人才国际化、资本国际化、产业国际化、产品国际化进程将明显加快。这将从根本上改变我国过去的比较优势、要素禀赋以及国际分工地位，也赋予企业财务活动以新的内涵。本书正是适应这一要求而编写的，全书注重财务管理理论与方法的应用，在深度和广度上有一定突破。其主要特点是：

第一，强调财务管理内容体系的完整性。本书按企业资金运动的规律，从筹资活动、投资活动、营运资金活动、分配活动等方面进行系统介绍，并注意循序渐进，组成一个完整的财务管理内容体系，使读者在掌握本书内容后，能比较容易地掌握课程的基本理论和基本方法。

第二，注重理论联系实际，强调方法的可操作性。财务管理是一门应用学科，它以管理学、金融学理论为基础，利用会计信息和数学工具对企业的财务活动进行规划与控制。本书注重可操作性，将大量的理论阐述与案例结合起来，对于重要内容配有实例介绍。

第三，本书体例安排比较新颖，为不同的章设置不同的问题，让读者带着问题阅读。比如，在每章的开头配有教学目标与要求、导入案例；对部分章的难点和重点知识，增加了知识拓展、思考与讨论；在每章的结尾配有本章小结、基本概念、练习题及参考答案，以方便学习与教学。

南京工程学院李竟成担任本书主编，曹雪梅、窦鑫丰、毛胜利、王玲俊、刘融担任副主编。具体分工如下：第一章、第二章由李竟成负责编写；第三章、第七章由刘融负责编写；第四章、第五章由曹雪梅负责编写；第六章、第八章由窦鑫丰负责编写；第九章、第十章由王玲俊负责编写；第十一章由毛胜利负责编写。全书由李竟成统编与审校定稿。本书第九、十章的随书资源(即文件资源包)可到西安电子科技大学出版社的官网上自行下载。本书每章章末以二维码的方式提供了练习题参考答案。

本书的出版得到了西安电子科技大学出版社的大力支持，本书在编写过程中参考了相关文献，在此一并表示诚挚的谢意！

由于编者学识水平有限，书中难免出现不当之处，敬请读者批评指正。

编　者

2020 年 6 月

目　录

第一章　总　　论

教学目标与要求

· 掌握财务管理的基本概念，了解财务管理的内容和环境。
· 掌握财务管理目标的各种观点。
· 了解财务管理的法律、金融和经济环境。
· 了解财务管理的发展历史。
· 了解企业资金运动过程，熟悉资金运动规律。

导入案例

亨利·雷曼为卖牛商人之子，1844年，23岁的他从德国巴伐利亚州移民到美国，定居在亚拉巴马州的蒙哥马利，在那里开了一家名为H. Lehman的干货商店。1847年，因他的弟弟伊曼纽尔·雷曼的到来，商店更名为H. Lehman and Bro。1850年家中最小的弟弟迈尔·雷曼也到此地，商店再次更名为Lehman Brothers(雷曼兄弟公司)。雷曼兄弟公司在成立初期，公司主要从事利润比较丰厚的棉花等商品的贸易，公司性质为家族企业，且规模相对较小，其财务管理目标自然是利润最大化。在雷曼兄弟公司从经营干洗、兼营小件寄存的小店逐渐转型为金融投资公司的同时，公司的性质也从一个家族企业逐渐成长为在美国乃至世界都名声显赫的上市公司。由于公司性质的变化，其财务管理目标也随之由利润最大化转变为股东财富最大化。当雷曼兄弟公司选择股东财富最大化为其财务管理目标之后，公司迅速从一个名不见经传的小店发展成闻名于世界的华尔街金融巨头。1870年雷曼兄弟公司开始转型经营美国当时最有利可图的大宗商品期货交易，其后，公司又开始涉足股票承销、证券交易、金融投资等业务。1899年至1906年的7年间，雷曼兄弟公司从一个金融门外汉成长为纽约当时最有影响力的股票承销商之一，其每一次业务转型都是资本追逐利润的结果。然而，由于公司在过度追求利润的同时忽视了对经营风险的控制，因而为其破产埋下了伏笔。2008年9月15日，拥有158年悠久历史的美国第四大投资银行——雷曼兄弟公司，正式申请破产保护。雷曼兄弟公司破产的原因，从表面上看是美国过度的金融创新和乏力的金融监管所导致的全球性的金融危机，但从实质上看，则是由于公司一味地追求股东财富最大化，而忽视了对经营风险进行有效控制的结果。对担保债务凭证和信用违约互换市场深度参与，而忽视了信用违约互换市场的巨大风险，是雷曼兄弟公司破产的直接原因。

【思考与讨论】　本案例对财务管理有何启示?

第一节 财务管理的概念

一、财务管理的含义

在汉语中，“财”的本义是金钱和有价值物品的总称；“务”的本义是为使命而奔忙；“财务”是指为财方面的事务而奔忙。在英语中，Finance 有融资、理财、财政、金融之意。财务按其行为主体不同可以分为国家财务、企业财务和家庭财务。国家财务是国家以生产资料所有者身份，为实现组织经济活动的职能，对企业或部门的一部分资金或创造的国民收入进行分配与再分配的经济活动。企业财务是指企业生产过程中客观存在的资金运动及其所体现的经济关系。家庭财务是家庭成员对家庭经济(主要指家庭收入和支出)进行计划和管理，以增强家庭经济实力的经济活动。本书主要介绍企业财务。

管理，是对管理对象所进行的决策、计划、组织、监督和控制。从哲学上讲，管理就是要善于做事。从经济学上讲，管理就是要低成本做有价值的事。企业财务管理就是对企业的资金运动所进行的决策、计划、组织、监督和控制，是对企业的财务关系进行协调的一项工作。简单地讲，企业财务管理就是组织企业财务活动、处理企业财务关系的一项经济管理活动，它是企业管理的重要组成部分。与企业管理中的其他管理不同，财务管理更侧重于价值管理和综合性管理。

二、财务管理的内容

(一) 财务活动

财务管理的对象是资金运动。资金是社会再生产过程中物资价值的货币表现。在市场经济条件下，拥有一定数量的资金，是进行生产经营活动的必要条件。企业的生产经营过程，一方面表现为物资的不断购进、加工和售出；另一方面则表现为资金的运动。资金运动包括资金的循环和资金的周转。资金的循环是指企业的资金从货币资金形态开始，顺次通过购买、生产、销售三个阶段，又回到货币资金形态的过程。企业资金的周而复始的循环被称为资金的周转。企业资金运动构成了企业经济活动的一个独立方面，这便是企业的财务活动。企业财务活动可分为以下四个方面：

1. 筹资活动

所谓筹资活动，是指筹措和集中资金的活动。在商品经济条件下，企业要想从事生产经营，首先必须筹集一定数量的资金。企业筹集的资金包括所有者投入的资金和企业借入的资金两大类，前者通常称为所有者权益，后者通常称为负债。所有者权益主要包括两项：一是实收资本，指企业所有者按照法律规定在创立时投入的资本或在创立后增加的资本，在公司制企业中称之为股本；二是留存收益，指企业按照法律规定或企业内部分配政策，为用于补充生产经营资金、职工集体福利设施、后备和以后年度分配等，将企业缴纳所得税后的利润留在企业的部分，包括盈余公积和未分配利润两部分。另外，因资产重估增值、股本溢价、接收捐赠的财产等形成的资本公积金，也是企业所有者权益的一项内容。负债主要包括向银行借款、发行债券、商业信用等。

企业通过银行借款、发行股票、发行债券、吸收直接投资等方式筹集资金，表现为企业资金流入。企业偿还借款、支付利息、股利等，则表现为企业资金流出。这种因资金筹集而产生的资金流入与资金流出，便是企业筹资引起的财务活动。

为了提高筹资活动的有效性，企业必须加强筹资管理。筹资管理的内容一般包括筹资量的测算、筹资渠道和筹资方式的选择、资本成本（也称资金成本）的计算、筹资风险的衡量、资本结构的决策等。虽然各类企业筹资管理的侧重点不同，但筹资管理的目标基本上是两个：一是筹资数量和时机要满足生产经营和投资需要，避免资金短缺导致资金链断裂；二是降低资本成本和财务风险，实现企业价值最大化。

2. 投资活动

企业筹集资金是为了把资金用于生产经营活动以便取得盈利。企业把筹集到的资金投资于企业内部用于购置固定资产、无形资产等，便形成了企业的对内投资；企业把筹集到的资金投资于购买其他企业的股票、债券或与其他企业联营进行投资，便形成了企业的对外投资。无论是企业购买内部所需各种实物资产，还是购买各种证券等金融资产，都需要支出资金。而当企业变卖其对内投资的各种资产或收回其对外投资时，则会产生资金的流入。这种因企业投资而产生的资金的流入与流出，便是由投资而引起的财务活动。

企业在投资过程中，必须考虑投资的规模，也就是在怎样的投资规模下企业的经济效益最佳。而且，企业也必须通过投资方向和投资方式的选择，确定合理的投资结构，以提高投资效益，降低投资风险。所有这些投资活动都是财务管理的内容。

3. 资金营运活动

资金营运是指企业供产销过程中发生的一系列资金收付。首先，企业要采购材料或商品，以便从事生产和销售活动，同时，还要支付工资和其他营业费用；其次，当企业把产品或商品售出后，便可取得收入，收回资金；再次，如果企业现有资金不能满足企业经营的需要，则还要采取短期借款方式来筹集所需资金。上述各方面都会产生企业资金的收支，因此属于企业经营引起的财务活动。

资金营运管理的基本目标：一是加速资金周转，提高资金利用效果；二是合理安排流动资产与流动负债的比例关系，确保企业具有较强的短期偿债能力。

4. 分配活动

分配活动有广义和狭义之分。广义的分配活动是指企业将取得的营业收入进行分配。狭义的分配活动仅指对利润尤其是净利润的分配。财务管理中的分配活动一般是指狭义分配。

企业在经营过程中会产生利润，也可能会因对外投资而分得利润，这表明企业有了资金的增值或取得了投资报酬。企业的利润要按规定的程序进行分配。首先，要依法纳税；其次要用来弥补亏损，提取公积金、公益金；最后要向投资者分配利润。这种因利润分配而产生的资金收支便属于由利润分配而引起的财务活动。

利润分配管理的目标主要是正确处理好国家利益、企业利益、所有者利益和职工利益之间的关系，统筹兼顾，合理安排。

上述财务活动的四个方面，不是相互割裂、互不相关的，而是相互联系、相互依存的。正是上述互相联系又有一定区别的四个方面构成了完整的企业财务活动，这四个方面也就是企业财务管理的基本内容。企业资金运动的过程如图 1-1 所示。

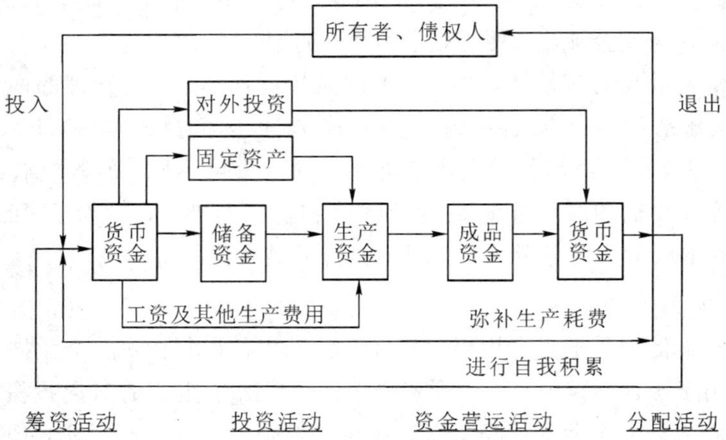

图 1-1　企业资金运动的过程

（二）财务关系

财务关系是指企业在组织财务活动过程中与有关各方所发生的经济利益关系。企业的筹资活动、投资活动、资金营运活动、利润及其分配活动与企业各方面有着广泛的联系。企业的财务关系可概括为以下几个方面。

1. 企业与政府之间的财务关系

政府作为社会管理者，担负着维护社会正常秩序、保卫国家安全、组织和管理社会活动等任务。政府依据这一身份，无偿参与企业利润的分配。企业必须按照税法规定向税务机关缴纳各种税款，包括所得税、流转税、资源税、财产税和行为税等。这种关系体现了一种强制和无偿的分配关系。

2. 企业与所有者之间的财务关系

企业与所有者之间的财务关系是指所有者向企业投入资金，企业向其所有者支付投资报酬所形成的经济关系。就某一具体所有者而言，依据其投资额及所占的比例或约定的不同，表现为该所有者对企业的独资、控股和参股的关系。企业所有者主要包括国家、法人和个人。企业的所有者要按照投资合同、协议、章程的约定履行出资义务。企业利用所有者的资本进行营运，取得利润后，应该按照出资比例或合同、章程的规定，向其所有者支付报酬。如果同一企业有多个所有者，他们的出资不同，则各自对企业承担的责任也不同，相应对企业享有的权利也不相同。企业同其所有者之间的财务关系体现着所有权的性质，反映着所有权与经营权之间的分配关系。

3. 企业与债权人之间的财务关系

企业与债权人之间的财务关系是指企业向债权人借入资金，并按合同规定按时支付利息和偿还本金所形成的经济关系。企业除利用资本金进行经营活动外，还要借入一定数量的资金，以便降低企业资金成本，优化企业资本结构。企业的债权人主要有购买本企业债券的持有人、贷款机构、商业信用提供者、其他出借资金给企业的单位或个人。企业利用债权人的资金后，要按约定的利息率，及时向债权人支付利息，债务到期时，要合理调度资金，按时向债权人归还本金。企业与债权人之间的财务关系在性质上属于债务与债权关系。

4. 企业与受资者之间的财务关系

企业与受资者之间的财务关系是指企业以购买股票或直接投资的形式向其他单位投入资本所形成的经济关系。企业向其他单位投资，应按约定履行出资义务，并参与被投资单位的利润分配。企业与被投资单位的关系体现的是所有权性质的投资与受资的关系。

5. 企业与债务人之间的财务关系

企业与债务人之间的财务关系是指企业将资金以购买债券、提供借款或商业信用等形式出借给其他单位所形成的经济关系。企业将资金借出后，有权要求其债务人按约定的条件支付利息和归还本金。这种关系体现的是企业与债务人之间的债权与债务关系。

6. 企业内部各单位之间的财务关系

企业内部各单位之间的财务关系是指企业内部各单位之间在生产经营各环节中相互提供产品或劳务所形成的经济关系。企业在实行内部经济核算制的条件下，供、产、销各部门以及各生产单位之间相互提供产品和劳务，要进行计价结算。这种在企业内部形成的资金结算关系，体现了企业内部各单位之间的利益关系。

7. 企业与职工之间的财务关系

企业与职工之间的财务关系是指企业向职工支付劳动报酬过程中所形成的经济关系。职工是企业的劳动者，他们以自身提供的劳动作为参加企业分配的依据。企业根据经营者的经营能力高低，根据一般职工业务能力和劳动业绩大小，向职工支付工薪、津贴、奖金、保险等。这种企业与职工之间的财务关系，体现了职工和企业在劳动成果上的分配关系。

上述财务关系广泛存在于企业的财务活动过程中，它体现了企业财务活动的实质。企业应正确处理和协调与各有关方面的财务关系，取得政府、所有者、债权人、债务人、其他单位和职工的信任，努力实现企业与其他各财务主体之间的利益均衡，调动各方面的积极因素，促进企业生产经营活动的正常开展，实现财务管理目标。

三、财务管理的职能

财务管理职能是指财务管理工作所具有的功能。它一般包括以下几种职能：

（一）财务预测

财务预测是指企业根据财务活动的历史资料，考虑现实的要求和条件，运用专门的方法，对企业未来的财务活动和财务成果做出科学的预计和推测，为决策者提供可靠依据。其主要任务在于：测算各项生产经营方案的经济效益，为决策提供可靠的依据；预计财务收支的发展变化情况，以确定经营目标；测定各项定额和标准，为编制计划、分解计划指标服务。财务预测可以进行多种分类。财务预测按预测对象分为筹资预测、投资预测、成本预测、收入预测和利润预测；按性质分为定性预测和定量预测；按预测跨度时间分为长期预测、中期预测和短期预算；按预测值多寡分为单项预测和多项预测；按预测态势分为静态预测和动态预测。财务预测的程序包括明确预测目标，搜集相关资料，建立预测模型，确定财务预测结果。

（二）财务决策

财务决策是指企业根据财务管理目标的总要求，利用财务预测资料及其他相关信息，采用专门的方法对各种备选方案进行择优选定的过程。财务管理的核心是财务决策。财务决策的内容主要包括筹资决策、投资决策和股利分配决策。财务决策的方法有常规决策和非常规决策。财务决策的程序包括确定决策目标，提出备选方案，选择最佳方案。

（三）财务预算

财务预算是一系列专门反映企业未来一定预算期内预计财务状况和经营成果，以及现金收支等价值指标的各种预算的总称，包括现金预算、预计利润表、预计资产负债表和预计现金流量表等内容。

（四）财务控制

财务控制是指企业对预算和计划的执行进行追踪监督，对执行过程中出现的问题进行调整和纠正，以保证预算的实现。财务控制的程序包括划分责任中心，确定责任目标，反馈财务信息，进行差异分析，落实责任考核，实行奖罚。

（五）财务分析

财务分析是指企业以财务报表和其他资料为依据，采用专门的方法，对财务活动过程及结果进行分析评价的专门工作。通过财务分析，可以掌握各项财务计划的完成情况，评价企业财务状况，研究和掌握企业财务活动的规律，改善财务预测、决策、预算和控制，改善企业管理水平，提高企业经济效益。财务分析的内容基本可以分为三部分：

(1) 财务状况分析：主要包括资产配置状况分析、资产运用效果分析、偿债能力分析。

(2) 成本费用分析：对成本费用支出水平和构成的分析。

(3) 财务成果分析：对获利能力的分析。

财务分析的程序一般包括：指标对比，找出偏差；分析原因，明确责任；提出改进措施。

随着大数据时代的到来，财务管理的职能也有了新的变化。数据方面，不仅包括结构化数据，也包括大量非结构化和半结构化数据；不仅有企业的大数据，也有个人的大数据、政府的大数据和互联网的大数据。技术方面，不仅包括与结构化数据相适应的各种分析模型和方法，也包括与非结构化和半结构化数据相适应的云技术、分布式处理技术、存储技术和感知技术等。业务方面，不仅重视生产经营的结果分析，更加关注生产经营的过程分析。效果方面，通过人机结合，不仅提高了财务管理的及时性，也提升了财务管理的准确度、可信度，降低了企业财务管理的成本。

【知识拓展】 关于财务管理的含义，理论界还有其他的不同观点。比如，美国弗吉尼亚大学金融学教授阿瑟 J. 基翁认为：“财务管理与经济价值或财富的保值增值有关，是有关创造财富的决策。”美国 MIT 斯隆管理学院教授斯蒂芬 A. 罗斯则认为：“财务管理是通过资本预算、融资和资产流动性管理为企业创造价值的决策。”国内学者荆新和王化成认为：“财务管理是根据财经法规制度，按财务管理的原则，组织企业财务活动，处理财务关系的一项经济管理工作。”

【思考与讨论】 你是怎样理解财务管理的概念的？大数据技术对财务管理产生了哪些影响？

第二节 财务管理的目标

一、财务管理目标的含义和特点

1. 财务管理目标的含义

财务管理目标是指组织财务活动，处理财务关系所希望实现的结果。它是评价企业理财活动是否合理的基本标准，是一切财务活动的出发点和归宿。

2. 财务管理目标的特点

财务管理目标具有以下几个基本特点：

(1) 层次性：是指财务管理目标在企业高层有财务管理总目标，在企业中层有各财务活动的分部目标，在企业基层有各单位、各个人的具体目标。层次性要求我们要以总目标为中心，做好各项具体工作。只有各项具体工作的“小目标”都完成了，企业总目标才能完成。

(2) 多元性：是指财务管理目标不是单一的，而是适应多种因素变化的综合目标群。在多元目标中，有一个处于支配地位、起主导作用的目标，称之为主导目标；其他处于被支配地位、对主导目标的实现起配合作用的目标，称之为辅助目标。多元性要求我们要以主导目标为中心，协调好各辅助目标之间的矛盾。

(3) 稳定性：是指财务管理目标一经确定，不得随意更改，但如果理财环境发生重大变化，则应做相应的调整。

(4) 可操作性：是指财务管理目标要能分解成具体的考核评价指标，以便贯彻落实。可操作性要求我们必须明确完成目标任务的责任单位、责任人、责任书、工作台账、时间节点、奖惩办法等。

上述层次性中的总目标和多元性中的主导目标是同一事物的不同提法，二者是一致的，可以统称为财务管理的基本目标。人们谈到财务管理目标时，通常是指基本目标。

二、财务管理的基本目标

企业选择什么样的财务管理目标作为基本目标，目前存在着不同的观点，最具代表性的观点有以下三种。

(一) 利润最大化

在会计中，利润是按照收入与费用配比原则加以计算的。其计算公式为

营业利润＝营业收入－营业成本－税金及附加－销售费用－管理费用－财务费用－资产减值损失＋公允价值变动收益(－公允价值变动损失)＋投资收益(－投资损失) (1-1)

利润总额＝营业利润＋营业外收入－营业外支出 (1-2)

净利润＝利润总额－所得税费用 (1-3)

利润最大化是指要合法地增加收入项，减少支出项。持该观点的理由是：利润反映了当期正常经营活动中投入与产出对比的结果，代表了企业新创造的财富。所有者权益是所

有者对企业净资产的所有权，包括实收资本(上市公司为股本)、资本公积、盈余公积和未分配利润四个方面。其中，实收资本是所有者已经投入企业的资本，如果不增资，它不可能再增大；资本公积则来自资本溢价、资产重估增值等，一般来说，它数额再大也不是由企业当期自身的经营业绩所致；只有盈余公积和未分配利润的增加，才是当期企业经营过程中新创造的财富，而这两部分又来源于利润最大化的实现。因此，从会计的角度来看，利润是企业财富增长的来源，也是股东价值的来源。

这种观点的缺陷是：

(1) 没有考虑利润的取得时间，比如是今年取得的利润还是明年取得的利润。因此，不符合资金时间价值的理财原则。

(2) 没有考虑风险因素，比如取得的利润能否收回现金，是否存在违约风险等。因此，不符合风险-报酬均衡的理财原则。

(3) 没有考虑利润与投入资本之间的关系。比如，A 投资 5 000 万元取得 100 万元利润，B 投资 1 000 万元取得 100 万元利润，其投资效果显然不同。

(4) 易导致企业短期行为。比如，为增加短期利润而改变会计政策，或者放弃必要的设备维护、人员培训、技术革新等，虽然短期利润增加了，但是企业长期发展后劲不足。

(二) 股东财富最大化

股东财富最大化是指通过财务上的合理经营，为股东创造最多的财富。持这种观点的主要理由是：

(1) 股东是企业的所有者。企业主要是由股东出资形成的，股东创办企业的目的是增加财富，他们是企业的所有者，理所当然地，企业的发展应该追求股东财富最大化。

(2) 股东是企业全部剩余风险的最后承担者。正常情况下，企业债权人和职工享有的是固定收益或约定收益，而股东享有的是企业最后的剩余收益；企业破产清算情况下，债权人和职工对破产财产享有优先索取权，而股东是剩余财产的最后索取者。因此，股东所冒风险最大，理应得到相应的风险补偿。

(3) 股东是企业持续经营假设的忠实坚守者。一般而言，债权人会因企业债务的清偿而退出企业，职工也会因各种原因而离开企业，而股东只要能从企业得到最多的财富，就不会转让股份或股票而离开企业，他们是企业持续经营假设的忠实坚守者。

对上市公司而言，股东财富表现为股东拥有的股票数量与每股市价的乘积。如果股票数量一定，股东财富的多少就取决于每股市价的高低。

以股东财富最大化作为财务管理的基本目标，具有以下优点：

(1) 股东财富最大化目标反映了投入资本和获得利润之间的关系，因为股票价格是对每股股份的一个标价，反映的是单位投入资本的市场价格。

(2) 股东财富最大化目标考虑了现金流量的时间价值和风险因素，因为现金流量获得时间的早晚和风险高低会对股票价格产生重要影响。

(3) 股东财富最大化目标克服了企业追求利润的短期化行为，因为要使每股市价保持在较高的水平，就要求公司在持续经营的有效期限内稳健经营。

但是，以股东财富最大化作为财务管理的基本目标也有其缺陷：

(1) 适用的范围较窄，只适用于上市公司。

(2) 影响股价的因素很多，有些因素是企业可控的，而有些因素是企业不可控的(如人为的股票炒作)，将不可控因素引入到财务管理基本目标中是不合适的。

(3) 只强调了股东的利益，而忽视了其他相关者的利益，如企业的债权人、经营者、职工的利益等。

(三) 企业价值最大化

企业价值最大化是指通过财务上的合理经营，采取最优的财务政策，充分考虑资金的时间价值和风险与报酬的关系，保证将企业长期稳定发展摆在首位，强调在企业价值增长中满足各方利益，不断增加企业财富，使企业总价值达到最大化。它的具体内容包括：

(1) 强调风险与报酬的均衡，将风险限制在企业可以承担的范围之内。

(2) 创造企业与股东之间的利益协调关系，努力培养安定性股东。

(3) 关心本企业职工利益，创造优美和谐的工作环境。

(4) 不断加强企业与债权人的联系，重大财务决策请债权人参加讨论，培养可靠的资金供应者。

(5) 关心客户的利益，在新产品的研制和开发上有较高投入，不断推出新产品来满足客户的需求，以便保持销售收入的长期稳定增长。

(6) 讲求信誉，注意企业形象的宣传。

(7) 关心政府政策的变化，严格执行国家政策。

企业价值最大化这一目标，最大的问题是其计量问题。从实践来看，可以通过资产评估来确定企业价值的大小。从理论上看，企业价值是指企业预期未来净现金流量以其加权平均资本成本为贴现率折现的现值。其用公式表示如下：

$$V = \sum_{t=1}^{n} \frac{\mathrm{NCF}_t}{(1+i)^t} \tag{1-4}$$

式中：V 为企业价值；NCF_t 为第 t 年的净现金流量；i 为与企业风险相适应的贴现率；n 为取得报酬的时间，在持续经营的假设下，n 为无穷大。

在式(1-4)中，V 与 NCF_t 成正比，与 i 成负相关关系，i 的大小主要由企业风险的高低决定，风险越大，i 就越高，反之越低。

以企业价值最大化作为财务管理的基本目标，具有以下优点：

(1) 企业价值最大化目标考虑了取得报酬的时间，并用资金时间价值的原理进行了计量。

(2) 企业价值最大化目标考虑了风险与报酬的联系。

(3) 企业价值最大化能克服企业在追求利润上的短期行为。

本书以企业价值最大化作为财务管理的基本目标。其理由如下：

(1) 企业价值最大化目标兼顾了企业各利益相关者的利益。企业是多边契约关系的总和——股东、债权人、经理层、一般职工等，对企业的发展而言，缺一不可，各方都有自身利益，各方也承担了很大风险。如果只考虑股东的利益最大化而忽视其他关系人的利益，势必出现矛盾冲突，如职工罢工，债权人拒绝贷款，税务机关罚款等。

(2) 企业价值最大化目标强调将企业的长期稳定发展摆在首位，这样各个利益集团都可以借此来实现它们的最终目标。

三、财务管理目标的协调

参与企业财务活动的利益主体有很多，如政府、所有者、经营者、债权人、职工，各自的目标并不完全一致。为了实现企业价值最大化基本目标，必须对各利益主体之间的矛盾进行协调。

(一) 所有者与经营者

现代企业所有权与经营权的分离，使企业的所有者——股东一般不再直接参与企业的具体经营活动，企业的经营权掌握在股东的代理人——企业的经营者手中。所有者支付给企业经营者一定的劳动报酬，这种劳动报酬对于所有者来说是一种成本支出，称之为享受成本。所有者与经营者之间的矛盾表现为：所有者希望以较小的享受成本带来更多的企业价值或股东财富，而经营者则希望在提高企业价值或股东财富的同时，能更多地增加享受成本。协调所有者与经营者之间的矛盾，主要有两种措施：一是激励，二是约束。

1. 激励

对企业经营者的激励措施很多。常见的激励措施有：企业承包制，即股东将企业承包给有能力的人经营，让他在一定时间内上交约定的利润，剩余部分归承包人自己支配；高额年薪，即给企业的经营者提供高额的薪酬，并将其薪酬待遇与企业的业绩挂钩；绩效股，即根据经营者绩效指标的完成情况，发给一定数量的股票；股票期权，即给予企业不同等级的经营者以不同数量的认股权，允许他们在未来的一段时间内以约定的价格购买一定数量的企业股票，如果企业的经营业绩良好，企业价值不断增值，从而推动企业的股票价格不断上涨并超过股票期权所约定的购买价格，则经营者通过行使认股权就可以获利；等等。

2. 约束

约束经营者的措施主要有：解聘经营者，即如果经营者未能使企业价值达到最大化，则所有者解聘经营者；接收，即如果经营者经营决策失误、经营不力，导致企业价值下降，企业可能被其他企业强行接收或吞并，则经营者也会被自动解聘；监督，即通过监事会和审计查账监督经营者；等等。

(二) 所有者与债权人

当企业向债权人借入资金后，债权人的目标是到期收回本金，并获得约定的利息收入，强调的是借款的安全性。企业借款是为了扩大经营，强调的是借入资金的收益性。因此，所有者的财务目标与债权人期望实现的目标存在一定的矛盾。所有者往往为了自身的利益而通过经营者损害债权人的利益，其主要有两种方式：

(1) 所有者改变原定资金的用途，将资金用于风险更高的投资项目。如果高风险项目获得成功，则超额利润就为所有者所独享；如果高风险项目失败，企业无力偿债，则债权人将要与所有者共同承担由此而造成的损失。这对债权人来说，风险与收益是不对等的。

(2) 所有者未征得现有债权人同意发行新债券或举借新债，从而使企业的负债比例增大，增加了企业财务危机甚至破产的可能性，降低了旧债的偿还保障程度，致使债权人债权的价值下降。

为协调所有者与债权人的上述矛盾，债权人防止其利益受到侵害，通常可采取以下措施：

(1) 限制性借款，即在借款合同中加入某些限制性条款，如规定借款的用途、借款的担保条款和借款的信用条件或限制增发新债的数额等。

(2) 收回借款或不再借款，即当债权人发现企业有侵蚀其债权价值的意图时，收回借款或不给予企业重新借款，从而保障自身的权益。

(三) 企业与社会

企业财务管理目标和社会目标在很大程度上是趋于一致的，但它们之间也是有矛盾的，如为了保护消费者和职工权益、合理雇佣人员、防止环境污染等，企业会付出代价或损失一些机会，从而减少企业价值或股东财富。

企业与社会矛盾的协调，需要从法律约束、道德约束、舆论监督、网络监督和行政监督等多层面、全方位来要求企业维护社会利益，履行社会职责。

【知识拓展】 美国的经济环境与“股东财富最大化”。

美国的企业财务管理是建立在发达的证券市场的基础上的。企业的所有者以个人股东居多，个人股东往往通过股票的买卖间接影响企业的财务决策，而股票市价就成为财务决策所要考虑的重要因素。除此以外，企业债权人与企业之间是一种契约关系，很少参与企业的财务决策。只有当企业财务状况好时，它们才会提供贷款；反之，则要求企业清偿到期债务。由于美国的劳动力市场非常发达，因此员工与企业之间没有稳固的关系，员工很少关心企业的长远发展，比较关心的是眼前利益。美国政府一般很少对企业进行干预，认为管得最少，就是管得最好。由此可见，影响企业财务管理目标的最主要因素是企业所有者，企业所有者最为关心的是自己财富的多少。因此，“股东财富最大化”就成为很多美国企业财务管理的基本目标。

【思考与讨论】 从可持续发展的角度谈谈企业应确立何种财务管理基本目标。

第三节　企业组织形式与财务管理机构

一、企业组织形式

企业是一种社会经济组织，它的成立、存在和消亡都要由法律来进行规范。企业按组织形式不同，可以分为独资企业、合伙企业和公司制企业。

1. 独资企业

独资企业是指依法设立，由一个自然人投资，财产为投资人个人所有，投资人以其个人财产对企业债务承担无限责任的经营实体。它是一种历史悠久和最简单的企业组织形式。独资企业的优点是：

(1) 开办手续简便，受法律限制少。

(2) 所得收益不用缴纳企业所得税，只缴纳个人所得税。

独资企业的缺点是：

(1) 企业的出资者对全部债务负无限责任。

(2) 独资企业规模小，信用不足，筹资困难。

(3) 企业存续期短，一旦企业出资者死亡，丧失民事行为能力或不愿意继续经营，企业的生产经营活动就只能终止。

2. 合伙企业

合伙企业是指自然人、法人和其他组织依法设立的普通合伙企业和有限合伙企业。普通合伙企业由普通合伙人组成，合伙人对合伙企业债务承担无限连带责任。有限合伙企业由普通合伙人和有限合伙人组成，普通合伙人对合伙企业债务承担无限连带责任，有限合伙人以其认缴的出资额为限对合伙企业债务承担责任。我国现行法律规定，国有独资公司、国有企业、上市公司以及公益性的事业单位、社会团体不得成为普通合伙人。合伙人可以用货币、实物、知识产权、土地使用权或者其他财产权利出资，也可以用劳务出资。合伙企业的基本特征是：合伙企业由各合伙人组成，并订立合伙协议；合伙人共同出资、共同经营、共享受益；普通合伙人对合伙企业债务承担无限连带责任。

合伙企业的优点是：

(1) 扩大了资金来源和信用能力。

(2) 集合伙人之才智和经验，提高了合伙企业的竞争能力。

(3) 企业不缴纳企业所得税。

合伙企业的缺点是：

(1) 普通合伙人承担无限连带责任。

(2) 企业寿命不容易延续很久。

(3) 合伙人之间出现意见分歧时，影响决策的制定。

(4) 企业规模仍受局限。

3. 公司制企业

公司是指按照《公司法》的要求登记设立，以其全部法人财产，依法自主经营、自负盈亏的法人企业。在我国，《公司法》是企业设立、运行的基本法规。《公司法》对公司制企业的设立条件、设立程序、组织机构、组织变更、终止的条件和程序等都做了明确的规定，特别是《公司法》中对股东人数、法定资本最低限额、出资方式、股票发行与交易、利润分配程序等的规定，是企业财务管理工作必须执行的最重要的强制性规范。

按照我国《公司法》的有关规定，公司制企业可以分为两种，即有限责任公司和股份有限公司。在有限责任公司中，股东以其出资额为限对企业承担责任，企业以其全部资产对企业的债务承担责任；而在股份有限公司，其全部资本分为等额股份，股东以其所持股份为限对企业承担责任，企业以其全部资产对企业的债务承担责任。公司制企业的优点是：

(1) 生存期限长久。不会因股东死亡或退出而影响企业的存在。

(2) 股份容易转让。企业股东权益具有比独资企业和合伙企业更高的流动性。

(3) 股东负有限责任。债权人对企业的求偿权仅限于股东的投资额，所以股东所承担的风险仅以出资额为限。

(4) 易于筹资。公司制企业，特别是股份有限公司因其永续存在，举债和增股空间大，与独资企业及合伙企业相比较，更容易在资本市场上筹集到更多的资金。

公司制企业的缺点是：

(1) 双重纳税。企业取得的利润按《企业所得税法》依法纳税，然后向出资者分配利润，出资者在分配取得利润以后还需要缴纳个人所得税。

(2) 公司制企业的设立受法律限制多，手续繁杂，设立周期长。

二、财务管理机构

由于各个企业的性质、规模、管理模式不同，因此其设立的财务管理机构的形式也不尽相同。大型企业大多采用财务与会计分立式机构，中小企业通常采用财务与会计合并式机构。

(一) 财务与会计分立式机构

在这种形式下，财务与会计分设机构，实行财务管理和会计核算两种职能分离，如图1-2所示。财务部门负责筹资、投资、分配等方面的财务管理工作。会计部门负责会计核算、内部会计控制、办理纳税以及编制会计报表等。

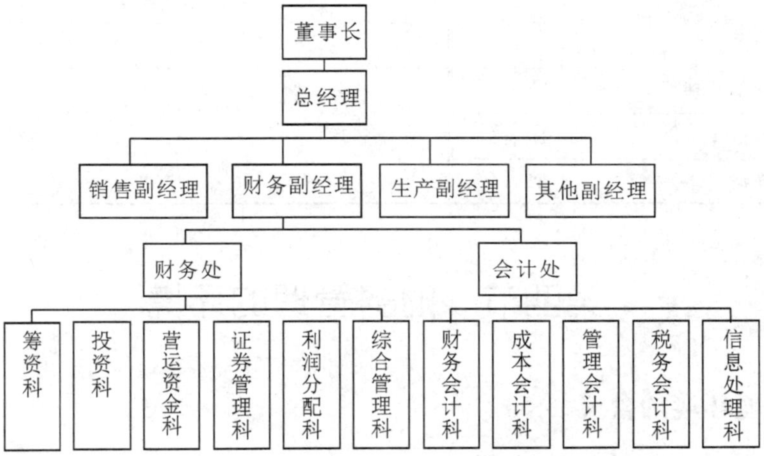

图1-2 财务与会计分立式机构

会计面向过去，以过去的交易或事项为依据，对过去的交易或事项进行确认和记录；而财务管理则注重未来，基于一定的假设条件，在对历史资料和现实状况进行分析的基础上，对未来的交易或事项应不应该发生、应发生多少、何时发生等进行预测和决策。会计机构的职责是要得出一本"真账"，结论具有合法性、公允性、一贯性，不同的会计人员对相同的会计业务进行核算，在所有重大方面不应存在大的出入。而财务机构的职责在于使企业的财富最大化或价值最大化，其结果可能不是唯一的。不同的财务人员，由于经验、取舍、偏好等不同，对未来不确定的交易或事项进行决策所得出的结论可能差异较大。

(二) 财务与会计合并式机构

在这种形式下，财务与会计合二为一，具有财务管理和会计核算两种职能，如图1-3所示。

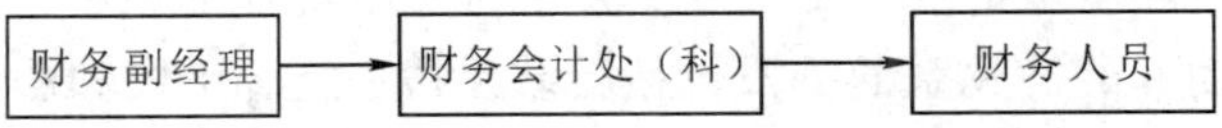

图1-3 财务与会计合并式机构

财务与会计在岗位设置上有交叉现象，在内容上没有明确的界限。单位在机构、岗位的设置上，除不相容职务以外，财务与会计岗位可以重叠。单位会计机构负责人（会计主管人员）也可以是单位财务负责人。财务部门或计财部门包括会计机构，同时履行财务、会计的职能。单位会计人员可以根据单位要求，独立完成或参与完成单位财务计划的编制、利润分配方案的制订，以及财务管理和重大财务的决策。实务中，单位内部财务管理与内部会计控制可有机结合。

【知识拓展】 吉特曼等学者对美国 1 000 家大型企业调查发现，财务经理在理财活动中所花费的时间如表 1－1 所示。

表 1－1 财务经理的理财活动及其时间分配表

CFO 参与重大理财活动		CFO 参与具体财务活动			
参与的项目	时间分配	参与的项目		时间分配	
理财计划与预算编制	35%	资产管理	流动资产管理	58%	60%
			固定资产管理		40%
营运资本管理	32%	负债管理	流动负债管理	42%	60%
资本支出鉴定	19%				
筹集长期资本	14%		长期负债管理		40%

第四节 财务管理的环境

一、财务管理环境的含义

财务管理环境是指存在于财务管理系统之外，对企业资金运动及其财务关系产生影响的一切要素之和。企业财务管理环境可分为外部环境因素和内部环境因素两方面。外部环境因素包括机会因素和威胁因素，它们是外部环境对企业的发展有直接影响的有利和不利因素，属于客观因素。内部环境因素包括优势因素和劣势因素，它们是企业在其发展中自身存在的积极和消极因素，属于主观因素。外部环境因素和内部环境因素相互影响、相互作用，共同构成完整的企业财务管理环境。

二、财务管理的外部环境

财务管理的外部环境是企业财务决策难以改变的外部约束条件，企业更多的是适应它们的要求和变化。财务管理的外部环境一般包括政治法律环境、经济环境、金融市场环境、社会文化环境、技术自然环境等，其中最重要的是法律环境、经济环境和金融市场环境。

（一）法律环境

财务管理的法律环境是指企业发生经济关系时所应遵守的各种法律、法规和规章。国家管理企业经济活动和经济关系的手段包括行政手段、经济手段和法律手段三种。随着经济体制改革不断深化，行政手段逐步减少，而经济手段，特别是法律手段日益增多，把越来越多的经济关系和经济活动的准则用法律的形式固定下来。与企业财务管理活动有关的法律规范主要有企业组织法规、税收法规、财务法规等，这些法规是影响企业财务活动和处理财务关系的重要约束条件。财务工作人员应该了解、熟悉并掌握这些法律知识，做到有法可依，在守法的前提下完成企业理财的职能，实现企业财务管理目标。

（二）经济环境

经济环境是指企业在进行财务活动时所面临的宏观经济状况。经济环境主要包括经济体制、经济周期、经济政策等。

1. 经济体制

在计划经济体制下，国有企业从原材料、员工、产品生产到销售都是根据国家下达的计划进行的，企业没有独立的理财权利，财务管理比较简单。在市场经济体制下，企业成为自主经营、自负盈亏的经济实体，有独立的经营权，同时也有独立的理财权，这意味着市场经济条件下的企业要面对复杂多变的市场环境，做好财务预测、财务决策、财务预算、财务控制和财务分析等工作。

2. 经济周期

在市场经济条件下，经济发展与运行带有一定的波动性，大体上会经历复苏、繁荣、衰退和萧条几个循环，这种循环叫作经济周期。在不同的阶段，企业应相应采用不同的财务管理策略。在经济复苏时期，企业应增加厂房设备，实行长期租赁，增加存货，引入新产品，增加劳动力等；当经济繁荣时，企业应扩充厂房设备，继续增加存货，提高产品价格，开展营销规划，增加劳动力；当经济出现衰退时，企业应停止扩展，出售多余设备，停产不利产品，停止长期采购，削减存货，停止扩招雇员；在经济萧条时，企业应建立投资标准，保持市场份额，缩减管理费用，放弃次要利益，削减存货，裁减雇员。

3. 经济政策

经济政策是政府为了达到充分就业、价格水平稳定、经济快速增长、国际收支平衡等宏观经济政策的目标，为增进经济福利而制订的解决经济问题的指导原则和措施。经济政策对企业财务活动的运行会产生深刻的影响。如金融政策中的货币发行量、信贷规模都能影响企业投资的资金来源；财税政策会影响企业的资金结构和投资项目的选择等；价格政策会影响资金的投向和投资的回收期等。可见，经济政策对企业财务活动的影响是非常大的，这就要求企业财务人员必须了解经济政策。

（三）金融市场环境

金融市场环境是指企业对外进行资金融通的场所。具体而言，它是企业筹资和投资的场所，是企业长短期资金相互转化的场所，并为企业财务管理提供有用信息。

1. 金融市场的构成

金融市场一般由市场主体和金融工具构成。金融市场主体是指资金供求双方，包括任何参与市场交易的企业、政府、金融机构和个人。其中，金融机构包括银行金融机构（各类商业银行、政策性银行）和非银行金融机构（保险公司、信托投资公司、证券机构、财务公司、租赁公司等）。金融工具是指能够证明债权债务关系或所有权关系并据以进行货币资金交易的合法凭证，主要包括借款合同、票据、股票、债券等。金融工具一般具有期限性、流动性、风险性和收益性四个基本特征。

2. 金融市场的类型

(1) 按交易平台不同，金融市场可分为传统金融、互联网金融和混合金融。传统金融是指通过传统银行中介等金融机构来完成金融业务的模式。互联网金融是指资金供求双方通过互联网线上平台自行完成信息甄别、匹配、定价和交易，无传统银行中介等金融机构的新型金融业务模式。混合金融是指线上与线下相结合的金融模式。

(2) 按交易工具的期限长短，金融市场可分为短期资金市场和长期资金市场。短期资金市场是指期限不超过一年的资金交易市场，也称为货币市场。短期资金市场交易的工具主要有短期国库券、商业票据、银行承兑票据和可转让大额定期存单。长期资金市场是指期限在一年以上的中长期资金借贷和股票、债券交易市场，也称为资本市场。

(3) 按交易的性质，金融市场可分为发行市场和流通市场。发行市场是指发行人以筹集资金为目的，按照法律规定和发行程序，向投资者出售新证券所形成的市场，又称一级市场或初级市场。流通市场是指已发行的旧证券通过买卖交易实现流通转让的场所，又称二级市场或次级市场。流通市场一般由两个子市场构成：一是证券交易所；二是场外交易场所。

(4) 按交割的时间不同，金融市场可分为现货市场和期货市场。现货市场是指买卖双方成交后，当天或几天内买方付款、卖方交出证券的交易市场。期货市场是指买卖双方成交后，在双方约定的未来某一特定的时日才交割的交易市场。

3. 利率

利率或利息率是资金的交易价格。它是借款人(债务人)向贷款人(债权人)借入资金所支付的代价，亦是贷款人延迟其消费，贷款给借款人所获得的回报。利率通常以一年期利息与本金的百分比计算。利率的计算公式如下：

$$\text{利率}=\text{纯粹利率}+\text{通货膨胀补偿率}+\text{风险补偿率} \tag{1-5}$$

纯粹利率是指没有风险、没有通货膨胀情况下的社会平均资金利润率。通货膨胀补偿率是指由于持续的通货膨胀会不断降低货币的实际购买力，为弥补其购买力损失，债权人要求提高的利率。风险补偿率是指债权人因冒险贷款而要求获得的补偿率，包括违约风险补偿率、流动风险补偿率和期限风险补偿率。违约风险补偿率是指为了弥补因债务人无法按期还本付息而给债权人带来的风险，由债权人要求提高的利率；流动风险补偿率是指为了弥补因债务人资产流动性不好而带来的风险，由债权人要求提高的利率；期限风险补偿率是指为了弥补因偿债期长而带来的风险。

三、财务管理的内部环境

财务管理的内部环境是指有利于保证企业财务活动正常运行并实现财务管理目标的内部条件和内部氛围的总和，包括企业资源、企业能力、企业文化等因素。其中，最主要的财务管理内部环境有以下几个方面。

(一) 采购环境

采购环境又称物资供应环境，是指企业在采购物资时涉及采购数量和采购价格的有关因素。按物资供应是否充裕，企业采购环境可分为稳定的采购环境和波动的采购环境。在稳定的采购环境下，物资资源相对比较充足，运输条件比较正常，能有效保证生产经营的需要，企业可以少储备物资，不占用过多的资金。在波动的采购环境下，物资资源相对比较紧缺，运输不是很正常，有时不能如期供货。为此企业要设置物资的保险储备，占用较多资金。对价格看涨的物资，企业通常要提前进货，投放较多资金；而对价格看跌的物资，则在保证生产需要的情况下推迟采购，节约资金。

(二) 销售环境

销售环境对企业财务管理的影响主要表现在因价格和销售量波动而影响资金的收回、商业信用的运用、借贷的风险等方面。一般来说，竞争性强的企业风险大，利用债务资金要慎重；竞争性一般的企业，产品销售一般不成问题，价格波动也不大，利润稳定，风险较小，资金占用量相对较少，可较多地利用债务资金。

(三) 生产环境

生产环境是指由生产能力、厂房设备、生产组织、劳动生产率、人力资源、物质资源、技术资源所构成的生产条件。企业按生产条件不同，可分为劳动密集型企业、技术密集型企业和资源开发型企业。劳动密集型企业所需工资费用较多，长期资金的占用则较少；技术密集型企业需要使用较多的先进设备，而所用人力较少，企业需要筹集较多的长期资金；至于资源开发型企业，则需投入大量资金用于勘探、开采，资金回收期较长。因此，企业的生产条件会影响企业资金的流量和流向。

四、财务管理环境分析法

财务管理环境分析法就是将财务管理内部环境中存在的优势和劣势，以及外部环境中存在的机会和威胁，通过调查列举出来，并采用矩阵形式排列，然后用系统分析的思想，把各种因素相互匹配起来加以分析，从中得出一系列相应的结论，也称 SWOT 分析法、优劣势分析法。

财务管理环境分析的步骤如下：

第一步，分析环境因素，即罗列企业内部的优势和劣势，外部的机会和威胁，并将罗列出的各项内容按轻重缓急及影响程度做出优先排序。表 1-2 所示为 SWOT 分析表。

表 1-2 SWOT 分析表

区分	内容	优先顺序			
		重要度	紧急度	影响度	合计
S	1. 有利的竞争态势				
	2. 充足的资金来源				
	3. ……				
W	1. 设备老化				
	2. 管理混乱				
	3. ……				
O	1. 新产品研发				
	2. 新市场开拓				
	3. ……				
T	1. 新的竞争对手出现				
	2. 替代产品增多				
	3. ……				

优势(S)，是企业的内部因素，具体包括有利的竞争态势、充足的资金来源、良好的企业形象、强大的技术力量、规模经济、优质的产品质量与服务、较大的市场份额、成本优势、广告攻势、战略联盟与并购等。

劣势(W)，也是企业的内部因素，具体包括设备老化，管理混乱，缺少关键技术，研究开发落后，资金短缺，经营不善，产品积压，竞争力差等。

机会(O)，是企业的外部因素，具体包括新产品开发，新市场开拓，新需求出现，外国市场壁垒解除，竞争对手失误等。

威胁(T)，也是企业的外部因素，具体包括新的竞争对手出现，替代产品增多，市场紧缩，行业政策变化，经济衰退，客户偏好改变，突发事件发生等。

优先顺序的评价方法很多。以五级打分为例，重要度分为非常重要(5分)，很重要(4分)，重要(3分)，不重要(2分)，很不重要(1分)；紧急度分为非常紧急(5分)，很紧急(4分)，紧急(3分)，不紧急(2分)，很不紧急(1分)；影响度分为影响非常大(5分)，影响很大(4分)，影响大(3分)，影响不大(2分)，影响很小(1分)。根据3项的评价合计分数总和做出优先排序。

第二步，构造SWOT矩阵，即将优势、劣势与机会、威胁相组合，形成SO、ST、WO、WT策略。

(1) 杠杆效应(优势＋机会)。杠杆效应产生于内部优势与外部机会相互一致和适应时。在这种情形下，企业可以用自身内部优势撬起外部机会，使机会与优势充分结合并发挥出来。

(2) 脆弱性(优势＋威胁)。脆弱性意味着优势程度或强度的降低、减少。当环境状况对公司优势构成威胁时，优势得不到充分发挥，出现优势不优的脆弱局面。在这种情形下，企业必须克服威胁，以发挥优势。

(3) 抑制性(劣势＋机会)。抑制性意味着妨碍、阻止、影响与控制。当企业内部资源劣势妨碍、阻止、影响了环境提供的机会时，企业就需要提供和追加某种资源，以促进内部资源劣势向优势方面转化，从而迎合或适应外部机会。

(4) 问题性(劣势＋威胁)。当企业内部劣势与企业外部威胁相遇时，企业就面临着严峻挑战，如果处理不当，可能会直接威胁到企业的生死存亡。

第三步，制订行动计划，即对SO、ST、WO、WT策略进行甄别和选择，确定企业应该采取的行动计划和具体财务政策。

制订行动计划的基本思路是：发挥优势因素，克服劣势因素，利用机会因素，化解威胁因素；考虑过去，立足当前，着眼未来。运用系统分析的综合分析方法，将排列的各种环境因素相互匹配起来加以组合，得出一系列企业未来发展的可选择对策。图1-4显示的是最基本的战略。

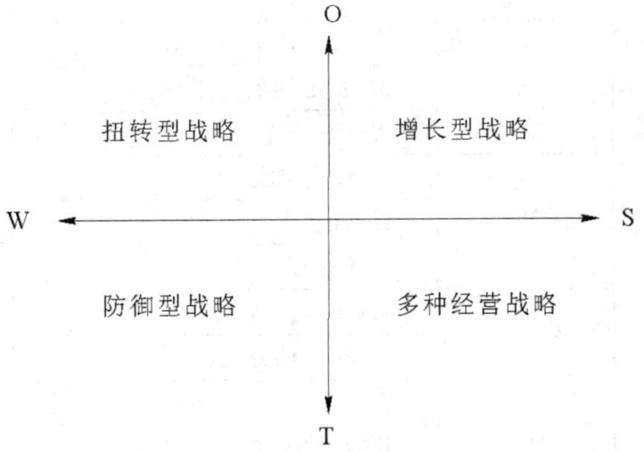

图1-4　SWOT分析图

【知识拓展】 成功应用SWOT分析法的简单规则：

必须对企业的优势与劣势有客观的认识；必须区分企业的现状与前景；必须考虑全面；必须与竞争对手进行比较，比如优于或劣于竞争对手；保持 SWOT 分析法的简洁化，避免复杂化与过度分析。

【思考与讨论】 在财务管理中开展环境分析有何意义？请举例说明。

第五节　财务管理的历史

一、财务管理萌芽时期

15 世纪末、16 世纪初的资本主义萌芽时期，地中海沿岸的许多商业城市，如威尼斯、米兰、热那亚等，出现了由公众入股的商业组织，入股的股东有商人、王公、大臣和市民等。商业股份经济的发展客观上要求企业合理预测资本需求量，有效筹集资本。但由于这时企业对资本的需求量并不是很大，因此筹资渠道和筹资方式比较单一，企业的筹资活动仅仅附属于商业经营管理，并没有形成独立的财务管理职业，这种情况一直持续到 19 世纪末、20 世纪初。

二、筹资管理时期

19 世纪末、20 世纪初，工业革命的成功促进了企业规模的不断扩大、生产技术的重大改进和工商活动的进一步发展，股份公司迅速发展起来，并逐渐成为占主导地位的企业组织形式。股份公司的发展不仅引起了资本需求量的扩大，而且也使筹资的渠道和方式发生了重大变化，如何筹集资本扩大经营，成为大多数企业关注的焦点。于是，许多公司纷纷建立了一个新的管理部门——财务管理部门，财务管理开始从企业管理中分离出来，成为一种独立的管理职业。当时财务管理的职能主要是预计资金需求量和筹措公司所需资金。因此，这一时期称为筹资管理时期。

三、资产管理时期

20 世纪 50 年代以后，面对激烈的市场竞争和买方市场趋势的出现，财务经理普遍认识到，单纯靠扩大融资规模、增加产品产量已无法适应新的形势发展需要，财务管理的主要任务应是解决资金利用效率问题，公司内部的财务决策上升为最重要的问题，西方财务学家将这一时期称为内部决策时期。在此期间，资产负债表中的资产科目，如货币资金、应收账款、存货、固定资产等引起了财务经理的普遍关注，各种计量模型逐渐应用于现金、存货、应收账款、固定资产等资产项目，财务计划、财务控制、财务分析等得到了广泛应用。

四、投资管理时期

20 世纪 60 年代中期以后，科学技术迅速发展，产品更新换代速度加快，国际市场迅速扩大，跨国公司增多，金融市场繁荣，市场环境更加复杂，投资风险日益增加，企业必须更加注重投资效益，规避投资风险，这对已有的财务管理提出了更高要求。在此期间，财务管理的重点转移到了投资问题上，主要表现在：确定了合理的投资决策程序，建立了完善的投资决策指标体系，创立了科学的风险投资决策方法。因此，这一时期称为投资管理时期。

五、现代化发展时期

20 世纪 70 年代末以来，企业财务管理进入深化发展的新时期，并朝着国际化、精确化、电算化、网络化方向发展。

20 世纪 70 年代末和 80 年代初期，西方世界普遍遭遇了旷日持久的通货膨胀。大规模的持续通货膨胀导致资金占用迅速上升，筹资成本随利率上涨，有价证券贬值，企业筹资更加困难，公司利润虚增，资金流失严重。严重的通货膨胀给财务管理带来了一系列前所未有的问题，因此这一时期财务管理的主要任务是应对通货膨胀。

20 世纪 80 年代中后期，企业跨国经营发展很快，进出口贸易筹资、外汇风险管理、国际转移价格问题、国际投资分析、跨国公司财务业绩评估等，成为财务管理研究的热点，并由此产生了一门新的财务学分支——国际财务管理。与此同时，随着数学方法、应用统计、优化理论与电子计算机等先进方法和手段在财务管理中的应用，财务管理向精确方向飞速发展。20 世纪 80 年代诞生了财务管理信息系统。

20 世纪 90 年代中期以来，电子商务逐渐成为主要的经贸活动方式，相应地，财务管理必须研究电子货币系统、数字签章、电子凭证等新技术，网络财务管理已经悄然到来。

本章小结

财务管理是组织财务活动、处理财务关系的一项经济管理工作。企业的财务活动是指企业的资金运动，包括资金的筹集、投放、营运和分配。财务管理的目标是企业价值最大化。企业价值是指企业预期未来现金净流量的现值。为了实现财务管理目标，企业应该处理好在资金运动过程中与各方发生的经济利益关系，这种关系就是财务关系。财务管理的职能包括财务预测、财务决策、财务预算、财务控制和财务分析。财务管理环境是指存在于财务管理系统之外，对企业资金运动及其财务关系产生影响的一切要素之和。最重要的财务管理外部环境是法律环境、经济环境和金融市场环境。

基本概念

财务管理　财务活动　财务关系　资金运动　利润最大化　企业价值　股东财富
纯粹利率　金融工具　违约风险　流动性　独资企业　合伙企业

练　习　题

一、单项选择题

1. 下列选项中，(　　)活动属于企业资金营运活动。

A. 支付股利　　B. 购买原材料　　C. 发行股票　　D. 购买固定资产

2. 关于财务关系的表示，下列不正确的是(　　)。

A. 企业与政府之间的财务关系属于强制和无偿的分配关系
B. 企业与债权人之间的财务关系属于债务与债权关系
C. 企业与受资者之间的财务关系属于所有权性质的投资与被投资的关系
D. 企业与职工之间的财务关系属于按资分配关系

3. 现代财务管理的最优目标是（ ）。
A. 总产值最大化 B. 利润最大化
C. 每股盈余最大化 D. 企业价值最大化

4. 调节企业与社会公众矛盾的最主要手段是（ ）。
A. 政府的法律调节 B. 政府部门的行政监督
C. 社会公众的舆论监督 D. 商业道德约束

5. 关于利润最大化目标，说法错误的是（ ）。
A. 利润代表了企业新创造的财富 B. 利润可以引导社会资源优化配置
C. 易导致企业短期行为 D. 考虑了风险因素

6. 财务管理最主要的职能，即财务管理的核心是（ ）。
A. 财务预测 B. 财务决策 C. 财务计划 D. 财务控制

7. 财务管理的对象是（ ）。
A. 资金运动 B. 财务关系 C. 货币资金 D. 实物财产

8. 金融市场按交割的时间划分为（ ）。
A. 短期资金市场和长期资金市场 B. 现货市场和期货市场
C. 发行市场和流通市场 D. 股票市场和国债市场

9. 股东和经营者发生冲突的根本原因在于（ ）。
A. 具体行为目标不一致 B. 利润动机不同
C. 掌握的信息不一致 D. 在企业中的地位不同

10. 金融市场分为初级市场和二级市场，这是根据金融市场（ ）划分的。
A. 交易的对象 B. 交易的性质 C. 交易的期限 D. 交易的时间

11. 企业终止的内在原因是（ ）。
A. 长期亏损 B. 无法到期偿债 C. 资金周转不畅 D. 管理落后

12. 避免经营者背离股东目标的最佳解决办法是（ ）。
A. 监督成本和激励成本之和最小
B. 监督成本和激励成本相互抵消
C. 监督成本、激励成本和偏离股东目标的损失三者之和最小
D. 解雇经营者

13. 股东不经债权人的同意而迫使管理当局发行新债券，进而致使旧债券的价值下降，旧债券价值下降的原因是（ ）。
A. 公司破产的可能性加大 B. 公司的股本相对减少
C. 公司的经营难度加大 D. 公司的现金流转有问题

14. 由于借款人不能按时支付本利带来的风险而投资人要求的利率差别是（ ）。
A. 到期风险附加率 B. 违约风险附加率
C. 变现力附加率 D. 通货膨胀附加率

15. 下列各项中可视为纯利率的是(　　)。
A. 国库券利率　　B. 公司债券利率　　C. 金融债券利率　　D. 银行存贷利率
16. 企业财务关系中最为重要的关系是(　　)。
A. 股东与经营者之间的关系
B. 股东与债权人之间的关系
C. 股东、经营者、债权人之间的关系
D. 企业与作为社会管理者的政府有关部门、社会公众之间的关系
17. 一般来讲，流动性高的金融资产的特点是(　　)。
A. 收益率高　　B. 市场风险小　　C. 违约风险大　　D. 变现力风险小
18. 与债券信用等级有关的利率因素是(　　)。
A. 通货膨胀附加率　　B. 到期风险附加率　　C. 违约风险附加率　　D. 纯粹利率

二、多项选择题

1. 影响财务管理目标实现的因素有(　　)。
A. 投资项目　　B. 投资报酬率　　C. 资本结构　　D. 股利政策
E. 风险
2. 企业财务管理的主要内容有(　　)。
A. 投资决策　　B. 融资决策　　C. 收入决策　　D. 成本决策
E. 股利分配决策
3. 企业实现其财务管理目标主要是通过(　　)。
A. 筹资决策　　B. 投资决策　　C. 收入决策　　D. 成本决策
E. 收益分配决策
4. 财务管理外部环境涉及范围很广，其中最重要的是(　　)。
A. 政治环境　　B. 经济环境　　C. 法律环境　　D. 销售环境
E. 金融市场环境
5. 企业财务管理的主要职能是(　　)。
A. 财务计划　　B. 财务决策　　C. 财务监督　　D. 财务控制
E. 财务分析
6. 通常情况下，利率的组成要素包括(　　)。
A. 纯粹利率　　B. 违约风险补偿率
C. 流动性风险补偿率　　D. 期限风险补偿率
E. 通货膨胀补偿率
7. 非银行金融机构包括(　　)。
A. 保险公司　　B. 信托投资公司　　C. 证券机构　　D. 财务公司
E. 金融租赁公司
8. 企业财务管理的最重要的环境包括(　　)。
A. 政治环境　　B. 经济环境　　C. 法律环境　　D. 市场环境
E. 金融市场环境
9. 企业管理对财务管理的主要要求是(　　)。
A. 以收抵支，到期偿债　　B. 筹集企业发展所需资金

C. 增收节支，增加利润 D. 合理、有效地使用资金

10. 反映股东财富大小的指标是(　　)。

A. 利润总额 B. 净利 C. 每股盈余 D. 投资报酬率

E. 股票价格

11. 利润最大化不是企业最优的财务管理目标，其原因是(　　)。

A. 没有考虑到利润取得的时间 B. 没有考虑到利润和投入资本额的关系

C. 没有考虑取得利润和承受风险的大小 D. 没有考虑企业成本的高低

12. 债权人为了防止其利益被损害，通常采用的办法是(　　)。

A. 寻求立法保护 B. 在借款合同中加入限制性条款

C. 不再提供新的借款或提前收回借款 D. 参与企业经营决策

13. 以下因素中，能对企业价值产生影响的因素有(　　)。

A. 投资报酬率 B. 风险 C. 资本结构 D. 投资项目

E. 股利政策

14. 在影响企业理财活动的各种经济环境中，企业不可改变的环境是(　　)。

A. 银行存贷利率波动 B. 市场竞争

C. 通货膨胀 D. 管理技术

E. 宏观政策

15. 金融性的资产具有风险性，其风险性是指(　　)。

A. 变现力风险 B. 购买力风险 C. 违约风险 D. 市场风险

E. 到期风险

16. 企业赖以生存的条件是(　　)。

A. 收入大于支出 B. 到期偿还债务 C. 不断筹措资金 D. 合理使用资金

E. 在竞争中取胜

17. 每股盈余最大化和利润最大化作为财务目标其共同的缺点是(　　)。

A. 都未考虑到时间价值 B. 都未考虑到风险

C. 都未考虑到利润和投入资本的关系 D. 都未考虑到环境的影响

E. 都未考虑到对社会的责任

18. 财务决策按其涉及的内容可以分为(　　)。

A. 筹资决策 B. 投资决策 C. 股利分配决策 D. 生产决策

E. 销售决策

19. 财务决策的程序包括(　　)。

A. 确定决策目标 B. 提出备选方案 C. 选择最佳方案 D. 划分责任中心

E. 落实考核责任

三、判断题(对的打“√”，错的打“×”)

1. 在没有通货膨胀的情况下，国库券的利率可以视为纯利率。(　　)

2. 筹资决策的关键是确定资本结构，以使筹资风险和筹资成本相配合。(　　)

3. 金融市场上利息率最高限不能超过平均利润率，否则借款企业会无利可图。(　　)

4. 当再投资风险大于利率风险时，可能会出现短期利率高于长期利率的现象。(　　)

5. 长期亏损是企业终止的直接原因。(　　)

6. 企业的目标就是财务管理的目标。(　　)

7. 股东财富的大小要看净利润总额，而不是看投资报酬率。(　　)

8. 企业投资时应尽量选择风险小的投资项目，因为风险小的投资对企业有利。(　　)

9. 资本结构会影响企业的报酬率和风险。(　　)

10. 盈利企业也可能因不能偿还到期债务而无法继续经营下去。(　　)

11. 如果企业面临的风险较大，那么企业价值就一定会下降。(　　)

12. 财务决策是财务管理的最主要职能。(　　)

13. 企业价值最大化强调的是企业预期的获利而非实际利润。(　　)

14. 防止经营者背离股东目标的最好办法就是解雇后重新选择符合股东目标的经营者。(　　)

本章练习题参考答案

第二章　资金时间价值与风险价值

教学目标与要求

- 理解资金时间价值的概念。
- 掌握一次性收付款的终值和现值的计算。
- 掌握年金终值、年金现值的计算。
- 掌握系列不等额现金流量终值和现值的计算。
- 熟悉折现率、期数的推算过程，掌握名义利率和实际利率的换算。
- 了解风险的概念及其种类。
- 掌握单一资产风险程度的衡量及风险报酬的计算。
- 掌握投资组合的风险和报酬率。
- 掌握资本资产定价模型。

导入案例

假设 A 公司拟购置一处房产，现有两种付款方案：① 从现在起，每年年末支付 10 万元，连续支付 10 次；② 从第 10 年开始，每年年末支付 15 万元，连续支付 10 次。

【思考与讨论】 假设该公司的资金成本率为 10%，该公司应选择哪个方案？

第一节　资金时间价值

一、资金时间价值的含义

企业财务活动具有一定的时空范围。离开了时间价值因素，就无法正确计算不同时期的财务收支，也无法正确评价不同时期的盈亏。因为今天的 1 元钱与 1 年以后的 l 元钱的价值是不相等的。

为什么今天的 1 元钱与 1 年以后的 l 元钱的价值不相等？或者说，资金为什么会产生时间价值？关于这个问题，理论上有不同的看法。西方经济学认为，资金时间价值产生的原因是投资者推迟消费应获得的回报，其回报的量与其推迟消费的时间成正比。那么，是不是只要推迟消费就能获得时间价值呢？比如，你把 1 元钱放在抽屉里搁置 1 年，1 年以后它会增值吗？很显然，1 年以后的 1 元钱，其数额不会变化。这就意味着，并不是所有的资金都有时间价值，只有把资金作为资本直接或间接地投入生产经营过程，才会产生时间价值，即资金的时间价值是在生产经营中产生的，它不可能由时间创造，而只能由工人的劳动创造。

但是，将资金投入生产经营过程后，所获得的资金增值并不全是资金的时间价值。投资者进行投资所获得的资金增值一般由三个部分构成：资金的时间价值、通货膨胀贴水和风险价值。其中，资金的时间价值是指没有风险和没有通货膨胀条件下的社会平均资金利润率。社会平均资金利润率是由资金的供求关系所决定的。在市场经济条件下，各部门投资的利润率趋于平均化，在利润平均化规律的作用下，投资者将资金投资于不同行业，应获得大体相当的投资收益率或社会平均的资金利润率。通货膨胀贴水是对因通货膨胀造成的资金贬值进行的价值补偿。风险价值是投资者冒风险进行投资所要求获得的额外收益。因此，生产经营过程中的资金增值除包含资金的时间价值以外，还包括通货膨胀贴水和风险价值，在计算资金的时间价值时，后两部分是不应该包括在内的。

资金的时间价值可以有两种表现形式：其相对数形式为资金时间价值率，是指扣除风险报酬和通货膨胀贴水后的平均资金利润率。在实务中，如果通货膨胀率很低，政府债券又几乎没有风险，就可以把政府债券利率作为资金时间价值率。其绝对数形式为资金时间价值额，是指资金在生产经营过程中带来的真实增值额，即一定数额的资金与资金时间价值率的乘积。

【知识拓展】 资本流通的公式是：$G—W—G+\Delta G$。ΔG 是投入货币的增加额，马克思称之为剩余价值。作为资本的 G 和作为一般商品流通媒介的 G 是有本质区别的。一般商品流通中的 G，只是充当商品买卖的中介，其自身不会有任何变化，只不过是从一个所有者手中转移到另一个所有者手中而已；而作为资本的 G 则不同，它能够带来剩余价值。这就是它们最本质的区别。因此，资本是能够带来剩余价值的价值。马克思论述了剩余价值如何转化为利润，利润又如何转化为平均利润。在利润不断资本化的条件下，资本的积累要用复利方法计算，因此资本将按几何级数增长。

【思考与讨论】 资金时间价值在企业财务管理中的作用是什么？

二、资金时间价值的计算方法

（一）单利计算法

所谓单利计算法，是指只有本金算利息，获得的利息不再算利息的方法。

（1）单利利息：

$$I=P \cdot i \cdot n \tag{2-1}$$

（2）单利终值：

$$F=P+I=P\times(1+i\times n) \tag{2-2}$$

（3）单利现值：

$$P=\frac{F}{1+i\times n} \tag{2-3}$$

式中：P 为现值或初始本金；F 为终值或未来值，是本金和利息之和；I 为各期利息之和；i 为利息率或贴现率，是利息与本金之比；n 为计算利息的期数。

【思考与讨论】 ① 当各年利息率不同时，如何计算 F 和 P？② 当 i 与 n 的时间单位（年、月、日）不一致时，如何计算 F 和 P？

【例 2-1】 某企业用货币资金 10 000 元购入 5 年期国库券，国库券定期存款年利率为 4%，按单利计算利息，问：5 年后企业得到的本利和为多少？

【解】 $F=10\ 000\times(1+4\%\times5)=12\ 000$（元）

【例 2-2】 某企业持有一张带息商业票据，面额为 100 000 元，票面利率为 6%，出票日为 6 月 10 日，8 月 9 日到期，持有期限共 60 天。因急需用款，企业将该商业票据于 6 月 30 日到银行办理贴现，银行规定的贴现率为 9%，贴现期为 40 天。问：企业贴现款是多少？

【解】
$$票据到期值=100\ 000\times\left(1+6\%\times\frac{60}{360}\right)=101\ 000(元)$$

$$票据贴现息=101\ 000\times9\%\times\frac{40}{360}=1\ 010(元)$$

$$票据贴现额=101\ 000-1\ 010=99\ 990(元)$$

在财务管理活动中，一般不以单利计算资金的时间价值。单利只适用于特定的情况，如债券利息的计算等。以后讨论的资金时间价值计算如无特殊说明，均认为是复利，并假定其收付的计算点均在各期期末。

(二) 复利计算法

所谓复利计算法，是指不仅本金算利息，利息也参与计息的方法。

1. 复利终值

复利终值又称未来值，是一定量的本金按复利计算若干期后的本利和。

如图 2-1 所示，根据复利终值的特点，复利终值的计算表达式可推导如下：

$$F_1=P+I_1=P+P\times i=P\times(1+i)$$

$$F_2=F_1+I_2=F_1+F_1\times i=F_1\times(1+i)=P\times(1+i)^2$$

$$F_3=F_2+I_3=F_2+F_2\times i=F_2\times(1+i)=P\times(1+i)^3$$

由此推算出，第 n 年的复利终值为

$$F=P\times(1+i)^n=P\times(F/P,i,n) \tag{2-4}$$

式中：$(1+i)^n$ 为 1 元的复利终值，也称复利终值系数，用符号 $(F/P,i,n)$ 表示。复利终值系数可以通过查阅"1 元复利终值表"取得。

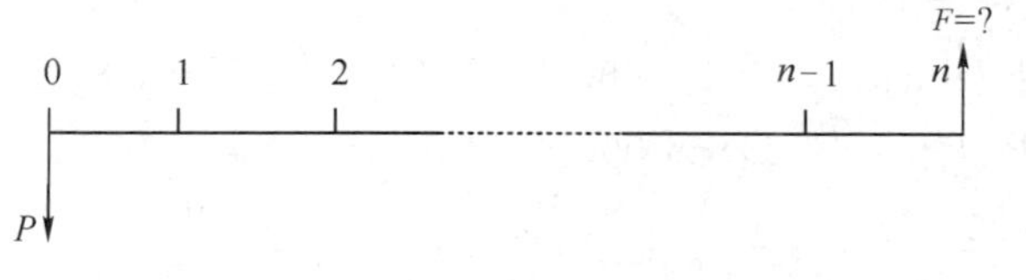

图 2-1　复利终值计算原理

【例 2-3】 某企业从银行借入资金 100 万元，如果借款利率为 8%，期限为 5 年，合同规定借款利息率为复利，问：5 年后企业应该偿还银行本利和为多少？

【解】
$$F=100\times(1+8\%)^5=100\times1.4693=146.93(万元)$$

2. 复利现值

复利现值相当于初始本金，是指若干期后一定量货币的现在价值。如图 2-2 所示，n 期后收付一笔款项 F，按折现率 i 所计算的现在时点的价值 P 为

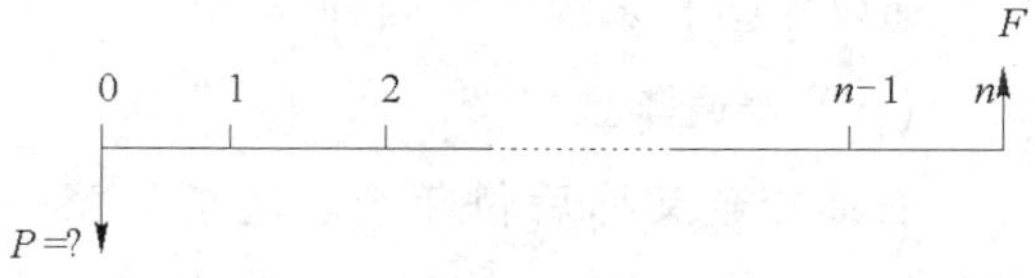

图 2-2　复利现值计算原理

$$P=F\times(1+i)^{-n}=F\times(P/F,i,n) \tag{2-5}$$

式中：$(1+i)^{-n}$ 为1元的复利现值，也称复利现值系数，用符号$(P/F, i, n)$表示。复利现值系数可以通过查阅“1元复利现值表”取得相关数值。

【例2-4】 企业打算在5年后获得本利和10 000元用于购买设备，已知投资收益率为10%，问：现在应投入多少资金？

【解】
$$P=10\,000\times(1+10\%)^{-5}=10\,000\times(P/F, 10\%, 5)$$
$$=10\,000\times0.6209=6\,209(\text{元})$$

【思考与讨论】 ① 已知F、P、i，如何求n？② 已知F、P、n，如何求i？

三、系列不等额资金的终值和现值

(一) 系列不等额资金的终值

系列不等额资金的终值为

$$F=P_n+P_{n-1}\cdot(1+i)^1+\cdots+P_0\cdot(1+i)^n \tag{2-6}$$

(二) 系列不等额资金的现值

系列不等额资金的现值为

$$P=\frac{F_0}{(1+i)^0}+\frac{F_1}{(1+i)^1}+\frac{F_2}{(1+i)^2}+\cdots+\frac{F_n}{(1+i)^n} \tag{2-7}$$

【例2-5】 某人计划把工资存入银行，现在存入3 000元，第1年末存入4 000元，第2年末存入0元，第3年末存入8 000元，第4年末存入6 000元。若银行存款年复利率为5%，问：① 第4年末系列不等额资金的终值是多少？② 系列不等额资金的现值是多少？

【解】 (1) 系列不等额资金的终值：

$$F=3\,000\times(F/P, 5\%, 4)+4\,000\times(F/P, 5\%, 3)+0\times(F/P, 5\%, 2)+$$
$$8\,000\times(F/P, 5\%, 1)+6\,000\times(F/P, 5\%, 0)$$
$$=22\,676.9(\text{元})$$

(2) 系列不等额资金的现值：

$$P=3\,000\times(P/F, 5\%, 0)+4\,000\times(P/F, 5\%, 1)+0\times(P/F, 5\%, 2)+$$
$$8\,000\times(P/F, 5\%, 3)+6\,000\times(P/F, 5\%, 4)$$
$$=18\,656.2(\text{元})$$

四、年金的终值和现值

年金是指在一定时期内，系列等额收付的款项，通常记作A，如年限法折旧、养老金、保险费、租金、等额分期收(付)款、零存整取等。年金具有三个特点：① 系列资金收(付)；② 时间间隔相同；③ 金额相等。年金按每次收付的时点不同，可分为普通年金、即付年金、递延年金和永续年金四种。

(一) 普通年金

普通年金又称后付年金，是指从第一期起，于每期期末发生的等额系列收(付)的款项。

1. 普通年金终值

普通年金终值是最后一期期末的本利和，是一定时期内各个时点收(付)款项复利终值之和。其计算原理如图 2-3 所示。

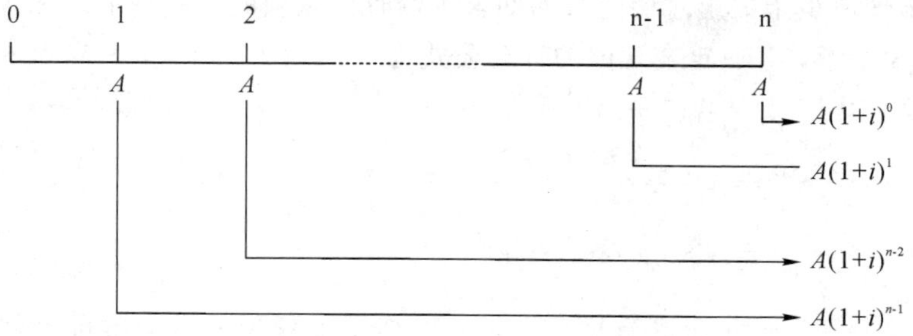

图 2-3　普通年金终值计算原理

如图 2-3 所示，第 n 期期末普通年金终值的计算公式为

$$F=A\times(1+i)^0+A\times(1+i)^1+\cdots+A\times(1+i)^{n-1}$$
$$=A\times\frac{(1+i)^n-1}{i}=A\times(F/A,i,n) \qquad (2-8)$$

式中：$\frac{(1+i)^n-1}{i}$为 1 元的普通年金终值，也称年金终值系数，用符号$(F/A,i,n)$表示。年金终值系数可以通过查阅年金终值系数表得到。

【思考与讨论】 $(F/A,i,n)$与$(F/P,i,n)$之间有何关系？

【例 2-6】 某人在 5 年中每年年末存入银行 10 000 元，银行存款复利率为 4%，问：第 5 年年末的本利和为多少？

【解】　$F=10\ 000\times(F/A,4\%,5)=10\ 000\times5.416\ 3=54\ 163$(元)

2. 年偿债基金

年偿债基金是为了在未来某一时点清偿债务而分次等额形成的存款准备金。实际上，债务就等同于年金终值 F，每年提取的偿债基金就等同于年金 A。根据普通年金终值的计算公式，年偿债基金的计算为

$$A=F\times\frac{i}{(1+i)^n-1}=F\times(A/F,i,n) \qquad (2-9)$$

式中：$\frac{i}{(1+i)^n-1}$为偿债基金系数，用符号$(A/F,i,n)$表示。偿债基金系数是年金终值系数的倒数，则

$$A=\frac{F}{(F/A,i,n)} \qquad (2-10)$$

因此，年偿债基金可通过查年金终值系数表后进行计算求得。

【例 2-7】 某企业计划 6 年后用 100 000 元更新某生产设备，如果存款年复利率为 8%，问：从现在起 6 年内每年年末应存入银行多少钱？

【解】
$$A=100\ 000\times(A/F,8\%,6)=\frac{100\ 000}{(F/A,8\%,6)}$$
$$=\frac{100\ 000}{7.3359}=13\ 631.59(\text{元})$$

3. 普通年金现值

普通年金现值是指一定时期内每期期末等额收付款项的复利现值之和。

如图 2-4 所示，普通年金现值的计算公式为

$$
\begin{aligned}
P&=A(1+i)^{-1}+A(1+i)^{-2}+\cdots+A(1+i)^{-n}\\
&=A\times\frac{1-(1+i)^{-n}}{i}\\
&=A\times(P/A,i,n) \qquad (2-11a)
\end{aligned}
$$

式中：$\frac{1-(1+i)^{-n}}{i}$为 1 元的普通年金现值，也称年金现值系数，用符号$(P/A,i,n)$表示。年金现值系数可以通过查阅年金现值系数表取得。

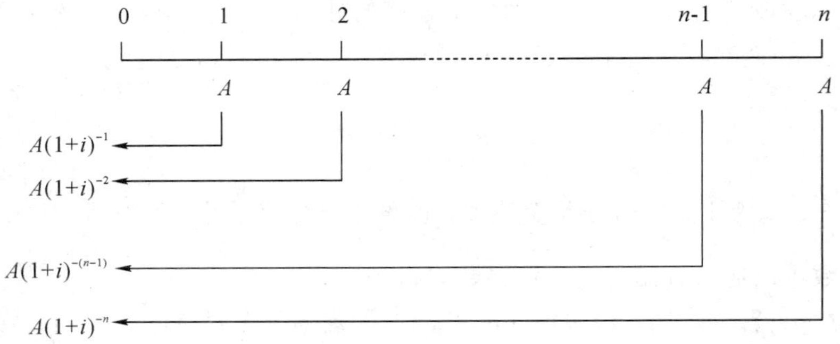

图 2-4 普通年金现值计算原理

根据普通年金现值的计算公式推算，普通年金的现值是普通年金终值的贴现值，即普通年金终值乘以一个期数为 n 的复利现值系数：

$$P=A\times(F/A,i,n)\times(P/F,i,n) \qquad (2-11b)$$

【例 2-8】 某企业有一笔债务，利率为 10%，如果分期偿还，则 4 年内每年年末支付 5 000 元，如果现在一次支付，则应付多少？

【解】 $P=5\,000\times(P/A,10\%,4)=5\,000\times3.169\,9=15\,849.5$(元)

【思考与讨论】 $(P/A,i,n)$与$(P/F,i,n)$之间有何关系？

4. 年资本回收额

年资本回收额是指初始投入资本在未来给定年限内每年年末的等额回收值。它是年金现值的逆运算。根据年金现值计算的表达式可分析得出：

$$A=P\times\frac{i}{1-(1+i)^{-n}}=P\times(A/P,i,n) \qquad (2-12)$$

式中：$\frac{i}{1-(1+i)^{-n}}$为资本回收系数，用符号$(A/P,i,n)$表示。资本回收系数是年金现值系数的倒数，则

$$A=\frac{P}{(P/A,i,n)} \qquad (2-13)$$

因此，年资本回收额可通过查年金现值系数表后进行计算求得。

【例 2-9】 某企业投资 100 000 元上一新产品项目，投资有效期为 10 年，如果年复利

率为 10%，每年至少回收多少投资才是合算的？

【解】
$$A=100\ 000\times(A/P,\ 10\%,\ 10)=\frac{100\ 000}{(P/A,\ 10\%,\ 10)}$$
$$=\frac{100\ 000}{6.144\ 6}=16\ 274.45(\text{元})$$

(二) 即付年金

即付年金又称先付年金，是指从第一期起，在一定时期内每期期初等额收付的系列款项。

1. 即付年金终值

即付年金终值是即付年金最后一期期末时的本利和。

如图 2-5 所示，即付年金终值的计算公式为

$$F=A(1+i)^1+A(1+i)^2+\cdots+A(1+i)^n=A\times\left[\frac{(1+i)^{n+1}-1}{i}-1\right] \tag{2-14a}$$

式中：$\frac{(1+i)^{n+1}-1}{i}-1$ 为即付年金终值系数。根据即付年金终值与普通年金终值的关系，可以用两种简化方法计算即付年金终值。

方法一：

$$F=A\times(F/A,\ i,\ n)\times(1+i) \tag{2-14b}$$

方法二：

$$F=A\times[(F/A,\ i,\ n+1)-1] \tag{2-14c}$$

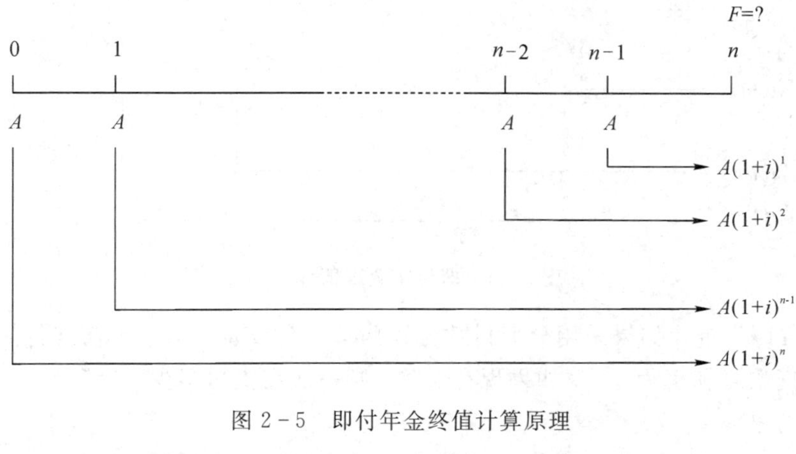

图 2-5　即付年金终值计算原理

(式 2-14c)中，方括号内的系数是在普通年金终值系数的基础上期数加 1、系数值减 1 所得的结果。

【例 2-10】　企业每年年初存入 10 000 元，连续 5 年，每年复利率为 10%，则 5 年末的价值是多少？

【解】 方法一：

$$F=10\ 000\times(F/A,\ 10\%,\ 5)\times(1+10\%)$$
$$=10\ 000\times6.105\ 1\times1.1=67\ 156.1(\text{元})$$

方法二：

$$F = 10\ 000 \times [(F/A, 10\%, 6) - 1]$$
$$= 10\ 000 \times (7.7156 - 1) = 67\ 156(\text{元})$$

2. 即付年金现值

即付年金现值是一定时期内每期期初收付款项的复利现值之和。

如图 2－6 所示，即付年金现值的计算公式为

$$P = A + A(1+i)^{-1} + \cdots + A(1+i)^{-(n-2)} + A(1+i)^{-(n-1)}$$
$$= A \times \left[\frac{1-(1+i)^{-(n-1)}}{i} + 1\right] \tag{2-15a}$$

式中：$\frac{1-(1+i)^{-(n-1)}}{i}+1$ 为即付年金现值系数。根据即付年金现值与普通年金现值的关系，可以用两种方法计算即付年金现值。

方法一：

$$P = A \times (P/A, i, n) \times (1+i) \tag{2-15b}$$

方法二：

$$P = A \times [(P/A, i, n-1) + 1] \tag{2-15c}$$

式(2－15c)中：方括号内的系数是在普通年金现值系数的基础上期数减 1、系数值加 1 所计算的结果。

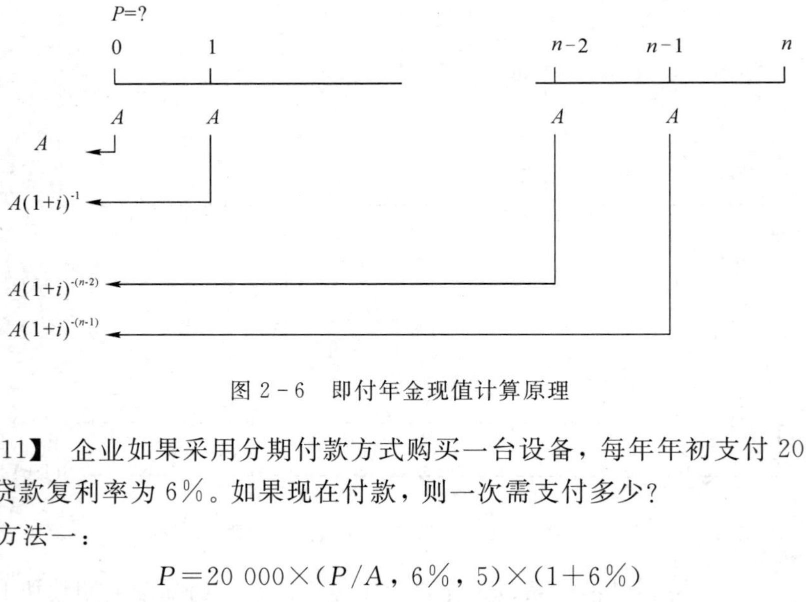

图 2－6　即付年金现值计算原理

【例 2－11】　企业如果采用分期付款方式购买一台设备，每年年初支付 20 000 元，期限为 5 年，贷款复利率为 6%。如果现在付款，则一次需支付多少？

【解】　方法一：

$$P = 20\ 000 \times (P/A, 6\%, 5) \times (1+6\%)$$
$$= 20\ 000 \times 4.2124 \times 1.06 = 89\ 302.88(\text{元})$$

方法二：

$$P = 20\ 000 \times [(P/A, 6\%, 4) + 1]$$
$$= 20\ 000 \times (3.465\ 1 + 1) = 89\ 302(\text{元})$$

(三) 递延年金

递延年金是指间隔若干期后于每期期末发生的系列等额的收付款项，它是普通年金的特殊形式。如图 2－7 所示，间隔期为 m，年金发生期数为 n，在 m 期内没有发生收付业

务，称为递延期，后面 n 期内发生等额的收付业务，称为收付期。

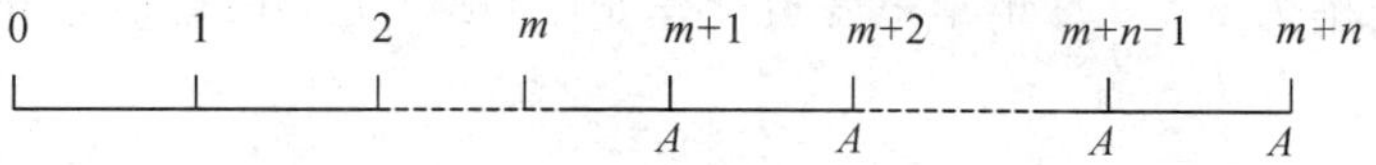

图 2 - 7　递延年金示意图

1. 递延年金终值

递延年金终值与递延期 m 无关，因此，计算方法与普通年金终值相同，即

$$F=A\cdot(F/A,\ i,\ n)$$

2. 递延年金现值

递延年金现值的计算方法主要有三种：

方法一：直接法，即将每笔年金分别按复利现值公式计算，然后加总。

方法二：补缺法，即假设整个期间 $m+n$ 都发生了年金收付，先计算 $m+n$ 期间的年金现值，然后扣除递延期 m 期末发生的年金现值，计算公式为

$$P=A\times[(P/A,\ i,\ m+n)-(P/A,\ i,\ m)] \tag{2-16a}$$

方法三：跳跃法，即先将收付期 n 期间的年金折现计算至递延期 m 期末，再运用复利现值计算公式把它折现到 m 期的第一期期初，计算公式为

$$P=A\times(P/A,\ i,\ n)\times(P/F,\ i,\ m) \tag{2-16b}$$

【例 2 - 12】　企业年初向银行贷款，年复利率为 10%，协议规定从第 4 年到第 8 年每年年末偿还贷款本息 5 000 元，问：这笔贷款的数额是多少？

【解】　方法一：

$$\begin{aligned}P&=5\ 000\times[(P/F,\ 10\%,\ 4)+(P/F,\ 10\%,\ 5)+(P/F,\ 10\%,\ 6)+\\&\quad(P/F,\ 10\%,\ 7)+(P/F,\ 10\%,\ 8)]\\&=14\ 240(\text{元})\end{aligned}$$

方法二：

$$\begin{aligned}P&=5\ 000\times[(P/A,\ 10\%,\ 8)-(P/A,\ 10\%,\ 3)]\\&=5\ 000\times[5.334\ 9-2.486\ 9]=14\ 240(\text{元})\end{aligned}$$

方法三：

$$\begin{aligned}P&=5\ 000\times(P/A,\ 10\%,\ 5)\times(P/F,\ 10\%,\ 3)\\&=5\ 000\times3.790\ 8\times0.751\ 3=14\ 240(\text{元})\end{aligned}$$

（四）永续年金

永续年金是指无限期于每期期末等额收付的年金。如优先股因有固定的股利而无终止期限，其股利就是永续年金。

由于永续年金没有终止的时间，因此无法计算终值。

永续年金的现值可通过普通年金现值进行推导计算，其计算公式为

$$P=A\times\frac{1-(1+i)^{-n}}{i}$$

当 $n\to\infty$ 时，$(1+i)^{-n}\to0$，故

$$P=\frac{A}{i} \tag{2-17}$$

【例 2-13】 某学校决定设立一项永久性奖学基金，用于奖励品学兼优的在校大学生。如果银行利率为 5%，每年年末发放奖学金 50 000 元，该校应于年初一次存入多少资金？

【解】
$$P=\frac{50\ 000}{5\%}=1\ 000\ 000(\text{元})$$

五、折现率和期数的计算

(一) 折现率的计算

1. 单笔资金折现率的计算

单笔资金折现率的计算是已知 F、P、n，求 i。可根据复利终值或复利现值的计算公式直接进行计算：

$$F=P\times(1+i)^n$$

则

$$i=\sqrt[n]{\frac{F}{P}}-1 \tag{2-18}$$

2. 永续年金折现率的计算

永续年金折现率的计算是已知 P、A，求 i。可根据永续年金的计算公式直接进行计算：

$$P=\frac{A}{i}$$

则

$$i=\frac{A}{P} \tag{2-19}$$

3. 普通年金折现率的计算

根据普通年金终值与普通年金现值都可以计算其折现率。下面以普通年金现值为例着重进行介绍。

普通年金现值的计算是已知 P、A、n，求 i。其计算原理如下：

(1) 计算出 P/A 的值，假设 $P/A=\alpha$。

(2) 根据 α 值查普通年金现值系数表，沿着已知的 n 所在行横向查找，如果能恰好找到等于 α 值的数值，则该系数所在列的利率便是所要求的 i 值。

(3) 如果无法找到恰好等于 α 值的系数值，就要在表中 n 行找出与 α 最近的上下两个临界值，采用插值法进行分析计算。

(4) 在插值法下，假设临界系数值为 α_1 和 α_2，二者对应的 i 值分别为 i_1 和 i_2。

根据平行线分线段成比例定理，依据图 2-8 有：

$$\frac{i-i_1}{i_2-i_1}=\frac{\alpha-\alpha_1}{\alpha_2-\alpha_1}$$

变形可求得 i 的值。

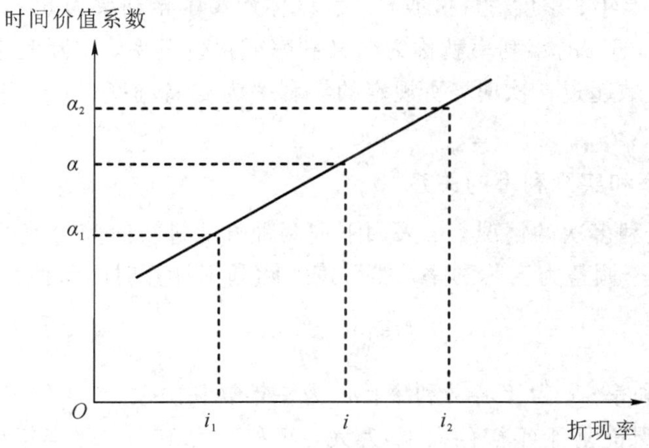

图 2-8　插值法的计算原理图

【例 2-14】 某企业于年初向银行借款 100 000 元，每年年末等额偿还本息为 15 000 元，连续偿还 10 年。问：借款利息率为多少？

【解】
$$(P/A,i,10)=\frac{100\ 000}{15\ 000}=6.666\ 7(\text{元})$$

查年金现值系数表，在 $n=10$ 的各系数中，当 $i=8\%$时，系数为 6.710 1，当 $i=9\%$时，系数为 6.417 7。因此，所计算的利率应该在 8%和 9%之间。可用插值法计算如下：

$$\frac{i-8\%}{9\%-8\%}=\frac{6.666\ 7-6.710\ 1}{6.417\ 7-6.710\ 1}$$

得

$$i=8.148\%$$

(二) 期数的计算

期数 n 的计算，其原理和步骤同折现率的计算相似。

【例 2-15】 某企业投资一台设备，需 100 000 元，每年可回收资金 25 000 元，若年复利率为 10%，问：企业收回全部资金需要多少年？

【解】 已知 $P=100\ 000$ 元，$A=25\ 000$ 元，$i=10\%$，则

$$(P/A,10\%,n)=\frac{100\ 000}{25\ 000}=4$$

查年金现值系数表，在 $i=10\%$的列上纵向查找。当 $n=5$ 时，年金现值系数为 3.790 8；当 $n=6$ 时，年金现值系数为 4.355 3。因此，所计算的期数应该在 5 年和 6 年之间。可用插值法计算：

$$n=5+\frac{3.790\ 8-4}{3.790\ 8-4.355\ 3}\times(6-5)=5.4(\text{年})$$

六、名义利率和实际利率

(一) 名义利率和实际利率的含义

本章前面所介绍的利率均假定为年利率，即每年复利一次。但有时复利的计息期不一

定是一年，可能是半年、季度、月份或日。假设你购买了年利率为 6%的债券，但利息每半年支付一次，此时，6%的年利率就称为名义利率或报价利率，实际利率要大于 6%。

当每年复利次数超过一次时，所规定的年利率为名义利率，而每年只复利一次的利率才是实际利率。

（二）名义利率和实际利率的关系

对于一年内复利多次的情况，可采用下列两种方法进行时间价值的计算。

（1）将名义利率调整为实际利率，然后按实际利率计算时间价值。其计算公式为

$$i=\left(1+\frac{r}{m}\right)^{m}-1 \tag{2-20}$$

式中：i 为年实际利率；r 为年名义利率；m 为一年复利次数。

【例 2-16】 某企业于年初存入 10 万元，年利率为 10%，每半年计息一次，则 5 年后的本利和为多少？

【解】 已知 $P=10$ 万元，$r=10\%$，$m=2$，$n=5$，则

$$i=\left(1+\frac{10\%}{2}\right)^{2}-1=10.25\%$$

$$F=10\times(1+10.25\%)^{5}=16.29\text{（万元）}$$

（2）不计算实际利率，而是相应调整有关指标，即利率变为 r/m，期数调整为 $m\cdot n$。

对于例 2-16，采用第二种方法计算的本利和为

$$F=P\times\left(1+\frac{r}{m}\right)^{m\cdot n}=10\times\left(1+\frac{10\%}{2}\right)^{2\times5}=10\times1.629=16.29\text{（万元）}$$

第二节 资金风险价值

一、风险的含义

风险是指企业的实际收益与预期收益发生背离的可能性及变动幅度。企业面临的所有风险统称为总风险。总风险可分为系统风险和非系统风险。

（一）系统风险

系统风险是指由于某种全局性的因素引起的投资收益的可能变动，又称市场风险或不可分散风险。它主要包括经济周期波动风险、利率与汇率风险、通货膨胀风险、政策风险等。

（二）非系统风险

非系统风险是指由那些只影响个别投资对象的事件引起的风险，又称企业特有风险或可分散风险。它主要包括经营风险和财务风险。其中，经营风险是指企业因生产经营方面的原因给企业盈利带来的不确定性；财务风险是指因负债而给企业财务成果带来的不确定性，又称筹资风险。

二、单一资产风险的计量

（一）概率分布

概率是指随机事件发生的可能性。概率分布则是一个事件可能出现的所有结果的概率

的集合。概率分布必须符合下列要求：

(1) 所有可能结果发生的概率(P_s)都在 0 和 1 之间，即 $0 \leqslant P_s \leqslant 1$。

(2) 所有可能结果的概率之和应等于 1，即

$$\sum_{s=1}^{m} P_s = 1$$

根据随机变量的取值不同，概率分布可分为离散型分布和连续型分布。

【例 2-17】 某企业有甲、乙两个投资项目，经分析，预计投资收益率及其概率分布如表 2-1 所示。

表 2-1　甲、乙两个投资项目预计投资收益率和概率分布

项目预计情况	发生的概率		投资收益率	
	项目甲	项目乙	项目甲	项目乙
很好	0.1	0.1	50%	25%
好	0.2	0.2	30%	20%
一般	0.4	0.4	15%	15%
较差	0.2	0.2	0	10%
很差	0.1	0.1	-20%	5%

甲、乙项目离散型概率分布如图 2-9 和图 2-10 所示。

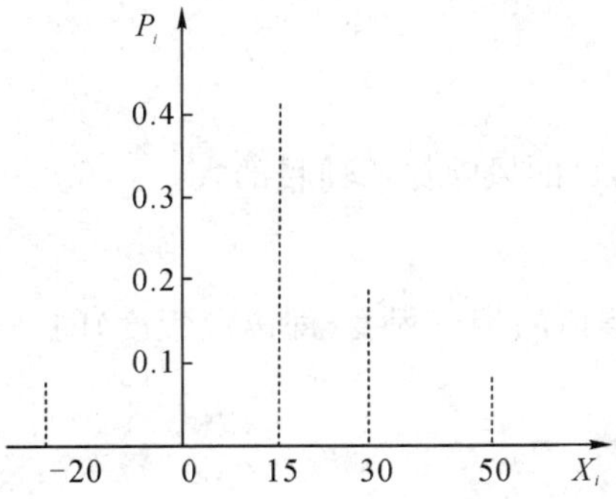

图 2-9　甲项目离散型概率分布图

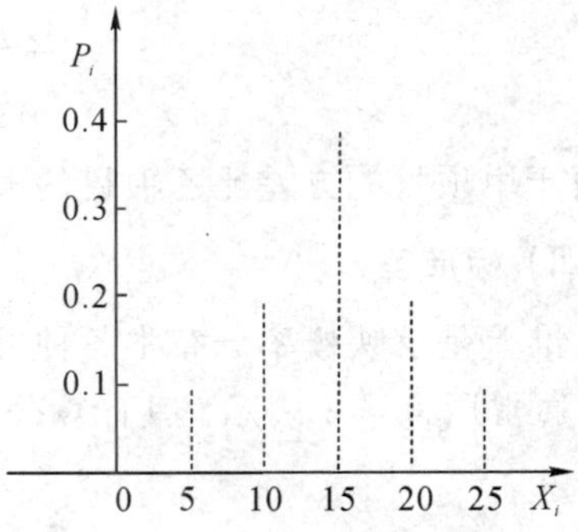

图 2-10　乙项目离散型概率分布图

一般来说，概率分布愈集中，实际投资收益偏离预期收益的可能性就愈小，其投资风险也就愈小。从图 2-9 和图 2-10 中可以看出，甲项目的投资风险比乙项目大。

(二) 期望收益率

期望收益率是各种可能的收益率与相应概率的加权平均值。其计算公式为

$$\bar{r} = \sum_{s=1}^{m} r_s \cdot p_s \tag{2-21}$$

式中：$\bar{r}$ 为期望收益率；r_s 为第 s 种事件结果的收益率；p_s 为第 s 种事件结果的概率；m 为可能出现结果的个数。

【例 2-18】 甲、乙两个投资项目预计投资收益率和概率分布如表 2-1 所示，比较甲、乙两个项目的期望投资收益率。

【解】 甲项目的期望投资收益率 $\overline{r}=0.1\times50\%+0.2\times30\%+0.4\times15\%+0.2\times0+0.1\times(-20\%)=15\%$

乙项目的期望投资收益率 $\overline{r}=0.1\times25\%+0.2\times20\%+0.4\times15\%+0.2\times10\%+0.1\times5\%=15\%$

可见，甲、乙两个项目的期望投资收益率是相同的。

（三）方差

方差是用来表示随机变量与期望值之间的离散程度的一个数值。其计算公式为

$$\sigma^2=\sum_{s=1}^{m}(r_s-\overline{r})^2\cdot p_s \qquad (2-22)$$

【例 2-19】 甲、乙两个投资项目预计投资收益率和概率分布如表 2-1 所示，试用方差比较两个项目的风险。

【解】 甲项目的方差 $=(50\%-15\%)^2\times0.1+(30\%-15\%)^2\times0.2+(15\%-15\%)^2\times0.4+(0-15\%)^2\times0.2+(-20\%-15\%)^2\times0.1=0.033\,5$

乙项目的方差 $=(25\%-15\%)^2\times0.1+(20\%-15\%)^2\times0.2+(15\%-15\%)^2\times0.4+(10\%-15\%)^2\times0.2+(5\%-15\%)^2\times0.1=0.003$

由于甲项目的方差比乙项目的大，因此，甲项目的风险比乙项目的大。

（四）标准差

标准差是反映概率分布中各种可能结果对期望值的偏离程度（即离散程度）的一个统计指标，通常用符号 σ 表示。其计算公式为

$$\sigma=\sqrt{\sum_{s=1}^{m}(r_s-\overline{r})^2\cdot p_s} \qquad (2-23)$$

在实际决策中，如果已知过去一段时期内的历史数据，此时标准差可利用如下公式估算：

$$\sigma=\sqrt{\frac{\sum_{i=1}^{n}(r_i-\overline{r})^2}{n-1}} \qquad (2-24)$$

式中：r_i 为第 i 年所实现的收益率；$\overline{r}$ 为过去 n 年的平均年收益率；$n-1$ 为样本的自由度。

【例 2-20】 甲、乙两个投资项目预计投资收益率和概率分布如表 2-1 所示，试用标准差比较两个项目的风险。

【解】 甲项目的标准差 $=\sqrt{0.033\,5}=0.183$

乙项目的标准差 $=\sqrt{0.003}=0.054\,8$

标准差是用绝对值衡量投资风险大小的指标。在期望值相同的情况下，标准差越大，

风险越大；标准差越小，风险越小。

（五）标准离差率

要比较期望收益率不同的决策方案之间的风险程度，应采用相对数指标——标准离差率。标准离差率是标准离差与期望收益之间的比值，通常用符号 q 表示。其计算公式为

$$q=\frac{\sigma}{\overline{r}} \tag{2-25}$$

【例 2-21】 甲、乙两个投资项目预计投资收益率和概率分布如表 2-1 所示，试用标准离差率比较两个项目的风险。

【解】

$$\text{甲项目的标准离差率 } q=\frac{0.183}{0.15}=1.22$$

$$\text{乙项目的标准离差率 } q=\frac{0.054\ 8}{0.15}=0.365$$

甲项目的标准离差率比乙项目的要大，说明甲项目的投资风险比乙项目的大。

三、组合资产风险的计量

（一）风险分散原理

如果投资者只投资于一种资产（如某种证券），则他必须承担系统风险和非系统风险。但是如果投资者投资于多种资产构成的资产组合，那么总风险中的非系统风险就会逐步被分散掉，最终只保留系统风险。图 2-11 反映了资产组合数量与风险的关系。

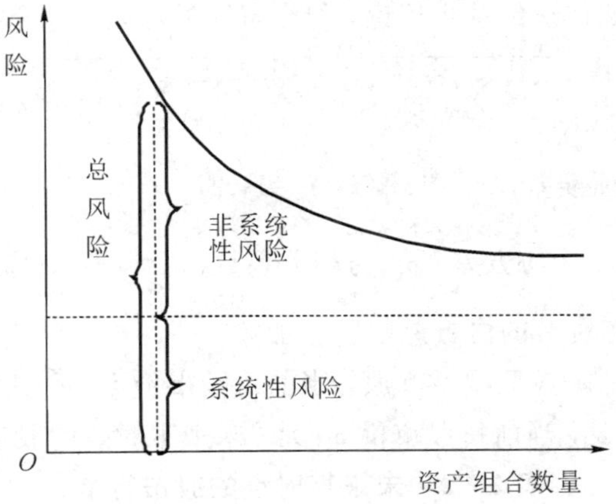

图 2-11 资产组合风险分散示意图

（二）协方差

在统计学中，协方差是刻画二维随机向量中两个分量取值间相互关系的数值。其计算公式为

$$\mathrm{Cov}_{ij}=\sum_{s=1}^{m}[(r_{is}-\overline{r}_i)\times(r_{js}-\overline{r}_j)\times p_s] \tag{2-26}$$

式中：Cov_{ij} 为资产 i 与资产 j 的协方差；r_{is} 和 r_{js} 为当出现随机事件 s 时，资产 i 和资产 j 的可能的收益率；$\overline{r}_i$ 和 $\overline{r}_j$ 为资产 i 和资产 j 的期望收益率；p_s 为随机事件 s 出现的概率。

正的协方差说明这两种资产的收益率的运动方向趋于一致，它们的风险只能在很小程度上相互抵消。负的协方差说明这两种资产的收益率的运动方向相反，它们的风险可以在一定程度上相互抵消。

【思考与讨论】 当 $i=j$ 时，协方差与方差的关系是什么？

（三）相关系数

资产之间的相关性可以用相关系数 ρ_{ij} 表示。其计算公式如下：

$$\rho_{ij}=\frac{\mathrm{Cov}_{ij}}{\sigma_i\sigma_j} \tag{2-27}$$

（1）当 $\rho=+1$ 时，两种资产之间完全正相关。此时，资产组合的风险是个别资产风险的加权平均。

（2）当 $\rho=-1$ 时，两种资产之间完全负相关。进行资产组合可以抵消全部非系统性风险，但不能抵消系统风险。此时，资产组合的风险小于个别资产风险之和。

（3）当 $0<\rho<+1$ 时，两种资产之间为正相关。在这种情况下，两个变量的变动方向相同，但变动幅度不同，因此进行组合仍能降低非系统风险。

（4）当 $-1<\rho<0$ 时，两种资产之间为负相关。在这种情况下，两个变量的变动方向相反，但变动幅度不同，进行资产组合虽不能抵消全部非系统性风险，但可降低部分非系统风险。

【思考与讨论】 当 $i=j$ 时，相关系数是多少？

（四）组合资产风险的计量

组合资产的风险不能根据单个资产的风险（标准差）进行简单加权平均，因为资产之间存在某种相关性。根据统计学的基本理论，组合资产的风险可用下式来计量：

$$\sigma_{\mathrm{P}}=\sqrt{\sum_{i=1}^{n}\sum_{j=1}^{n}x_i x_j \mathrm{Cov}_{ij}}=\sqrt{\sum_{i=1}^{n}\sum_{j=1}^{n}x_i x_j \rho_{ij}\sigma_i\sigma_j} \tag{2-28}$$

式中：σ_{P} 为组合资产的标准差；x_i 和 x_j（i，$j=1$，2，…，n）为第 i 种和第 j 种资产在组合资产中所占的比重；Cov_{ij} 为协方差；ρ_{ij} 为相关系数；σ_i 为第 i 种资产的标准差；$\sum_{i=1}^{n}\sum_{j=1}^{n}$ 为双重加总符号，代表所有资产的协方差都要相加。

【例 2-22】 假设现有 A 股票 200 股，当前每股市价 10 元；B 股票 100 股，当前每股市价 20 元；C 股票 200 股，当前每股市价 30 元。未来某时点的股市行情如表 2-2 所示。

表 2-2 未来某时点的股市行情

随机事件	概率	A 股票		B 股票		C 股票	
		预计股价/元	预期收益率	预计股价/元	预期收益率	预计股价/元	预期收益率
s_1	0.2	12	20%	28	40%	36	20%
s_2	0.6	11	10%	20	0	33	10%
s_3	0.2	11.5	15%	22	10%	31.5	5%
期望值			13%		10%		11%
方差			16(%^{2})		240(%^{2})		24(%^{2})
比重			20%		20%		60%

要求：计算 A、B、C 三种资产组合的标准差 σ_P。

【解】（1）计算三种股票间的协方差：

$$\sigma_{AB}=(20\%-13\%)(40\%-10\%)\times0.2+(10\%-13\%)(0-10\%)\times0.6+(15\%-13\%)(10\%-10\%)\times0.2=60(\%^2)$$

$$\sigma_{BC}=(40\%-10\%)(20\%-11\%)\times0.2+(0-10\%)(10\%-11\%)\times0.6+(10\%-10\%)(5\%-11\%)\times0.2=60(\%^2)$$

$$\sigma_{AC}=(20\%-13\%)(20\%-11\%)\times0.2+(10\%-13\%)(10\%-11\%)\times0.6+(15\%-13\%)(5\%-11\%)\times0.2=12(\%^2)$$

（2）计算 A、B、C 三种资产组合的标准差 σ_P：

$$\sigma_P=\sqrt{x_A^2\sigma_A^2+x_B^2\sigma_B^2+x_C^2\sigma_C^2+2x_Ax_B\sigma_{AB}+2x_Ax_C\sigma_{AC}+2x_Bx_C\sigma_{BC}}=6.4\%$$

【思考与讨论】（1）假设只有 A、B 两种股票组成的资产组合，则资产组合的标准差 σ_P 是多少？与 A、B、C 三种股票组成的资产组合进行比较，验证资产组合数量与风险之间的关系。

（2）计算并比较 σ_{AB}、σ_{BC} 的大小，验证相关系数与风险之间的关系。

四、风险收益率

（一）单一资产的收益率

收益是指投资者在一定时期内从投资中获得的报酬。它由两部分构成：一部分是资金的时间价值；另一部分是投资的风险价值。投资收益率是指投资收益占投资成本的比率。投资收益率的计算式为

$$投资收益率=无风险投资收益率+投资风险收益率 \tag{2-29}$$

式中：无风险投资收益率是指把资金投资于某一没有任何风险的投资对象而得到的收益率，它是对投资时间的补偿；投资风险收益率是指投资者由于冒风险进行投资而获得的超过资金时间价值的额外补偿。

一般地，由于非系统风险可以通过多元化的资产组合分散掉，投资者不必为其付出代价，所以市场不会给予补偿。也就是说，市场只对投资者无法避免的风险给予补偿，这些风险就是系统风险。这样，决定投资收益率的风险就只剩下投资的系统风险了。

（二）组合资产的收益率

组合资产的收益率是组合中各单个资产预期收益率的加权平均数。组合资产的期望收益率的计算公式为

$$\overline{r}_P=\sum_{i=1}^{n}x_i\cdot\overline{r}_i \tag{2-30}$$

式中：$\overline{r}_P$ 为组合资产的期望收益率；x_i 为第 i 种资产在组合中所占比重；$\overline{r}_i$ 为第 i 种资产的期望收益率；n 为资产组合中包含的资产种类数。

五、资本资产定价模型

(一) β 系数分析

应用风险分散原理去选择资产组合，需要大量而复杂的计算，即使对数学和计算机有相当基础的人也很难应用，于是研究人员又提出了资产组合的简化分析模型，其核心是 β 系数分析。

1. 单个资产的 β

β 系数是反映个别资产相对于平均风险资产的变动程度的指标。它可以衡量个别资产的系统风险，而不是个别资产的非系统风险。

β 系数可用直线回归方程求得：

$$r_i = \alpha_i + \beta_i r_m + \varepsilon_i \qquad (2-31)$$

式中：α_i 为资产 i 的时间价值，即无风险资产利率，这是不受任何因素影响的收益水平；r_m 为市场组合的收益率；$\beta_i r_m$ 为受共同因素影响的收益率，一旦发生某些共同因素作用，市场组合的收益率就会发生变化，资产 i 的这部分收益率也会发生相应变化，这部分收益率又称为系统性收益率；ε_i 为受个别因素影响的收益率，一旦发生与资产 i 有关的个别因素变化，这部分收益率就会发生变动。

根据 r_m 和 r_i 的资料，用最小二乘法可以推导出 β_i 的计算公式：

$$\beta_i = \frac{\mathrm{Cov}_{im}}{\sigma_m^2} \qquad (2-32)$$

式中：β_i 为单个资产 i 的系统风险；Cov_{im} 为单个资产 i 与市场资产组合 m 的收益率的协方差；σ_m^2 为市场资产组合 m 的收益率的方差。

β 系数大于 1，表明它比市场组合具有更大的系统风险；β 系数小于 1，表明它比市场组合具有更小的系统风险；β 系数等于 1，表明它与市场组合的系统风险相同。

2. 组合资产的 β_P

由于系统风险无法通过多样化投资抵消，因此一个资产组合的 β_P 等于该组合中各种资产 β_i 系数的加权平均数：

$$\beta_P = \sum_{i=1}^{n} x_i \beta_i \qquad (2-33)$$

式中：x_i 为资产 i 在组合中的比重；β_i 为单个资产 i 的系统风险；n 为资产种类数。

【例 2-23】 某资产组合由 A、B、C、D 四种证券组成，其投资比例分别占总资产的 10%、20%、30%和 40%，其 β 系数分别为 0.8、1、1.2 和 1.5，试计算该资产组合的 β_P 系数。

【解】 $\beta_P = \sum_{i=1}^{n} x_i\beta_i = 0.8\times10\% + 1\times20\% + 1.2\times30\% + 1.5\times40\% = 1.24$

【思考与讨论】 如果企业出售上述资产组合中的部分证券 D，购入证券 A，使资产组合的比例为 30%、20%、30%和 20%，其他条件不变，计算调整后资产组合的 β 系数。

(二) 资本资产定价模型

资本资产定价模型是由斯坦福大学的威廉·F. 夏普和哈佛大学的约翰·林特纳在亨利·马科维茨于 1952 年提出的投资组合理论的基础上各自独立建立起来的。资本资产定价模型认为投资项目所要求的收益率由无风险收益率和风险收益率两部分组成，具体可描述如下：

$$r=r_f+\beta_i\times(r_m-r_f) \tag{2-34}$$

式中：r 为投资者要求的某种资产或某资产组合的必要收益率；r_f 为无风险收益率；β_i 为某种资产或某资产组合的系统风险；r_m 为市场组合的平均收益率，也称市场收益率；r_m-r_f 为市场风险补偿率，也称市场风险收益率。

【例 2-24】 假设国库券的市场收益率为 5%，市场组合的期望收益率是 10%，甲公司股票的 β 系数为 1.5，则投资者所期望的必要收益率为多少？

【解】

$$r=5\%+1.5\times(10\%-5\%)=12.5\%$$

【思考与讨论】 若乙公司股票的 β 系数为 0.7，则期望收益率为多少？

【例 2-25】 某资产组合由 A、B、C、D 四种证券组成，其投资比例分别占总资产的 30%、20%、30%和 20%，其 β 系数分别为 0.8、1、1.2 和 1.5。若当前市场组合的平均收益率为 12%，无风险收益率为 8%。试计算该资产组合的必要收益率。

【解】

$$\beta_P=\sum_{i=1}^{n}x_i\beta_i=0.8\times30\%+1\times20\%+1.2\times30\%+1.5\times20\%=1.1$$

$$r_P=8\%+1.1\times(12\%-8\%)=12.4\%$$

（三）证券市场线

证券市场线是一条描述单个资产或资产组合的期望收益率与系统风险之间关系的直线，如图 2-12 所示。它是资本资产定价模型公式的图形化。

由图 2-12 可知，风险资产的收益由两部分构成：一是无风险资产的收益 r_f；二是市场风险溢价收益 $\beta_i\times(r_m-r_f)$。它表明：① 风险资产的收益高于无风险资产的收益率；② 只有系统性风险需要补偿，非系统性风险可以通过投资多样化减少甚至消除，因而不需要补偿；③ 风险资产实际获得的市场风险溢价收益取决于 β_i 的大小，β_i 值越大，则风险贴水 r_m-r_f 就越大，反之，β_i 值越小，风险贴水就越小。

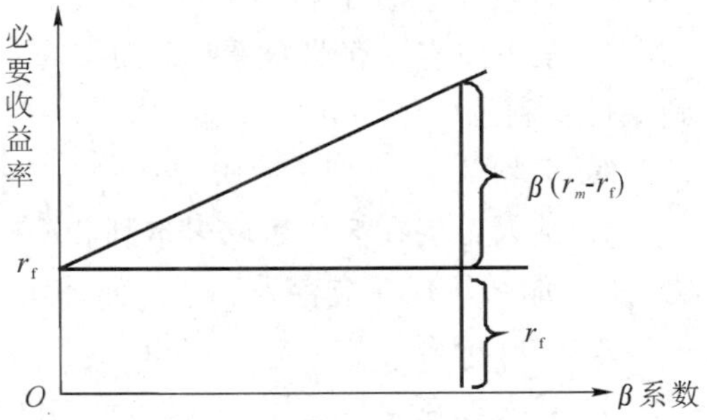

图 2-12　证券市场线

本章小结

资金的时间价值是指在不考虑风险和通货膨胀的情况下，资本金经过一定时间的投资和再投资所增加的价值。资金时间价值有单利终值、单利现值、复利终值、复利现值、年金终值、年金现值等不同的表现形式，可以通过不同的方法对其价值进行计算。

资金的风险价值是与资金的时间价值相联系的另一个重要概念。由于风险的存在，在资金时间价值之外，投资者还要对其承担的风险进行必要的补偿，这就是资金的风险价值。企业投资的总风险包括系统风险和非系统风险。单一资产的风险可通过标准差等指标进行计量，而资产组合则可分散掉非系统风险，其分散的效果与资产之间的相关系数及资产组合的数量具有密切的关系。资本资产定价模型简单明了地分析了系统风险与收益之间的关系，从而解决了风险资产的定价问题。

基本概念

资金的时间价值　复利　年金　普通年金　即付年金　递延年金　永续年金　名义利率　系统风险　非系统风险　方差　标准差　协方差　相关系数　β系数

练　习　题

一、单项选择题

1. 某人将10 000元存入银行，银行的年利率为10%，按复利计算，则5年后此人可从银行取出(　　)元。

A. 17 716　　B. 15 386　　C. 16 105　　D. 14 641

2. 某人每年年初存入银行1 000元，年利率为7%，则第4年末可以得到本利和(　　)元。

A. 4 439.9　　B. 3 750.7　　C. 4 280　　D. 4 750.7

3. 资金时间价值通常被认为是没有风险和没有通货膨胀条件下的(　　)。

A. 利息率　　B. 额外收益

C. 社会平均资金利润率　　D. 利润率

4. 某人持有一张带息票据，面值为1 000元，票面利率为5%，90天到期，该持票人到期可获利息(　　)元。

A. 50　　B. 25　　C. 12.5　　D. 15

5. 某人希望在5年后取得本利和1 000元，用于支付一笔款项。若按单利计算，利率为5%，那么他现在应存入(　　)元。

A. 800　　B. 900　　C. 950　　D. 780

6. 某人拟在5年后用20 000元支付孩子的学费，银行年复利率为12%，此人现在应存入银行(　　)元。

A. 12 000　　B. 13 432　　C. 15 000　　D. 11 349

7. 普通年金是指在一定时间内每期(　　)等额收付的系列款项。

A. 期初　　B. 期末　　C. 期中　　D. 期内

8. 与年金终值系数互为倒数的是(　　)。

A. 年金现值系数　　B. 投资回收系数

C. 复利现值系数　　D. 偿债基金系数

9. 即付年金现值系数与普通年金现值系数的不同之处在于(　　)。

A. 期数要减1　　B. 系数要加1

C. 期数要加1，系数要减1　　D. 期数要减1，系数要加1

10. 发生在每期期初的年金，被称为(　　)。

A. 即付年金　　B. 普通年金　　C. 永续年金　　D. 递延年金

11. 某企业借入年利率为10%的贷款，贷款期限为2年，贷款的利息按季度计算，则贷款的实际年利率为(　　)。

A. 5.06%　　B. 10.5%　　C. 10.38%　　D. 10%

12. 在利息率和现值相同的情况下，若计息期为一期，则复利终值和单利终值(　　)。

A. 前者大于后者　　B. 不相等　　C. 后者大于前者　　D. 相等

13. 某企业年初借得50 000元贷款，10年期，年利率为12%，每年末等额偿还。已知年金现值系数(P/A，12%，10)=5.650 2，则每年应付金额为(　　)。

A. 8 849　　B. 5 000　　C. 6 000　　D. 28 251

14. 下列各项年金中，只有现值没有终值的年金是(　　)。

A. 普通年金　　B. 即付年金　　C. 永续年金　　D. 先付年金

15. 若使本金经过5年后增长1倍，每半年计息一次，则年利率应为(　　)。

A. 14.87%　　B. 14.35%　　C. 15.66%　　D. 7.83%

16. 普通年金现值系数的倒数称为(　　)。

A. 偿债基金　　B. 偿债基金系数

C. 年回收额　　D. 投资回收系数

17. 在复利终值和计息期数确定的情况下，贴现率越高，则复利现值(　　)。

A. 越大　　B. 越小　　C. 不变　　D. 不一定

18. 有一项年金，前3年无流入，后5年每年初流入500万元，假设年利率为10%，其现值为(　　)万元。

A. 1 423.21　　B. 1 565.68　　C. 1 813.48　　D. 1 994.59

19. 某人购入债券，在名义利率相同的情况下，对其比较有利的复利计息期是(　　)。

A. 一年　　B. 半年　　C. 一季　　D. 一月

20. 某企业为归还5年后的一笔债务，从现在起，每年初存入10 000元，若年利率为10%，该笔存款的到期本利和为(　　)。

A. 77 160　　B. 67 160　　C. 37 908　　D. 41 670

21. A方案在3年中每年年初付款500元，B方案在3年中每年年末付款500元，若年利率为10%，则两个方案第三年年末时的终值相差(　　)元。

A. 105　　B. 165.5　　C. 505　　D. 665.5

22. 如果(F/P，5%，5)=1.276 3，则(A/P，5%，5)的值为(　　)。

A. 0.230 9　　B. 0.783 5　　C. 4.33　　D. 4.329 5

23. 若年利率为12%，每季复利一次，则每年实际利率比名义利率(　　)。

A. 大0.55%　　B. 小0.55%　　C. 大12.5%　　D. 小12.5%

24. 在10%利率下，一至三年期的复利现值系数分别为0.909 1、0.826 4、0.751 3，则三年期年金现值系数为(　　)。

A. 0.486 8　　B. 1.735 5　　C. 0.751 3　　D. 2.486 8

25. 以下关于系统风险的说法，不正确的是(　　)。

A. 系统风险是那些由于某种全局性的因素引起的投资收益的可能变动

B. 系统风险是公司无法控制和回避的

C. 系统风险是不能通过多样化投资进行分散的

D. 系统风险对于不同证券收益的影响程度是相同的

二、多项选择题

1. 每期期初收款或付款的年金，称为(　　)。

A. 普通年金　B. 即付年金　C. 先付年金　D. 递延年金

2. 下列表述中，正确的是(　　)。

A. 复利终值系数和复利现值系数互为倒数

B. 普通年金终值系数和普通年金现值系数互为倒数

C. 普通年金终值系数和偿债基金系数互为倒数

D. 普通年金现值系数和资本回收系数互为倒数

3. 递延年金的特点有(　　)。

A. 最初若干期没有收付款项　B. 最后若干期没有收付款项

C. 其终值计算与普通年金相同　D. 其现值计算与普通年金相同

4. 以下对于资产组合收益率的说法中，正确的是(　　)。

A. 资产组合收益率是组合中各资产收益率的加权平均和

B. 资产组合收益率应该高于组合中任何一个资产的收益率

C. 资产组合收益率不可能高于组合中任何一个资产的收益率

D. 资产组合收益率有上限，也有下限

5. 以下对于非系统风险的描述，正确的是(　　)。

A. 非系统风险是不可规避的风险

B. 非系统风险是由于公司内部因素导致的对证券投资收益的影响

C. 非系统风险是可以通过资产组合方式进行分散的

D. 非系统风险只是对个别或少数证券的收益产生影响

6. 以下对于资产组合效应，说法正确的是(　　)。

A. 资产组合后的收益率必然高于组合前各资产的收益率

B. 资产组合后的风险必然低于组合前各资产的风险

C. 资产组合的系统风险较组合前不会降低

D. 资产组合的非系统风险可能会比组合前有所下降，甚至为0

7. 当两种证券间的相关系数计算为0时，以下说法正确的是(　　)。

A. 这两种证券间的收益没有任何关系

B. 分散投资于这两种证券没有任何影响

C. 分散投资于这两种证券可以降低非系统风险

D. 分散投资于这两种证券可以降低系统风险

8. 以下关于组合风险的说法，正确的是(　　)。

A. 组合风险的计算就是组合中各资产风险的代数相加

B. 组合风险有可能只包括系统风险

C. 组合风险有可能只包括非系统风险

D. 组合风险有可能既包括系统风险，又包括非系统风险

9. 以下关于β值的说法，正确的是(　　)。

A. β值衡量的是证券的全部风险

B. β 值衡量的只是证券的系统风险

C. β 值衡量的风险与标准差所衡量的风险是一致的

D. β 值用于衡量一种证券的收益对市场平均收益的敏感程度

三、判断题(对的打"√",错的打"×")

1. 先付年金与后付年金的区别仅在于计算时间的不同。(　　)

2. 递延年金终值的大小与递延期无关,故计算方法和普通年金终值是一样的。(　　)

3. 资金时间价值是指一定量的资金在不同时点上的价值量。(　　)

4. 永续年金可以视为期限趋于无穷的普通年金。(　　)

5. 方差和标准差可以用来表示证券投资风险的大小,这种风险包括了系统风险、非系统风险和投资者主观决策的风险。(　　)

6. 在利率同为10%的情况下,第10年年末1元的复利现值系数大于第8年年末1元的复利现值系数。(　　)

7. 资产组合的收益率应该高于组合中任何资产的收益率,资产组合的风险也应该小于组合中任何资产的风险。(　　)

8. 当某两个证券收益变动的相关系数为0时,表示将这两种证券进行组合,对于风险分散将没有任何作用。(　　)

9. 资产组合的风险是组合中各资产风险的加权平均和,权数是各资产在组合中的投资比重。(　　)

10. β 值衡量的是证券的系统风险,它表示证券收益波动对市场平均收益波动的敏感性。(　　)

四、计算题

1. 某企业年初借得50 000元贷款,10年期,年复利率为12%,每年年末等额偿还。已知年金现值系数$(P/A,12\%,10)=5.650\,2$,则每年应付金额为多少元?

2. 某项目现在投入341.5万元,预计4年后可获利500万元,要求的最低收益率应为多少?

3. 某人现在存入银行一笔现金,计划5年后每年年末从银行提取现金4 000元,连续提取8年,在复利率为6%的情况下,现在应存入银行多少元?

4. 某公司有一项付款业务,有甲、乙两种付款方式可供选择。甲方案为现在支付15万元,一次性付清。乙方案为分5年付款,1至5年各年年初的付款额分别为3万元、3万元、4万元、4万元、4万元,年利率为10%。企业应选择甲、乙两个方案中的哪一个?

5. 某公司2014年和2015年对甲设备投资均为60 000元,该项目2016年年初完工投产,2016年、2017年、2018年年末预期收益为50 000元,银行存款复利利率为8%。

(1) 计算2016年年初投资额的终值。

(2) 计算2016年年初各年预期收益的现值。

6. 某公司拟购置一处房产,现有两种付款方案:

(1) 从现在起,每年年初支付20万元,连续支付10次;

(2) 从第5年开始,每年年初支付25万元,连续支付10次。

假设该公司的资金成本率(即最低收益率)为10%,该公司应选择哪个方案?

7. 某企业集团准备对外投资,现有3家公司可供选择,分别为甲、乙和丙公司,这3

家公司的年预期收益及其概率的资料如表 2－3 所示。

表 2－3　年预期收益及其概率的资料表

市场状况	概率	年预期收益/万元		
		甲公司	乙公司	丙公司
良好	0.3	40	50	80
一般	0.5	20	20	20
较差	0.2	5	－5	－30

假定你是该企业集团的稳健型决策者，请依据风险与收益原理做出选择。

8. 某资产投资组合有甲、乙两种证券，其期望投资收益率分别为 6％和 10％，其收益率的标准离差分别为 5％和 8％，甲、乙两种证券的投资比重分别为 60％和 40％。当相关系数分别为＋1，＋0.5，＋0.1，0，－0.1，－0.5 和－1 时，试计算资产投资组合的期望收益率及衡量投资风险的协方差、方差及标准离差，并分析当相关系数为－1 时，投资组合的标准离差为什么不等于零，在什么情况下标准离差为零。

9. 某投资者准备从证券市场购买 A、B、C 三种股票组成投资组合。已知 A、B、C 三种股票的 β 系数分别为 0.8、1.2、2。现行国库券的收益率为 8％，市场平均股票的必要收益率为 14％。

(1) 采用资本资产定价模型分别计算这三种股票的预期收益率。

(2) 假设该投资者准备长期持有 A 股票，A 股票去年的每股股利为 2 元，预计年股利增长率为 8％，当前每股市价为 40 元，投资者投资 A 股票是否合算？

(3) 若投资者按 5∶2∶3 的比例分别购买了 A、B、C 三种股票，计算该投资组合的 β 系数和预期收益率。

本章练习题参考答案

第三章 企业筹资方式

教学目标与要求

· 了解企业筹资的动机及其原则。
· 了解筹资渠道和筹资方式。
· 掌握企业资金需求量的预测方法。
· 了解股票及债券的种类、发行条件及发行程序。
· 了解取得长期借款及融资租赁的程序。
· 掌握各种筹资方式的优缺点。
· 掌握股票、债券发行价格及融资租赁租金的确定。
· 掌握商业信用筹资成本的计算。
· 了解可转换债券的要素、特点及发行条件。

导入案例

某股份制企业共有普通股 400 万股，每股 10 元，没有负债。由于产品市场行情看好，该公司准备扩大经营规模，董事会经过研究，商定了三个筹资方案。

方案一：发行股票 600 万股(每股 10 元)，共 6 000 万元。

方案二：发行股票 300 万股，债券 3 000 万元(债券利率为 8%)。

方案三：发行债券 6 000 万元。

【思考与讨论】 上述三个方案，哪个方案对企业最有利?

第一节 企业筹资概述

资金是企业开展生产经营活动的必要条件。筹集资金是企业资金运动的起点，是决定资金运动规模和生产经营发展程度的重要环节。通过一定的资金渠道、采取一定的筹资方式组织资金的供应，是企业财务管理的一项重要内容。

一、企业筹资的动机

筹资是指筹措和集中资金的活动。企业筹资是指企业根据其生产经营、对外投资以及资本结构调整等需要，通过一定的渠道，采取适当的方式，获取所需资金的一种财务行为。

企业筹资的动机主要有以下几种：

(1) 满足正常生产经营活动的需要。企业创立时，为取得资本金并形成开展生产经营活动的基本条件而产生的筹资动机，也称创立性筹资动机。

(2) 满足生产经营规模扩大的需要。企业在成长时期，因扩大生产经营规模或追加对外投资需要大量资金。企业规模扩大通常包括两种形式：一种是新建厂房、增加设备、引进人才的外延式扩产，另一种是引进技术、更新设备、培训工人提升劳动生产率的内涵式扩产。上述两种形式均会产生扩张筹资的动机。

(3) 满足到期偿债的需要。企业要保持持续生产经营能力，必须做到以收抵支，如期偿付到期债务本金和利息，以维护财务信用，减少破产风险。因偿债产生的筹资需要通常包括两种情形：一是调整性偿债筹资，即企业有足够的能力支付到期债务，但为调整原有资本结构使其更趋合理而新增筹资；二是恶性化偿债筹资，即企业现有支付能力难以足额偿付到期旧债而被迫新增筹资，这种情况表明企业财务状况已然恶化。

二、企业筹资的分类

企业筹资的渠道和方式是多种多样的。不同的来源渠道、方式和期限，构成不同的筹资类型。企业的筹资可分为以下几种类型。

(一) 权益资金和债务资金

企业的资金按照所筹资金的权益性质不同，可分为权益资金和债务资金。

权益资金亦称自有资金，即企业所有者提供的资金，包括实收资本(或股本)、资本公积、盈余公积和未分配利润，所有权归属于企业所有者，但企业对其依法享有经营权，可供企业长期使用。其特点包括：① 资金的提供者以企业所有者的身份参与企业管理并取得收益，同时承担相应的责任；② 权益资金属于企业永久性资金，资金所有者一经提供，除依法转让外，不得以任何方式从企业抽回；③ 企业无须还本付息，财务风险偏低，但通常投资者要求较高的资本收益率，故资本成本较高。

债务资金亦称借入资金，即企业向债权人借入的资金，包括流动负债和长期负债，所有权仍归属于债权人，但企业对其在约定期限内依法享有使用权，并承担到期偿本付息的义务。其特点包括：① 债权人与企业仅为债权债务关系，他们有权按期索取利息并到期收回本金，但无权参与企业的经营管理，对企业经营不承担责任；② 负债筹资具有期限性，若筹措的资金在一年内需要偿还即为流动负债，若超过一年偿还则为长期负债；③ 企业可以在约定期限内使用借入资金，但必须履行按期还本付息的偿债责任，财务风险较高，且由于债权人要求的是固定收益，因此资本成本较低。

(二) 长期资金与短期资金

企业的资金按照所筹资金的期限不同，可分为长期资金和短期资金。

长期资金是指占用时间在一年以上的资金。企业一般在购置固定资产、取得无形资产或进行对外长期投资时，需要筹集长期资金。这类资金回收期较长，资金成本较高，对企业的生产经营有较大影响。企业通常采用发行股票或吸收直接投资、发行债券、长期借款、融资租赁等方式募集长期资金。短期资金是指占用时间在一年以内的资金。企业在生产经营过程中发生周转资金的暂时短缺时，往往需要筹集短期资金。筹集的短期资金主要用于日常现金开支、商品采购、发放工资、支付税款等。与长期资金相比，这类资金回收期较短，成本较低。

(三) 内部筹资和外部筹资

企业资金按照所筹资金的来源渠道不同，可分为内部筹资和外部筹资。

内部筹资是指在企业通过计提折旧、留存收益等而形成的资金来源。折旧构成企业成本费用的内容，但并不需要用现金支付，会增加企业现金收入。留存收益包括盈余公积和未分配利润。企业内部筹资是在企业内部自然地形成的，一般不需要筹资费用，因此被称为自动化资本来源。

外部筹资是指企业在内部筹资不足时，向其外部筹资而形成的资金来源。外部筹资的渠道和方式是多种多样的，主要包括发行股票或吸引直接投资、借款、发行债券、商业信用、租赁等。外部筹资一般都需要支付筹资费用。

（四）直接筹资和间接筹资

企业所筹资金按照是否通过金融机构，可分为直接筹资和间接筹资。

直接筹资是指企业不通过银行等金融中介机构，直接向资金供应者发售本源证券来筹集资金的方式。这里的本源证券也称初级证券，是指股票、企业债券、股权证和商业票据等。这种直接筹资方式使资金通过合法的手段从资金所有者手中转移到资金使用者手中。直接筹资的渠道和方式较多，但其是否能有效地实现，要依赖于资本市场是否具有完善的定价机制和风险机制。

间接筹资是指企业通过银行等金融中介机构进行的筹资。在这种筹资方式下，金融机构参与企业的筹资活动主要是为了自身盈利的需要。金融机构以自己的名义发行一种辅助证券，如存单、银行汇票、支票等，换取资本所有者的资金，再以辅助证券换取资金使用者的本源证券。

直接筹资与间接筹资的区别就在于有无辅助证券的出现。相对于直接筹资而言，间接筹资的效率较高，费用较低，但是筹资的渠道和方式较为单一，主要表现为银行和非银行机构的借款。

三、企业筹资渠道和筹资方式

企业的筹资活动需要通过一定的渠道并采用一定的方式来完成。

（一）企业筹资渠道

筹资渠道是指筹集资金来源的方向与通道，体现了资金的源泉和流量。

目前我国企业筹资渠道主要包括以下几种。

1. 银行信贷资金

银行对企业的各类贷款，是我国目前各类企业最为重要的资金来源。我国银行主要分为商业性银行和政策性银行。前者是以盈利为目的，从事信贷资金投放的金融机构，主要为企业提供各种商业贷款；后者则为特定企业、特定业务提供政策性贷款。

2. 其他金融机构资金

其他金融机构主要是指信托投资公司、保险公司、租赁公司、证券公司、财务公司等。它们所提供的各种金融服务，既包括信贷资金投放，也包括物资融通，还包括为企业承销证券等金融服务。

3. 其他企业资金

企业在生产经营过程中往往形成部分暂时闲置的资金，并为一定的目的而进行相互投资。另外，企业间的购销业务可以通过商业信用方式来完成，从而形成企业间的债权债务关系，形成债务人对债权人的短期信用资金占用。企业间的相互投资和商业信用的存在，使其他企业资金也成为企业资金的重要来源。

4. 居民个人资金

企业职工和居民个人的结余货币，作为游离于银行及非银行金融机构等之外的个人资金，可形成企业的民间资金来源渠道。

5. 国家财政资金

国有企业特别是国有独资企业获得资金的主要渠道之一是国家对企业的直接投资，其资本大多由国家财政以直接拨款方式形成。此外，还有些是国家对企业税前还贷或减免各种税款形成的。不管是采用何种形式形成的，从产权关系上看，它们都属于国家投入的资金，产权归国家所有。

6. 企业自留资金

企业自留资金是指企业内部形成的资金，主要包括计提的折旧、提取的公积金和未分配的利润等。该类资金无须企业通过一定的方式去筹集，而直接由企业内部自动生成或转移。

(二) 企业筹资方式

筹资方式是指可供企业在筹措资金时选用的具体筹资形式。我国企业目前筹资方式主要有以下几种：① 吸取直接投资；② 发行股票；③ 利用留存收益；④ 向银行借款；⑤ 利用商业信用；⑥ 发行公司债券；⑦ 融资租赁。其中，通过①～③方式融通的资金为权益资金；通过④～⑦方式融通的资金为债务资金。

(三) 筹资渠道与筹资方式的对应关系

筹资渠道解决的是资金来源问题，筹资方式则解决通过何种方式取得资金的问题，它们之间存在一定的对应关系。一定的筹资方式可能只适用于某一特定的筹资渠道，但是同一筹资渠道的资金往往可采用不同的方式去取得。筹资渠道与筹资方式的对应关系可用表 3-1 来表示。

表 3-1　筹资渠道与筹资方式的对应关系

筹资渠道	吸收直接投资	发行股票	利用留存收益	向银行借款	发行公司债券	利用商业信用	融资租赁
国家财政资金	√	√					
银行信贷资金				√			
其他金融机构资金	√	√		√	√		√
其他企业资金	√	√			√	√	√
居民个人资金	√	√			√		
企业自留资金	√		√				

四、企业筹资的原则

企业筹集资金是一项重要而复杂的财务工作，必须遵循以下基本原则：

(一) 筹措合法

企业的筹资行为和筹资活动必须遵循国家的相关法律法规，依法履行法律法规和合同约定的责任，合法合规筹资，依法披露信息，维护各方的合法权益。

（二）规模适度

不同时期企业的资金需求量并不是一个常数，企业财务人员要认真分析研究生产、经营状况，采用一定的方法，预测资金的需求量，合理确定筹资规模。这样既能避免因筹资不足影响生产经营的正常进行，又可防止筹资过多而造成资金闲置。

（三）融通及时

企业财务人员在融通资金时必须熟知资金时间价值的原理和计算方法，以便根据资金需求的具体情况，合理安排资金的融通时间，适时获取所需资金。这样既能避免过早融通资金形成的资金投放前的闲置，又能防止取得资金的时间滞后错过资金投放的最佳时间。

（四）来源合理

资金的融通渠道和资金市场为企业提供了资金的来源和筹资场所，反映了资金的分布状况和供求关系，决定着筹资的难易程度。不同来源的资金，对企业的收益和成本有不同影响，因此，企业应认真研究资金融通渠道和资金市场，合理选择资金来源。

（五）方式经济

在确定筹资数量、筹资时间、资金来源的基础上，企业在筹资时还必须认真研究各种筹资方式。企业筹集资金必然要付出一定的代价，不同筹资方式下的资金成本有高有低。为此，就需要对各种筹资方式进行分析、对比，选择经济、可行的筹资方式。与筹资方式相联系的问题是资金结构问题，企业应确定合理的资金结构，以便降低成本，减少风险。

【思考与讨论】 筹资决策是企业需要做出的最重要和最困难的决策之一，你认为企业在进行筹资决策时需要考虑哪些因素？

五、企业筹资数量的预测

为了减少企业筹集资金的盲目性，在筹资之前应采用一定的方法对企业资金的需求量进行预测，才能使筹集取得的资金既能保证满足生产经营活动的需要，又能防止资金筹集过多，造成闲置和浪费。资金需求量的预测方法有定性预测法和定量预测法两大类。

（一）定性预测法

定性预测法是指利用直观的资料，依据个人的经验和主观分析、判断能力，预测未来资金需求量的方法。这种方法一般在企业缺乏完备、准确的历史资料的情况下采用。其预测步骤是：首先由熟悉企业财务和生产经营情况的专家，根据过去所积累的经验，进行分析判断，提出预测的初步意见；然后，通过召开座谈会和发出调查表格等形式，对上述预测的初步意见进行修正和补充。这样经过一次或几次反复以后，得出预测的最终结果。定性预测法是较为有用的，但它未能揭示资金需求量与企业生产经营规模等因素间的数量关系。

（二）定量预测法

1. 因素分析法

因素分析法又称分析调整法，是以有关资金项目上年度的实际平均需求量为基础，根据预测年度的生产经营任务和加速资金周转的要求进行分析调整，从而预测资金需求量的一种方法。

这种方法计算比较简单，容易掌握，但预测结果不太精确，因此它通常用于品种繁多、规格复杂、用量较小、价格较低的资金占用项目的预测，也可以用来测算企业全部资金的需求量。资金需求量的计算式为

资金需求量=(上年资金实际平均占用量－不合理平均占用额)×(1±预测年度销售增减的百分比)×(1±预测年度资金周转速度变动率)　　(3-1)

【思考与讨论】 如何确定不合理平均占用额？如何计算资金周转速度？

【例 3-1】 ABC公司上年度资金实际平均占用量为5 000万元，其中不合理部分为200万元，预计本年度销售增长10%，资本周转速度加快2%，据此预测本年度的资金需求量。

【解】　本年度资金需求量=(5 000－200)×(1+10%)×(1－2%)

=5 174.4(万元)

2. 线性回归分析法

线性回归分析法是假定资金需求量与业务量(如销售数量、销售收入)之间存在线性关系并建立数学模型，然后根据历史有关资料确定参数，根据回归直线方程模型预测资金需求量的方法。其预测模型为

$$y=a+bx \tag{3-2}$$

式中：y 为一定时期的资金需求总额；a 为一定时期的固定资金总额；b 为单位业务量所需的变动资金额；x 为一定时期的产销量。

固定资金是指在一定的营业规模内不随业务量变动的资金。它主要包括为维持经营而需要的最低数额的现金、原材料的保险储备、必要的成品或商品储备，以及固定资产占用的资金。

变动资金是指随经营业务量变动而成比例变动的资金。它一般包括在最低储备以外的现金、存货、应收账款等所占用的资金。

运用式(3-2)预测模型，在利用历史资料确定 a、b 数值的条件下，即可预测一定产销量 x 所需要的资金总额 y，计算公式如下：

$$\begin{cases}\sum y=na+b\sum x \\ \sum xy=a\sum x+b\sum x^2\end{cases} \tag{3-3}$$

【例 3-2】 ABC公司2014—2019年产销量和资金占用情况如表3-2所示。2020年预计销售量为160万件，试计算2020年的资金需求量。

表 3-2　产销量与资金占用情况表

年　度	产销量 X_i/万件	资金占用 Y_i/万元
2014	120	100
2015	110	95
2016	100	90
2017	120	100
2018	130	105
2019	140	110

【解】 (1) 根据表 3-2 的资料，可计算整理得到如表 3-3 所示的数据。

表 3-3 回归直线方程数据计算表

年 度	产销量 x_i/万件	资金占用 y_i/万元	$x_i y_i$	x_i^2
2014	120	100	12 000	14 400
2015	110	95	10 450	12 100
2016	100	90	9 000	10 000
2017	120	100	12 000	14 400
2018	130	105	13 650	16 900
2019	140	110	15 400	19 600
总计	$\sum x_i = 720$	$\sum y_i = 600$	$\sum x_i y_i = 72\ 500$	$\sum x_i^2 = 87\ 400$

(2) 将表 3-3 中计算的数据代入式(3-3)所示的方程组，得

$$\begin{cases} 600 = 6a + 720b \\ 72\ 500 = 720a + 87\ 400b \end{cases}$$

计算得 $a=40$，$b=0.5$。

由此，资金预测的回归直线方程为

$$Y = 40 + 0.5X$$

(3) 2020 年企业销售量为 160 万件，其资金需求量为

$$Y = 40 + 0.5 \times 160 = 120(\text{万元})$$

运用线性回归分析法必须注意以下几个问题：

(1) 资金需求量与经营业务量之间线性关系的假定应符合实际情况。

(2) 确定 a、b 的数值时，应利用预测年度之前连续若干年的历史资料，一般要有 3 年以上。

(3) 应考虑价格等因素的变动情况。

【知识拓展】 在上面的分析中，为了求得回归方程，我们假定 x 与 y 之间存在线性关系。在求得回归方程后，我们必须对这一假定进行检验，以确定 x 与 y 是否的确存在线性关系。常用的检验方法有 F 检验、t 检验和 R 检验等，这些检验可以借助 SPSS、Stata、SAS、Eviews 等分析软件进行。

3. 销售百分比法

销售百分比法是根据销售业务与资产负债表及利润表项目之间的比例关系，预测各项目短期资金需求量的方法。

其基本程序是：首先假设收入、费用、资产、负债与销售收入之间存在稳定的百分比关系，然后根据预计销售额和相应的百分比预计资产、负债和所有者权益的增加额，最后利用会计等式确定企业外部筹资需求量。

具体计算方法有两种：一是首先根据销售总额预计资产、负债和所有者权益的总额，然后确定筹资需求量；二是首先根据销售的增加额预计资产、负债和所有者权益的增加额，然后确定企业外部筹资需求量。

(1) 根据销售总额确定筹资需求量。

其具体步骤如下：

第一步，确定销售百分比。销售额与资产负债表有关项目的百分比可以根据上年的有关数据确定。基期某项目销售百分比的计算式为

$$基期某项目销售百分比=\frac{基期该项目余额}{基期销售收入} \tag{3-4}$$

在确定时，要注意区分直接随销售额变动的资产、负债项目和不随销售额变动的资产、负债项目。一般假设流动资产和固定资产都随销售额变动，并假设流动资产和固定资产与销售额成正比例关系，应付账款和预提费用与销售额成正比，而其他项目如短期借款、应付票据、长期负债和股东权益等与销售无关。

第二步，计算预计销售额下的资产和负债。也就是在一定的销售额下，计算所需要的资产或负债各项目的资金数额。报告期某项目余额的计算式为

$$报告期某项目余额=预计销售额\times基期该项目销售百分比 \tag{3-5}$$

第三步，预计留存收益增加额。留存收益是企业内部的筹资来源，只要企业有盈利并且不是全部支付用于股利，留存收益就会使企业股东权益自然增长。留存收益增加的计算式为

$$留存收益增加=预计销售额\times销售净利率\times(1-股利支付率) \tag{3-6}$$

第四步，计算外部筹资需求。除了通过留存收益等筹集内部资金外，为满足生产经营活动的需要，企业应从外部筹集的资金。外部筹资需求的计算式为

$$外部筹资需求=预计总资产-预计总负债-预计股东权益 \tag{3-7}$$

【例 3-3】 假设某公司 2019 年销售额为 3 000 万元，2020 年预计销售总额 4 000 万元，股利支付率为 30%，销售净利率为 4.5%，其他资料如表 3-4 所示，分析企业外部筹资数额。

表 3-4　外部筹资需求预测计算表　　　　万元

项　目	2019 年实际数	2019 年销售百分比	2020 计划数
流动资产	600	20%	
长期资产	1 200	40%	
资产合计	1 800		
短期借款	60	N	60
应付票据	31	N	31
应付款项	150	5%	
预提费用	9	0.3%	12
长期负债	610	N	610
负债合计	860		
实收资本	100	N	100
资本公积	16	N	16
留存收益	824		950
所有者权益合计	940		
筹资需求			
总　计	1 800		

注：表中 N 表示不影响该指标。

【解】 根据例题中的条件，其计算过程如下：

留存收益增加＝预计销售额×销售净利率×(1－股利支付率)
＝4 000×4.5％×(1－30％)
＝126(万元)

则 2020 年度留存收益为

824＋126＝950(万元)

外部筹资需求＝预计总资产－预计总负债－预计股东权益
＝2 400－913－1 066
＝421(万元)

该公司为完成销售额 4 000 万元，需要增加资金 600 万元(2 400－1 800)，负债的自然增长提供 53 万元(913－860)，留存收益提供 126 万元，本年应再从外部筹资 421 万元。

(2) 根据销售增加额确定筹资需求。

筹资需求＝资产增加－负债自然增加－留存收益增加
＝资产销售百分比×新增销售额－负债销售百分比×新增销售额－计划销售额×计划销售净利率×(1－股利支付率)　(3-8)

根据例 3-3 中的条件计算：

筹资需求＝(20％＋40％)×1 000－(5％＋0.3％)×1 000－4.5％×4 000×(1－30％)
＝421(万元)

销售百分比法的优点：能为财务管理提供短期预计的财务报表，以适应外部筹资的需要，且易于使用。销售百分比法的缺点：若有关销售百分比与实际不符，则据以进行预测就会形成错误的结果。

第二节　权益资金的筹集

一、吸收直接投资

(一) 吸收直接投资的含义和主体

1. 吸收直接投资的含义

企业的资本金是企业所有者为创办和发展企业而投入的资金，是企业权益资金的最基本部分。企业资本金因企业组织形式的不同而有不同的表现形式，在股份制企业中称为股本，在非股份制企业中称为实收资本。

吸收直接投资是指非股份制企业通过协议等形式吸收国家、其他企业、个人和外商等直接投入的资金，形成企业实收资本的一种筹资形式。实收资本不以股票为媒介，适用于非股份制企业。它是非股份制企业筹集权益资金的一种基本方式。

2. 吸收直接投资的主体

如上所述，吸收直接投资的主体为非股份制企业，包括个人独资企业、个人合伙企业和国有独资公司。

（二）吸收直接投资的种类

吸收直接投资可以有多种类型，企业可根据规定筹措所需要的权益资金。

1. 按所形成权益资金的构成分类

（1）吸收国家直接投资，主要为国家财政拨款，由此形成企业的国有资本。

（2）吸收其他企业、事业单位等法人的直接投资，由此形成企业的法人资本。

（3）吸收本企业内部职工和城乡居民的直接投资，由此形成企业的个人资本。

（4）吸收外国投资者和我国港澳台地区投资者的直接投资，由此形成企业的外商资本。

2. 按投资者的出资形式分类

（1）吸收现金投资。吸收现金投资是企业较为青睐的投入资本形式。原因在于现金在用于购置资产、支付费用时更为灵活方便。因此，企业一般争取投资者以现金方式出资，各国法规大多对现金出资比例做出了相应规定。

（2）吸收非现金投资。吸收非现金投资主要有两类形式：一是吸收实物资产投资，即投资者以房屋、建筑物、设备等固定资产和材料、燃料、产品等流动资产作价投资；二是吸收无形资产投资，即投资者以专利权、商标权、商誉、非专利技术、土地使用权等无形资产作价投资。

（三）吸收非现金投资的估价

企业吸收的非现金资产，主要是指流动资产、固定资产和无形资产，应按照评估确定或合同、协议约定的金额计价。

1. 吸收流动资产的估价

企业筹集的流动资产包括材料、燃料、产成品、在产品、自制半成品、应收账款、应收票据和有价证券等。

（1）对于材料、燃料、产成品等，可采用现行市价法或重置成本法进行估价。

（2）对于在产品、自制半成品，可先按完工程度折算为相当于产成品的约当产量，再按产成品的估价方法进行估价。

（3）对于应收款项，应针对具体情况，采用合理的估价方法。

凡是能够立即收回的应收账款，可以其账面价值作为评估价值；凡是能够立即贴现的应收票据，可以其贴现值作为评估价值；凡是不能立即收回的应收款，应合理估计其坏账损失，并以其账面价值扣除坏账损失后的金额作为评估价值；凡是能够立即变现的带息票据和计息债券，可以其面额加上持有期间的利息作为评估价值。

2. 吸收固定资产的估价

企业筹集的固定资产主要是机器设备、房屋建筑物等。

（1）对于筹集的机器设备，一般采用重置成本法和现行市价法进行估价；对有独立生产能力的机器设备，亦可采用收益现值法估价。评估价值应包括机器设备的直接成本和间接成本。

（2）房屋建筑物价值的高低，是由多方面因素决定的，主要受原投资额、地理位置、质量、新旧程度等因素的影响，可采用现行市价法并结合收益现值法进行估价。

3. 吸收无形资产的估价

企业筹集的无形资产主要有专利权、专有技术、商标权、商誉、土地使用权、特许经营权、租赁权、版权等。

(1) 对于能够单独计算自创成本或外购成本的无形资产，如专利权、专有技术等，可以采用重置成本法估价。

(2) 对于在现时市场上有交易参照物的无形资产，如专利权、租赁权、土地使用权等，可采用现行市价法进行估价。

(3) 对于无法确定研制成本或外购成本，又不能在市场上找到交易参照物，但能为企业持续带来收益的无形资产，如特许经营权、商标权、商誉等，可采用收益现值法估价。

(四) 吸收直接投资的优缺点

1. 吸收直接投资的优点

吸收直接投资属于权益资金，与负债筹资相比较，它能提高企业的资信和借款能力；吸收直接投资不仅可以筹集现金，而且能够直接获得所需的先进设备和技术，与仅筹集现金的筹资方式相比较，它能尽快形成生产经营能力；吸收直接投资的财务风险较低。

2. 吸收直接投资的缺点

吸收直接投资通常资金成本较高；吸收直接投资由于没有以股票为媒介，因此产权关系有时不够明晰，也不便于产权交易。

【知识拓展】 私募股权投资(Private Equity，PE)是指通过私募形式对非上市企业进行的权益性投资，在交易实施过程中附带考虑了将来的退出机制，即通过上市、并购或管理层回购等方式，出售持股获利。

二、发行普通股票

发行股票是股份有限公司筹措权益资金的基本方式。股份有限公司的资本划分为股份，每一股的金额相等。公司的股份采取股票的形式。股票又分为普通股票和优先股票两类。本节介绍普通股票的实务操作，优先股票的特殊问题将在第四节中介绍。

(一) 股票的含义

股票是股份有限公司签发的证明股东所持股份的凭证，是股份有限公司为筹措权益资金而发行的有价证券。它代表持股人在公司拥有股份的所有权，股票持有人即为公司的股东。公司股东作为出资者按投入公司的资本额，享有所有者资产收益、公司重大决策和选择管理者的权利，并以其所持有股份为限对公司承担责任。

(二) 股票的种类

股份有限公司根据有关法规的规定以及筹资者和投资者的需要，可以发行不同种类的股票。

(1) 股票按股东的权利和义务不同，可以分为普通股和优先股。

普通股是股份有限公司发行的无特别权利的股份，也是最基本的、最标准的股份。普通股股东的主要权利包括：

① 对公司的管理权。普通股股东有权参加股东大会，并有选举权、被选举权、查账权和表决权，有权就公司重大问题进行发言和投票表决。如果股东不能亲自参加股东大会，

可以委托他人代表其行使股东权利。

② 收益分配权。普通股股东有按股份参加公司收益分配的权利，但必须在公司向债权人及优先股股东分别支付利息和股利之后才享受收益分配权，因此股利通常不固定，视公司的盈利状况及分配政策而定。

③ 优先认股权。当公司增发普通股股票时，现有普通股股东有权按其持股比例，以低于市价的某一特定价格优先购买一定数量的新发行股票，从而保持其对公司所有权的原有比例。

④ 剩余资产分配权。当公司破产或清算时，如果公司的资产在偿还欠债后还有剩余，则普通股股东有权按持股比例对剩余部分进行分配，但其受偿顺序次于优先股股东。

相应地，股东在享受权利的同时应履行遵守公司章程、缴纳股款、对公司负有限责任、不得退股等义务。

优先股是公司发行的优先于普通股股东分取股利和公司剩余财产的股票。

(2) 股票按有无记名，可分为记名股和不记名股。

记名股是在股票票面上记载股东姓名或名称的股票，股票上所记载的股东以外的其他人不得行使其股权，且股权的转让有严格的法律程序与手续，需办理过户。我国《公司法》规定，向发起人、国家授权投资的机构、法人发行的股票，应为记名股。

不记名股是票面上不记载股东姓名或名称的股票，其持有人即股份所有者，具有股东资格，股票的转让也比较自由、方便，无须办理过户手续。

(3) 股票按是否标明金额，可分为面值股票和无面值股票。

面值股票是在票面上标有一定金额的股票，该股票股东对公司享有的权利和承担义务的大小，依其所持有的股票票面金额占公司发行在外股票总面值的比例而定。

无面值股票是不在票面上标出金额，只载明所占公司股本总额的比例或股份数的股票。无面值股票的价值随公司财产的增减而变动，而股东对公司享有的权利和承担的义务大小，直接依股票标明的比例而定。目前，我国《公司法》不承认无面值股票，规定股票应记载股票的面额，并且其发行价格不得低于票面金额。

(4) 股票按投资主体的不同，可分为国家股、法人股和个人股。

国家股是有权代表国家投资的部门或机构以国有资产向公司投资而形成的股份。法人股是公司法人以其依法可支配的财产向公司投资而形成的股份，或具有法人资格的事业单位和社会团体以国家允许用于经营的资产向公司投资而形成的股份。个人股是社会个人或公司内部职工以个人合法财产投入公司而形成的股份。

(5) 股票按发行对象和上市地区的不同，可分为 A 股、B 股、H 股和 N 股等。

A 股是供我国内地个人或法人买卖的以人民币标明票面金额并以人民币认购和交易的股票。B 股、H 股和 N 股是专供外国和我国港澳台地区投资者买卖的以人民币标明票面金额但以外币认购和交易的股票(注：自 2001 年 2 月 19 日起，B 股开始对境内居民开放)。其中，B 股在上海、深圳上市；H 股在香港上市；N 股在纽约上市。

(三) 股票的发行

股份有限公司在设立时要发行股票。此外，公司设立之后，为了扩大经营，改善资本结构，也会增资发行新股。股份的发行实行公开、公平、公正的原则，必须同股同权、同股同利。任何单位或个人认购的股份，每股应支付相同的价款。同时，发行股票还应接受国务院证券监督管理机构的管理和监督。

1. 股票发行的基本要求

股票发行分为设立发行和增资发行。根据《公司法》《证券法》等规定，必须遵循下列基本要求：

(1) 每股金额相等。同次发行的股票，每股的发行条件和价格应当相同。

(2) 股票发行价格可以按票面金额，也可以超过票面金额，但不得低于票面金额。

(3) 股票应当载明公司名称、公司登记日期、股票种类、票面金额及代表的股份数、股票编号等主要事项。

(4) 向发起人、国家授权投资的机构、法人发行的股票，应当为记名股票；对社会公众发行的股票，可以为记名股票，也可以为无记名股票。

(5) 发行记名股票的，公司应当置备股东名册，记载股东的姓名或者名称、住所、各股东所持股份、各股东所持股票编号、各股东取得其股份的日期；发行无记名股票的，公司应当记载其股票数量、编号及发行日期。

(6) 公司发行新股，必须具备下列条件：具备健全且运行良好的组织结构；具备持续盈利能力，财务状况良好；最近三年财务会计文件无虚假记载，无其他重大违法行为；符合证券监督管理机构规定的其他条件。

(7) 公司发行新股，应由股东大会做出有关下列事项的决议：新股种类及数额，新股发行价格，新股发行的起止日期，向原有股东发行新股的种类及数额。

2. 股票的发行程序

根据国际惯例，各国股票的发行都有严格的法律程序，任何未经法定程序发行的股票都不发生效力。设立发行和增资发行在程序上有所不同。

(1) 设立发行股票的程序。

设立发行股票的基本程序主要包括：① 发起人认足股份，交付出资；② 提出募集股份申请；③ 公告招股说明书，制作认股书，签订承销协议和代收股款协议；④ 招认股份，缴纳股款；⑤ 召开创立大会，选举董事、监事；⑥ 办理公司设立登记，交割股票。

(2) 增资发行新股的程序。

增资发行股票的基本程序主要包括：① 股东大会做出发行新股决议；② 由董事会向国务院授权的部门或省级人民政府申请并经批准；③ 公告招股说明书，制作认股书，签订承销协议；④ 招认股份，缴纳股款，交割股票；⑤ 改选董事、监事，办理变更登记。

3. 股票发行价格

股票发行价格是股票发行时所使用的价格，也就是投资者认购股票时所支付的价格。股票发行价格通常由发行公司根据股票面额、股市行情和其他有关因素决定。以募集设立方式设立公司首次发行的股票价格，由发起人决定；公司增资发行新股的股票价格，由股东大会做出决议。

股票发行定价的方式主要有累积订单方式和固定价格方式两种。

(1) 累积订单方式。这是美国证券市场经常采用的股票发行定价方式。基本做法是：首先由承销团与发行公司商定定价区间，通过市场促销征集在每个价位上的需求量，然后分析需求量数量分布，由主承销商与发行公司确定最终发行价格。

(2) 固定价格方式。这是英国、日本、中国香港等证券市场通常采用的股票发行定价方式。基本做法是：在公开发行前先由承销商与发行公司商定固定的股票发行价格，然后根据该价格进行公开发售。

我国目前采用固定价格方式，在发行前由主承销商和发行公司运用市盈率法来确定新股发行价格，即每股发行价格主要根据预测每股税后利润和发行市盈率两个因素来确定。

① 预测每股税后利润：是衡量公司获利能力的重要指标。一般而言，每股税后利润越高，股票投资价值越大。预测每股税后利润的计算式为

$$预测每股税后利润=\frac{预测发行当年税后利润}{发行当年加权平均股份数} \tag{3-9}$$

② 发行市盈率：是每股市场价格与每股税后利润的比率或倍数。在预测每股税后利润一定的条件下，股票发行价格的高低取决于发行市盈率。我国公司股票的发行市盈率一般确定在15～20倍之间。

(四) 股票上市

1. 股票上市的意义

在证券交易所上市交易的股票，称为股票上市，其股份有限公司称为上市公司。

股份有限公司申请股票上市，一般出于以下目的：

(1) 资本大众化，分散风险。股票上市后，会有更多的投资者认购公司股份，公司则可将部分股份转让给这些投资者，再将得到的资金用于其他方面，从而分散公司风险。

(2) 提高公司所发行股票的流动性和变现性。股票上市后便于投资者认购、交易。

(3) 便于筹措新资金。股票上市必须经过有关机构的审查批准并接受相应的管理，执行各种信息披露和股票上市的规定，这样有利于增强社会公众对公司的信赖性，使之乐于购买公司的股票。同时，一般人认为上市公司实力雄厚，这也便于公司采用其他方式(如负债)筹措资金。

(4) 提高公司知名度，吸引更多顾客，从而扩大销售量。

(5) 便于确定公司的价值。公司上市后，公司股价有市价可循，便于确定公司的价值，有利于促进公司实现财富最大化目标。

但股票上市可能对公司不利的方面包括：信息报道成本高；各种信息公开的要求可能暴露公司的商业秘密；股价可能歪曲公司的实际情况，丑化公司的声誉；可能分散控制权，造成管理上的困难。

2. 我国股票上市的条件

我国《公司法》规定，股份有限公司申请股票上市，必须符合下列条件：股票经批准并已公开向社会发行；公司股本总额不少于人民币3 000万元；公开发行的股份占公司股份总数的25％以上，公司股本总额超过人民币4亿元的，向社会公开发行股份的比例为10％以上；最近三年内无重大违法行为，财务会计报告无虚假记载。

3. 股票上市的暂停和恢复

上市公司有下列情形之一的，由国务院证券管理部门暂停其股票上市：公司发生变化，不再具备上市条件；不按规定公开财务状况，对财务报告作虚假记载；公司信用危机，如因信用问题被停止与银行的业务往来关系；盈利能力下降或连续亏损；等等。

公司在规定的暂停上市期限内如能消除有关被暂停上市的原因，则可以恢复上市。

4. 股票上市的终止

上市公司在规定的期限内，如未能消除被暂停上市的原因，甚至产生严重后果，则将被终止上市，取消上市资格。具体情况一般是指：公司财务会计报告有虚假记载，后果严重的；公司有重大违法行为，后果严重的；公司股票连续若干月成交量较少或没有成交的；公司连续若干年没有分配股利的；盈利能力严重下降，甚至连续几年亏损没有扭转的；公司决议解散、被依法责令关闭或者被宣告破产的；等等。

（五）普通股筹资评价

1. 普通股筹资的优点

与其他筹资方式相比，普通股筹措资本具有如下优点：

(1) 资本具有永久性，无到期日，不需归还。这对保证公司对资本的最低需要、维持公司长期稳定发展极为有益。

(2) 没有固定的股利负担，股利的支付与否和支付多少视公司有无盈利和经营需要而定，经营波动给公司带来的财务负担相对较小。由于普通股筹资没有固定的到期还本付息的压力，所以筹资风险较小。

(3) 普通股筹资是公司最基本的资金来源，它能反映公司的实力，可作为其他方式筹资的基础，尤其可为债权人提供保障，从而增强公司的举债能力。

(4) 由于普通股的预期收益较高并可一定程度上抵消通货膨胀的影响(通常在通货膨胀期间，不动产升值时普通股也随之升值)，因此普通股筹资容易吸收资金。

2. 普通股筹资的缺点

(1) 资本成本较高。首先，从投资者的角度讲，投资于普通股风险较高，相应地要求有较高的投资报酬率。其次，对于筹资公司来讲，普通股股利从税后利润中支付，不像债券利息那样作为费用从税前支付，因而不具有抵税作用。此外，普通股的发行费用一般也高于其他证券。

(2) 增加新股东会分散公司的控制权，削弱原有股东对公司的控制。

(3) 由于新股东也分享公司未发行新股前积累的盈余，因而会降低普通股的每股净收益，这可能引发股价的下跌。

第三节　负债资金的筹集

负债筹资是指以企业承担债务的方式筹集资金。其形式主要有借款、发行企业债券、租赁、商业信用等。

一、借款

借款是指企业向银行或其他非银行金融机构借入的款项，主要用于购建固定资产和满足流动资金占用的需要。

（一）借款的种类

借款的种类很多，各企业可根据自身的情况和各种借款条件选用，主要包括：

(1) 按照用途借款，分为固定资产投资借款、固定资产更新改造借款、科技开发和新产品试制借款、流动资金借款等。

(2) 按照提供贷款的机构，借款分为政策性银行贷款、商业银行贷款等。此外，企业还可从信托投资公司取得实物或货币形式的信托投资贷款，从财务公司取得各种中长期贷款等。

(3) 按照有无担保，借款分为信用贷款和抵押贷款。信用贷款指不需要企业提供抵押品，仅凭其信用或担保人信誉而发放的贷款。抵押贷款指要求企业以抵押品作为担保的贷款，抵押品通常为房屋、建筑物、机器设备、股票、债券等。

(4) 按照借款期限，借款分为短期借款和长期借款。偿还期限不足1年的为短期借款。短期借款主要用于企业满足流动资金周转的需要，属于流动负债，一般作为营运资金进行管理。偿还期限超过1年的为长期借款。长期借款主要用于企业购建固定资产的需要，属于长期负债。企业资产负债表中的借款一般采用这种分类方法。

(二) 取得借款的条件

我国金融部门对企业发放贷款的原则是：按计划发放，择优扶植，有物资保证，按期归还。企业申请贷款一般应具备的条件是：

(1) 独立核算，自负盈亏，有法人资格；

(2) 经营方向和业务范围符合国家产业政策，借款用途属于银行贷款办法规定的范围；

(3) 借款企业具有一定的物资和财产保证，担保单位具有相应的经济实力；

(4) 具有偿还贷款的能力；

(5) 财务管理和经济核算制度健全，资金使用效益及企业经济效益良好；

(6) 在银行设有账户，办理结算。

(三) 借款的成本

借款的成本主要包括支付的利息和各种手续费、承诺费等。长期借款的利息率通常高于短期借款。但信誉好或抵押品流动性强的借款企业，仍然可以争取到较低的长期借款利率。借款利率有固定利率和浮动利率两种。浮动利率通常有最高、最低限，并在借款合同中明确。对于借款企业来讲，若预测市场利率将上升，则应与银行签订固定利率合同；反之，则应签订浮动利率合同。

除了利息之外，银行还会向借款企业收取其他费用，如实行周转信贷协定所收取的承诺费、要求借款企业在本银行中保持补偿余额所形成的间接费用。这些费用会增加长期借款的成本。

【知识拓展】 补偿性余额是银行要求借款企业至少将借款总额的10%～20%作为存款余额留存银行，目的是降低银行贷款风险，提高贷款的有效利率，以补偿银行的损失。补偿性余额贷款的实际利率的计算式为

$$\text{补偿性余额贷款的实际利率}=\frac{\text{名义利率}}{1-\text{补偿性余额比率}}\times 100\%$$

(四) 借款筹资评价

1. 借款筹资的优点

(1) 筹资速度快。发行股票和发行债券通常需要准备资料、层层申报与审批、推销等

事项，而借款只需与银行等贷款机构达成协议即可，程序相对简单，所花费时间较短，企业可以迅速获得所需资本。

（2）成本较低。利用借款筹资，取得借款的交易成本低，而且利息可在税前支付，故可减少企业实际负担的利息费用，因此比股票筹资的成本低；与债券相比，借款的利率通常低于债券利率，而且筹资的取得成本较低。

（3）灵活性较强。在借款之前，企业根据当时的资本需求与银行等贷款机构直接商定贷款的时间、数量和条件。在借款期间，若企业的财务状况发生某些变化，则也可与债权人再协商，变更借款数量、时间和条件，或提前偿还本息。因此，借款筹资对企业具有较大的灵活性。

（4）便于利用财务杠杆效应。借款不改变企业的控制权，因而股东不会出于控制权稀释原因而反对借款。由于借款的利率一般是固定或相对固定的，这就为企业利用财务杠杆效应创造了条件。当企业的资本报酬率超过了贷款利率时，会增加普通股股东的每股收益，提高企业的权益净利率。

2. 借款筹资的缺点

（1）财务风险高。借款有固定的还本付息期限，企业应如期付息、到期还本。在企业经营不景气时，这种情况无异于釜底抽薪，会给企业带来更大的财务困难，甚至可能出现不能支付而被债权人提起破产诉讼的情况。

（2）限制条款多。借款合同对借款用途有明确的规定，对企业资本支出额度、再筹资、股利支付等行为有严格的约束，以后企业的生产经营活动和财务政策必将受到一定程度的影响。

（3）筹资数额有限。借款的数额往往受到贷款机构资本实力的制约，不可能像发行债券、股票那样一次筹集到大笔资金，无法满足企业大规模筹资的需要。

【知识拓展】 借款合同的基本条款一般包括借款种类、借款用途、借款金额、借款利率、借款期限、还款资金来源及还款方式、保证条款（抵押、担保）、违约责任等。借款合同的限制条款有一般性限制条款、例行性限制条款和特殊性限制条款。一般性限制条款包括：企业需持有一定限度的现金及其他流动资产，保持其资产的合理流动性及支付能力；限制企业支付现金股利；限制企业资本支出的规模；限制企业借入其他长期资金；等等。例行性限制条款包括：企业定期向银行报送财务报表；不能出售太多资产；债务到期要及时偿付；禁止应收账款的转让；等等。特殊性限制条款包括：要求企业主要领导人购买人身保险，规定借款的用途不得改变等。特殊性限制条款在特殊情况下才生效。

二、发行企业债券

债券是政府、金融机构、工商企业等机构直接向社会借债筹措资金时，向投资者发行，并且承诺按一定利率支付利息并按约定条件偿还本金的债权债务凭证。债券购买者与发行者之间是一种债权债务关系。债券发行者是债务人，债券购买者是债权人。由企业发行的债券称为企业债券或公司债券。

（一）债券的基本要素

债券的基本要素是指发行的债券上必须载明的基本内容，这是明确债权人和债务人权利与义务的主要约定。

1. 票面价值

债券的面值是指债券的票面价值，是发行人对债券持有人在债券到期后应偿还的本金数额，也是企业向债券持有人按期支付利息的计算依据。债券的面值与债券实际的发行价格未必一致，发行价格大于面值称为溢价发行，发行价格小于面值称为折价发行。

2. 偿还期

债券的偿还期是指企业债券上载明的偿还债券本金的期限，即债券发行日至到期日之间的时间间隔。

3. 付息期

债券的付息期是指企业发行债券后的支付利息的时间。可以到期一次支付，也可以1年、半年或3个月支付一次。在考虑货币时间价值和通货膨胀因素的情况下，付息期对债券投资者的实际收益有很大影响。到期一次付息的债券，其利息通常是按单利计算的；而年内分期付息的债券，其利息是按复利计算的。

4. 票面利率

债券的票面利率是指债券利息与债券面值的比率，是发行人承诺以后一定时期支付给债券持有人报酬的计算标准。它的确定主要受到银行利率、发行者的资信状况、偿还期限和利息计算方法以及当时资金市场上资金供求情况等因素的影响。

5. 发行人名称

发行人名称指明债券的债务主体，为债权人到期追回本金和利息提供依据。

上述要素是债券票面的基本要素，但在发行时并不一定全部在票面印制出来，大多数情况下债券发行者是以公告或条例形式向社会公布债券的期限和利率。

（二）债券的种类

公司债券有很多形式，大致有如下分类：

（1）按债券上是否记有持券人的姓名或名称，公司债券分为记名公司债券和无记名公司债券。

发行记名公司债券的，应当在公司债券存根簿上载明下列事项：债券持有人的姓名或者名称及住所；债券持有人取得债券的日期及债券的编号；债券总额、债券的票面金额、利率、还本付息的期限和方式；债券的发行日期。发行无记名公司债券的，应当在公司债券存根簿上载明债券总额、利率、偿还期限和方式、发行日期及债券的编号。

（2）按能否转换为公司股票，公司债券分为可转换债券和不可转换债券。

若公司债券能转换为公司股票，则为可转换债券；反之，为不可转换债券。一般来讲，前者的利率要低于后者。

（3）按有无特定的财产担保，公司债券分为抵押债券和信用债券。

发行公司以特定财产作为抵押品的债券为抵押债券；没有特定财产作为抵押，凭信用发行的债券为信用债券。抵押债券又分为：一般抵押债券，即以公司产业的全部作为抵押品而发行的债券；不动产抵押债券，即以公司的不动产为抵押品而发行的债券；设备抵押债券，即以公司的机器设备为抵押品而发行的债券；证券信托债券，即以公司持有的股票以及其他担保证书交付给信托公司作为抵押品而发行的债券；等等。

（4）按利息的不同，公司债券分为固定利率债券和浮动利率债券。

将利率明确记载于证券上，按该固定利率向债权人支付利息的债券，为固定利率债券；债券上明确利率，发放利息时利率水平按某一标准（如政府债券利率、银行存款利率）的变化而同方向调整的证券，为浮动利率债券。

(5) 按偿还方式，公司债券分为到期一次债券和分期债券。

发行公司于债券到期日一次偿还本金的，为到期一次债券；一次发行而分期、分批偿还的债券为分期债券。分期债券的偿还又有不同方法。

(三) 债券的发行

1. 债券的发行条件

我国《证券法》规定，发行公司债券的公司必须具备以下条件：

(1) 股份有限公司的净资产额不得低于人民币 3 000 万元，有限责任公司的净资产额不低于人民币 6 000 万元。

(2) 累计债券总额不超过公司净资产额的 40%。

(3) 最近 3 年平均可分配利润足以支付公司债券 1 年的利息。

(4) 所筹集资金的投向符合国家产业政策。

(5) 证券的利率不得超过国务院限定的利率水平。

(6) 符合国务院规定的其他条件。

另外，发行公司债券所筹集的资金必须用于核准的用途，不得用于弥补亏损和非生产性支出，否则会损害债权人的利益。

【知识拓展】 发行公司凡有下列情形之一的，不得再次发行公司债券：① 前一次发行的公司债券尚未募足的；② 对已发行的公司债券或者其债务有违约或延迟支付本息的事实，且仍处于继续状态的；③ 改变公开发行公司债券所募资金用途的。

2. 债券发行的程序

企业发行债券的基本程序如下：

(1) 做出发行债券的决议。

企业发行债券要由董事会制订方案，股东会做出决议。在决议中应明确企业发行债券的总额、利率、票面金额、发行价格、募集办法、偿还日期及方式等内容。

(2) 提出发行债券的申请。

在我国，企业发行债券应当按规定程序报请证券发行的主管机关国务院证券管理部门批准。办理申请时应提交企业登记证明、企业章程、企业债券募集办法、资产评估报告和验资报告。

(3) 公告债券募集办法。

企业发行债券的申请经批准后，应当向社会公告债券募集办法。企业债券募集办法中应当载明本次发行债券总额、债券面额、票面利率、还本付息的期限与方式、债券发行的起止日期、公司净资产额、已发行而未到期的公司债券总额、债券的承销机构等事项。公司若发行可转换债券，还应在债券募集办法中规定具体的转换办法。

(4) 委托证券机构发售。

企业债券的发行方式一般包括私募发行和公募发行两种。企业发行债券，应当由证券经营机构承销，且必须通过公开发行的形式进行。承销方式有代销和包销两种。

私募发行是指由发行公司将债券直接发售给投资者，这种发行方式因受限制，故极少采用。公募发行是指发行公司通过承销团向社会发售债券。

代销是指由承销团代为推销债券，在约定期限内未售出的余额将退还发行公司，承销团不承担发行风险。包销是指承销团先购入发行公司拟发行的全部债券，然后售给社会上的投资者，如果在约定期限内未能全部售出，则余额要有承销团负责认购。

(5) 发售债券，收缴款项，登记债券存根簿。

企业发行债券，由证券承销机构发售时，债券购买人直接向承销机构付款，承销机构代理收取债券款，交付债券；然后，承销机构向企业汇缴债券款并结算代理费及从企业预收的债券。企业发行的债券，还应在置备的企业债券存根簿上登记。

3. 债券的发行价格

债券的发行价格是债券发行时使用的价格，即投资者购买债券时所支付的价格。债券的发行价格通常有三种：平价、溢价和折价，即债券的发行价格分别等于、高于或低于债券的票面价格。

债券发行价格的形成受诸多因素的影响，其中主要是票面利率与市场利率的一致程度。债券的票面金额、票面利率在债券发行前即已参照市场利率和发行公司的具体情况确定下来，并载明于债券之上。但在发行债券时已确定的票面利率并不一定与当时的市场利率一致。为了协调债券购销双方在债券利息上的利益，就要调整发行价格，即当票面利率高于市场利率时，以溢价发行债券，当票面利率低于市场利率时，以折价发行债券，当票面利率与市场利率一致时，则以平价发行债券。

对每年付息一次，到期还本的债券，其发行价格的计算公式为

$$\text{债券发行价格}=\frac{\text{票面金额}}{(1+\text{市场利率})^{n}}+\sum_{t=1}^{n}\frac{\text{票面金额}\times\text{票面利率}}{(1+\text{市场利率})^{t}} \qquad (3-10)$$

式中：n 为债券期限；t 为付息期数。

市场利率指债券发行时的市场利率。

【例 3-4】 某公司 2020 年 1 月 1 日发行面值为 1 000 元，票面利率为 10%，期限为 5 年的债券。该债券每年末付息一次，到期一次还本。在债券发行时，当市场利率分别为 10%、5%、15% 时，发行价格是多少？

【解】 当市场利率为 10%时，有

$$\begin{aligned}\text{债券发行价格}&=1\,000\times(P/F,10\%,5)+1\,000\times10\%\times(P/A,10\%,5)\\&=1\,000\times0.621+1\,000\times10\%\times3.791\approx1\,000(\text{元})\end{aligned}$$

当市场利率为 5%时，有

$$\begin{aligned}\text{债券发行价格}&=1\,000\times(P/F,5\%,5)+1\,000\times10\%\times(P/A,5\%,5)\\&=1\,000\times0.784+1\,000\times10\%\times4.329\approx1\,217(\text{元})\end{aligned}$$

当市场利率为 15%时，有

$$\begin{aligned}\text{债券发行价格}&=1\,000\times(P/F,15\%,5)+1\,000\times10\%\times(P/A,15\%,5)\\&=1\,000\times0.497+1\,000\times10\%\times3.352\approx832(\text{元})\end{aligned}$$

(四) 债券筹资评价

1. 债券筹资的优点

(1) 筹资成本较低。债券筹资的成本低于股票筹资，其主要原因在于债券的发行费用较低，债券利息在税前支付，有一部分利息由政府承担。

(2) 可以发挥财务杠杆作用。无论发行公司收益多少，债券持有人只收取固定的有限的利息，而更多的收益可用于分配给股东，增加其财富，或留归企业以扩大经营。

(3) 保障公司控制权。债券持有人一般无权参与发行公司的管理决策，因此发行债券一般不会分散公司的控制权。

2. 债券筹资的缺点

(1) 财务风险较高。债券通常有固定的到期日，需要定期还本付息，财务上始终有压力。在公司不景气时，还本付息将成为公司严重的财务负担，有可能导致公司破产。

(2) 限制条件多。发行债券的限制条件较长期借款、融资租赁的限制条件多且严格，从而限制了公司对债券筹资的使用，甚至会影响公司以后的筹资能力。

(3) 筹资规模受制约。公司利用债券筹资一般受一定额度的限制。例如，我国《公司法》规定：累计债券总额不得超过公司净资产的40%。

三、租赁

租赁是指在一定期间，出租人将资产的使用权让与承租人以获取对价的合同。在租赁业务中，出租人主要是各种租赁公司，承租人主要是其他各类企业，租赁资产主要是机器设备等固定资产。

(一) 租赁的形式

根据出租人筹措设备的资金来源和付款对象不同，租赁可分为直接租赁、杠杆租赁和售后租回等具体形式。

1. 直接租赁

直接租赁是指“购进租出”的做法，即出租人根据承租人的申请，以自有或筹措的资金向国内外厂商购进用户所需设备，然后租给承租人使用。直接租赁一般由两个合同构成：一是出租人与承租人签订的租赁合同；二是出租人按承租人的订货要求，与厂商签订的购货合同。西方发达国家绝大多数租赁公司都采取直接租赁做法。

2. 杠杆租赁

杠杆租赁要涉及承租人、出租人和资金出借方三方当事人。从承租人的角度来看，这种租赁与其他租赁形式并无区别，同样是按合同的规定，在基本租赁期内定期支付定额租金，取得资产的使用权。但对出租人却不同，出租人只垫付购买资产所需资金的一部分(一般为价款的20%～40%)，其余部分则以该资产为担保向贷款人借资支付。在这种情况下租赁公司既是出租人又是借款人，既要收取租金又要支付债务。由于这种融资租赁形式的租赁收益一般大于借款成本，出租人通过借款—购物—出租可获得财务杠杆利益，因此被称作杠杆租赁。

3. 售后租回

售后租回是指根据协议，企业将某资产卖给出租人，再将其租回使用。资产的售价大致为市价。采用这种租赁形式，出售资产的企业可得到相当于售价的一笔资金，同时仍然可以使用资产。当然，在此期间，该企业要支付租金，并失去了财产所有权。从事售后租回的出租人为租赁公司等金融机构。

(二) 租赁的租金

租金是承租企业占用出租人的资产而向出租人付出的代价。租金支付额的多少和支付方式必然对承租企业的现金和财务状况产生影响，是租赁决策的重要考虑因素。

1. 租赁租金的构成

在我国，从事租赁的出租人主要有租赁公司、信托投资公司和银行信贷部门。这些出租人出租资产，除了要从租金中抵补其购入资产的各种成本和费用外，还要获取租赁利润。因此，租赁的租金包括租赁资产的购置成本、租赁资产的成本利息和租赁手续费三大部分。

(1) 租赁资产的购置成本及设备的预计残值。设备的预计残值是否构成租金，要视租赁期满后设备是否归属承租人。如租赁期满后设备的所有权归属承租人，则设备残值部分应构成租金；如租赁期满后设备归还出租人，则设备的残值就不构成租金。

(2) 利息。利息是出租人为承租人购买租赁资产所筹资金而应计的利息。

(3) 租赁手续费。出租人为承租人提供租赁，其实是提供一定劳务的经济行为，必然收取一定的手续费。目前我国租赁公司收取的手续费一般为租赁设备成本的1%～3%。手续费的支付方式有两种：一是签订合同时承租人一次支付，此时手续费不构成租金；二是把手续费计入租金总额，随租金而收回。

2. 年租金的计算方法

确定年租金的方法很多。目前，我国的租赁实务中，大多采用直线法和年金法。

(1) 直线法。直线法是先以商定的利息率和手续费率计算租赁期间的利息和手续费，再加上设备购置成本，按支付次数计算年付租金的方法。这种方法没有考虑资金的时间价值。

年付租金的计算公式为

$$R=\frac{C+I+F}{n} \tag{3-11}$$

式中：R 为年付租金；C 为租赁设备成本；I 为租赁期间的利息；F 为租赁期间的手续费；n 为租期。

【例 3-5】 某企业于20×0年1月1日从租赁公司租入一套设备，价值50万元，租期为5年，预计租赁期满时的残值为1.5万元，设备归租赁公司，年利率按9%计算，租赁手续费率为设备价值的2%。租金每年末支付一次。租赁该套设备每次支付的租金是多少？

【解】 $$\frac{(50-1.5)+[50\times(1+9\%)^5-50]+50\times2\%}{5}=15.29(\text{万元})$$

(2) 年金法。年金法是根据年金现值计算的原理计算每期应付租金的方法。这种方法通常要综合利息率和手续费率确定一个租费率，作为贴现率。因为租金有期初和期末两种支付方式，所以年付租金的计算公式也不同，分别为

年初付租金方式：

$$R=\frac{C}{(P/A,i,n)(1+i)} \tag{3-12}$$

年末付租金方式：

$$R=\frac{C}{(P/A,i,n)} \tag{3-13}$$

式中：R 为年付租金；C 为租赁设备成本；$(P/A,i,n)$为后付年金现值系数；i 为租费率；n 为租赁期限。

【例 3-6】 根据例 3-5 的资料，假定设备残值归属承租企业，资本成本率(租费率)为 11%。则承租企业每年末支付的租金是多少？

【解】
$$\frac{50}{(P/A,11\%,5)}=\frac{50}{3.696}=13.528(\text{万元})$$

此例如果采用先付等额租金方式，则每年初支付租金为

$$\frac{50}{(P/A,11\%,4)+1}=\frac{50}{3.102+1}=12.19(\text{万元})$$

为了便于有计划地安排租金的支付，承租企业可编制租金摊销计划表。现根据例 3-5 的有关资料编制计划表如表 3-5 所示。

表 3-5　租金摊销计划表　　元

日　期	支付租金 (1)	应计租费 (2)=(4)×11%	本金减少 (3)=(1)-(2)	应还本金 (4)
20×0-01-01	—	—	—	500 000
20×0-12-31	135 280	55 000	80 280	419 720
20×1-12-31	135 280	46 169	89 111	330 609
20×2-12-31	135 280	36 367	98 913	231 696
20×3-12-31	135 280	25 487	109 793	121 903
20×4-12-31	135 280	13 377*	121 903	0
合　计	676 400	176 400	500 000	—

注：* 表示含尾差。

(三) 租赁的优缺点

1. 租赁的优点

(1) 筹资速度快。租赁往往比借款购置设备更迅速、更灵活，因为租赁是筹资与设备购置同时进行，可能缩短设备的购进、安装时间，使企业尽快形成生产能力，有利于企业尽快占领市场，打开销路。

(2) 限制条款少。如前所述，债券和长期借款都有相当多的限制条款，虽然类似的限制在租赁公司中也有，但一般比较少。

(3) 设备淘汰风险小。当今，科学技术在迅速发展，固定资产的更新周期日趋缩短，企业设备陈旧过时的风险很大，而利用租赁可减少这一风险。因为租赁通常不会像自己购买设备那样在整个期间都承担风险，且多数租赁协议都规定由出租人承担设备陈旧过时的风险。

(4) 财务风险小。租金在整个租期内分摊，不用到期归还大量本金。许多借款都在到期日一次偿还本金，这会给财务基础较弱的公司造成相当大的困难，有时会造成不能偿付的风险。而租赁则把这种风险在整个租期内分散，可适当减少不能偿付的风险。

(5) 税收负担轻。租金可在税前扣除，具有抵免所得税的效用。

2. 租赁的缺点

(1) 资金成本偏高，通常而言，租金要比从银行借款或发行债券所负担的利息高得多。对于资信状况良好的公司来说，贷款购买设备要比租赁设备更节省成本。

（2）出租人可能会禁止承租人对租赁资产进行改造，并对提前解除租约的行为索要赔偿。

（3）在灵活性上有所缺失。

四、商业信用

商业信用是指在商品交易中以延期付款或预收货款进行购销活动而形成的借贷关系，它是企业之间直接的信用行为，具体形式包括应付账款、应付票据、预收账款等。

（一）商业信用筹资的具体形式

1. 应付账款

赊购商品是一种典型的商业信用形式。在这种方式下，买卖双方发生商品交易，买方收到商品后不立即支付货款，也不出具借据，而是形成“欠账”，延迟一定时期后才付款。这种关系完全由买方的信用来维持。对于卖方来说，可以利用这种方式促销商品；而对于买方来说，延期付款则等于向卖方借用资本购进商品，以满足短期资本周转的需要。

企业在一定时期应付账款筹资额度的大小不但与企业的生产经营状况有关，也与供应商(卖方)提供的信用条件有关。例如，供应商的信用条件是“net 30”，表示购货方必须在30天内支付货款。有时供应商为促使购货方按期付款、及早付款，通常给予购货方一定的现金折扣。例如，信用条件“2/10，$N/30$”意指购货方如于购货后10天内付款，则可以享受2%的现金折扣；如于10天到30天内付款，购货方必须支付全额货款；允许购货方付款的期限最长为30天。

应付账款筹资按其是否支付代价，分为免费筹资、有代价筹资两种。如果供应商不提供现金折扣，则购货方在信用期限内任何时间支付货款均无代价；如果供应商提供现金折扣，则购货方在折扣期限内支付货款也没有成本。这两种情况通常称为免费筹资。如果购货方放弃现金折扣，而在规定的信用期限内支付货款，或者超过信用期限延迟付款，则称为有代价筹资。放弃现金折扣成本的计算式为

$$放弃现金折扣成本=\frac{折扣百分比}{1-折扣百分比}\times\frac{360}{信用期-折扣期} \qquad (3-14)$$

企业是否放弃现金折扣，通常应与其短期筹资成本相比较，如果其他筹资成本低于这一水平，就不应放弃赊销方提供的折扣优惠，因为企业可通过其他渠道融通成本较低的资金来提前支付这笔应付款。

企业在利用商业信用时，还必须将其在一定条件下可自由使用的资本来源用于短期投资所获得的收益，与放弃现金折扣的实际利率及延期付款而导致的信用等级下降的机会成本进行权衡，以求取得的利益最大。

从放弃现金折扣成本的计算公式中可以看到，放弃现金折扣成本与信用期限和折扣期限之间的间隔长度有关，即放弃现金折扣成本水平随着信用期的延长以递减的速度下降，原因在于企业放弃现金折扣的代价，将随着占用对方资金时间的延长所带来的利益而得到弥补。所以，信用期越长(或者在信用期内占用对方资金时间越长)，放弃现金折扣的年利息成本就越低。

企业超出信用期付款，一般称为延期支付应收账款或者拖账。延期付款可降低成本，但由此会带来一定的风险或潜在的筹资成本和代价，主要包括：

(1) 信用损失。如果企业过度延期支付其应付账款，或严重违约，则企业的信用等级将下降。不良的信用等级会影响企业与其他供应商和金融机构的关系。

(2) 利息罚金。有些供应商可能会向延期付款的客户收取一定的利息罚金，有些供应商则将逾期应付账款转为应付票据或本票，这两者都是付款义务的正式凭证，一旦破产，应付票据或本票对供应商更为有利。

(3) 停止送货。拖欠货款会使供应商停止或推迟送货，这不但会因停工待料而丧失生产或销售机会，也会失去企业原有的客户。

(4) 法律追索。供应商可能利用某些法律手段，如对企业所购原材料保留留置权、控制存货或诉诸法庭，使企业不得不寻求破产保护等。

当然，供应商有可能同意偶尔的延期支付，特别是在季节性供求或者市场竞争严酷的情况下，只要在合理时间内如数支付，供应商也可以原谅与容忍。供应商对于偶尔的违约支付行为看得远没有银行和其他贷款人那么严重，但延期支付有可能成为供应商提价的理由。企业在延期支付时，必须谨慎、全面地考虑由谁承担延期支付的成本。

【例 3-7】 ABC 公司按 2/10，$N/30$ 的条件购入货物 10 万元。

【解】 如果该企业在 10 天内付款，便享受了 10 天的免费信用期，并获得折扣 0.2 万元，免费信用额为 9.8 万元。如果该企业放弃现金折扣，其成本为

$$\frac{2\%}{1-2\%}\times\frac{360}{30-10}=36.7\%$$

如果该企业延至 50 天付款，其成本为

$$\frac{2\%}{1-2\%}\times\frac{360}{50-10}=18.4\%$$

如果面临两家以上提供不同信用条件的卖方，应通过衡量放弃现金折扣成本的大小，选择信用成本最小的一家。

比如，例 3-7 中，另有一家供应商提出 1/20、$N/30$ 的信用条件，其放弃折扣的成本为

$$\frac{1\%}{1-1\%}\times\frac{360}{30-20}=36.4\%$$

与 36.7%相比，后者的成本较低，故应选择第二家供应商。

2. 应付票据

应付票据是购销双方按购销合同进行商品交易，因延期付款而签发的反映债权债务关系的一种信用凭证。

应付票据的承兑期限由交易双方商定，一般为 1～6 个月，最长不超过 9 个月。应付票据可以带息，也可以不带息。带息应付票据的利息率通常低于其他筹资方式的利率，比如低于短期借款利率，且不用保持相应的补偿性余额和支付各种手续费等，所以应付票据的筹资成本低于银行借款成本。但是应付票据到期必须归还，如延期则要交付罚款，因而风险较大。

使用应付票据结算方式，收款人需要资金时，可持未到期的商业承兑汇票或银行承兑汇票向其开户银行申请贴现。贴现银行需要资金时，可持未到期的汇票向其他银行转贴现或向央行再贴现。

3. 预收账款

预收账款是卖方企业在交付货物之前向买方预先收取部分或全部货款的信用形式。对于卖方来说，预收账款相当于向买方借用资金后用货物抵偿。预收账款一般用于生产周期长、资金需要量大的货物的销售。

企业在生产经营活动中往往还形成一些应付费用，如应付水电费、应付工资、应付税金、应付利息等。这些项目的发生受益在先、支付在后，支付期晚于发生期，故为企业形成一种自然性筹资。其期限通常有强制性的规定，如按月支付工资、按规定期限缴纳税金等，这些短期筹资项目通常不花费代价。自然性筹资只是在较短的时间和较小的空间范围内才可以使用的筹资方式。

(二) 商业信用筹资的优缺点

商业信用筹资的优点主要是容易取得，限制条件少，是一种持续的信贷形式，且无须正式办理筹资手续；如果没有现金折扣或使用不带息票据，则商业信用筹资不负担成本。缺点主要是资金使用期限较短，在放弃现金折扣时所付出成本较高。

第四节　混合性筹资

前述各类筹资方式，所筹集资金要么是权益资金，要么是负债资金，具有单一属性。混合性筹资是指兼具权益资金和负债资金双重属性的筹资，通常包括发行优先股、发行可转换债券。此外，本节还附带介绍认股权证的相关内容。

一、发行优先股

优先股是指由股份有限公司发行的，在分配公司利益和剩余财产方面比普通股具有优先权的股票。优先股常被看成一种混合证券，介于股票和债券之间。其主要特征是：

(1) 优先股的优先权主要表现在：优先股股东领取股息先于普通股股东；对企业剩余财产的索偿权先于普通股股东，但次于债权人。

(2) 和债券的类似之处在于优先股股息通常事先确定，但企业对这种股息的支付带有随意性，并非必须支付。即使不支付优先股股息，也不会像债券那样，使企业濒临破产的境地。优先股股息与普通股红利的相同之处是，这两者都是在税后支付，即股息支付不能获得税收利益。

发行优先股对于优化公司资本结构、股本结构，提高公司的效益水平，增强公司财务弹性，无疑具有十分重要的意义。

(一) 优先股的种类

按不同标准，可对优先股做出不同的分类，现介绍几种最重要的分类方式。

1. 累积优先股和非累积优先股

累积优先股是指在任何营业年度内未支付的股利可累积起来，由以后营业年度的盈利一起支付的优先股，即当公司营业状况不好，无力支付固定股利时，可把股利累积下来，当公司营业状况好转，盈余增多时再行补发。一般而言，一个公司只有把所欠的优先股股利全部支付以后，才能支付普通股股利。

非累积优先股是仅按当年利润分取股利，而不予以积累补付的优先股。也就是说，如果本年度的利润不足以支付全部优先股股利，则对所积欠的部分，公司不予累积计算，优先股股东也不能要求公司在以后年度中予以补发。

显然，对投资者来说，累积优先股比非积累优先股具有更大的吸引力，所以累积优先股的发行比较广泛，而非累积优先股则因认购者少而发行量小。

2. 可转换优先股与不可转换优先股

可转换优先股是股东可在一定时期内按一定比例把优先股转换成普通股的一种股票。转换的比例是事先确定的，其数值大小取决于优先股与普通股的现行价格。例如，每股可转换优先股的价格为100元，每股普通股的现行价格为25元，这时就可能规定在今后一定时期(如2年)内，以1股优先股转换4股普通股。显然，在规定的2年内，只有当普通股价格超过25元，或优先股的价格不超过100元时，这种转换才有利于优先股股东。

不可转换优先股是指不能转换成普通股的股票，股东仅能获得固定股利报酬，而不能获得转换收益。

3. 参加优先股和不参加优先股

参加优先股是指不仅能取得固定股利，还有权与普通股一同参加利润分配的股票。根据参与利润分配方式的不同，又可分为全部参加分配的优先股和部分参加分配的优先股。前者表现为优先股股东有权与普通股股东共同等额分享本期剩余利润，后者则表现为优先股股东有权按照规定额度与普通股股东共同参与利润分配，超过规定额度部分的利润归普通股所有。

不参加优先股是指不能参加剩余利润分配，只能取得固定股利的优先股。其特点是优先股股东对股份公司的税后利润，只有权分得股利，对取得固定股利后的剩余利润，无权参加分配。

4. 可赎回优先股和不可赎回优先股

可赎回优先股又称为可收回优先股，是指股份公司可以按一定价格收回的优先股票。该股票发行时一般附有收回性条款，在收回条款中规定了赎回该股票的价格，通常略高于股票面值。至于收回与否及收回时机，则由发行股票的公司来决定。

不可赎回优先股是指不能收回的优先股。因为优先股都有固定股利，所以不可赎回优先股一经发行，便会成为一项永久的财务负担。因此在实际工作中，大多数优先股均是可赎回优先股。

(二) 优先股筹资评价

1. 优先股筹资的优点

(1) 没有固定到期日，不用偿还本金。这事实上等于使用的是一笔无期限的贷款，无偿还本金的义务，也无须再作筹资计划。但大多数优先股又附有收回条件，这就使得使用这种资金更有弹性。当财务状况较弱时发行，而财务状况转强时收回，有利于适应资金需要，同时也能控制公司的资金结构。

(2) 股利支付既固定，又有一定弹性。优先股通常采用固定股利，但固定股利的支付并不构成公司的法定义务。如果财务状况不佳，则可暂时不支付优先股股利，那么，优先股股东也不能像债权人一样迫使公司破产。

(3) 有利于增强公司信誉。从法律上讲，优先股属于自有资金，因而，优先股扩大了权益基础，可适当增加公司的信誉，加强公司的借款能力。

2. 优先股筹资的缺点

(1) 筹资成本高。优先股所支付的股利要从税后利润中支付，不同于债务利息可在税前扣除。因此，优先股成本虽低于普通股，但高于债券。

(2) 筹资限制多。发行优先股，通常有许多限制条款。例如，公司不能连续三年拖欠股息，公司有盈利必须先分给优先股股东；公司举债额度较大时要先征求优先股股东的意见等。

(3) 财务负担重。如前所述，优先股需要支付固定股利，又不能在税前扣除，所以，当公司利润下降时，优先股股利会成为一项较重的财务负担，有时不得不延期支付。

二、发行可转换债券

可转换债券是指由企业发行并规定债券持有人在一定期限内按约定的条件可将其转换为发行公司股票的债券。

(一) 可转换债券的特性

从筹资企业的角度看，发行可转换债券属于兼具债务与权益筹资双重属性的混合型筹资。利用可转换债券筹资，企业赋予可转换债券持有人可将其转换为企业股票的权利。因而，对发行公司而言，在可转换债券转换之前需要定期向持有人支付利息。如果在规定的转换期内，持有人未将可转换债券转换为股票，则发行公司还需要到期偿付债券，在这种情形下，可转换债券筹资与普通债券筹资相似，属于债权筹资属性。如果在规定的转换期限内，持有人将可转换债券转换为股票，则发行公司将债券负债转化为股东权益，从而具有股权筹资的属性。

(二) 可转换债券的发行条件

根据我国证监会《上市公司证券发行管理办法》的规定，上市公司发行可转换债券，应当符合下列条件：

(1) 最近 3 个会计年度连续盈利，加权平均净资产收益率不低于 6%。

(2) 本次发行后，累积债券余额不超过最近一期期末净资产额的 40%。

(3) 最近 3 个会计年度实现的年均可分配利润不低于公司债券一年的利息。

(三) 可转换债券的要素

1. 转换期

我国现行法规规定：可转换公司债券的最短期限为 3 年，最长为 5 年，在发行结束后 6 个月内，持有人可以依据约定的条件随时将其转换为股票。

2. 转换价格

上市公司以发行可转换债券前 1 个月股票的平均价格为基准，上浮一定幅度作为转换价格。

3. 转换比率

可转换债券的转换比率是指每份可转换债券所能转换的股票数，它等于可转换债券的面值除以转换价格。

（四）可转换债券筹资的优缺点

1．可转换债券筹资的优点

（1）有利于降低资本成本。可转换债券的利率通常低于普通债券，故在转换前可转换债券的资本成本低于普通债券；若转换为股票，则可节省股票发行成本，从而降低企业筹资的资本成本。

（2）有利于筹集更多的资金。可转换债券的转换价格通常高于发行时的股票价格，因此，可转换债券转换后，其筹资额大于当时发行股票的筹资额。另外也有利于稳定该公司的股价。

（3）有利于调整资本结构。可转换债券是一种具有债券筹资和股权筹资双重性质的筹资方式。可转换债券在转换前属于发行公司的一种债务，若发行公司希望可转换债券持有人转股，则可采取诱导措施促其转换，借以调整资本结构。

（4）有利于避免筹资损失。当企业的股票价格在一段时期内连续转换价格超过某一幅度时，发行公司可按事先约定的价格赎回未转换的可转换债券，从而避免筹资上的损失。

2．可转换债券筹资的缺点

（1）转股后可转换债券筹资将失去利率较低的好处。

（2）若确需股票筹资，但股价并未上升，可转换债券持有人不愿转股，则发行公司将承受偿债压力。

（3）若可转换债券转股时股价高于转换价格，则发行公司遭受筹资损失。

（4）回售条款的规定可能使发行公司遭受损失。当公司股价在一段时期内连续低于转换价格并达到一定幅度时，可转换债券持有人可按事先约定的价格将所持有债券回售公司，从而使发行公司受损。

三、发行认股权证

发行认股权证是上市公司的一种特殊筹资手段，其主要功能是辅助公司的股权性筹资，并可直接筹措现金。

（一）认股权证的概念

认股权证是由股份有限公司发行的可认购其股票的一种买入期权。它赋予持有者在一定期限内以事先约定的价格购买发行公司一定股份的权利。

对于筹资公司而言，发行认股权证是一种特殊的筹资手段。认股权证本身含有期权条款，其持有者在认购股份之前，对发行公司既不拥有债权也不拥有股权，而只是拥有股票认购权。尽管如此，发行公司可以通过发行认股权证筹得现金，还可以用作公司成立时对承销商的一种补偿。

（二）认股权证的种类

1．长期认股权证与短期认股权证

认股权证按允许认股的期限分为长期认股权证和短期认股权证。前者认股期通常持续几年甚至至永久；后者认股期较短，一般在 90 天以内。

2．单独发行与附带发行的认股权证

认股权证按发行方式可分为单独发行的认股权证和附带发行的认股权证。前者是指不依附于其他证券而独立发行的认股权证；后者则指依附于债券、优先股、普通股或短期票据发行的认股权证。

3. 备兑认股权证与配股权证

备兑认股权证是指每份备兑证按一定比例含有几家企业的若干股份的认股权证。配股权证是确认股东配股权的证书，它按股东的持股比例定向派发，赋予股东以优惠价格认购发行公司一定份数的新股。

本章小结

企业筹资是指企业作为筹资主体，根据其生产经营、对外投资和调整资本结构等的需要，通过筹资渠道和金融市场，运用筹资方式，经济有效地筹措和集中资金的活动。

企业的筹资活动需要通过一定的渠道并采用一定的方式来完成。筹资渠道是指企业取得资金来源的方向和通道，筹资方式是指取得资金选用的具体形式和手段。在我国，企业的筹资渠道有国家资金、银行信贷资金、非银行金融机构资金、其他企业资金、企业内部资金和国外资金等。筹资方式有吸收直接投资、发行股票、发行债券、租赁、银行借款、留存收益和商业信用等。

权益资金常采用投入资本筹资和普通股的筹集方式，具有使用时间长，财务风险低，能够提高筹资企业资信和借款能力，但资本成本较高等特点。负债资金常采用长期借款、发行债券、商业信用和租赁等筹集方式，具有使用时间有限，资本成本低，但财务风险大等特点。混合筹资主要是指兼具权益资金和负债资金双重性质的长期筹资，通常包括发行优先股、发行可转换债券。

基本概念

资金筹集	筹资渠道	筹资方式	权益资本	债权资本	长期资本
短期资本	普通股	优先股	可转换债券	可转换债权	债券
认股权证	直接租赁	经营租赁	售后租回	杠杆租赁	

练 习 题

一、单项选择题

1. 普通股筹资具有的优点是(　　)。

A. 筹资成本低　　B. 筹资费用低

C. 筹资风险小　　D. 不会分散公司控制权

2. 下列各项中不属于利用商业信用筹资形式的是(　　)。

A. 应付账款　　B. 预收货款　　C. 短期借款　　D. 商业汇票

3. 下列筹资方式中，属于短期筹资方式的是(　　)。

A. 发行股票　　B. 商业信用　　C. 发行债券　　D. 融资租赁

4. 某企业按年利率 8%向银行借款 10 万元，银行要求维持贷款限额 15%的补偿性余额，该项借款的实际利率则为(　　)。

A. 8%　　B. 6.8%　　C. 9.41%　　D. 16%

5. 下列权利中，不属于普通股股东的权利的是(　　)。

A. 公司管理权　　B. 剩余财产优先要求权

C. 优先认股权　　D. 分享盈余权

6. 当债券的票面利率小于市场利率时，债券应(　　)。

A. 平价发行　　B. 溢价发行　　C. 折价发行　　D. 向外部发行

7. 假设某企业按“2/10，$N/30$”的条件购买一批商品，价值50万元。若企业接受付现折扣，并在第9天付款，则免费筹资额为(　　)万元。

A. 49　　B. 50　　C. 1　　D. 48

8. 商业信用筹资方式筹集的资金只能是(　　)。

A. 银行信贷资金　　B. 其他企业资金　　C. 企业自留资金　　D. 居民个人资金

9. 普通股不具备(　　)的特点。

A. 无到期日　　B. 投资风险高　　C. 股利固定　　D. 永久性

10. 可转换债券对投资者的吸引力在于，当企业经营前景看好时，可转换债券可以转换为(　　)。

A. 其他债券　　B. 优先股

C. 普通股　　D. 企业发行的任何一种证券

11. 短期租赁是指在租赁期开始日，租赁期不超过(　　)个月的租赁。

A. 6　　B. 12　　C. 18　　D. 24

12. 下列(　　)是公司债券的特征。

A. 参与剩余财产分配　　B. 参与利润分配

C. 享有表决权　　D. 具有财务杠杆作用

13. 商业信用筹资的最大优越性在于(　　)。

A. 无实际成本　　B. 期限较短

C. 容易取得　　D. 是一种长期资金筹资形式

二、多项选择题

1. 影响债券发行价格的因素包括(　　)。

A. 债券面值　　B. 票面利率　　C. 市场利率　　D. 债券期限

E. 付息次数

2. 债券筹资与普通股筹资相比较，下列表述中正确的有(　　)。

A. 普通股筹资的风险相对较高　　B. 债券筹资会分散公司控制权

C. 债券筹资成本相对较低　　D. 普通股筹资不能发挥财务杠杆作用

E. 债券利息在税前列支，普通股股利在税后支付

3. 影响租赁每期租金的因素有(　　)。

A. 设备购置成本　　B. 预计设备残值　　C. 利息　　D. 租赁手续费

E. 租赁支付方式

4. 相对于普通股股东而言，优先股股东可以优先行使的权力有(　　)。

A. 优先认股权　　B. 优先表决权　　C. 优先查阅权　　D. 优先分配股利权

E. 优先分配剩余财产权

5. 普通股筹资的优点有(　　)。

A. 没有到期日，不用归还，资本具有永久性

B. 没有固定的股利负担，筹资风险较小

C. 增强公司的信誉，增强公司的举债能力

D. 由于筹资的风险小，所以资金成本也较低

E. 能发挥财务杠杆作用

6. 公司发行债券与发行普通股相比，下列说法中正确的是(　　)。

A. 公司债券筹资风险较小，普通股筹资风险较大

B. 公司债券具有分配上的优先权

C. 公司债券和普通股都不允许折价发行

D. 公司债券持有人无权参与公司经营管理

E. 债券利息在所得税前支付，普通股股利在所得税后支付

7. 普通股股东依法享有的权利包括(　　)。

A. 表决权　B. 优先认股权

C. 收益和剩余资产分配权　D. 股份转让权

E. 控告权

8. 发行债券筹集资金的原因主要有(　　)。

A. 债券成本较股票成本低　B. 可以利用财务杠杆

C. 保障股东控制权　D. 调整资本结构

E. 降低企业经营风险

9. 筹措长期资金的方式有(　　)。

A. 长期借款　B. 商业信用　C. 发行债券　D. 融资租赁

E. 经营租赁

三、判断题(对的打"√"，错的打"×")

1. 可转换债券的利率一般低于普通债券。(　　)

2. 当债券面值与票面利率一定的情况下，市场利率越高，债券的发行价格越低。(　　)

3. 债券的发行价格，既允许平价和溢价发行，也允许折价发行。(　　)

4. 作为抵押贷款的担保品，可以是股票、债券等有价证券。(　　)

5. 我国规定，股票只允许平价和溢价发行，不允许折价发行。(　　)

6. 企业利用应付账款进行筹资时，若销货单位没有提供现金折扣，则不会发生筹资成本。(　　)

7. 长期筹资方式主要包括吸收直接投资、发行股票、发行债券、取得长期借款、经营租赁和内部积累等。(　　)

8. 发行优先股的上市公司如不能按规定支付优先股股利，优先股股东有权要求公司破产。(　　)

9. 若债券溢价发行，则在计算债券资本成本时，债券筹资额应按面值确定，而不应按发行价格确定。(　　)

四、计算题

1. 某公司 2019 年销售收入为 20 000 万元，净利润为 2 400 万元，净利润的 60%分配给投资者。2019 年 12 月 31 日的资产负债表(简表)如表 3 - 6 所示。

表 3 - 6 资产负债表(简表) 万元

资　产	期末余额	负债与所有者权益	期末余额
货币资金	1 000	应付账款	1 000
应收账款	3 000	应付费用	2 000
存　货	6 000	长期借款	9 000
固定资产净值	7 000	实收资本	4 000
无形资产	1 000	留存收益	2 000
资产总计	18 000	负债与所有者权益总计	18 000

该公司 2020 年计划销售收入比上年增长 30%，为实现这一目标，公司需新增设备一台，价值 148 万元。据历年财务数据分析，公司流动资产与流动负债随销售额同比率增减。假定该公司 2020 年的销售净利率和利润分配政策与上年保持一致。

(1) 预计 2020 年增加的留存收益额。

(2) 计算 2020 年公司需增加的对外筹集资金量。

本章练习题参考答案

第四章　资本成本理论

教学目标与要求

· 掌握资本成本的含义及内容。
· 了解资本成本的性质及作用。
· 掌握各筹资方式下筹资成本的计算。
· 掌握杠杆原理。

导入案例

某公司目前年销售额10 000万元，变动成本率70%，全部固定成本和费用为2 000万元，普通股为2 000万股。该公司目前总资产为5 000万元，资产负债率为40%，目前的平均负债利息率为8%，假设企业所得税率为25%。该公司拟改变经营计划，追加投资4 000万元，预计每年固定成本增加500万元，同时可以使销售额增加20%，并使变动成本率下降至60%。该公司拟提高每股收益的同时降低总杠杆系数作为改进经营计划的标准。

【思考与讨论】

(1) 所需资金以追加股本取得，每股发行价为2元，判断是否应改变经营计划。

(2) 所需资金以10%的利率借入，判断是否应改变经营计划。

(3) 若不考虑风险，两种方案相比，哪种方案较好？

第一节　资本成本概述

一、资本成本的含义及内容

市场经济条件下，没有免费使用的资金。企业的资金无论来源于哪种渠道，采用哪种筹资方式都要付出代价，这种代价就是资本成本。所谓资本成本，是指企业为筹集和使用资金而付出的各种费用，也称资金成本。严格地讲，资本成本有广义和狭义之分。从广义的角度讲，资本成本是企业为筹集和使用全部资金(包括短期资金和长期资金)而付出的各种费用；从狭义的角度讲，资本成本是企业为筹集和使用长期资金(包括权益资金和长期债务资金)而付出的各种费用。本节所讨论的资本成本是狭义的资本成本。

资本成本包括筹资费用和使用费用两个方面的内容。筹资费用是指企业在筹资活动中为取得资金而付出的费用，如向银行支付的借款手续费，因发行股票、债券而支付的印刷费、发行手续费、律师费、资信评估费、公证费、担保费、广告费等。筹资费用通常在筹措资金时一次支付，在用资过程中不再发生，因而属于固定性资本成本，可视为对筹资总额的一项扣除。使用费用是指因使用资金而支付的资金占用费用，如向股东支付的股利、向债权人支付的利息等。使用费用是资本成本的主要内容。长期资金的使用费用是经常性的，并随使用资金的多少和时间的长短而变动，因而属于变动性资本成本。

二、资本成本的性质

（1）资本成本是资金所有权与使用权相分离的产物。

资金作为市场上的一种商品，具有使用价值和价值。其使用价值在于它是一种生产经营要素，并与其他生产经营要素相结合后能够使自身价值增值。在市场上，资金使用者从资金所有者那里取得了资金的使用权，就必须向其支付一定的报酬，即返给资金所有者一部分价值增值额。当资金通过资金市场这一中介，从所有者手中转到使用者手中时，使用者还需要向资金市场的中介支付一定的报酬，即承担筹资费用。由此可见，资金市场的有效操作使资本成本完整化、规范化。

（2）资本成本具有一般商品成本的基本属性，但又具有其自身的特点。

产品成本是企业现实的资金耗费，而资本成本既可以表现为实际成本，也可以表现为机会成本和隐含成本。例如，使用本企业内部积累的资金，并未付出任何实际花费，但放弃了将资金让渡给他人而获得投资收益的机会。在一定的条件下，资本成本也是投资者对投入企业的资金所要求的收益率，是投资项目(本企业)的机会成本。

（3）资本成本与资金时间价值既有联系又有区别。

首先，资本成本的基础是资金时间价值。企业从各种渠道取得的资金，其成本的多少与实际使用资金的时间有着密切的联系，时间越长，所花费的代价就越高；其次，资本成本与资金时间价值两者在数量上并不一致，资本成本除了包括资金时间价值外，还包括通货膨胀价值和风险价值。投资者所面临的风险越大，所要求得到的报酬就越高，如股票的资本成本就要高于债券的资本成本。

三、资本成本的作用

资本成本是企业财务管理中的重要概念，确定资本成本对企业财务管理具有重要的意义。

（1）从融资角度讲，资本成本是选择融资方式和进行资本结构决策的重要依据。

个别资本成本是企业选择筹资方式的依据。一个企业长期资金的筹集往往有多种筹资方式可供选择，包括长期借款、发行债券、发行股票等。这些长期资金筹资方式的个别资本成本的高低不同，可作为比较和选择各种筹资方式的一个依据。

加权平均资本成本(综合资本成本)是企业进行资本结构决策的依据。企业的全部长期资金通常是由多种长期资金筹资类型的组合而构成的，企业长期资金的筹资有多个组合方案可供选择。不同筹资组合的综合资本成本的高低，可以用来比较各个筹资组合方案的优劣，是资本结构决策的一个重要依据。

边际资本成本是比较追加筹资方案的依据。企业为了扩大生产经营规模，往往需要追加筹资，不同追加筹资方案的边际资本成本的高低，可以作为比较和选择追加筹资方案的一个重要依据。

（2）从投资角度讲，资本成本是评价投资项目，决定投资项目是否可行的重要标准。

任何投资项目，只有在其投资预期报酬率超过其资本成本时，企业才有利可图，投资项目才可接受；否则企业将无利可图，投资也就失去了实际意义。可见，资本成本实际上是企业投资项目必须达到的最低报酬率，是企业投资决策的重要经济标准。国际上通常将资本成本视为是否采用投资项目的“取舍率”。

(3) 从经营管理角度讲，资本成本是衡量企业经营业绩的重要标准。

资本成本是投资人要求的报酬率，与公司实际的投资报酬率进行比较可以评价公司的经营业绩。日渐兴起的以价值为基础的业绩评价，其核心指标是经济增加值。计算经济增加值需要使用公司资本成本。

(4) 从企业价值评估角度看，资本成本可作为公司现金流量的折现率。

在现实中，经常需要评估一个企业的价值，例如企业并购、重组等。在制定公司战略时，需要知道每种战略选择对企业价值的影响，也会涉及企业价值评估。评估企业价值时，主要采用现金流量折现法，需要使用公司资本成本作为公司现金流量的折现率。

第二节　资本成本的计算

一、资本成本计算的一般模型

资本成本可以用绝对数表示，也可用相对数表示，但在财务管理中，一般用相对数表示，即表示为年使用费用与实际筹资总额(即筹资数额扣除筹资费用后的差额)的比率。一般将资本成本率称为资本成本。

年资本成本的通用计算公式为

$$K=\frac{CF_t}{P-F}=\frac{CF_t}{P\times(1-f)} \tag{4-1}$$

式中：K 为年资本成本；CF_t 为年用资费用；P 为筹资总额；F 为筹资费用；f 为筹资费率(筹资费用除以筹资总额)。

在具体使用时，由于债务资本的占用成本在所得税前列支，自有资本的占用成本在所得税后列支，因此，还要考虑所得税因素的影响。通常，对于债务资本成本率，在上述公式的基础上还要将分子乘以(1－所得税率)。

二、个别资本成本

一般而言，个别资本成本是企业年用资费用与有效筹资额的比率。它的高低取决于三个因素，即年用资费用、筹资费用和筹资总额。年用资费用是决定个别资本成本高低的一个主要因素。在其他两个因素不变的情况下，某种资金的年用资费用越大，其资本成本就越高；反之，年用资费用越小，其资本成本就越低。筹资费用也是影响个别资本成本高低的一个因素。一般而言，发行债券和股票的筹资费用较大，故其资本成本较高；而其他筹资方式的筹资费用较小，故其资本成本较低。筹资总额是决定个别资本成本率高低的一个主要因素。在其他两个因素不变的情况下，某种资金的筹资额越大，其资本成本越低；反之，筹资额越小，其资本成本越高。

(一) 长期借款资本成本

长期借款的占用成本主要是借款利息，由于借款利息允许从所得税前利润中扣除，从而可以抵免企业所得税，因此，企业实际负担的债务资本成本应当考虑所得税因素，其计

算公式为

$$K_L = \frac{Li(1-T)}{L(1-f)} = \frac{i(1-T)}{1-f} \tag{4-2}$$

式中：K_L 为长期借款成本；L 为长期借款总额；i 为借款利息率；T 为企业所得税税率；f 为筹资费率。

相对而言，企业借款的筹资费用很少，可以忽略不计，这时长期借款资本成本可按以下公式计算：

$$K_L = i(1-T) \tag{4-3}$$

【例 4-1】 某公司向银行借入期限为 3 年的长期借款 500 万元，年利率为 10%，每年付息一次，到期一次还本，手续费率为 0.2%，企业所得税税率为 25%。该笔长期借款的资本成本为多少？

【解】
$$K_L = \frac{500\times10\%\times(1-25\%)}{500\times(1-0.2\%)} = 7.52\%$$

若例 4-1 中的手续费率忽略不计，则长期借款成本为

$$K_L = 10\%\times(1-25\%) = 7.5\%$$

上述长期借款成本的计算方法比较简单，但这一方法有一个最大的缺陷，就是没有考虑资金时间价值。在实务中，还可根据贴现现金流量法考虑资金时间价值来计算长期借款成本。这种方法的基本原理是：长期借款的税前成本是使企业因借款而发生的未来现金流出的现值之和等于借款的现金流入的贴现率，即使借款融资的净现值等于零时的贴现率。其计算公式为

$$L\times(1-f) = \sum_{t=1}^{n}\frac{I_t}{(1+K)^t} + \frac{P_L}{(1+K)^n}$$

$$K_L = K\times(1-T) \tag{4-4}$$

式中：P_L 为第 n 年末应偿还的本金；K 为税前长期借款成本；K_L 为税后长期借款成本。

由式(4-4)可以看出，运用贴现现金流量法计算长期借款成本可分为两步：第一步，用插值法计算税前成本 K；第二步，将税前成本调整为税后成本 K_L。

【例 4-2】 沿用例 4-1 的资料，若考虑资金时间价值，则该项长期借款的资本成本为多少？

【解】 第一步，计算税前资本成本。当 $K_1=10\%$时(估计数)，有

$$\begin{aligned}NPV_1 &= 500\times10\%\times(P/A,\ 10\%,\ 3)+500\times(P/F,\ 10\%,\ 3)-500\times(1-0.2\%)\\ &= 50\times2.487+500\times0.751-499\\ &= 0.85(\text{万元})>0\end{aligned}$$

当 $K_2=12\%$时(估计数)，有

$$\begin{aligned}NPV_2 &= 500\times10\%\times(P/A,\ 12\%,\ 3)+500\times(P/F,\ 12\%,\ 3)-500\times(1-0.2\%)\\ &= 50\times2.402+500\times0.712-499\\ &= -22.9(\text{万元})<0\end{aligned}$$

然后用插值法计算的税前资本成本为

$$K = 10\%+(12\%-10\%)\times\frac{0.85}{0.85+22.9} = 10.07\%$$

第二步，将税前资本成本调整为税后资本成本：

$$K_L = 10.07\% \times (1-25\%) = 7.55\%$$

(二) 长期债券资本成本

企业债券资本成本中的利息费用亦在所得税前列支，但发行债券的筹资费用一般较高，应予考虑。债券的筹资费用即发行费用，包括申请费、注册费、印刷费和上市费以及推销费等，其中有的费用按一定的标准支付。此外，债券的发行价格有等价、溢价和折价等情况，与面值有时不一致。因此，债券的资本成本的测算与借款有所不同，债券成本与借款成本的主要差别在于：① 债券的筹资费用较高，不可能忽略不计；② 债券的发行价格与其面值可能存在差异，从而在计算其筹资总额时要按发行价格标准计算。

在不考虑资金时间价值时，债券资本成本可按以下公式计算：

$$K_b = \frac{I_b(1-T)}{B(1-f)} = \frac{Mi(1-T)}{B(1-f)} \tag{4-5}$$

式中：K_b 为债券资本成本，也叫债务资本成本；I_b 为债券年利息；M 为债券票面价值；i 为债券票面利率；T 为所得税税率；B 为债券发行市价总额；f 为筹资费率。

【例 4-3】 ABC公司拟发行面值1 000元、期限5年、票面利率10%的债券10 000张，每年结息一次。发行价格为1 100元，发行费用为发行价格的5%，公司所得税税率为25%，试问该批债券的资本成本为多少？

【解】

$$K_b = \frac{1\,000 \times 10\% \times (1-25\%)}{1\,100 \times (1-5\%)} = 7.18\%$$

在考虑资金时间价值时，债券资本成本可按以下公式计算：

$$B(1-f) = \sum_{t=1}^{n} \frac{I_b}{(1+K)^t} + \frac{M}{(1+K)^n}$$

$$K_b = K(1-T) \tag{4-6}$$

式中：M 为债券票面价值。

【例 4-4】 ABC公司发行总面额为500万元的10年期债券，票面利率为12%，发行费用率为5%，公司所得税税率为25%，债券发行市价总额为500万元。发行该债券的资本成本为多少？

【解】 第一步，计算税前债券资本成本：

$$500 \times (1-5\%) = \sum_{t=1}^{10} \frac{500 \times 12\%}{(1+K)^t} + \frac{500}{(1+K)^{10}}$$

估计 $K_1 = 12\%$，查表，$(P/A, 12\%, 10) = 5.65$，$(P/F, 12\%, 10) = 0.322$。代入上式：

$$NPV_1 = 500 \times 12\% \times 5.65 + 500 \times 0.322 - 500 \times (1-5\%) = 25(\text{万元})$$

估计 $K_2 = 14\%$，查表，$(P/A, 14\%, 10) = 5.216$，$(P/F, 14\%, 10) = 0.27$。代入上式：

$$NPV_2 = 500 \times 12\% \times 5.216 + 500 \times 0.27 - 500 \times (1-5\%) = -27.04(\text{万元})$$

运用插值法计算税前债券资本成本为

$$12\% + \frac{25}{25+27.04} \times (14\% - 12\%) = 12.96\%$$

第二步，计算税后债券资本成本：

$$12.96\% \times (1-25\%) = 9.72\%$$

(三) 普通股资本成本

普通股资本成本主要是向股东支付的各期股利。由于各期股利并不一定固定，依照股利分配政策，可能随企业各期收益波动，也可能保持固定不变，因此普通股的资本成本只能按照折现模式进行计算，并假设各期股利均具有一定的规律性，或保持各期股利固定不变，或按照固定的增长率持续增长。对于上市公司的普通股，其资本成本还可以根据该公司的股票收益率与市场收益率的相关性，按照资本资产定价模型来估计。对于权益投资人来讲，其承担的风险要大于债权人承担的风险，所要求的风险补偿也要大于债权人要求的风险补偿，所以普通股资本成本还可以按照债务成本加风险报酬法进行估算。

1. 股利折现模型

股利折现模型：

$$P_c(1-f)=\sum_{t=1}^{\infty}\frac{D_t}{(1+K_c)^t} \tag{4-7}$$

式中：P_c 为普通股筹资额；f 为筹资费率；D_t 为普通股第 t 年的股利；K_c 为普通股投资必要收益率(即企业资本成本率)。

如果企业采用固定股利的政策，其资本成本为

$$K_c=\frac{D}{P_c(1-f)} \tag{4-8}$$

如果企业采用固定股利增长的股利政策，其资本成本为

$$K_c=\frac{D_1}{P_c(1-f)}+G \tag{4-9}$$

式中：D_1 为第一年的股利；G 为固定的股利增长率。

【例 4-5】　某公司发行每股面值为 1 元的普通股 1 000 股，每股发行价格为 5 元，筹资费率为发行价格的 4%，预计第一年的每股股利为每股 0.5 元，以后每年递增 5%。发行该普通股的资本成本为多少？

【解】

$$K_c=\frac{1\,000\times1\times0.5}{1\,000\times5\times(1-4\%)}+5\%=15.42\%$$

2. 资本资产定价模型

根据资本资产定价模型来估算普通股成本，即通过直接估算公司普通股的预期报酬率来估算普通股成本。其计算公式为

$$K_c=R_f+\beta(R_m-R_f) \tag{4-10}$$

式中：R_f 为无风险报酬率；β 为股票的贝塔系数；R_m 为整个股票市场平均报酬率。

【例 4-6】　假设无风险报酬率为 5%，整个股票的市场平均报酬率为 10%，某公司普通股股票的 β 值为 2，则普通股的资本成本是多少？

【解】

$$K_c=5\%+2\times(10\%-5\%)=15\%$$

3. 风险溢价法

一般而言，从投资者的角度，股票投资的风险高于债券，因此，股票投资的必要收益率可以在债券利率的基础上再加上股票投资高于债券投资的风险收益率：

$$K_c=K_b+RP_c \tag{4-11}$$

式中：K_b 为债券资本成本；RP_c 为股东比债权人承担更大风险所要求的风险溢价，一般在 3%～5%之间。

【例 4-7】　ABC 公司已发行债券的投资收益率为 10%。现准备发行一批股票，经分

析该股票高于债券的投资风险收益率为4%，试问该股票的资本成本为多少？

【解】
$$K_c=10\%+4\%=14\%$$

（四）优先股资本成本

企业发行优先股票筹资，同发行长期债券筹资一样，也需支付筹资费用，如注册费、代销费等。优先股的股息率在事先确定，且定期支付股息。但优先股与债券不同的是，优先股的股息是以税后净利润支付的，企业不会因此而少缴所得税。因此，优先股资本成本的计算公式为

$$K_P=\frac{D_P}{P_P(1-f)} \tag{4-12}$$

式中：D_P 为优先股年股息；P_P 为优先股股金总额；f 为筹资费率。

【例4-8】 ABC公司准备发行一批优先股，每股发行价格为4元，发行费用为0.1元，预计年股利为0.5元，试问其资本成本为多少？

【解】
$$\frac{0.5}{4-0.1}\times100\%=12.82\%$$

（五）留存收益资本成本

留存收益是企业缴纳所得税后形成的，其所有权属于股东。股东将这一部分未分派的税后利润留存于企业，实质上是对企业的追加投资。如果企业将留存收益用于再投资所获得的收益率低于股东自己进行另一项风险相似的投资项目所获得的投资收益率，企业就不应该保留留存收益而应将其分派给股东。实际上，股东愿意将留存收益留用于企业而不作为股利取出投资于别处，总是要求获得与普通股等价的报酬。因此，留存收益也有资本成本，不过是一种机会成本。留存收益资本成本的测算与普通股基本相同，只是不考虑筹资费用，其计算公式为

$$K_r=\frac{D_c}{P_c}+G \tag{4-13}$$

式中：K_r 为留存收益成本，其他符号的含义同前。

三、综合资本成本

由于受多种因素的制约，企业不可能只使用某种单一的筹资方式，往往需要通过多种方式筹集所需要的资金，而各种方式的筹资成本是不一样的。为了正确进行筹资决策，就必须计算企业的综合资本成本。综合资本成本也称加权平均资本成本，它是以个别资本成本为基础，以各种资本占全部资本比重为权数计算出的加权平均资本成本。其计算公式为

$$K_w=\sum_{j=1}^{n}K_jw_j \tag{4-14}$$

式中：K_w 为加权平均资本成本；K_j 为第 j 种融资方式资本成本；W_j 为第 j 种资本占全部资本的比重（权数）；n 为资金种类数。

【例4-9】 ABC公司某年末的长期资本账面总额为1 000万元，其中长期借款400万元，长期债券200万元，普通股400万元，各种资本的个别成本分别为5%、6%、8%。试计算该公司加权资本成本率。

【解】 (1) 计算各种资本所占的比重：

$$长期借款占资本总额的比重=\frac{400}{1\ 000}\times100\%=40\%$$

$$长期债券占资本总额的比重=\frac{200}{1\ 000}\times100\%=20\%$$

$$普通股占资本总额的比重=\frac{400}{1\ 000}\times100\%=40\%$$

（2）计算加权平均资本成本：

加权平均资本成本＝40％×5％＋20％×6％＋40％×8％＝6.4％

综合资本成本的测算，存在着权数价值的选择问题，即各项个别资本按什么权数来确定其比重。一般来说，各项个别资本的价值主要有账面价值、市场价值和目标价值三种选择。

账面价值权数是通过资产负债表提供的账面价值来确定的。其资料容易取得，便于计算，但是资金的账面价值可能不符合市场价值，如果资金的市场价值已经脱离账面价值许多，采用账面价值作基础确定资金比例就会失去现实客观性，从而不利于加权资本成本的测算和筹资管理的决策。

市场价值权数是指债券、股票以市场价格来确定的权数。这样计算的加权平均资本成本能反映企业目前的实际情况。同时，为了弥补证券市场价格变动频繁的不便，也可选用平均价格。

目标价值权数是指债券、股票以未来预计的目标市场价值来确定的权数。这种权数能体现期望的资本结构，而不像账面价值权数和市场价值权数那样只是反映过去和现在的资本结构，所以按目标价值权数计算得出的加权平均资本成本更适用于企业筹措新的资金。然而，企业很难客观合理地确定证券的目标价值，又使这种计算方法不易推广。因此，通常应选择市场价值权数。但在企业筹资实务中，仍有不少企业更愿意采用账面价值权数，因其易于使用。

四、边际资本成本

（一）边际资本成本的概念

边际资本成本是指资金每增加一个单位而增加的成本。边际资本成本也是按加权平均法计算的，是追加筹资时使用的加权平均成本。

为什么要引入边际资本成本的概念呢？因为企业无法以某一固定的资本成本筹措无限的资金，当其所筹集的资金超过一定限度时再要新增筹资，即使保持原有的资本结构，也会使企业各类资本成本增加，从而引起企业新增筹资的边际资本成本上升。

那么，新增筹资为什么会引起各类资本成本的增加呢？这是因为随着新资本增加，企业经营规模扩大，经营风险增加，若企业的债务在原有规模上不断增加，则新债权人考虑到风险，必定会提高贷款或债券的利率，使债务成本增加。同样，股东也会考虑到风险，要求提高投资报酬率，以此来补偿增加的风险，股本成本也会上升。

由于企业筹集新资本都按一定的数额批量进行，企业在追加筹资时，需要知道在什么数额上便会引起资本成本的变化，因此，企业在追加筹资的决策中，必须预先计算边际资本成本随追加筹资总额及其资本结构的变化情况。这样，在确定追加筹资总额及其资本结构时，就能充分利用边际资本成本阶跃(突破点)前的充裕量，尽量避免边际资本成本刚刚跃过突破点。

(二) 边际资本成本的计算

以下举例说明边际资本成本的计算。

【例 4-10】 某公司目前有资金 1 000 000 元，其中长期债券 400 000 元，普通股 600 000 元。现公司业务发展，需要追加筹集新的资金，并维持目前的资本结构(债券占 40%，普通股占 60%)不变。随筹资额增加，各筹资方式的资本成本变化如表 4-1 所示，试计算确定资金的边际资本成本。

表 4-1　公司筹资范围与资本成本表

筹资方式	目标资本结构	新筹资额	个别资本成本(%)
债券	40%	30 万元以下	8
		30～80 万元	9
		80 万元以上	10
普通股	60%	60 万元以下	14
		60 万元以上	16

1. 计算筹资突破点

因为企业花费一定的资本成本只能筹集到一定限度的资金，超过这一限度多筹集的资金就要付出较高的代价，进而引起原来资本成本的变化，于是就把在保持某资本成本条件下可以筹集到的资本总额称为现有资本结构下的筹资突破点。在筹资突破点范围内筹资，原来的资本成本不会改变；一旦筹资总额超过筹资突破点，即使维持现有的资本结构，其资本成本也会增加。筹资突破点的计算公式为

$$\mathrm{BP}_i=\frac{\mathrm{TF}_i}{w_i} \tag{4-15}$$

式中：BP_i 为筹资突破点；TF_i 为可用某一特定资本成本率筹集到的某种资金额；w_i 为某种资金在资本结构中所占的比重。

例如，利用表 4-1 中的数据，在花费 8%的资本成本时，取得的发行债券的限额 30 万元，其筹资突破点为$\dfrac{30}{40\%}=75$(万元)；在花费 9%的资本成本时，取得的发行债券的限额 80 万元，其筹资突破点为$\dfrac{80}{40\%}=200$(万元)；在花费 10%的资本成本时，取得的发行债券没有限额。同理，可以计算出各种情况下的筹资突破点，如表 4-2 所示。

表 4-2　筹资突破点计算表

筹资方式及目标资本结构	资本成本	特定筹资方式的筹资范围/万元	筹资突破点/万元	筹资总额范围/万元
债券(40%)	8%	30 万元以下	30÷40%=75	75 万元以下
	9%	30～80 万元	80÷40%=200	75～200 万元
	10%	80 万元以上		200 万元以上
普通股(60%)	14%	60 万元以下	60÷60%=100	100 万元以下
	16%	60 万元以上		100 万元以上

2. 计算边际资本成本

由表 4 - 2 可得出四组新的筹资范围，并计算出资金的边际成本：

(1) 0～75 万元：边际成本＝8％×40％＋14％×60％＝11.6％；

(2) 75 万元～100 万元：边际成本＝9％×40％＋14％×60％＝12％；

(3) 100 万元～200 万元：边际成本＝9％×40％＋16％×60％＝13.2％；

(4) 200 万元以上：边际成本＝10％×40％＋16％×60％＝13.6％。

第三节 杠杆原理

自然界中的杠杆原理，是指人们通过利用杠杆，可以用较小的力量移动较重物体的现象。财务管理中也存在类似的杠杆效应，由于特定费用(如固定经营成本或固定财务费用)的存在而导致当某一财务变量以较小幅度变动时，另一相关财务变量会以较大幅度变动。合理运用杠杆原理，有助于合理规避风险，提高资金营运效率。

财务管理中的杠杆效应有三种形式，即经营杠杆、财务杠杆和总杠杆。本节将分析并衡量各种杠杆的利益与风险。

一、经营杠杆

(一) 经营杠杆原理

1. 经营杠杆的概念

经营杠杆，亦称营业杠杆或营运杠杆，是指由于企业经营成本中固定成本的存在而导致息税前利润变动率大于产销量(实物量或价值量)变动率的现象。如果不存在固定成本，则息税前利润变动率就同产销量变动率完全一致。

息税前利润是指不扣除利息也不扣除所得税的利润。它用于衡量企业总资产所获得的报酬。其计算公式为

$$\mathrm{EBIT}=PQ-VQ-F=(P-V)Q-F=M-F \tag{4-16}$$

式中：EBIT 为息税前利润；P 为销售单价；V 为单位变动成本；Q 为产销量；F 为固定成本总额；M 为边际贡献。

经营成本包括营业成本、营业税金及附加、销售费用和管理费用，但不包括财务费用。企业的经营成本按其与产销量(实物量或价值量)的依存关系可分为变动成本和固定成本两部分。其中，变动成本是指成本总额在相关范围内随着产销量的变动而成线性变动的成本。固定成本是指成本总额在一定时期和一定产销量范围内，不受产销量增减变动影响而保持不变的成本。企业可以通过扩大产销量来降低单位固定成本，从而增加企业的营业利润，由此形成企业的营业杠杆。企业利用营业杠杆，有时可以获得一定的营业杠杆利益，有时也承受着相应的营业风险(即遭受损失)。可见，营业杠杆是一把“双刃剑”。

2. 经营杠杆利益

当产品成本中存在固定性经营成本时，如果影响息税前利润的其他因素不变，则产销量(实物量或价值量)的增加会降低单位固定成本，从而提高单位利润，使息税前利润的增长率大于产销量的增长率，进而产生经营杠杆利益。该结论可验证如下：

假设只有产销量 Q(实物量)发生变动，其他因素不变，则息税前利润变动率 EBITR 的计算公式推导如下：

$$\begin{aligned}\text{EBITR}&=\frac{\Delta\text{EBIT}}{\text{EBIT}}=\frac{\text{EBIT}_1-\text{EBIT}_0}{\text{EBIT}_0}\\&=\frac{[(P-V)\cdot Q_1-F]-[(P-V)\cdot Q_0-F]}{(P-V)\cdot Q_0-F}\\&=\frac{(P-V)\cdot\Delta Q}{(P-V)\cdot Q_0-F}\\&=\frac{(P-V)\cdot Q_0}{(P-V)\cdot Q_0-F}\cdot\frac{\Delta Q}{Q_0}\end{aligned}$$

式中：下标 0 表示基期，1 表示预测期。

如果 $F>0$，则有 $\frac{(P-V)\cdot Q_0}{(P-V)\cdot Q_0-F}>1$，息税前利润的变动率大于产销量的变动率，此时存在经营杠杆效应。产销量的增加($\Delta Q>0$)会使得息税前利润的增加幅度大于产销量的增加幅度，会带来经营杠杆利益。

3. 经营风险

在上述其他条件不变的情况下，产销量的减少($\Delta Q<0$)虽然不会改变固定成本总额，但会增加单位固定成本，从而降低单位利润，使息税前利润的下降率大于产销量的下降率，从而带来经营杠杆风险。

(二) 经营杠杆系数

经营杠杆作用的大小一般用经营杠杆系数表示。经营杠杆系数，又称营业杠杆系数，是指企业计算利息和所得税之前的盈余(简称息税前盈余或息税前利润)变动率与产销量(也可用营业收入，特别是在多种产品的情况下)变动率之间的比率，它反映经营杠杆的作用程度。其计算公式为

$$\text{DOL}=\frac{\Delta\text{EBIT}/\text{EBIT}}{\Delta S/S}=\frac{Q(P-V)}{Q(P-V)-F}=\frac{\text{EBIT}+F}{\text{EBIT}}\tag{4-17}$$

式中：DOL 为经营杠杆系数；ΔEBIT 为息税前利润的变动额；EBIT 为息税前利润；ΔS 为营业收入的变动额；S 为营业收入；P 为销售单价；V 为单位销量的变动成本额；F 为固定成本总额。

从 DOL 的计算公式可知，影响 DOL 大小的因素很多，主要有：

(1) 产品需求。市场对企业产品的需求越稳定，经营风险就越小；反之，经营风险越大。

(2) 产品售价。产品售价变动不大，经营风险小；否则，经营风险大。

(3) 产品成本。产品成本是收入的抵减，成本不稳定，会导致利润的不稳定，因此产品成本变动越大，经营风险就越大；反之，经营风险就越小。

(4) 调整价格的能力。当产品成本变动时，若企业具有较强的调整价格的能力，经营风险就小；反之，经营风险则大。

(5) 固定成本的比重。在企业全部成本中，固定成本所占的比重较大时，单位产品分摊的固定成本额就多。若产品产量发生变动，则单位产品分摊的固定成本会随之变动，最后导致利润更大幅度地变动。

在上述影响企业经营风险的诸因素中，固定成本比重的影响很重要。在某一固定成本比重下，销售量变动对利润产生的作用，称为经营杠杆。由于经营杠杆对经营风险的影响最为综合，因此常常被用来衡量经营风险的大小。经营杠杆作用越大的企业，其经营风险也越高。

【例4－11】 XYZ公司的产品销量为40 000件，单位产品售价为1 000元，营业收入总额为4 000万元，固定成本总额为800万元，单位产品变动成本为600元，变动成本率为60%，变动成本总额为2 400万元。经营杠杆系数为多少？

【解】

$$DOL=\frac{40\ 000\times(1\ 000-600)}{40\ 000\times(1\ 000-600)-8\ 000\ 000}=2$$

在此例中，经营杠杆系数为2的意义在于：当企业营业收入增长10%时，息税前利润将增长20%；反之，当企业营业收入下降10%时，息税前利润将下降20%。前一种情形表现为经营杠杆利益，后一种情形则表现为经营风险。一般而言，企业的经营杠杆系数越大，经营杠杆利益和经营风险就越高；企业的经营杠杆系数越小，经营杠杆利益和经营风险就越低。

【思考与讨论】 在例4－11中，假设其他因素不变，当XYZ公司的销售量分别为20 000件、10 000件时，经营杠杆系数分别为多少？息税前利润分别为多少？

二、财务杠杆

(一) 财务杠杆原理

1. 财务杠杆的概念

财务杠杆，也称为筹资杠杆或融资杠杆，是指由于固定债务利息的存在而导致普通股每股收益变动幅度大于息税前利润变动幅度的现象。如果企业无负债融资，则普通股每股收益变动幅度与息税前利润变动幅度一致。

2. 财务杠杆利益

企业在生产经营过程中，当自有资金不足时，就要借入债务资金。企业在一定负债规模的条件下，其债务利息是固定的，并在企业所得税前扣除，这与企业实现的息税前利润多少无关。因此，当企业的息税前利润增加时，单位息税前利润所负担的债务利息相应地减少，普通股每股收益相应增加，从而使普通股每股收益的增长率大于息税前利润的增长率，由此使企业获得财务杠杆利益。该结论可进行如下验证：

假设只有息税前利润EBIT发生变动，其他因素不变，则普通股每股收益变动率EPSR的计算公式推导如下：

$$\begin{aligned}EPSR&=\frac{\Delta EPS}{EPS}=\frac{EPS_1-EPS_0}{EPS_0}\\&=\frac{[(EBIT_1-I)\cdot(1-T)/N]-[(EBIT_0-I)\cdot(1-T)/N]}{(EBIT_0-I)\cdot(1-T)/N}\\&=\frac{EBIT_1-EBIT_0}{EBIT_0-I}\\&=\frac{EBIT_0}{EBIT_0-I}\cdot\frac{\Delta EBIT}{EBIT_0}\end{aligned}$$

式中：0表示基期，1表示预测期。

如果 $I>0$，则有 $\frac{EBIT_0}{EBIT_0-I}>1$，普通股每股收益的变动率大于息税前利润的变动率，此时存在财务杠杆效应。息税前利润的增加（$\Delta EBIT>0$）会使得普通股每股收益的增加幅度大于息税前利润的增加幅度，会带来财务杠杆利益。

3. 财务风险

在负债规模一定的情况下，当企业的息税前利润减少（$\Delta EBIT<0$）时，单位息税前利润所负担的债务利息相应地增加，普通股每股收益相应减少，从而使普通股每股收益的下降率大于息税前利润的下降率，由此使企业承担相应的财务风险。

（二）财务杠杆系数

财务杠杆作用的大小通常用财务杠杆系数来表示。财务杠杆系数越大，表明财务杠杆的作用越大，财务风险也就越大；财务杠杆系数越小，表明财务杠杆的作用越小，财务风险也就越小。

财务杠杆系数是指企业税后利润的变动率相当于息税前利润变动率的倍数。在股份有限公司，财务杠杆系数则表现为普通股每股收益变动率相当于息税前利润变动率的倍数。财务杠杆系数的计算式为

$$DFL=\frac{\Delta EPS/EPS}{\Delta EBIT/EBIT} \tag{4-18}$$

式中：DFL 为财务杠杆系数；ΔEPS 为普通股每股收益变动额；EPS 为普通股每股收益；ΔEBIT 为息税前利润的变动额；EBIT 为息税前利润。

通常情况下，计算公式可简化为

$$DFL=\frac{EBIT}{EBIT-I} \tag{4-19}$$

式中：I 为债务利息。

当企业同时存在银行借款、发行优先股的情况下，其 DFL 的计算为

$$DFL=\frac{EBIT}{EBIT-I-\frac{D}{1-T}} \tag{4-20}$$

式中：D 为优先股股利；T 为企业所得税税率。

从 DFL 公式可以看出，影响 DFL 大小的因素很多，主要有资本规模、资本结构、债务利率、优先股股利及所得税、息税前利润等。因此，不同资本规模、不同资本结构、不同债务利率、不同投资报酬率的企业，财务杠杆的作用是不同的。

【例 4-12】 ABC 公司全部长期资本为 7 500 万元，债务资本比例为 0.4，债务年利率为 8%，公司所得税税率为 25%，息税前利润为 800 万元。财务杠杆系数是多少？

【解】

$$DFL=\frac{800}{800-7\,500\times0.4\times8\%}=1.43$$

例 4-12 中财务杠杆系数为 1.43 的含义是：当息税前利润增长 10%时，普通股每股收益将增长 14.3%；反之，当息税前利润下降 10%时，普通股每股收益将下降 14.3%。前一种情形表现为财务杠杆利益，后一种情形则表现为财务风险。一般而言，财务杠杆系数越大，企业的财务杠杆利益和财务风险就越高；财务杠杆系数越小，企业财务杠杆利益和财务风险就越低。

控制财务风险的方法有：控制负债比率，即通过合理安排资本结构、适度负债使财务杠杆利益抵消风险增大所带来的不利影响。

【思考与讨论】 在资本总量和息税前利润一定的情况下，如果负债比率发生增加(或减少)，则财务杠杆利益和财务风险又如何变化呢？

三、总杠杆

(一) 总杠杆原理

经营杠杆通过扩大销售影响息税前利润，而财务杠杆通过扩大息税前利润影响收益。如果两种杠杆共同起作用，那么销售量稍有变动就会使每股收益产生更大的变动。通常把这两种杠杆的连锁作用称为总杠杆作用。

总杠杆也叫复合杠杆，是指由于固定营运成本及固定财务费用的共同存在而导致的每股收益变动大于产销量变动的现象。

(二) 总风险

如果一个企业有固定营运成本及固定财务费用，则经营杠杆与财务杠杆同时存在，这两种杠杆产生的风险总和即为总风险。

公司总风险等于经营风险加财务风险。经营风险与财务风险是相互独立的两个部分。这就是说，即使公司不存在财务杠杆，股东仍然要面临经营风险。但总风险是经营风险与财务风险联合作用的结果。对于使用财务杠杆的公司来讲，它们的财务风险放大了经营风险对每股收益的影响。因此，对于经营比较稳定的企业，管理者可以考虑使用较大的财务杠杆，即承担一定的财务风险，从而使投资者收益有更大幅度的提高。而对本身经营风险就比较大的公司来说，采用很高的财务杠杆是不明智的。

(三) 总杠杆系数

总杠杆作用的程度，可用总杠杆系数表示，它是经营杠杆系数和财务杠杆系数的乘积。总杠杆系数可用来衡量总风险的大小，其计算公式为

$$\mathrm{DTL}=\frac{\Delta \mathrm{EPS}/\mathrm{EPS}}{\Delta S/S}=\mathrm{DOL}\times \mathrm{DFL}=\frac{(P-V)\cdot Q}{(P-V)\cdot Q-F-I} \tag{4-21}$$

【例 4-13】 某企业 2020 年的息税前利润为 40 000 元，长期负债总额为 100 000 元，债务资本的利息率为 12%，负债比率为 50%，企业销售额为 200 000 元，固定成本总额为 40 000 元，变动成本率为 60%。总杠杆系数是多少？

【解】

$$\mathrm{DOL}=\frac{Q(P-V)}{Q(P-V)-F}=\frac{200\ 000\times(1-60\%)}{200\ 000\times(1-60\%)-40\ 000}=2$$

$$\mathrm{DFL}=\frac{\mathrm{EBIT}}{\mathrm{EBIT}-I}=\frac{40\ 000}{40\ 000-100\ 000\times 12\%}=1.43$$

$$\mathrm{DTL}=\mathrm{DOL}\times\mathrm{DFL}=2\times 1.43=2.86$$

在本例中，企业的产销量每增减 1%，每股收益就会相应增减 2.86%。也就是说，产销量有一个比较小的增长，每股收益便会大幅度增长；反之，产销量有比较小的下降，每股收益便会大幅度下降。

(四) 总杠杆的作用

总杠杆的作用是：它能够估计出销售变动对每股收益的影响；它体现了营业杠杆和财

务杠杆之间的相互关系，即为了达到某一总杠杆系数，经营杠杆和财务杠杆可以有很多不同的组合。比如，经营杠杆程度较高的企业可以在较低程度上使用财务杠杆，经营杠杆程度较低的企业可以在较高的程度上使用财务杠杆等。这有待企业在考虑了各有关具体因素之后做出选择。

本章小结

资本成本是企业筹集和使用资金所付出的代价，同时也是资金提供者进行投资所要求的必要回报。资本成本可分为个别资本成本、加权平均资本成本和边际资本成本。

杠杆利益与风险是企业资本结构决策的一个基本因素。它包括经营杠杆利益与风险、财务杠杆利益与风险、总杠杆利益与风险。

由于经营杠杆对经营风险的影响最为综合，因此常常用来衡量经营风险的大小。为了反映经营杠杆的作用程度，评价经营风险的大小，需测算经营杠杆系数。财务风险是指全部资本中债务资本比率的变化带来的风险。当债务资本比率较高时，投资者将负担较多的债务成本，并经受较多的负债作用所引起的收益变动的冲击，从而增大财务风险；反之，当债务资本比率较低时，财务风险较小。财务杠杆作用的大小通常用财务杠杆系数表示。财务杠杆系数越大，财务风险也就越大；财务杠杆系数越小，财务风险也就越小。经营杠杆和财务杠杆的复合作用称为总杠杆。总杠杆作用的程度，可用总杠杆系数表示，它是经营杠杆系数和财务杠杆系数的乘积。总杠杆系数越大，企业风险越大；总杠杆系数越小，企业风险越小。

基本概念

资本成本　加权平均资本成本　营业杠杆　财务杠杆　总杠杆　经营杠杆系数
财务杠杆系数　总杠杆系数

练　习　题

一、单选题

1. 企业全部资金中，股权资本占50%，债务资本占50%，则企业(　　)。

A. 只存在经营风险　　B. 只存在财务风险

C. 存在财务风险和经营风险　　D. 财务风险和经营风险可以相互抵消

2. 如果企业一定期间的固定生产成本和固定财务费用均不为零，则由上述因素共同作用而导致的杠杆效应属于(　　)。

A. 经营杠杆效应　　B. 财务杠杆效应　　C. 复合杠杆效应　　D. 风险杠杆效应

3. 若企业的资金来源全部为自有资金，且没有优先股存在，则企业财务杠杆系数(　　)。

A. 等于1　　B. 等于0　　C. 大于1　　D. 小于1

4. 财务杠杆效应是指(　　)。

A. 提高债务比例导致的所得税降低　　B. 利用现金折扣获取的利益

C. 利用债务筹资给企业带来的额外收益　　D. 降低债务比例所节约的利息费用

5. 某公司全部资本为120万元，负债比率为40%，负债利率为10%，当息税前利润为20万元时，则该公司的财务杠杆系数为(　　)。

A. 1.25　　B. 1.32　　C. 1.43　　D. 1.56

6. 已知某企业目前目标资本结构中长期债务的比重为20%，债务资金的增加额在0～10 000元范围内，其利率维持5%不变。该企业与此相关的筹资突破点为(　　)元。

A. 5 000　　B. 20 000　　C. 50 000　　D. 200 000

7. 当财务杠杆系数为1时，下列表述正确的是(　　)。

A. 息税前利润增长率为零　　B. 息税前利润为零

C. 利息为零　　D. 固定成本为零

8. 某企业经营杠杆系数为2，财务杠杆系数为1.5，如果目前每股收益为1元，那么若销售额增加一倍，则每股收益将增长为(　　)元/股。

A. 1.5　　B. 6　　C. 2　　D. 3.5

9. 降低财务风险的主要措施是(　　)。

A. 合理安排资本结构，适度负债　　B. 降低固定成本总额

C. 降低变动成本总额　　D. 提高获利能力

10. 根据风险与收益对等的观念，在一般情况下，各筹资方式资本成本由小到大依次为(　　)。

A. 银行借款、企业债券、普通股　　B. 普通股、银行借款、企业债券

C. 企业债券、银行借款、普通股　　D. 普通股、企业债券、银行借款

11. 产生经营杠杆作用的原因是(　　)。

A. 经营成本中固定成本总额不变　　B. 经营成本中单位变动成本不变

C. 资本结构中债务利息费用不变　　D. 产销规模不变

12. 下列说法正确的是(　　)。

A. 资本成本是企业为取得资本而付出的代价

B. 资本成本是企业为使用资本而付出的代价

C. 资本成本是企业为取得和使用资本而付出的代价

D. ABC都不对

13. 通过企业资金结构的调整，可以(　　)。

A. 降低经营风险　　B. 影响财务风险　　C. 提高经营风险　　D. 不影响财务风险

二、多选题

1. 下列成本费用中，属于资金成本中的资金筹集费的是(　　)。

A. 借款手续费　　B. 股票发行费　　C. 利息　　D. 股利

E. 债券注册费

2. 在计算个别资金成本时，需要考虑所得税抵减作用的筹资方式有(　　)。

A. 银行借款　　B. 长期债券　　C. 优先股　　D. 普通股

E. 融资租赁

3. 企业降低经营风险的途径一般有(　　　)。

A. 增加销售量　　B. 减少债务成本　　C. 降低变动成本　　D. 提高产品售价

E. 减少股权资本

4. 产生财务杠杆是因为企业存在(　　　)。

A. 债券利息　　B. 优先股股利　　C. 普通股股利　　D. 租金

E. 所得税

5. 影响企业综合资金成本的因素主要有(　　　)。

A. 资金结构　　B. 筹资总额

C. 筹资期限　　D. 个别资金成本的高低

E. 筹资时间

6. 补偿性余额的约束使借款企业所受到的影响有(　　　)。

A. 减少了可用资金　B. 提高了筹资成本　C. 减少了应付利息　D. 增加了应付利息

E. 降低了实际利率

三、判断题(对的打"√",错的打"×")

1. 财务杠杆是通过扩大销售来影响息税前收益的。(　　)

2. 在各种资本来源中,凡是需支付固定性资本成本的资金都能产生财务杠杆作用。(　　)

3. 放弃现金折扣的机会成本与折扣率在同方向变化。(　　)

4. 财务杠杆系数表示每股盈余变动所引起的息税前盈余的变动幅度。(　　)

5. 某企业计划购入原材料,供应商给出的付款条件为"1/20, N/50"。若银行短期借款利率为10%,则企业应在折扣期内付款。(　　)

6. DFL 是用来衡量财务风险的,DFL 越大,财务风险越高。(　　)

7. 在一定时期内,当固定成本总额为零时,经营杠杆系数也为零。(　　)

8. 经营杠杆系数越大,说明企业支付利息的债务资本越多。(　　)

四、计算题

1. 某公司向银行借入一笔长期借款,借款年利率为10%,借款手续费率为0.5%,所得税税率为25%。求银行借款的资本成本。

2. 某公司按面值发行优先股2 000万元,筹资费率为2%,年股利率为10%,所得税税率为25%。求优先股的资本成本。

3. 某企业发行债券500万元,筹资费率为2%,债券的利息率为10%,企业所得税税率为25%。求该企业的债券资本成本。

4. 某公司拟筹资4 000万元,其中按面值发行债券1 500万元,票面利率为10%,筹资费率为1%;发行优先股500万元,股息率为12%,筹资费率为2%;发行普通股2 000万元,筹资费率为4%,预计第一年股利率为12%,以后每年按4%递增,所得税税率为25%。分别计算债券资本成本、优先股资本成本、普通股资本成本以及该公司的加权平均资本成本(以账面价值为权数)。

5. 某企业资本总额为2 000万元,负债和权益筹资额的比例为2∶3,债务利率为9%,息税前利润为200万元,经营杠杆系数为2。计算总杠杆系数。

6. 某企业拥有长期资金400万元,由长期借款与普通股构成,其产权比率为25%。企业拟维持目前的资本结构募集新资金用于项目投资。随着筹资额增加，各种资本成本的变化如表 4－3 所示。

表 4－3　某企业资本成本变化表

资金种类	成本分界点	筹资范围	资本成本(%)	筹资范围
长期借款		40 万元及以下	5	
		40 万元以上	10	
普通股		100 万元及以下	12	
		100 万元以上	14	

该企业目前面临的四个投资机会如表 4－4 所示。

表 4－4　某企业目前面临的投资机会

投资方案	投资额/万元	内涵报酬率(%)
甲项目	90	12
乙项目	80	13.5
丙项目	40	11.5
丁项目	50	14

(1) 计算各筹资突破点及相应的各筹资范围的边际资金成本并填入表 4－3 中。

(2) 该企业应筹集多少资金？应投资哪几个方案？

本章练习题参考答案

第五章　资本结构决策

教学目标与要求

- 了解资本结构的概念及种类。
- 了解资本结构的影响因素。
- 熟悉资本结构理论。
- 掌握资本结构的决策方法。

导入案例

A公司与B公司同属机电行业，两个企业有关资料经整理如表5-1所示。

表5-1　A公司、B公司相关资料

项　目	A公司	B公司
短期借款/万元	50	0
长期借款/万元(6%)	50	0
长期债券/万元(8%)	400	0
普通股股数/万股(每股面值1元)	200	400
盈余公积金/万元	160	400
未分配利润/万元	140	200
资本合计	1 000	1 000
息税前利润总额/万元	350	350
所得税税率(%)	25	25

【思考与讨论】 评价A、B两个公司的资本结构，判断哪家公司资本结构对所有者最有利。

第一节　资本结构的概念

一、资本结构的含义

资本结构是指企业各种资本的价值构成及其比例关系。最基本的资本结构是借入资本和自有资本的比例，以债务股权比率或资产负债率表示。在企业筹资活动中，资本结构有广义和狭义之分。广义的资本结构是指企业全部资本(包括长期资本和短期资本)的构成及其比例关系；狭义的资本结构是指企业各种长期资本(包括股权资本与长期债务资本)的构成及其比例关系。

资本结构可以从不同的角度来认识，于是形成各种资本结构类型。

(一) 资本的属性结构

资本的属性结构是指企业不同属性资本的价值构成及其比例关系。企业全部资本就其属性而言，通常分为两大类：一类是股权资本(或称自有资本)，另一类是债务资本。这两类资本构成的资本结构就是该企业资本的属性结构。

资本的属性结构就是企业财产所有权的结构安排，而财产所有权往往最终与收益权对应，所以资本的属性结构又牵系着产权安排，或者说资本的属性结构决定了产权安排结构。

例如，A公司的资本总额为1 000万元，其中银行借款和应付债券属于债务资本，两者合计500万元，比例为50%；普通股和留存收益(盈余公积和未分配利润)属于股权资本，两者合计为500万元，比例为50%。债务资本和股权资本各为500万元或各占50%，或者债务股权比率为1∶1。这就是A公司资本的属性结构的不同表达。企业同时有债务资本和股权资本构成的资本属性结构，有时又称“搭配资本结构”或“杠杆资本结构”，其搭配比例或杠杆比例通常用债务资本的比例来表示。

(二) 资本的期限结构

资本的期限结构是指不同期限资本的价值构成及其比例关系。一个企业的全部资本就期限而言，一般可以分为两类：一类是长期资本，另一类是短期资本。这两类资本构成的资本结构就是资本的期限结构。

在上例中，A公司的银行借款100万元中有50万元是短期借款，50万元是长期借款，应付债券、普通股和留存收益都是长期资本，因此该公司短期资本为50万元，长期资本为950万元，长期资本占95%，短期资本占5%，或者长期资本与短期资本之比为19∶1。这就是A公司资本期限结构的不同表达。

(三) 资本的价值结构

企业的资本结构可以按账面价值计算，也可以按现时市场价值计算，还可以按未来的目标价值计算，这样就形成三种不同价值计量基础反映的资本结构，即资本的账面价值结构、资本的市场价值结构和目标价值结构。

资本的账面价值结构是指企业资本按账面历史成本计量反映的资本结构。一个企业资产负债表的右方“负债及所有者权益”或“负债及股东权益”的资本结构就是按账面价值计量反映的，由此形成的资本结构是资本的账面价值构成，它不太适合企业资本结构决策的要求。

资本的市场价值结构是指企业按现时市场价值基础计量反映的资本结构。当一个企业的资本具有现时市场价格时，可以按其市场价格计量反映资本的结构。通常上市公司发行的股票和债券具有现时的市场价格。因此，上市公司可以按市场价格计量来反映其资本的现时市场价值构成，它比较适合于上市公司资本结构决策的要求。

资本的目标价值结构是指企业资本按未来目标价值计量反映的资本结构。当一家公司能够比较准确地预计其资本的未来目标价值时，可以按其目标价值计量反映资本结构。它更适合企业资本结构决策的要求，但资本的未来目标价值不易客观准确地估计。

二、资本结构的意义

企业资本结构决策问题主要是资本的属性结构决策问题，即债务资本的比例安排问题。在企业的资本结构决策中，合理地利用债务资本，科学地安排债务资本的比例，是企业筹资管理的一个核心问题，它对企业具有重要的意义。

（一）可以降低企业的综合资本成本

由于债务利息率通常低于股票股利率，而且债务利息在所得税前利润中扣除，企业可减少所得税，从而债务资本成本明显低于股权资本成本。因此，在一定限度内合理地提高债务资本的比例，可以降低企业的加权资本成本。

（二）可以获得财务杠杆利益

由于债务利息通常是固定不变的，当息税前利润增大时，每1元利润所负担的固定利息将会相应降低，从而可分配给股权所有者的税后利润会相应增加。因此，在一定的限度内合理地利用债务资本，可以发挥财务杠杆的作用，给企业所有者带来财务杠杆利益。

（三）可以增加企业价值

一般而言，一家企业的价值应该等于其债务资本的市场价值与股权资本的市场价值之和。企业的价值与企业的资本结构是紧密联系的，资本结构对企业的债务资本市场价值和股权资本价值具有重要影响，进而对企业总资本的市场价值即企业总价值具有重要的影响。因此，合理安排资本结构有利于增加企业的市场价值。

第二节　资本结构理论

资本结构理论是关于企业资本结构、企业综合资本成本与企业价值三者之间关系的理论。它是企业财务理论的重要内容，也是资本结构决策的重要理论基础。从资本结构理论的发展历程来看，主要有早期资本结构理论、MM资本结构理论和新资本结构理论。

一、早期资本结构理论

早期资本结构理论是指1958年以前的资本结构理论，它是由美国经济学家杜兰德于1952年提出的，主要有以下三种观点：

（一）净收益观点

净收益观点认为在企业的资本结构中，债务资本的比例越高，企业的净收益就越多，从而企业的价值就越高。

其理论基础是：债务资本成本和权益资本成本均不受财务杠杆的影响。也就是说，无论负债程度有多高，企业的债务资本成本和权益资本成本都是固定不变的，在此前提下，因为一般情况下债权的投资收益率固定，而且债权人有优先求偿权，债权投资风险低于股权投资风险，债务资本成本一般低于权益资本成本，所以负债越多，企业平均的资本成本就越低，从而企业的价值就会越大。根据这一理论，企业应当尽可能多地利用负债资本，负债比例最大的资本来源结构方案即为最佳方案。当债务资本达到100％时，企业价值达到最大。

这是一种极端的资本结构理论观点。它虽然考虑到财务杠杆利益，但忽略了财务风险。很明显，如果企业的债务资本过多，债务资本比例过高，财务风险就会很高，企业的综合资本成本就会上升，企业的价值反而会下降。

假设：用 K_b 表示债务资本成本，K_s 表示权益资本成本，K_w 表示加权平均资本成本，V 表示企业总价值，则净收益理论可用图 5－1 和图 5－2 表示。

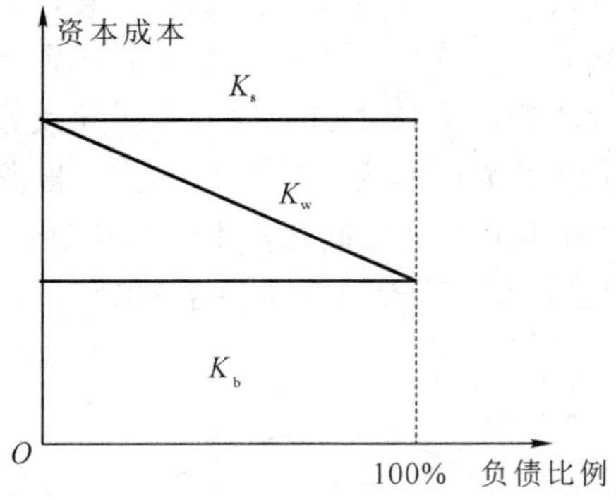

图 5－1　资本成本与负债关系

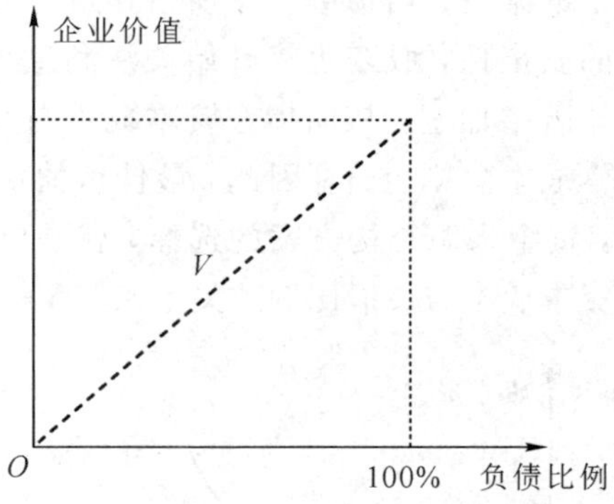

图 5－2　企业价值与负债关系

（二）净营业收益观点

净营业收益观点认为在企业的资本结构中，债务资本的比例与企业的价值没有关系，企业无法利用财务杠杆提高其价值。

其理论基础是：当企业利用财务杠杆时，企业的债务资本成本是固定的，但股权资本成本是变动的，企业的债务资本越多，财务风险就越大，股权资本成本率就越高；反之，企业的债务资本越少，财务风险就越小，股权资本成本就越低。经过加权平均计算后，企业的综合资本成本不变，是一个常数，因此，资本结构与企业价值无关。那么，决定企业价值的真正因素，应该是企业的净营业收益。

这是另一种极端的资本结构理论观点。这种观点虽然认识到债务资本比例的变动会产生企业的财务风险，也可能影响企业的股权资本成本，但实际上企业的综合资本成本不可能是一个常数。企业净营业收益的确会影响企业价值，但企业价值的大小也不仅仅取决于企业净营业收益的多少。

净营业收益理论可用图 5－3 和图 5－4 表示。

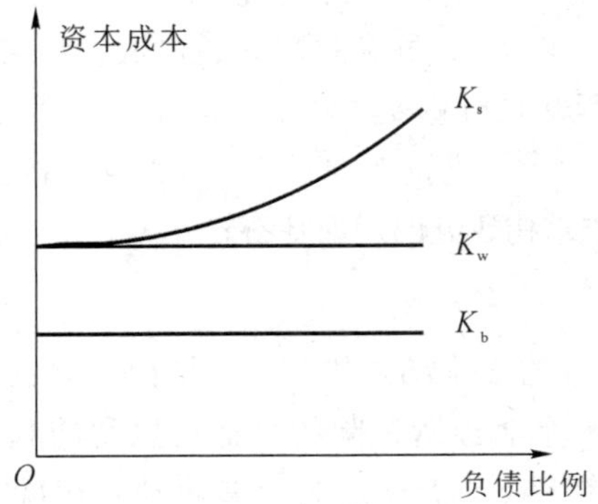

图 5－3　资本成本与负债关系

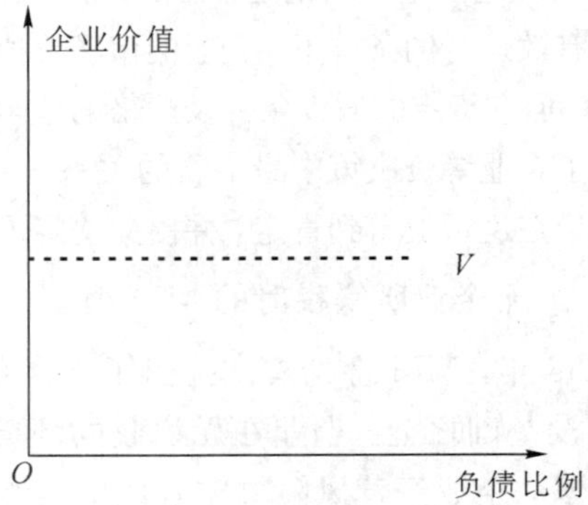

图 5－4　企业价值与负债关系

（三）折中观点

折中观点也称传统观点，是对上述净收益观点和净营业收益观点的一种折中观点。这种观点认为，由于股权资本是一种风险更大的投资，其资本成本要高于债务资本成本。因此，随着财务杠杆利用程度的提高，企业的加权平均资本成本将会逐步降低，但这一过程有一定的限度。当债务资本所占比例达到一定程度时，债权人将开始关心利息支付和本金归还的安全性，股东也将开始关注利息支付对股权资本的变动所产生的影响，即企业的风险性显著增加了，从而债务资本成本与股权资本成本都将急剧上升，自然也就导致加权平均资本成本急剧上升。因此，最佳负债水平就是加权资本成本为最低的那一点。根据这一理论，资金来源结构方案的选择，就是要寻求加权资本成本为最低的资本结构比例。

资本成本与负债比例的关系如图 5－5 所示。企业价值与负债比例的关系如图 5－6 所示。

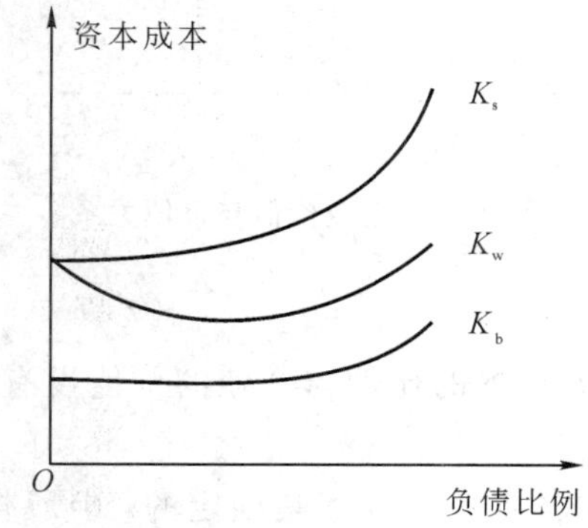

图 5－5　资本成本与负债比例的关系

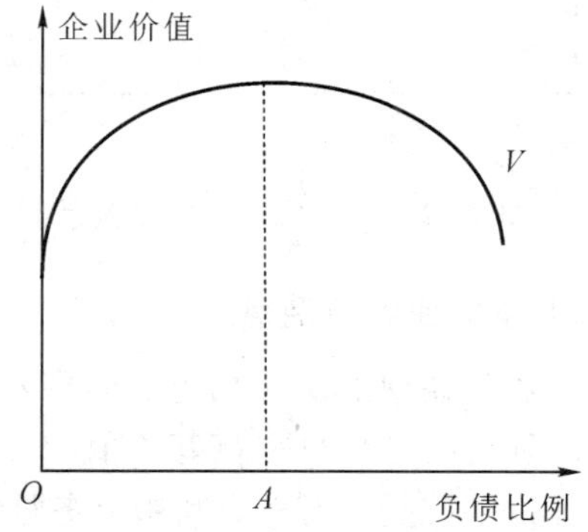

图 5－6　企业价值与负债比例的关系

二、MM 资本结构理论

现代资本结构理论是以 MM 资本结构理论（简称 MM 理论）的提出为标志的。MM 理论是美国学者莫迪蒂安尼和米勒于 1958 年在《资本成本、公司价值与投资理论》一文中提出的。该文深入探讨了企业资本结构与企业价值的关系，创立了 MM 理论的基本体系，并开创了现代资本结构理论研究的先河，这两位作者也因此获得了诺贝尔经济学奖。自 MM 理论创立以来，迄今为止，几乎所有的资本结构理论研究都是围绕它进行的。

MM 理论的基本结论是：在没有企业所得税和个人所得税，没有企业的破产风险、资本市场充分有效运行的条件下，企业的市场价值与资本结构无关。虽然 MM 理论的假设和结论与现实不符，但它给定的假设条件及严格的数学推理过程却具有重要的学术价值和实践意义，因为它揭示了企业筹资决策中最本质的关系——企业经营者和投资者的目标、行为及其相互作用，使该理论在逻辑上得到肯定，并由此奠定了现代资本结构研究的理论基石。

（一）无企业所得税时的 MM 模型

1958 年，MM 理论首次提出了不含企业所得税的资本结构模型，其结论建立在如下的基本假设基础之上：企业在无税收的环境中经营；企业经营风险的高低由息税前利润标准差来衡量，企业经营风险决定其风险等级；投资者多，且所有企业未来盈利及风险的预期相同；投资者不支付证券交易成本，所有债务利率相同；企业为零增长企业，即年平均盈利额不变；个人和企业均可发行无风险债券，并有无风险利率；企业无破产成本；企业的股利政策与企业价值无关，企业发行新债时不会影响已有债务的市场价值；存在高度完善和均衡的资本市场。这意味着资金可以自由流通，充分竞争，预期收益率相同的证券价格相同，有充分信息，利率一致。

MM 理论认为，在上述假设条件下，下列命题是成立的。

命题 1：不论企业有无债务资本，只要预期的息税前利润相等，处于同一风险等级的企业的总价值相等。

企业的总价值是企业预期未来息税前利润的总现值(永续年金现值)。其可用公式表示为

$$V_U=V_L=\frac{EBIT}{K_{SU}}=\frac{EBIT}{K_{WL}} \tag{5-1}$$

式中：V_U 为无负债企业的价值；V_L 为有负债企业的价值；EBIT 为息税前利润，即全部资产的预期收益额；K_{SU} 为无负债企业普通股的必要收益率(无负债企业的综合资本成本)；K_{WL} 为有负债企业的加权平均资本成本。

命题 1 的基本含义是：企业的价值不会受资本结构的影响；有债务企业的综合资本成本等同于与它风险等级相同但无负债企业的股权资本成本；两者的高低视企业的营业风险而定。

命题 2：有负债企业的股本成本等于同一风险等级的无负债企业股本成本加上风险溢价。风险溢价取决于无负债企业股本成本和负债成本之差与负债比率的乘积。其用公式表示为

$$K_{SL}=K_{SU}+(K_{SU}-K_b)\frac{B}{S} \tag{5-2}$$

式中：K_{SL} 为负债企业的股权成本；K_{SU} 为无负债企业的股权成本；K_b 为债务资本成本；B 为负债的市场价值；S 为普通股的市场价值。

命题 2 表明：当负债比率不断上升的时候，负债企业的股权成本也随之增加。把命题 1 与命题 2 联系起来，MM 理论的含义是：通过举债而获得的资本成本优势，正好被负债企业不断上升的股权成本所抵消。因此，当负债增加的时候，负债企业的加权资本成本仍然与处于同一风险级别的无负债企业相同，企业价值因此也保持不变。

命题 3：企业应当投资于那些收益率大于或者等于 K_w 的项目。

在投资决策中该命题已被广泛接受，并作为投资决策的标准之一，因此不作过多论述。

上述命题是在一系列假设的前提下得出的，与事实相去甚远。在企业的筹资实务中，几乎没有哪一家企业不关注资本结构。后续的资本结构理论基本上是通过放松 MM 理论的假设得到发展的。

(二) 有企业所得税的 MM 模型

莫迪蒂安尼和米勒于 1963 年合作发表了另一篇论文——《公司所得税与资本成本：一项修正》，该文取消了企业无所得税的假设，认为若考虑企业所得税时，企业的价值与其债务资本结构有关。修正的资本结构理论同样提出了以下命题：

命题 1：有债务企业的价值等于有相同风险但无债务企业的价值加上负债的节税利益。

$$V_L=V_U+T\times B \tag{5-3}$$

式中：T 为企业的所得税税率。

根据该命题，当企业举债后，债务利息可以计入财务费用，形成节税利益，由此可以增加企业的净收益，从而提高企业的价值。有债务企业的股权资本成本等于无债务企业的股权资本成本加上风险收益率，风险收益率的高低则视企业债务的比例和企业所得税税率而定。随着企业债务比例的提高，企业的综合资本成本会降低，企业的价值会升高。当负债比率达到 100％时，企业价值达到最大。命题 1 同样可以用套利原理加以证明。

按照修正的 MM 理论，企业的资本结构与企业的价值不是无关的，而是密切相关的，并且企业债务比例与企业价值成正相关关系。这个结论与早期资本结构理论的净收益观点是一致的。

命题 2：有负债企业的权益成本等于同一风险等级的无负债企业权益成本加上风险溢价，风险溢价由负债比率和企业所得税税率共同决定。其用公式表示为

$$K_{SL}=K_{SU}+(K_{SU}-K_b)(1-T)\times\frac{B}{S} \tag{5-4}$$

与公式(5－2)相比，公式(5－4)中多了一项 $1-T$。由于 $1-T$ 小于 1，因此在考虑企业所得税后，负债企业的权益成本要低于无税模型下负债企业的权益成本。

命题 2 表明在考虑企业所得税税率后，负债企业的权益成本会随着负债比例的增加而提高。但是由于所得税的存在，权益成本上升的速度要慢于通过举债而获得的资本成本优势，即通过负债能够使企业的整体资本成本降低。因此，当负债增加的时候，负债企业的资本成本低于处于同一风险级别的无负债企业，企业价值因负债而增加。我们可以计算负债企业的加权资本成本，用公式表示为

$$K_w=K_b\times(1-T)+K_{SL}\times\frac{S}{V} \tag{5-5}$$

将公式(5－4)代入公式(5－5)中，得到

$$K_w=K_{SU}\times\left[1-\left(\frac{B}{V}\right)T\right] \tag{5-6}$$

（三）有个人所得税时的米勒模型

米勒于 1977 年发表另一篇论文，在考虑企业所得税和个人所得税同时存在时对企业价值的影响，从而形成了著名的“米勒模型”。该模型的基本思想是：修正的 MM 理论过高地估计了负债经营对企业价值的作用，实际上，个人所得税在某种程度上抵消了负债利息的减税利益。

（四）权衡理论

所谓权衡理论，就是强调在平衡债务利息的抵税收益与财务困境成本(破产成本)的基础上，实现企业价值最大化时的最佳资本结构。此时所确定的债务比率是债务抵税收益的边际价值等于增加的财务困境成本的现值。见图 5－7。

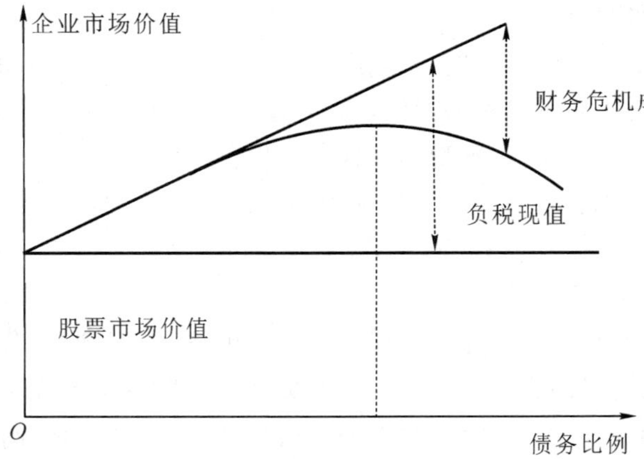

图 5－7　资本结构的权衡理论

三、新资本结构理论

19世纪七八十年代后又出现了一些新的资本结构理论，主要有代理成本理论、信号传递理论、控制权理论和啄食顺序理论等。

(一) 代理成本理论

代理成本理论是由詹森和麦克林于1976年发表的《企业理论：管理行为、代理成本和所有权结构》一文里提出的，是资本结构理论的一个重要分支。

代理成本是指委托人为防止代理人损害自己的利益，需要通过严密的契约关系和对代理人的严格监督来限制代理人的行为所付出的代价。代理成本可分为三部分：① 委托人的监督成本，即委托人激励和监控代理人的成本；② 代理人的担保成本，即代理人用以保证不采取损害委托人行为的成本，以及如果采用了损害委托人行为，将给予赔偿的成本；③ 剩余损失，它是委托人因代理人代行决策而产生的一种价值损失，等于代理人决策和委托人自行决策之间的差异。

代理成本理论是经过研究代理成本与资本结构的关系而形成的。该理论认为，一家企业最初没有任何负债，但是为了减少股权代理成本，企业开始在资本结构中使用负债代替股票。虽然这种方法可以降低股权代理成本，但是随着负债比重的不断增加，负债的代理成本将不断攀升。因此，企业最佳的资本结构存在于每增加一元的负债，其代理成本正好等于所减少的股权代理成本。

综合考虑负债的所得税效应、财务危机成本和代理成本之后，负债企业的价值和无负债企业价值之间的关系可以用以下公式表示：

$$V_L = V_U + T_B + \text{FPV} - \text{APV} \tag{5-7}$$

式中：V_L 为负债企业的价值；V_U 为无负债企业的价值；T_B 为负债企业因负债而产生的税负节约；FPV为财务危机成本的现值；APV为代理成本的现值。

公式右边的前两项表示含税的MM模型，负债企业的价值随着负债的增加而增加。但是在税负节约的同时，企业的财务危机成本和代理成本也随着负债的增加而增加，并不断抵消税负节约。当税负节约大于财务危机成本现值和代理成本现值时，企业可以继续增加负债的比重，从而使企业的资本结构接近最佳；反之，当税负节约小于财务危机成本现值和代理成本现值时，企业应当减少负债的比重，从而使企业的资本结构接近最佳。当企业负债的税负节约等于财务危机成本现值和代理成本现值时，企业的资本结构达到最佳状态。

【知识拓展】 代理成本理论区分了两种公司利益冲突：① 股东与经理层之间的利益冲突；② 债权人与股东之间的利益冲突。

该理论认为，在企业中，由于经理层不能拥有公司100%的剩余利益，因而由于其努力工作所带来的收益必须在经理层与其他所有者之间进行分享。因此，现实中经理层就有强烈的消极工作的动机，甚至把公司资源转变为个人收益，如建设豪华办公室、提高自己的待遇福利等对公司发展没有意义的事情，从而产生了股东和经理层之间的利益冲突。另一方面，由于股东的责任有限，而剩余收益则由股东分享，因此当某项投资具有产生远高于债务面值的收益时，即便成功的概率很低，股东也可能会选择这一高风险投资项目。因为这一风险投资项目一旦成功，超额收益全部归所有者所有；而项目一旦失败，有限责任决定了损失将主要由债权人来承担，从而产生了债权人与股东之间的利益冲突。

股东与经理层之间的利益冲突所导致的代理成本又称为“外部股东代理成本”，债权人与股东之间的利益冲突以及与债权相伴随的破产成本又称为“负债的代理成本”。代理成本理论认为，伴随着股权—债务比率的变动，公司选取的目标资本结构应比较负债带来的收益增加与两种代理成本的抵消作用，从而使公司价值最大化。

(二) 信号传递理论

MM理论和权衡理论都假设信息是对称的，即投资者和经营者在获取企业信息方面的能力和条件都是相等的。但实际上，企业经营者总是比投资者更了解企业的具体经营情况，能够掌握投资者所不了解的信息。在信息灵通的经营者和信息闭塞的外部股东之间存在着信息不对称的前提下，罗斯最早系统地将不对称信息理论引入到资本结构分析中。他假定企业管理当局对企业的未来收益和投资风险有内部信息，而投资者没有这些内部信息。这样，投资者只能通过管理当局输送出来的信息来评价企业价值，管理当局选择的资本结构就是把内部信息传递给市场的一个信号。

罗斯指出，高价值的企业其资本结构采用较多负债杠杆，而低价值的企业不愿意采用较多的负债，因为这将会增加其破产的可能性，一旦破产，企业的经营者将会因此而遭受严厉的惩罚。这样，我们就可以通过资本结构来判别企业的价值高低，高价值的企业愿意采用较多的负债进行融资，而低价值的企业则更多地依赖股票融资。

(三)控制权理论

现代企业理论认为，企业是一系列契约的有机连接。然而，由于人的有限理性和未来的不确定性，再细致的契约也是不完全的，契约之外必然存在没有明确的控制权(有的称为剩余控制权)，那么这个控制权应该掌握在谁的手里？哈特认为，如果融资方式是发行带有投票权的普通股，则股东掌握控制权；如果融资方式是发行不带有投票权的优先股，则经理人员掌握控制权；如果融资方式是发行债券和银行借款，则控制权仍由经理人员掌握，但前提是按期偿还债务本息，否则(即出现了破产)控制权就转移到债权人手中。

(四) 啄食顺序理论

美国经济学家梅耶提出了著名的啄食顺序理论：在内源融资和外源融资中首选内源融资；在外源融资中的直接融资和间接融资中首选间接融资；在直接融资中的债券融资和股票融资中首选债券融资。即融资的顺序是：内源融资—外源融资—间接融资—直接融资—债券融资—股票融资。

按照啄食顺序理论，不存在明显的目标资本结构，因为虽然留存收益和增发新股均属股权筹资，但前者最先选用，后者最后选用；获利能力较强的企业之所以安排较低的债务比率，并不是由于已确立较低的目标债务比率，而是由于不需要外部筹资；获利能力较差的企业选用债务筹资是由于没有足够的留存收益，而且外部筹资选择中债务筹资为首选。

【思考与讨论】 不同类型国家企业融资方式和融资顺序是否相同？为什么？

第三节　资本结构决策方法

一、最优资本结构的含义

资本结构决策是企业财务决策的核心内容之一。企业资本结构决策是结合企业有关情况，分析有关因素的影响，运用一定方法确定最佳资本结构。从理论上讲，最佳资本结构是指企业在适度财务风险的条件下，使其预期的综合资本成本率最低，同时企业价值最大的资本结构，它应作为企业的目标资本结构。

本节将依次介绍资本结构决策的定量分析方法(包括资本成本比较法、每股收益分析法、企业价值比较分析法)和定性分析方法(因素分析法)。

二、最优资本结构的决策方法

(一) 资本成本比较法

资本成本比较法就是通过计算不同资本结构下的加权平均资本成本，并从中选出加权平均资本成本最低筹资方案的方法。

【例 5－1】 ABC 公司原来的资本结构如表 5－2 所示。

表 5－2　ABC 公司资本结构表　　　　万元

筹资方式	金　额
债券(年利率 10%)	8 000
普通股(每股面值 1 元，发行价 10 元，共 800 万股)	8 000
合　计	16 000

普通股每股面值 1 元，发行价格为 10 元，目前价格也为 10 元，今年期望股利为 1 元/股，预计以后每年增加股利 5%。该企业使用的所得税税率为 25%，假设发行的各种证券均无筹资费用。

该企业现拟增资 4 000 万元，以扩大生产经营规模，现有如下三个方案可供选择：

甲方案：增加发行 4 000 万元的债券，因负债增加，投资人风险加大，债券利率增至 12%才能发行，预计普通股股利不变，但由于风险加大，普通股市价降至 8 元/股。

乙方案：发行债券 2 000 万元，年利率为 10%，发行股票 200 万股，每股发行价 10 元，预计普通股股利不变。

丙方案：发行股票 363.6 万股，普通股市价增至 11 元/股。

要求：确定上述三个方案哪个最好?

【解】 下面分别测算三个筹资方案的加权平均资本成本并比较其高低，从而确定最佳筹资方案，即最佳资本结构。

(1) 计算计划年初加权平均资本成本。

$$债券资本比重=\frac{8\ 000}{16\ 000}\times 100\%=50\%$$

$$债券资本成本率=10\%\times(1-25\%)=7.5\%$$

$$普通股资本比重=\frac{8\ 000}{16\ 000}\times100\%=50\%$$

$$普通股资本成本率=\frac{1}{10}+5\%=15\%$$

$$计划年初加权资本成本率=50\%\times7.5\%+50\%\times15\%=11.25\%$$

(2) 计算甲方案的加权平均资本成本。

$$原债券资本比重=\frac{8\ 000}{20\ 000}\times100\%=40\%$$

$$新债券资本比重=\frac{4\ 000}{20\ 000}\times100\%=20\%$$

$$普通股资本比重=\frac{8\ 000}{20\ 000}\times100\%=40\%$$

$$原债券资本成本率=10\%\times(1-25\%)=7.5\%$$

$$新债券资本成本率=12\%\times(1-25\%)=9\%$$

$$普通股资本成本率=\frac{1}{8}+5\%=17.5\%$$

$$甲方案的加权平均资本成本率=40\%\times7.5\%+20\%\times9\%+40\%\times17.5\%=11.8\%$$

(3) 计算乙方案的加权平均资本成本。

$$债券资本比重=\frac{10\ 000}{20\ 000}\times100\%=50\%$$

$$债券资本成本率=10\%\times(1-25\%)=7.5\%$$

$$普通股资本比重=\frac{10\ 000}{20\ 000}\times100\%=50\%$$

$$普通股资本成本率=\frac{1}{10}+5\%=15\%$$

$$乙方案的加权平均资本成本率=50\%\times7.5\%+50\%\times15\%=11.25\%$$

(4) 计算丙方案的加权平均资本成本。

$$债券资本比重=\frac{8\ 000}{20\ 000}\times100\%=40\%$$

$$债券资本成本率=10\%\times(1-25\%)=7.5\%$$

$$普通股资本比重=\frac{12\ 000}{20\ 000}\times100\%=60\%$$

$$普通股资本成本率=\frac{1}{11}+5\%=14.09\%$$

$$丙方案的加权资本成本率=40\%\times7.5\%+60\%\times14.09\%=11.45\%$$

从以上计算可以看出，乙方案的加权平均资本成本最低，所以应该选用乙方案，即该企业应该保持原有的资本结构，50%为负债资本，50%为股权资本。

资本成本比较法的优点是容易理解，测算过程简单；缺点是仅以资本成本率最低为决策标准，没有考虑财务风险因素，决策目标实质上是利润最大化而不是企业价值最大化，同时可能因所拟定筹资方案数量有限，而把最优方案漏掉。该方法一般适用于资金规模较小，资本结构较为简单的非股份制企业。

(二) 每股收益分析法

从投资者角度，每股收益衡量每一股份所带来的收益大小，因此，能提高每股收益的资本结构是最佳的资本结构，此时股东财富达到最大。

按每股收益大小判断资本结构的优劣可以运用每股收益无差别点法，也称 EBIT - EPS 分析法。每股收益无差别点是指债务筹资和权益筹资两种筹资方式下普通股每股收益相等时的息税前利润点，也称筹资无差别点。

假设某企业目前的资本结构为：债务资本为 B_0，利息率为 i_0，利息为 I_0，发行在外的普通股股数为 N_0，优先股股利为 D_0，企业所得税税率为 T。现在需要追加筹集资本 ΔB，有两种筹资方案：方案一，发行债券，年利息为 ΔI；方案二，发行普通股，增加普通股股数 ΔN。那么，此时选择何种筹资方案对企业最有利？

两种方案的每股收益无差别点，用公式表示如下：

$$\frac{(\text{EBIT}-I_1)(1-T)-D_1}{N_1}=\frac{(\text{EBIT}-I_2)(1-T)-D_2}{N_2} \qquad (5-8)$$

式中：EBIT 为每股收益无差别点处的息税前利润；为 I_1 为第一种筹资方式下的利息；I_2 为第二种筹资方式下的利息；D_1 为第一种筹资方式下的优先股股利；D_2 为第二种筹资方式下的优先股股利；N_1 为第一种筹资方式下的普通股股数；N_2 为第二种筹资方式下的普通股股数。其中，$I_1=I_0+\Delta I$，$N_1=N_0$，$D_1=D_0+\Delta D_1$；$I_2=I_0$，$N_2=N_0+\Delta N$，$D_2=D_0+\Delta D_2$。

利用每股收益分析法进行最优资本结构决策的原则是：当预期息税前利润(或销售额)大于每股收益无差别点的息税前利润(或销售额)时，运用债务筹资可获得较高的每股收益；反之，运用权益筹资可获得较高的每股收益。如图 5 - 8 所示。

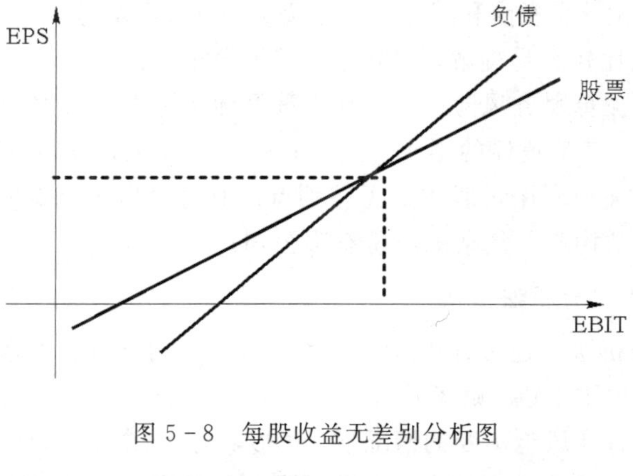

图 5 - 8 每股收益无差别分析图

【例 5 - 2】 W 公司目前有资本 75 000 万元，现因生产发展需要，准备再筹集 25 000 万元资金，现有两个方案可供选择：

A 方案：发行新股 1 000 万股，每股面值 10 元，每股市价 25 元；

B 方案：发行利率为 8%的公司债券 25 000 万元。

增加筹资前后的资本结构变化情况如表 5 - 3 所示。假设该公司适用所得税税率为 25%。要求：

(1) 计算两种筹资方案下的每股收益无差别点的息税前利润。

(2) 若企业预计再筹资后息税前利润将达到 20 000 万元，企业应选择哪一种方案筹资？

表 5-3 W 公司资本结构变化情况表 万元

筹资方式	原资本结构	增加筹资后的资本结构	
		A 方案增发普通股	B 方案增发公司债券
债务(利率 8%)	10 000	10 000	35 000
普通股(每股面值 10 元)	20 000	30 000	20 000
资本公积	25 000	40 000	25 000
留存收益	20 000	20 000	20 000
资本总额合计	75 000	100 000	100 000
普通股股数(股)	2 000	3 000	2 000

【解】

利用上例资料，我们可以测算每股利润无差别点时的息税前利润。

$$\frac{(\overline{\text{EBIT}}-800)\times(1-25\%)-0}{3\ 000}=\frac{(\overline{\text{EBIT}}-2\ 800)\times(1-25\%)-0}{2\ 000}$$

求得

$$\overline{\text{EBIT}}=6\ 800(\text{万元})$$

此时

$$\text{EPS}_1=\text{EPS}_2=1.5(\text{元})$$

这就是说，当息税前利润大于 6 800 万元时，利用负债筹资较为有利；当息税前利润小于 6 800 万元时，利用发行股票筹资较为有利；当息税前利润为 6 800 万元时，采用两种筹资方式没有差别。W 公司预计息税前利润为 20 000 万元，故采用发行公司债券的方式较为有利。

每股收益分析法比较容易理解，测算过程较为简单。它以普通股每股收益最高作为决策标准，也没有具体测算财务风险因素，其决策目标实际上是股票价值最大化而不是企业价值最大化。实际上，随着负债的增加，投资者的风险加大，股票价格和企业价值也会有下降的趋势，所以单纯地利用每股收益无差别点法有时会做出错误的决策。该方法可用于资金规模不大、资本结构不太复杂的股份有限公司。

(三) 企业价值比较分析法

企业价值比较分析法是通过计算和比较各种资本结构下企业的市场总价值来确定最佳资本结构的方法。从根本上讲，财务管理的目标是追求企业价值的最大化，而不是每股收益的最大化。因为只有在风险不变的情况下，每股收益的增长才会导致股价上升，实际上随着每股收益的增长，风险也会加大。如果每股收益的增长不足以弥补风险增加所需的报酬，尽管每股收益增加，股价仍可能下降。所以最佳资本结构应当是使企业的总价值最高，而不是每股收益最大的资本结构。同时企业总价值最大的资本结构，也是企业的加权平均资本成本最低的资本结构。

1. 企业价值的测算

关于企业价值的内容和测算基础与方法，目前主要有三种认识。

第一种，企业价值等于其未来净收益(或现金流量，下同)按照一定的折现率折现的价

值，即企业未来净收益的折现值。用公式简要表示为

$$V=\frac{\text{EAT}}{K} \tag{5-9}$$

式中：V 为企业的价值；EAT 为企业未来的年净收益；K 为折现率。

这种测算方法的原理有其合理性，但不易确定的因素太多，主要有二：一是企业未来的净收益不易确定，在上列公式中还有一个假定，即企业未来每年的净收益为年金，事实上也未必都是如此；二是企业未来净收益的折现率不易确定。因此，这种测算方法尚难在实践中加以应用。

第二种，企业价值是其股票的现行市场价值。根据这种认识，企业股票的现行市场价值可按其现行市场价格来计算，故有其客观合理性，但还存在两个问题：一是企业股票受各种因素的影响，其市场价格处于经常波动变化中，每个交易日都有不同的价格，在这种现实条件下，企业的股票究竟按哪个交易日的市场价格来计算，这个问题尚未得到解决；二是企业价值的内容是否只包括股票的价值，是否还应包括长期债务的价值，而这两者之间又是相互影响的。如果企业的价值只包括股票的价值，那么就无须进行资本结构的决策，这种测算方法也就不能用于资本结构决策。

第三种，企业的价值等于其长期债务和股票的折现价值之和。与上述两种测算方法相比，这种测算方法比较合理，也比较现实。它至少有两个优点：一是从企业价值的内容来看，它不仅包括了企业股票的价值，而且包括企业长期债务的价值；二是从企业净收益的归属来看，它属于企业的所有者，即属于股东。因此，在测算企业价值时，这种测算方法用公式表示为

$$V=S+B \tag{5-10}$$

式中：V 为企业总价值；S 为股票的折现价值；B 为长期债务的折现价值。

为简化起见，假设长期债务(含长期借款和长期债券)的现值等于其面值。股票的现值按企业未来净收益的折现现值测算。其计算公式如下：

$$S=\frac{(\text{EBIT}-I)(1-T)}{K_s} \tag{5-11}$$

式中，普通股资本成本率 K_s 可采用资本资产定价模型进行计算。

$$K_s=R_f+\beta\cdot(R_m-R_f) \tag{5-12}$$

2. 加权平均资本成本的测算

加权平均资本成本为

$$K_w=K_b\left(\frac{B}{V}\right)(1-T)+K_s\left(\frac{S}{V}\right) \tag{5-13}$$

式中：K_b 为债务资本成本；K_s 为权益资本成本。

3. 最优资本结构的确定

运用上述原理测算企业的总价值和综合资本成本，并以企业价值最大化为标准比较确定企业的最优资本结构。下面举例说明企业价值比较法的应用。

【例 5-3】 ABC 公司现有全部长期资本均为普通股资本，账面价值 20 000 万元。公司认为这种资本结构不合理，没有发挥财务杠杆的作用，准备举借长期债务购回部分普通股予以调整。公司预计息税前利润为 5 000 万元，假定公司所得税税率为 25%。经测算，

目前的长期债务年利率和普通股资本成本率如表 5-4 所示。

表 5-4　ABC 公司在不同长期债务规模下的债务年利率和普通股资本成本率测算表

B/万元	K_b(%)	β	R_f(%)	R_m(%)	K_s(%)
0	—	1.2	10	14	14.8
2 000	10	1.25	10	14	15
4 000	10	1.3	10	14	15.2
6 000	12	1.4	10	14	15.6
8 000	14	1.55	10	14	16.2
10 000	16	2.1	10	14	18.4

要求根据上述资料，确定该公司的最优资本结构。

【解】（1）当 $B=0$ 时，$I=0$

$$S=\frac{(5\ 000-0)\times(1-25\%)}{14.8\%}=25\ 337.84\ (万元)$$

$$V=0+25\ 337.84=25\ 337.84(万元)$$

$$K_w=0+14.8\%\times100\%=14.8\%$$

（2）当 $B=2\ 000$ 万元时，$I=2\ 000\times10\%=200$(万元)

$$S=\frac{(5\ 000-200)\times(1-25\%)}{15\%}=24\ 000\ (万元)$$

$$V=2\ 000+24\ 000=26\ 000(万元)$$

$$K_w=10\%\times(1-25\%)\times\frac{2\ 000}{26\ 000}+15\%\times\frac{24\ 000}{26\ 000}=14.42\%$$

（3）当 $B=4\ 000$ 万元时，$I=4000\times10\%=400$(万元)

$$S=\frac{(5\ 000-400)\times(1-25\%)}{15.2\%}=22\ 697.37(万元)$$

$$V=4\ 000+22\ 697.37=26\ 697.37(万元)$$

$$K_w=10\%\times\frac{4\ 000}{26\ 697.37}\times(1-25\%)+15.2\%\times\frac{22\ 697.37}{26\ 697.37}=14.05\%$$

（4）其余同理计算，见表 5-5。

表 5-5　ABC 公司在不同长期债务规模下的公司价值和资本成本率测算表

B/万元	S/万元	V/万元	K_b(%)	K_s(%)	K_w(%)
0	25 337.84	25 337.84	0	14.8	14.8
2 000	24 000	26 000	10	15	14.42
4 000	22 697.37	26 697.37	10	15.2	14.05
6 000	20 576.92	26 576.92	10	15.6	14.11
8 000	17 962.96	25 962.96	10	16.2	14.44
10 000	13 858.7	23 858.7	10	18.4	15.72

从表 5-5 中可以看到，在没有长期债务资本的情况下，ABC 公司的价值就是其原有普通股资本的价值，此时 $V=S=25\ 337.84$ 万元。当 ABC 公司开始利用长期债务资本部

分替换普通股资本时，公司的价值开始上升，同时公司资本成本率开始下降；直到长期债务资本达到4 000万元时，公司的价值最大(26 697.37万元)，同时公司的资本成本率最低(14.05%)；而当公司的长期债务资本超过4 000万元后，公司的价值开始下降，公司的资本成本率同时上升。因此可以确定，ABC公司的长期债务资本为4 000万元时的资本结构为最佳资本结构。此时，ABC公司的长期资本价值总额为26 697.37万元，其中普通股资本价值22 697.37万元，占公司总资本价值的比例为85%(即22 697.37/26 697.37)；长期债务资本价值4 000万元，占公司总资本价值的比例为15%(即4 000/26 697.37)。

(四) 因素分析法

在实际工作中，准确地确定最佳资本结构是很困难的，所以财务管理人员在进行定量分析的同时要进行定性分析。定性分析是认真考虑影响资本结构的各种因素，并根据这些因素来确定企业合理的资本结构。因为采用这种方法时，关键是要科学地分析影响资本结构的各种因素，因此，一般把这种方法称为因素分析法。

一般来讲，影响企业资本结构的因素主要包括以下几种：

1. 企业所采取的财务管理目标

企业组织类型不同，其财务管理目标也有所不同。如果以利润最大化为财务管理的目标，企业的资本结构决策也应围绕利润最大化目标。这就要求企业在资本结构决策中合理地安排债务资本比例，尽可能地降低资本成本，以提高企业的净利润水平。如果以股东财富最大化为财务管理的目标，企业的资本结构决策就应以股票价值最大化为目标，通过合理安排企业的债务资本比例，以提高普通股每股收益，进而使股票的市场价值上升。如果以企业价值最大化为财务管理的目标，就应当在适度财务风险的条件下合理确定债务资本比例，尽可能地提高公司的总价值。

2. 企业销售的增长情况以及盈利的稳定性

预计未来销售的增长率，决定财务杠杆在多大程度上扩大每股盈余，如果销售以8%～10%或更高的速度增长，使用具有固定财务费用的债务筹资，就会扩大普通股的每股收益，这一点已经在实践中得到证实。

除了销售的增长外，盈利的稳定性对资本结构也有着非常重要的影响。如果企业的盈利状况比较稳定，则可以较多地负担固定的财务费用；如果销售与盈利有非常明显的周期性与波动性，则负担固定的财务费用将冒较大的财务风险。

3. 企业所有者和管理人员的态度

企业的所有者和管理人员的态度对资本结构也有重大影响作用，因为企业资本结构的决策最终是由他们做决定的。

一个企业的股票如果被众多投资者持有，谁也没有绝对的控制权，这个企业可能会更多地采用发行股票的方式来筹集资本，因为企业的所有者并不担心控制权的分散。反之，有的企业被少数股东所控制，股东们很重视控制权问题，企业为了保证少数股东的绝对控制权，一般会尽量避免普通股筹资，而是采用优先股或负债方式筹集资本。

管理人员对待风险的态度也是影响资本结构的重要因素。喜欢冒险的财务管理人员，可能会安排较高的负债比例；反之，一些持稳健态度的管理人员，则会使用较少的债务。

4. 贷款人和信用评级机构的影响

每位企业的财务经理对如何运用财务杠杆都有自己的分析，但是贷款人和信用评级机构的态度实际上往往成为决定资本结构的关键因素。

一般而言，企业财务管理人员会与贷款人和信用评级机构商讨其资本结构，并充分听取他们的意见。大部分贷款人都不希望企业的负债比例太大，如果企业坚持使用过多的债务，则贷款人可能拒绝贷款。同样，如果企业债务太多，信用评级机构可能会降低企业的信用等级，这样会影响企业的筹资能力，提高企业的资本成本。

5. 资本结构的行业差别

不同行业的资本结构有很大差别。在资本结构决策中，财务经理必须考虑本企业所处的行业的特点以及该行业资本结构的一般水准，并以此作为确定本企业资本结构的参照，分析本企业与同行业其他企业相比的特点和差别，以便更有效地决定本企业的资本结构。

6. 企业规模

一般而言，企业规模越大，筹集资本的方式也越多，如通过证券市场发行股票、吸收国家和法人单位投资等，因此，负债比率一般较低。而一些中小型企业筹资方式比较单一，主要靠银行借款来解决资本需求，因此，负债比率一般较高。

7. 资产结构

资产结构会以多种方式影响企业的资本结构：

(1) 拥有大量固定资产的企业主要通过长期负债和发行股票来筹集资本。

(2) 拥有较多流动资产的企业，则更多依赖流动负债来筹集资本。

(3) 资产适用于抵押贷款的企业举债额多，如房地产企业的抵押贷款就相当多。

(4) 高新技术企业以技术研究开发为主，则负债就相对较少。

8. 企业财务状况

获利能力越强、财务状况越好、变现能力越强的企业，就越有能力负担财务上的风险。因而，随着企业变现能力、财务状况和盈利能力的增进，举债融资就越具有吸引力。当然，有些企业因为财务状况不好，无法顺利发行股票，只好以高利率发行债券来筹集资本。衡量企业财务状况的指标主要有流动比率、利息周转倍数、固定资产周转率、投资报酬率、每股收益等。

9. 税收政策的影响

按照税收政策的规定，企业债务的利息可以抵税，而股票的股利不能抵税。一般而言，企业所得税税率越高，借款举债的好处就越大。由此可见，税收政策能够对企业债权资本的安排产生一种刺激作用。

10. 利率水平的变动趋势

利率水平的变动趋势也会影响到企业的资本结构，如果企业财务管理人员认为利息率暂时较低，但不久的将来有可能上升的话，便会大量发行长期债券，从而在若干年内把利率固定在较低的水平上。

以上因素都可能会影响到企业的资本结构，财务管理人员应在认真分析以上因素的基础上，根据经验来确定企业的资本结构。

本章小结

资本结构是指企业各种资金的价值构成及其比例关系。在企业的资本结构决策中，合理地利用债务筹资，科学地安排债务资金比例，是企业筹资管理的一个重要问题。

资本结构理论是关于企业资本结构、企业综合资本成本与企业价值三者之间关系的理论。它是企业财务理论的重要内容，也是资本结构决策的重要理论基础。从资本结构理论的发展历程来看，资本结构理论可以分为早期资本结构理论、MM 资本结构理论和新资本结构理论三个阶段。早期资本结构理论主要有净收益观点、净营运收益观点和折中观点三种观点。新资本结构理论主要有代理成本理论、信号传递理论、顺序理论和啄食顺序理论等。

在资本结构理论下，企业应该合理安排资金来源比例，调整融资结构，达到企业资本结构最优化，使企业综合平均资本成本最低、企业价值最大。确定最优资本结构的方法主要有资本成本比较法、每股收益分析法和企业价值比较分析法等。

基本概念

最优资本结构　资本成本比较法　每股收益分析法　代理成本　啄食顺序理论

练　习　题

一、选择题(第 1 题为单选题，第 2～7 题为多选题)

1. 资本结构决策的每股收益分析法，在一定程度上体现了(　　)的目标。

A. 股票价值最大化　　B. 企业价值最大化

C. 利润最大化　　D. 资本利润率最大化

2. 下列各项中，可用于确定企业最优资金结构的方法有(　　)。

A. 高低点法　　B. 因素分析法

C. 资本成本比较法　　D. 每股利润无差别点分析法

E. 企业价值比较分析法

3. 将息税前利润同每股利润联系起来，分析资本结构与每股利润之间的关系，进而确定合理的资本结构的方法是(　　)。

A. 因素分析法　　B. 对比分析法

C. 每股收益无差别点法　　D. EBIT - EPS 分析法

E. 资本成本比较法

4. 调整企业资本结构可能(　　)。

A. 降低财务风险　　B. 降低经营风险　　C. 降低资本成本　　D. 增强融资弹性

E. 提高经营风险

5. 最优资本结构的判断标准有(　　)。

A. 加权平均资金成本最低　　B. 资本规模最大

C. 筹资风险小　　D. 企业价值最大

E. 资本使用期限最长

6. 企业全部资本就其属性而言，通常分为(　　)。

A. 股权资本　　B. 债权资本　　C. 权益资本　　D. 自有资本

E. 内部积累

二、判断题

1. 每股利润无差别点是指两种筹资方案下，普通股每股收益相等时的息税前收益。(　　)

2. 当预计息税前收益小于每股利润无差别点的息税前收益时，采用负债筹资会提高普通股每股收益，但会加大企业的财务风险。(　　)

3. 企业最优资本结构是指在一定条件下使企业自有资本成本最低的资本结构。(　　)

4. 资本结构理论是关于企业资本结构、企业综合资本成本与企业价值三者之间关系的理论。(　　)

5. 资本结构决策的资本成本比较法，实际上是以企业价值最大化为目标的。(　　)

三、计算题

1. 某公司目前发行在外普通股 100 万股(每股 1 元)，已发行 10%利率的债券 400 万元，该公司打算为一个新的投资项目融资 500 万元，新项目投产后公司每年息税前利润增加到 200 万元。现有两个方案可供选择：

甲方案：按 12%的利率发行债券；

乙方案：按每股 20 元发行新股。公司适用所得税税率 25%。

(1) 计算两个方案的每股利润无差别点息税前利润。

(2) 计算追加投资后两个方案的财务杠杆系数。(息税前利润为 200 万元时)

(3) 判断哪个方案更好。

2. 已知某公司当前资金结构如表 5-6 所示。

表 5-6　某公司当前资本结构表

筹资方式	金额/万元
长期债券 8%	1 000
普通股(4 500 万股)	4 500
留存收益	2 000
合　计	7 500

因发展需要，公司年初准备增加资金 2 500 万元，有两个方案可供选择：

甲方案：增加发行 1 000 万股普通股，每股市价 2.5 元；

乙方案：按面值发行每年年末付息利率为 10%的公司债 2 500 万元。

假定发行费用均不计，$T=25\%$。

(1) 计算两个方案下每股利润无差别点的 EBIT。

(2) 计算处于每股无差别点时的乙方案的 DFL。

(3) 若公司预计 EBIT 为 1 200 万元，指出应采用的筹资方案。

(4) 若预计 EBIT 在无差别点上增长 10%，计算采用乙方案时 EPS 增长幅度。

四、案例分析

马歇尔工业公司是美国第四大电子和工业零部件经销商，半导体占其销售的大多数。公司的供应商包括德克萨斯仪器公司、日立公司和富士公司。公司是在 1954 年由马歇尔创立的。马歇尔先生是董事会主席，但他拥有公司的股份不到 2%。当公司宣布其购买电子经销商斯特林电子公司的意向时，马歇尔工业公司采用了极少量的长期债务。在 1997 年 8

月，公司的资本结构如表 5－7 所示。

表 5－7　马歇尔工业公司 1997 年 8 月资本结构表

长期债务	5 500 万美元	8.5%
股票市场价值	59 300 万美元	91.5%
合　计	64 800 万美元	100%

为什么马歇尔工业公司不看重长期债务呢？创始人及董事会主席马歇尔（简称 M）回答了采访者 W 的提问。

W：从财务的角度看，马歇尔工业公司几乎没有长期债务，为什么呢？

M：公司没有任何理由采用财务杠杆。我们能从留存收益中筹得发展资金。我们不需要债务。

W：马歇尔工业公司正处于竞争激烈的行业中，这是否是马歇尔工业公司资本结构的影响因素？

M：一个重要的因素是我的谨慎个性。正如你知道的，这是一个激烈的行业。我已经历过一些财务上的恶劣时期，我不想把自己置于这样一种处境——任何时候都不得不到一家银行说："你们能贷一些款给我吗？"

W：马歇尔工业公司经销亚洲（主要是日本）的电子零部件。近来的亚洲衰退对马歇尔工业公司有影响吗？

M：生产力过剩是个大问题。在亚洲，所有生产力过剩的结果是价格和利润持续下降。所以我们的策略是必须扩大规模，使得公司更有效率和更富有竞争力。这就是我们最近收购斯特林电子公司的原因。斯特林电子公司是一家拥有 4 亿美元的公司，而且现在我们有了财务杠杆。我们目前有 3 亿美元的债务。

W：到最近为止，马歇尔工业公司几乎没有债务，获利甚丰而且未支付股利。贵公司曾经是敌意收购抑或其他收购行为的目标公司吗？

M：在历史上，公司大多依赖我（直至任命目前的首席执行官罗伯特·罗丹）和我长期以来所建立起来的关系。因此，敌意的收购是不可能的。

马歇尔工业公司的一些经验是什么呢？首先，它是一家拥有重大无形资产的公司。马歇尔工业公司在历史上的成功依靠马歇尔的领导能力——他的信誉和建立并保持关系的能力。无形资产和低负债比率趋于相关，因为无形资产带来高的财务困境成本，尤其是当其与公司的成功有了密切的联系时。电子零部件的经销是竞争激烈的行业，有足够的成长机会，但也有经营不好的时期。在经营好的时候，马歇尔工业公司采用非常少的债务。未使用的负债能力提供高融资能力和进入金融市场的准备。马歇尔工业公司把对自己有利的高融资能力用于与斯特林电子公司的合并。

当然，马歇尔已经是马歇尔工业公司股票的一个重要持有人。所有者控制的公司在财务上趋于保守，因为财务困境成本对它们的损害高于对所有权分散的公司的损害。

马歇尔工业公司的一份财务报告如表 5－8 所示。

表 5－8　马歇尔工业公司的财务报告

项　目	1997 年
营业收入/百万美元	1 184
净营业收入/百万美元	40
长期债务/百万美元	55
股票的市场价值/百万美元	593
股利支付比率(%)	0
五年期平均权益收益率(%)	13.3
市值-面值比	1.6
债务占总资本比(%)	8.5
五年综合收入年增长率(%)	16
机构投资者的持股比例(%)	87

[资料来源：(美)斯蒂芬 A. 罗斯等著《公司理财》，机械工业出版社，2000 年 8 月出版]

讨论：

(1) 你是如何看待马歇尔工业公司资本结构问题的？

(2) 马歇尔工业公司资本结构有何特点？它对公司价值产生了什么影响？

本章练习题参考答案

第六章 项 目 投 资

教学目标与要求

- 了解投资的概念及分类。
- 了解项目投资的基本程序。
- 掌握现金流量的构成及估计。
- 掌握投资评价的主要方法。
- 了解特殊类型的投资决策。
- 理解投资评价中风险和通货膨胀因素的处置。

导入案例

某长途客运公司拥有客车多辆，其中一辆已外观陈旧，故财务经理向总经理提出淘汰旧车，购置新车的建议。旧车的现时变价收入为15万元，新车的买价为45万元，可望运行10年，该车每年的运行成本为2万元，10年结束时，估计该车的残值为5万元。

业务经理不同意财务经理的意见，凭他多年的工作经验，认为该车虽属陈旧，但通过全面翻新，尚能继续发挥其运行效益。所以他向总经理提出了翻新旧车的方案。据该方案预算，立即翻新的成本为4万元，估计5年后还需大修一次，其成本为4万元，如果这些修理计划得到实施，该车可望运行的期限也将是10年。10年内该车每年的运行成本为3万元。10年后，其残值也将是5万元。假设年利率为10%。

【思考与讨论】 假如你是总经理，应该选择哪一个方案？为什么？

第一节 项目投资概述

一、投资

(一) 投资的概念

在商品经济社会，投资是普遍存在的经济现象。很多情况下，人们把能够带来报酬的支出行为称为投资。这里的“支出”行为，实际上是牺牲了现在的一定消费，“报酬”则是将来的消费增加。西方投资学家威廉·夏普在其所著《投资学》一书中将投资概念表述为，投资就是为获得可能的不确定的未来值而做出的确定的现值的牺牲。

对投资的概念可以从以下几个方面来理解。

1. 投资主体

投资是投资主体的经济行为。投资主体包括投资所有主体、投资决策主体、投资实施主体和投资存量经营主体。投资所有主体负责提供投资资源或负责偿还负债，并享受资产收益；投资决策主体负责方案的具体确定；投资实施主体负责按已经确定的方案组织投资的具体实施，将投资资源转化为资本；投资存量经营主体负责运用已经形成的资本。投资所有主体、决策主体和存量经营主体可能是同一自然人或法人，也有可能是相对分离的不同的自然人或法人。

2. 投资目的

投资的目的是获取一定的效益。投资效益的内涵十分丰富：首先，投资效益可以分为宏观经济效益和微观经济效益。宏观经济效益是从整个国民经济来考察的，微观经济效益是从单个项目来考察的。其次，投资效益可以分为直接效益和最终效益。直接效益是投资初始成果，如获取对企业经营的控制权、占领市场等；最终效益则是投资的最终成果，如获取经营控制权和占领市场的最终目的可能是增加利润。再次，投资效益还可以分为财务效益和社会效益。财务效益可以用价值尺度计量，如利润、债息和股利；社会效益则不一定能用价值尺度计量，而是用其他一些间接的定性尺度计量，如增加就业、改善环境和社会福利。

3. 投资风险

投资是资本的垫付活动，从垫付资本到获利需要一个较长的时期。在这个比较长的过程中，由于政治、经济、自然、技术、心理等众多因素的变化，可能导致实际投资收益偏离预期目标，这种收益的不确定性即为投资的风险。一般地，投资风险的大小和投资报酬的高低是呈相同方向变化的。

4. 投资支出

投资必须花费现期的一定资金或资源，这便构成了投资的支出。投资支出有两种来源：一是投资者的自有资本；二是通过各种途径借入的资金。投资支出的大小必然受其自有资本和融资能力的制约。

5. 投资对象

投资者的投资对象种类繁多，大致可以分为实体资产和金融资产。所谓实体资产指的是能带来收益的有形实物，如设备、房地产、黄金、古董等；金融资产是指能带来收益的无形权证，如定期存单、股票、债券等。各类实体资产和金融资产都可以成为投资者投资的对象，但它们的安全性、获利性及流动性不尽相同。有的资产安全性高，易于转让，但收益不高；相反，有的资产收益率高，但安全性差，变现也比较困难。投资者要根据个人对风险的承担能力及其对获利性和流动性的要求来选择投资对象。

可见，投资是经济主体为了获得未来的预期收益，而对特定投资对象投放现期资金的经济行为。

【知识拓展】 多夫里和富勒在《投资学》中将投资区分为广义投资和狭义投资。广义投资是指以获利为目的的资本使用，包括购买股票和债券，也包括运用资金以建筑厂房、购置设备和原材料等从事扩大生产流通事业；狭义投资指投资人购买各种证券，包括政府公债、公司股票、公司债券、金融债券等。

(二) 投资的种类

投资按照不同的标准，可以做不同的分类。以下为几种常见的分类方法：

1. 直接投资和间接投资

按投资与企业生产经营的关系，投资可以分为直接投资和间接投资两类。直接投资是把资金投放于生产经营性资产，以便获取利润的投资。其资金所有者(投资者)与资金使用者(受资者)是统一的。在非金融企业中，直接投资所占比重很大。间接投资又称证券投资，是指把资金投放于证券等金融资产，以取得股利或利息收入的投资。其资金所有者(投资者)和资金使用者(受资者)是分离的。

2. 长期投资和短期投资

按投资回收期的长短，投资可以分为短期投资和长期投资两类。短期投资又称为流动资产投资，是指预期一年内可以收回的投资，主要指对现金、应收账款、存货、短期有价证券等的投资，长期证券如能随时变现也可视作短期投资。长期投资则是指预期一年以上才能收回的投资，主要指对厂房、机器设备等固定资产的投资，也包括对无形资产和长期有价证券的投资。由于长期投资中固定资产所占的比重较大，所以长期投资有时专指固定资产投资。本章主要介绍长期投资中的固定资产投资。固定资产投资的原理和方法同样适用于其他长期投资。

3. 对内投资和对外投资

按投放资金的流向，投资可以分为对内投资和对外投资两类。对内投资是指把资金投资在企业内部，购置各种生产经营用资产的投资。对外投资是指企业以现金、实物、无形资产等方式或以购买股票、债券等有价证券方式向其他单位的投资。对内投资都是直接投资，对外投资主要是间接投资，也可以是直接投资。随着企业横向经济联合的开展，对外投资将越来越重要。

4. 战术性投资和战略性投资

按对企业前途的影响，投资可以分为战术性投资和战略性投资两类。战术性投资是指不牵涉整个企业前途的投资，如为提高劳动生产率而进行的投资，为改善工作环境而进行的投资等。战略性投资是指对企业和全局有重大影响的投资，如企业转产投资、增加新产品等。战略性投资一般所需资金多、回收期长、风险大。

5. 初始投资和后续投资

按投资的时间不同，投资可分为初始投资和后续投资。初始投资是在建立新企业时所进行的各种投资。其特点是投入的资金通过建设形成企业的原始投资，为企业的生产、经营创造必要的条件。后续投资则是指为巩固和发展企业再生产所进行的各种投资，主要包括为维持企业简单再生产所进行的更新性投资，为实现扩大再生产所进行的追加性投资，为调整生产经营方向所进行的转移性投资等。

6. 互斥选择投资和独立选择投资

按投资项目之间的相互关系，投资可以分为互斥选择投资和独立选择投资。如果接受某一个项目就不能接受其他项目，则这些项目被称为互斥项目，此时企业进行的是互斥选择投资；当选择某一个项目时，不排斥其他项目，则这些项目被称为独立项目，此时企业进行的是独立选择投资。

7. 常规项目投资和非常规项目投资

按投资项目现金流量的形式，投资可分为常规项目投资与非常规项目投资。常规项目指的是只有一期初始现金流出，随后是一期或多期现金流入的项目，其现金流量被称为常规现金流量。非常规项目指的是现金流量形式不同于常规现金流量的项目，如现金流出不是发生在期初，或期初和以后各期有多次现金流出等。一般不特别说明，项目的现金流量默认为常规现金流量。

二、项目投资

(一) 项目投资的含义

项目投资是实体投资的一种，它是指以特定项目为对象的企业内部长期投资。项目投资的对象简称项目。世界银行对投资项目的定义是指在规定的期限内，为完成某项开发目标或某组开发目标而独立进行的投资活动，包括立项、评估、设计、施工和建成投产等连续过程。

投资项目就其具体内容而言应有建筑工程、设备安装、资源供应和机构组织等。就其所投资的行业而言有工业项目和非工业项目。工业项目主要包括石油、化工、电力、机械、煤炭、钢铁、有色金属、轻工、纺织、建材等工业部门的投资项目。非工业项目指工业投资项目以外的所有投资项目，如农业、林业、水利、水产、科教文卫、交通运输、基础设施、环境保护等。按照国家规定的行业划分标准，每个行业都按建设规模分为大、中、小型项目。

投资项目就其在再生产过程中的作用而言包括新建项目和更新改造项目两大类(见图6－1)。新建项目以新增生产能力为目的，属于外延式扩大再生产的类型；更新改造项目以恢复或改善生产能力为目的，属于简单再生产或内涵式扩大再生产的类型。新建项目按其涉及内容还可进一步细分为单纯固定资产投资项目和完整工业投资项目。单纯固定资产投资项目简称固定资产投资，其主要特点是：投资支出只包括取得固定资产发生的购置成本而不涉及周转性的流动资金投入，如为改进产品工艺而购置的专属设备等。完整工业投资项目则不仅包括固定资产投资，还涉及流动资金投资，甚至包括其他长期资产项目(如无形资产)的投资，如新建一家企业。因此，不能将项目投资简单地等同于固定资产投资。

- 投资项目
  - 新建项目
    - 单纯固定资产投资项目
    - 完整工业投资项目
  - 更新改造项目

图 6－1　投资项目的分类

(二) 项目投资的特点

1. 投资规模大

项目投资往往涉及固定资产的购买、新产品的投产和研究开发的实施等，因此投入的资金量一般很大。投资规模大意味着投资项目对企业的影响大，不仅要求企业要筹措相应的资金，而且要求企业充分考虑投资的风险、资金的成本或机会成本。

2. 投资期限长

项目投资从资金投入到取得投资成果往往需要几年，甚至更长的时间。投资期限长使得项目投资的投资支出与其产生的报酬发生在不同时期，因此在投资决策时必须考虑资金的时间价值，同时对资金的投入和产出进行详细的规划。

3. 投资风险高

由于项目投资的投资规模大、投资期限长，在进行投资决策时，需要考虑的因素比较多，需要对各种影响因素进行预测和分析。由于未来是不确定的，各种影响因素的诸多不确定性使得项目投资的风险高。

4. 投资的不可逆性

一旦项目开始实施，一般情况下是不可能中途撤销的，无法通过变卖、转变使用用途收回投资，因此项目投资必须确保成功。如果投资失败了，就可能永远失去了重新实施项目的机会；即使可以卷土重来，也可能因时过境迁，再也没有可能实现预期的目标。

（三）项目投资的程序

1. 投资项目的提出

投资方案的提出是项目投资过程的开始。这一阶段主要是以自然资源和市场状况为基础，以国家产业政策为导向，以财政、金融、税收政策为依据，结合企业生产经营现实和自身优势，确定合适的投资方向，选择有利的投资机会，提出一个或多个备选方案。

2. 投资项目的评价

投资项目的评价是投资过程的关键环节。投资评价包括以下几个方面内容：

(1) 资料的收集和整理。投资评价所需要的材料主要包括：① 财务资料，如各项投入物和产出物的市场价格及其变动趋势、项目的主要参数等；② 非财务资料，如劳动力的质量和数量，相关法律法规、竞争因素等；③ 同类项目的相关资料。在收集和整理资料时，应简要说明资料或数据的来源及整理方法，以确保资料的真实、可靠和实用；凡是通过测算得到的资料，应解释所应用的公式并说明应用这些公式的理由。

(2) 评价方法的选择和应用。根据投资项目的特点，选择一个或多个投资评价方法，应用到备选方案中，计算相应的投资评价指标。评价指标的计算有两个关键因素：一是项目预期现金流量；二是投资项目的贴现率。本章将着重介绍第一个因素，并假设投资项目的贴现率是给定且不变的。

(3) 评价报告的报请审批。按照选用方法的评价规则，对各备选方案进行排队，考虑资本限额等约束条件，编写评价报告，并做出相应的投资预算，报请审批。

3. 投资项目的决策

在项目评价的基础上，企业的决策层做出最后的选择。决策的结果一般分为三种情况：接受这个投资项目；拒绝这个项目，不进行投资；发还给项目的提出部门，重新调查和修改后再做处理。

4. 投资项目的实施与控制

投资项目一经批准成立，即应付诸实施，在实施过程中要进行有效的监督和控制。实施过程首先应依照投资预算为投资项目筹集资金，接着按拟定的投资方案有计划、分步骤地实施投资项目。企业应建立一套项目实施情况的跟踪系统，及时、准确地反映项目实施中的各种信息，如实施进度、销售数量、材料成本等，将实际指标与预算指标进行对比，找出差异，分析原因，并将分析结果及时反馈给有关部门，以便及时做出处理，实现预定目标。另外，也应根据出现的新情况，具体问题具体分析，必要时修正、调整甚至终止投资项目。

5. 投资项目的总结

投资项目完成后，应进行事后的总结。总结包括发现和分析投资项目的整个运作过程出现的主要问题。如预测技术的错误、预算执行的偏差、管理的漏洞、影响投资效果的敏感因素、成功经验等。总结还包括对相关部门、人员进行绩效评价，并据此建立相应的激励机制。投资项目的总结能为将来投资项目的运作提供借鉴，能持续提高企业的投资管理水平和效率。

【知识拓展】 凯恩斯认为，是否要对新的实物资本(如机器、设备、厂房、仓库等)进行投资，取决于这些新投资的预期利润率与为购买这些资产而必须借进的款项所要求的利率的比较。当前者大于后者时，投资是值得的。因此，在决定投资的诸因素中，利率是首要因素。这里的利率是指实际利率(名义利率－通货膨胀率)。

第二节 现金流量

一、现金流量的含义

现金流量(Cash Flow)是指由于特定投资项目的实施而引起的现金流入与现金流出的数量。这里的“现金”是广义的现金，它既包括货币资金，也包括非货币资源的变现价值。例如，一个项目需要使用原有的厂房，则相关的现金流量是指厂房的变现价值，而不是账面成本。

现金流量包括现金流入量、现金流出量和净现金流量三个具体概念。

(一) 现金流入量

现金流入量(Cash Inflow，CI)是指实施某投资项目所增加的现金收入。现金流入量主要包括营业收入、固定资产报废时的残值收入、项目结束时收回的原垫支在该项目上的流动资金、项目处置损失抵减的税款等。

(二) 现金流出量

现金流出量(Cash Outflow，CO)是指实施某投资项目所增加的现金支出。现金流出量主要包括投放在固定资产、无形资产、开办费等项目上的资金，项目建成投产后的付现经营成本，项目投资所引起的各项税款支出等。

(三) 净现金流量

净现金流量(Net Cash Flow，NCF)是指现金流入量与现金流出量之间的差额。

$$NCF_t = CI_t - CO_t \qquad (t=0, 1, 2, \cdots, n) \qquad (6-1)$$

二、现金流量的意义

在投资评价中一般用投资项目的现金流量，而不是其会计利润作为计算基础，主要基于以下原因：

(1) 采用现金流量有利于科学地考虑时间价值因素。

长期投资决策必须认真考虑时间价值因素，这就要求决策时弄清每一笔预期收入和支出款项的具体时间，因为不同时间的资金具有不同的价值。而利润的计算以权责发生制为基础，并不考虑资金的收付时间。利润与现金流量的差异主要表现在四个方面：① 购置固定资产时付出大量现金时不计入成本；② 计提固定资产折旧或无形资产摊销时计入成本，但不需要支付现金；③ 计算利润时不考虑流动资金垫支的数量及其回收的时间；④ 只要销售行为确定，就计算为当期的收入，尽管其中有一部分可能并未收取现金。可见，出于考虑时间价值的原因，项目投资决策就不能以利润为衡量的标准，而必须用现金流量。

(2) 采用现金流量可以使投资决策更符合客观实际情况。

现金流量信息揭示了项目在未来期间现实的货币资金收支情况，可以序时动态地反映项目投资的流向与回收之间的投入产出关系，便于更完整、准确、全面地评价具体投资项目的经济效益。而利润则明显存在不科学、不客观的成分。其表现在：① 利润的计算没有统一标准，一定程度上受存货估价、费用摊销和折旧计提方法的影响，因而，比现金流量的计算有更大的主观随意性，作为决策的主要依据不可靠；② 利润反映的是一定会计期间“应计”的现金流量，而不是实际的现金流量。以此为收益容易高估投资项目的经济效益，具有较大风险，存在不合理、不科学成分。

三、现金流量的构成

投资项目的现金流量一般由初始现金流量、营业现金流量、终结现金流量三部分构成。

(一) 初始现金流量

初始现金流量是指从项目投资开始到项目建成投产为止所发生的有关现金流量，即项目在建设期的投资支出。它由以下几部分构成：

1. 固定资产投资

固定资产投资包括固定资产的购置或建造成本、运输成本和安装成本等。

【知识拓展】 固定资产原值是计算固定资产折旧的依据。

固定资产原值＝固定资产的原始投资额＋建设期资本化利息

资本化利息是指在建设期发生的全部借款利息，可根据建设期长期借款本金、建设期和借款利息率按复利方法计算。

2. 流动资金投资

流动资金投资也称营运资金的垫支，是指流动资产和流动负债的差额。一个项目的正常运转，除了固定资产投资外，还需要企业注入相应的流动资金，包括为维持项目正常运转所需要占用的现金、应收账款、原材料、在产品和产成品等流动资产，但这些流动资产不需要企业全部出资，因为它们所需的资金可以由应付账款、应付税金等流动负债解决一部分，企业只需投入二者的差额(营运资金)即可。这部分现金流量一般在项目终结时会收回。另外，由于在会计上一般不涉及企业的损益，因此这部分现金流量不受所得税的影响。

3. 原有固定资产的变现收入

原有固定资产的变现收入指原有固定资产出售或转让所得的现金流入。原有固定资产的变价收入，在本质上属于机会成本。在测算其净现金流量时，应考虑所得税效应。

所得税效应是指固定资产出售或转让时变价收入所带来的税负损益。按规定，出售资产(如旧设备)时，如果出售价高于其账面净值(原值减累计折旧)，其利得会使当年多缴纳所得税，多缴纳的所得税构成现金流出量；如果出售价低于其账面净值，其损失会使当年少缴纳所得税，少缴纳的所得税构成现金流入量。诸如此类由投资引起的税负变化，在计算项目现金流出量时需加以考虑。

例如，假设某设备原始购价为 100 000 元，已使用 5 年，设备当前账面净值为 50 000 元，所得税税率为 25%。如果以 50 000 元出售旧设备，所得税为零。出售旧设备的净现金流量为 50 000 元。如果以 40 000 元出售旧设备，出售旧设备的净现金流量为 40 000－(40 000－50 000)×25%＝42 500 元。如果以 60 000 元出售旧设备，出售旧设备的净现金流量为 60 000－(60 000－50 000)×25%＝57 500 元。

4. 其他投资费用

其他投资费用是指不属于以上各项的投资费用，如投资项目的筹建费、职工培训费等。

可见，初始现金流量以现金流出为主。

(二) 经营现金流量

经营现金流量又叫营业现金流量，是指项目建成后，生产经营过程中发生的现金流量。经营现金流量一般按年计算。经营现金流量可以分为经营现金流入量和经营现金流出量。经营现金流入量主要为销售收入；经营现金流出量主要是付现成本(原材料、人工、修理费等)和所得税。年经营净现金流量可用下列公式计算：

经营现金净流量＝销售收入－付现成本－所得税 (6－2)

经营现金净流量＝(销售收入－付现成本)×(1－所得税税率)＋折旧×所得税税率 (6－3)

经营现金净流量＝税后利润＋折旧 (6－4)

下面对上述公式中的各项指标介绍如下：

(1) 销售收入为每年投资项目生产的产品的销售所得。它应按照项目在经营期内有关产品的各年预计单价(不含增值税)和预测销售量进行估算。在按总价法核算现金折扣和销售折让的情况下，销售收入是指不包括折扣和折让的净额。销售收入又分为现销和赊销两种。如果是现销，则销售收入即为实际经营现金流入量。即使为赊销，如果应收账款的收回是定期、均匀的，仍然可以把销售收入总额作为年度实际经营现金流入量。

(2) 付现成本是生产经营阶段每年需要付出现金的经营成本。在量上，付现成本等于当年的总成本费用(含期间费用)扣除该年折旧费、无形资产和开办费的摊销费后的差额。年总成本费用可在经营期内一个标准年份的正常产销量和预计消耗水平的基础上进行测算；年折旧费、年摊销费属于非付现成本，它可根据本项目的固定资产原值、无形资产和开办费投资，以及这些项目的折旧或摊销年限进行估算。在这里，为简单起见，假设非付现成本仅包括折旧。“折旧×所得税税率”称作税负节余或折旧抵税，是由于折旧计入成本，冲减利润而使企业少缴纳的所得税税额，这部分少缴纳的税额形成了投资项目的现金流入量。

付现成本的节约相当于本期现金流入的增加。但为了统一现金流量的计量口径，在实务中仍按其性质将节约的付现成本以负值计入现金流出量项目，而并非列入现金流入量项目。

(3) 所得税是企业的一项现金流出，它等于税前利润乘以(1－企业所得税税率)，而税前利润的计算应是销售收入扣除全部经营成本。

(三) 终结现金流量

终结现金流量是指投资项目终结时发生的各种现金流量。它主要包括两部分：

1. 固定资产残值变价收入及其税负损益

固定资产残值的变价收入可以直接算作现金流入量；税负损益要通过比较固定资产报废时残值收入和税法规定的残值大小来确定。如果预计固定资产报废时残值收入大于税法规定的残值，就应上缴所得税，形成一项现金流出量；反之则可抵减所得税，形成现金流入量。

2. 垫支营运资金的收回

投资项目终结，营运资金无须再投入到项目的生产经营中，因此可以自然收回。一般假定在终结点一次回收的营运资金等于各年垫支的流动资金投资额的合计数。

四、现金流量的估计

(一) 现金流量估计的主体

估计投资项目的现金流量会涉及很多变量，需要企业有关部门的参与。

销售部门负责预测售价和销量，涉及产品价格弹性、广告效果、竞争者动向等。

产品开发和技术部门负责估计投资项目的资本支出，涉及研制费用、设备购置、厂房建筑等。

生产和成本部门负责估计制造成本，涉及原材料采购价格、生产工艺安排、产品成本等。

财务部门负责为销售、生产等部门的预测建立共同的假设条件，如物价水平、贴现率、资源限制；协调部门关系，防止高估或低估收入和成本。

(二) 现金流量估计的原则

投资项目的现金流量估计应坚持以下三个原则：

1. 真实现金流量原则

实际现金流量原则是指计量投资项目的成本和收益时，要剔除非现金因素。例如，折旧费在会计上记作为一种费用，抵减了当期的收益，但折旧费并没用发生实际的现金支出，只是账面记录而已，因此在现金流量分析中，折旧不应算作现金的流出。除折旧外，其他费用，如无形资产摊销，也属于这种情况。除此以外还应注意剔除收益中的非现金项目。

真实现金流量原则的另一含义是，项目未来的现金流量必须用预计未来的价格和成本来计算，而不是用现在的价格和成本计算，如在通货膨胀时期应注意调整通货膨胀对现金流量的影响。

2. 增量现金流量原则

预测现金流量要建立在增量或边际的概念基础上。增量现金流量是根据“有无对比”的原则，确认有这项投资与没有这项投资现金流量之间的差额。只有增量现金流量才是与项目相关的现金流量。判断增量现金流量时，决策者会面临以下问题：

(1) 附加效应。

在估计项目现金流量时，要以投资对企业所有经营活动产生的整体效果为基础进行分析，而不是孤立地考察某一项目。例如，某公司决定开发一种新型计算器，预计该计算器上市后，销售收入为 2 000 万元，但会冲击原来的普通计算器，使其销售收入减少 400 万元。因此，在投资分析时，新型计算器增量现金流入量应为 1 600 万元，而不是 2 000 万元。

需要注意的是，这种销售损失必须是由该公司生产新型计算器引起的。如果由于其他竞争对手生产和销售这种新型计算器而挤占了该公司普通计算器的市场份额，不应从该公司生产和销售新型计算器的现金流量中扣除，因为无论公司是否生产和销售新型计算器，这些损失都会发生，它们属于与项目决策无关的成本。

与此相反，某些新项目可能有助于其他项目的发展。例如，某航空公司准备开辟 A、B 两城市之间的航线。假设 A、B 之间航线开通后，能使该公司原有的 B、C 之间航线的运输量增加，从而使 B、C 线收益增加，这种增加的效应对 A、B 线的投资来说是一种间接效益，在评价 A、B 线投资收益(计算 A、B 线现金流入量)时，应考虑这种附加效应。

(2) 沉没成本。

沉没成本是指过去已经发生，无法由现在或将来的任何决策所能改变的成本。在投资决策中，沉没成本属于决策无关成本。例如，某投资项目前期工程投资 50 万元，要使工程全部完工，需追加投资 50 万元。如果工程完工后的收益现值为 60 万元，则应追加投资，完成这一项目。因为公司面临的不是投资 100 万元收回 60 万元的问题，而是投资 50 万元收回 60 万元的投资。此时，工程前期发生的 50 万元投资是属于与决策无关的沉没成本。如果决策者将沉没成本纳入投资成本总额中，则会使一个有利的项目变得无利可图，从而造成决策失误。一般来说，大多数沉没成本是研究开发及投资决策前进行市场调查相关的成本。

(3) 机会成本。

机会成本是指在投资决策中，从多种方案中选取最优方案而放弃次优方案所丧失的收益。例如，某公司一投资项目需占用一块土地，该公司刚好拥有一块土地，如果将其出售，可得净收入 100 000 元；如果这块土地用于该项目，公司将损失 100 000 元土地出售收入。这部分丧失的收入即为投资的机会成本。虽然机会成本并未发生现金实体的交割行为，但作为一种潜在的成本，必须加以认真对待，以便为既定资源寻求最佳使用途径。

机会成本与投资决策的多样性和资源的稀缺性相联系，当存在多种投资机会，而可供使用的资源又有限时，机会成本就一定存在。当考虑机会成本时，往往会使某些看上去有利可图的投资实际上无利可图甚至是亏本的投资。

3. *税后原则*

投资项目现金流量的分析需要考虑所得税的影响。投资评价使用的现金流量应该是税后现金流量。例如，某公司租用一层写字楼，每月租金 50 000 元，每月销售收入 800 000 元。假设所得税税率为 25%。可以计算，税后租金成本应为 50 000×(1－25%)，即 37 500 元，税后租金成本小于原始租金，因为租金是税前支付的，可以起到抵税的作用；税后销售收入为 800 000×(1－25%)，即 600 000 元，税后销售收入小于原始销售收入，由于销售的增加企业要多缴纳所得税。

(三) 现金流量估计的假设

在现金流量的估计中，不仅要关心现金流量的大小，还应特别注意现金流量发生的时间。为简化起见，一般都假定各年投资在年初一次进行，各年经营现金流量在各年年末一次发生，终结现金流量发生在最后 1 年的年末。特别地，在投资评价中，一般假设 $t=0$ 代表现在(第 1 年年初)，$t=1$ 代表第 1 年年末(第 2 年年初)，$t=2$ 代表第 2 年年末(第 3 年年初)，以此类推。

五、现金流量表的编制

为了完整反映项目现金流量的形成及其分布情况，通常采用现金流量表的形式进行描述。

项目投资中的现金流量表是一种能够全面反映某投资项目在其计算期内每年的现金流入量和现金流出量的具体构成内容，以及净现金流量水平的经济报表。它与财务会计的现金流量表相比，存在以下差别：

(1) 反映的对象不同。前者反映的是特定投资项目的现金流量；后者反映的是特定企业的现金流量。

(2) 期间特征不同。前者包括整个项目连续多年的计算期；后者只包括一个会计年度。

(3) 内容结构不同。前者包括表格和评价指标两大部分；后者则分为主表和辅表两部分，其中主表又分别按经营活动、筹资活动和投资活动三大类内容来反映现金流量。

(4) 勾稽关系不同。前者的勾稽关系表现为各年现金流量具体项目与现金流量合计项目之间的对应关系；后者则通过主、辅表分别按直接法和间接法确定的净现金流量进行勾稽。

(5) 信息属性不同。前者的信息数据多为预计的未来数据；后者则必须是真实的历史数据。

项目投资使用的现金流量表的格式包括表头和主体两部分。表头除标明项目的投资主体外，还应注明其名称和价值单位，如“全部投资”“自有资金”“中方投资”“外商投资”或“国民经济”等。主体格式分为上下两部分，上部记录项目计算期内有关现金流量具体项目和净现金流量的数据，下部为评价指标。

以完整的工业投资项目为例，其现金流量表的具体格式如表 6-1 所示。

表 6-1 完整工业投资项目现金流量表 万元

项目计算期(第 t 年)	建设期			经营期			
	0	…	S	$S+1$	…	$n-1$	n
1. 初始现金流出量							
1.1 固定资产投资							
1.2 流动资金投资							
2. 经营现金流量							
2.1 营业收入							

续表

项目计算期(第 t 年)	建设期			经营期			
	0	…	S	$S+1$	…	$n-1$	n
2.2 付现成本							
2.3 所得税							
3. 终结现金流量							
3.1 回收流动资金							
3.2 回收固定资产残值							
4. 净现金流量	NCF_0	…	NCF_S	NCF_{S+1}	…	NCF_{n-1}	NCF_n
评价指标：净现值＝X 万元(行业基准折现率为 Y%)；内部收益率＝Z%；投资回收期＝P 年							

注：表中 S 为项目的建设期；n 为项目计算期。

表 6-1 中的经营现金流量是根据公式(6-2)编制的，它还可以根据公式(6-3)或公式(6-4)编制，它们的结果是一致的。

上述现金流量表也可用现金流量图表示。现金流量图是用作图的方式直观地反映项目现金流量分布的时间特征的方法。其横轴表示时间，从 0 点开始按顺序等距分布的时间点分别代表建设起点、第 1 期期末、第 2 期期末，以此类推，最后是项目终结点；项目的现金流量标注在相应的时点上，一般现金流入量用向上的箭头标出，现金流出量用向下的箭头标出，箭头长短和数量大小没有严格关系，只要区分大小和方向即可。如图 6-2 所示。

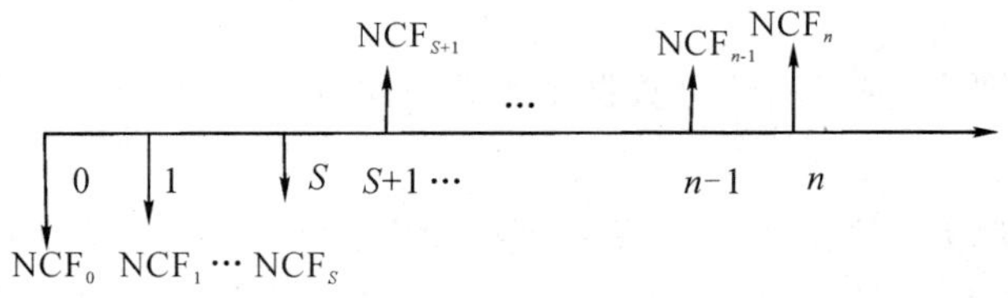

图 6-2 完整工业投资项目现金流量图

注：图中符号含义同表 6-1。

【例 6-1】 T 公司拟购入一台设备以扩充生产能力，现有 A、B 两方案可供选择。A 方案需投资 10 000 万元，使用寿命为 5 年，采用直线法计提折旧，5 年后设备无残值，5 年中每年销售收入为 6 000 万元，每年付现成本为 2 000 万元。B 方案需投资 12 000 万元，用直线法计提折旧，使用后残值为 2 000 万元，使用寿命也为 5 年，5 年中每年销售收入为 8 000 万元，付现成本第 1 年为 3 000 万元，以后逐年增加修理费 400 万元，另外垫支营运资金 3 000 万元。假设企业所得税税率为 25%，试编制两个方案的现金流量表。

【解】 根据题目条件和现金流量计算公式，编制现金流量表如表 6-2 和表 6-3 所示。

表 6－2　经营现金流量计算表　　万元

项　目	第 1 年	第 2 年	第 3 年	第 4 年	第 5 年
A 方案：					
销售收入(1)	6 000	6 000	6 000	6 000	6 000
付现成本(2)	2 000	2 000	2 000	2 000	2 000
折旧(3)	2 000	2 000	2 000	2 000	2 000
税前利润(4)	2 000	2 000	2 000	2 000	2 000
所得税(5)	500	500	500	500	500
税后利润(6)	1 500	1 500	1 500	1 500	1 500
经营现金净流入(7)	3 500	3 500	3 500	3 500	3 500
B 方案：					
销售收入(1)	8 000	8 000	8 000	8 000	8 000
付现成本(2)	3 000	3 400	3 800	4 200	4 600
折旧(3)	2 000	2 000	2 000	2 000	2 000
税前利润(4)	3 000	2 600	2 200	1 800	1 400
所得税(5)	750	650	550	450	350
税后利润(6)	2 250	1 950	1 650	1 350	1 050
经营现金净流入(7)	4 250	3 950	3 650	3 350	3 050

【思考与讨论】 第(7)行的数据是如何计算的？可以用哪些公式进行计算？

表 6－3　全部现金流量计算表　　万元

项目	第 0 年	第 1 年	第 2 年	第 3 年	第 4 年	第 5 年
A 方案：						
固定资产投资	－10 000					
经营现金流量		3 500	3 500	3 500	3 500	3 500
现金流量合计	－10 000	3 500	3 500	3 500	3 500	3 500
B 方案：						
固定资产投资	－12 000					
营运资金垫支	－3 000					
经营现金流量		4 250	3 950	3 650	3 350	3 050
固定资产残值						2 000
营运资金回收						3 000
现金流量合计	－15 000	4 250	3 950	3 650	3 350	8 050

第三节 投资评价的方法

为了正确地评价投资项目的优劣，需要采取适当的投资评价方法。常见的投资评价方法可以分为两个类别：一是贴现现金流量法，也叫动态决策分析法；二是非贴现现金流量法，也叫静态决策分析法。前者考虑了货币时间价值，计算较为复杂，但更为科学、合理；后者没有考虑货币时间价值，不够科学、准确，但是简单明了，计算容易。

一、贴现现金流量法

（一）净现值法

净现值(Net Present Value，NPV)是指投资项目投入使用后的净现金流量，按照一定的贴现率折算为现值，减去初始投资以后的余额。其计算公式为

$$NPV=\sum_{t=1}^{n}\frac{NCF_t}{(1+i)^t}-C \qquad (6-5)$$

式中：NPV 为净现值；NCF_t 为第 t 年的净现金流量；i 为贴现率；n 为项目预计使用年限；C 为初始投资额。

净现值还可以表述为：投资项目从开始到终结，全部现金流量(包括现金流入量和现金流出量)的现值之和或现金流入的现值减去现金流出的现值。其计算公式为

$$NPV=\sum_{t=0}^{n}\frac{CF_t}{(1+i)^t}=\sum_{t=0}^{n}\frac{CIF_t}{(1+i)^t}-\sum_{t=0}^{n}\frac{COF_t}{(1+i)^t} \qquad (6-6)$$

式中：CF_t 为第 t 年的现金流量；CIF_t 为第 t 年的现金流入量；COF_t 为第 t 年的现金流出量。

净现值的计算结果受投资项目的现金流量、使用年限和选取的贴现率的影响。在投资评价中，贴现率为投资人要求达到的最低报酬率，即必要报酬率，可参照资金成本、机会成本、行业平均收益率等确定。净现值法把投资项目的全部现金流入量和现金流出量统一在同一时点进行比较，能客观地反映“所得”是否大于“所耗”，企业的价值是否会因项目的实施有所增加。

净现值法的决策规则：一个投资项目净现值大于或等于零时采纳，小于零时放弃；在多个项目的互斥决策中，应选净现值大于零且金额最大者。

【例 6-2】 沿用例 6-1 的资料(详见表 6-2 和表 6-3)，假设资本成本为 10%，利用净现值法对 T 公司两个投资方案进行评价。

【解】 $NPV_A=3\ 200\times(P/A，10\%，5)-10\ 000=3\ 267.8$(万元)

$$NPV_B=\frac{4\ 250}{1+10\%}+\frac{3\ 950}{(1+10\%)^2}+\frac{3\ 650}{(1+10\%)^3}+\frac{3\ 350}{(1+10\%)^4}+\frac{8050}{(1+10\%)^5}-15\ 000$$

$$=2\ 156.91\text{(万元)}$$

从以上计算结果可知，A、B 两方案净现值都大于零，故两个方案都是可行的。但 A 方案净现值大于 B 方案，故 T 公司应选用 A 方案。

净现值法的优点：考虑了货币时间价值，反映了投资方案所有期间的现金流量；反映了投资方案的净收益额，最能符合企业价值最大化的目标，是理论上较为完善，也是实务中应用最为广泛的方法。

净现值法的缺点：不能揭示各个投资方案本身可能达到的实际报酬率的大小；贴现率不易确定，计算结果受主观因素影响较大；当多个投资方案的投资规模或使用年限不相同时，净现值法的使用会受到一定的限制。

（二）内含报酬率法

内含报酬率(Internal Rate of Return，IRR)也叫内部报酬(收益)率，是指使投资项目的净现值等于零的贴现率。其计算公式为

$$\sum_{t=1}^{n} \frac{NCF_t}{(1+IRR)^t} - C = 0 \tag{6-7}$$

式中：IRR 为内含报酬率。

根据 NPV 的不同表示，内含报酬率的计算公式也可以写成

$$\sum_{t=0}^{n} \frac{CF_t}{(1+IRR)^t} = \sum_{t=0}^{n} \frac{CIF_t}{(1+IRR)^t} - \sum_{t=0}^{n} \frac{COF_t}{(1+IRR)^t} = 0 \tag{6-8}$$

内含报酬率的实质是反映了投资项目本身预期能够达到的真实报酬率，与投资人对投资项目的期望，即必要报酬率相对应。在投资评价中，往往把投资项目的内含报酬率与投资人的必要报酬率进行比较，从而做出判断。

内含报酬率法的决策规则：一个投资项目内含报酬率大于或等于投资人的必要报酬率时采纳，小于必要报酬率时放弃。

内含报酬率的计算比较复杂，通常根据未来现金流量的情况，可以采取以下两种方法：

(1) 未来各年经营现金流量相等。

首先，根据表达式计算年金现值系数。

然后，查年金现值系数表，在相同的期数内，找出与上述年金现值系数相等或相邻的较大和较小的贴现率。

最后，采用插值法计算内含报酬率。

(2) 未来各年经营现金流量不相等。

首先，预估一个贴现率，并按此贴现率计算净现值。

然后，不断试算找出内含报酬率的可能区间。如果计算出的净现值大于零，则应提高贴现率，再计算净现值；如果计算出的净现值小于零，则应降低贴现率，再计算净现值；经过反复测算，找到净现值恰好等于零的一个贴现率或是净现值刚好大于零、净现值刚好小于零的两个相邻的贴现率。

最后，采用插值法计算内含报酬率。

【例 6-3】 沿用例 6-1 的资料(详见表 6-2 和表 6-3)，假设资本成本为 10%，利用内含报酬率法对 T 公司的两个方案进行评价。

【解】 (1) A 方案：

$$3\,500 \times (P/A, IRR, 5) - 10\,000 = 0$$

$$(P/A, IRR, 5) = \frac{10\,000}{3\,500} = 2.857\,1$$

查 $n=5$ 的年金现值系数表，可以得到：

$$(P/A, 20\%, 5) = 2.990\,6 > 2.857\,1$$

$$(P/A, 24\%, 5) = 2.745\,6 < 2.857\,1$$

内含报酬率应该在20%～24%之间，使用插值法：

$$IRR_A=20\%+(24\%-20\%)\times\frac{2.990\ 6-2.857\ 1}{2.990\ 6-2.745\ 6}=22.18\%$$

(2) B方案：

$$\frac{4\ 250}{1+IRR}+\frac{3\ 950}{(1+IRR)^2}+\frac{3\ 650}{(1+IRR)^3}+\frac{3\ 350}{(1+IRR)^4}+\frac{8\ 050}{(1+IRR)^5}-15\ 000=0$$

试算：　　贴现率=11%时，$NPV_1=1\ 687.62$

贴现率=16%时，$NPV_2=-379.43$

由试算结果，内含报酬率应该在11%～12%之间。使用插值法：

$$IRR_B=11\%+(16\%-11\%)\times\frac{1\ 687.62-0}{1\ 687.62-(-379.43)}=15.08\%$$

从以上计算结果可知，A、B两个方案的内含报酬率均高于资本成本10%，都是可行的。但A方案内含报酬率较高，故A方案的效益比B方案好。

内含报酬率的优点：考虑了货币的时间价值，反映了投资方案所有期间的现金流量；从相对指标方面反映了投资项目的真实报酬率；无须确定贴现率，克服了净现值法受主观因素影响较大的缺点。

内含报酬率法的缺点：在互斥决策中可能得到错误的结论，内含报酬率最高的项目其净现值不一定最高；包含了一个不现实的再投资假设，即每期收回的现金流量都可以再投资，而且再投资获得的收益率与内含报酬率一致；非常规项目可能有多个内含报酬率，此时很难确定哪一个内含报酬率是项目的真实报酬率。

(三) 获利指数法

获利指数(Profitability Index，PI)又称获利能力指数或现值指数，是投资项目投入使用后的净现金流量的现值与初始投资的比值，也可以表述为投资项目从开始到终结，现金流入的现值与现金流出的现值的比值。其计算公式为

$$PI=\frac{\sum_{t=1}^{n}NCF_t(1+i)^{-t}}{C}=\frac{\sum_{t=0}^{n}CIF_t(1+i)^{-t}}{\sum_{t=0}^{n}COF_t(1+i)^{-t}} \tag{6-9}$$

获利指数的经济意义是，现在的每一元现金流出在未来能够获得的现金流入的现值数。获利指数通过相对数指标来表示投资项目赚取利润的能力。获利指数一般与1比较，获利指数大的项目更具有吸引力。

获利指数法的决策规则：一个投资项目获利指数大于或等于1时采纳，小于1时放弃。

【例6-4】 沿用例6-1的资料(详见表6-2和表6-3)，假设资本成本为10%，利用获利指数法对T公司的两个方案进行评价。

【解】 $PI_A=3\ 500\times(P/A,10\%,5)/10\ 000=1.33$

$$PI_B=\left[\frac{4\ 250}{1+10\%}+\frac{3\ 950}{(1+10\%)^2}+\frac{3\ 650}{(1+10\%)^3}+\frac{3\ 350}{(1+10\%)^4}+\frac{8\ 050}{(1+10\%)^5}\right]/15\ 000$$

$$=1.14$$

由计算结果可知，A、B两个方案的获利指数都大于1，两方案都可进行投资。但A方

案获利指数更大，故A方案效益优于B方案。

获利指数法的优点是考虑了货币的时间价值，反映了投资项目的盈亏程度。因为获利指数是相对数，有利于不同投资规模方案间的比较。获利指数法的缺点是只代表获得收益的能力而不代表实际可能获得的财富，获利能力指数高的项目其净现值不一定高，在多个方案的互斥决策中可能会得到错误的结论，这点与内含报酬率法相似。

二、非贴现现金流量法

（一）投资回收期法

投资回收期指的是投资项目收回投入资本所需要的时间。投资回收期的计算，根据未来现金流量的情况，可以采取以下两种方法：

（1）如果每年的经营净现金流量相等：

$$投资回收期=\frac{初始投资额}{年净现金流量} \tag{6-10}$$

（2）如果每年的经营净现金流量不等：

$$投资回收期=累计净现金流量第一次出现正值的年份-1+\frac{上年累计净现金流量}{当年净现金流量} \tag{6-11}$$

回收期指标反映了投入资本的回收速度，体现了项目的流动性。一个投资项目，如果投资回收期越短，投入资本越能早收回，投资人越乐于接受。在投资评价中，往往把投资项目的回收期与投资人预先设定的最长可接受的回收期进行比较，从而做出判断。

投资回收期法的决策规则：一个投资项目回收期小于或等于投资人预先设定的最长可接受的回收期时可以接受，反之应放弃。

【例6-5】　沿用例6-1的资料(详见表6-2和表6-3)，计算T公司两个投资方案的投资回收期。

【解】　A方案和B方案的现金流量表见表6-4。

表6-4　现金流量表　　万元

项　目	第0年	第1年	第2年	第3年	第4年	第5年
A方案：						
净现金流量	−10 000	3 500	3 500	3 500	3 500	3 500
B方案：						
净现金流量	−15 000	4 250	3 950	3 650	3 350	8 050
累计净现金流量	−15 000	−10 750	−6 800	−3 150	200	8 250

$$A方案：回收期=\frac{10\,000}{3\,500}=2.86(年)$$

$$B方案：回收期=(4-1)+\frac{3\,150}{3\,350}=3.94(年)$$

投资回收期法的优点是：计算简单，易于理解。其缺点是：忽略了货币的时间价值，而且没有考虑回收期满后的收益，可能会忽略对企业具有战略意义的项目。投资回收期法是过去最为常用的方法，现在仅作为辅助方法使用。

为了弥补回收期法未考虑货币时间价值的缺陷，人们引入了贴现回收期法，这一方法是将未来各期现金流量予以贴现，再用贴现后的现金流量计算回收期。但是这种方法仍然没有考虑回收期满后的收益。

（二）平均报酬率法

平均报酬率(Average Rate of Return，ARR)也叫平均投资报酬率或会计利润率，是投资项目年平均利润占初始投资额的百分比。平均报酬率的计算基础是会计利润，其计算公式为

$$平均报酬率=\frac{年平均利润}{初始投资额}\times 100\% \qquad (6-12)$$

平均报酬率法反映了初始投资产生利润的能力，这个指标越大越受欢迎。在采用平均利润法进行投资评价时，应事先确定一个企业要求达到的平均报酬率，如行业基准利润率，然后把投资项目的平均报酬率与投资人期望的平均报酬率进行比较，从而做出判断。

平均报酬率法的决策规则：一个投资项目平均报酬率高于投资人要求达到的平均报酬率可以接受，反之应放弃。

【例 6-6】 沿用例 6-1 的资料(详见表 6-2 和表 6-3)，计算 T 公司两个方案的平均报酬率。

【解】 $ARR_A=\frac{1\ 500}{10\ 000}\times 100\%=15\%$

$$ARR_B=\frac{(2\ 250+1\ 950+1\ 650+1\ 350+1\ 050)\div 5}{15\ 000}\times 100\%=11\%$$

平均报酬率法的优点是简明、易算、易懂。其缺点是：没有考虑货币时间价值，夸大了项目的盈利水平；按投资项目账面价值计算，影响投资决策的正确性。

三、投资评价方法的比较

（一）净现值法和内含报酬率法的比较

净现值法和内含报酬率法在常规项目和多个独立项目的评价中往往可以得到相同的结论，而在非常规项目和多个互斥项目的评价中，有时会产生矛盾。

对于常规项目，初始现金流量为负，现金流量在有效期内只变一次符号，NPV 是贴现率 i 的单调减函数。对 i 进行不同取值，可得到对应的 NPV，将 NPV 和 i 表示在坐标轴中，就构成了 NPV 曲线。常规项目的 NPV 曲线如图 6-3 所示。当贴现率为 i_1 时，NPV>0，IRR>i_1；当贴现率为 i_2 时，NPV<0，IRR< i_2；净现值法和内含报酬率法评价结果一致。

对于非常规项目，现金流量是正负交错型的，在有效期内多次改变符号。此时，投资项目可能有多个内含报酬率。根据笛卡尔符号法则①，内含报酬率的个数取决于现金流量

①笛卡尔符号法则最早由笛卡尔在他的著作《几何学》中阐述。这个规则用于判断一个多项式的正根或负根的个数。

正负交替的次数。图 6－4 表示一种可能的非常规现金流量的 NPV 曲线。在出现多个内含报酬率的情况下，内含报酬率法是无效的，利用内含报酬率法对非常规项目的投资评价无法得出正确的结论。

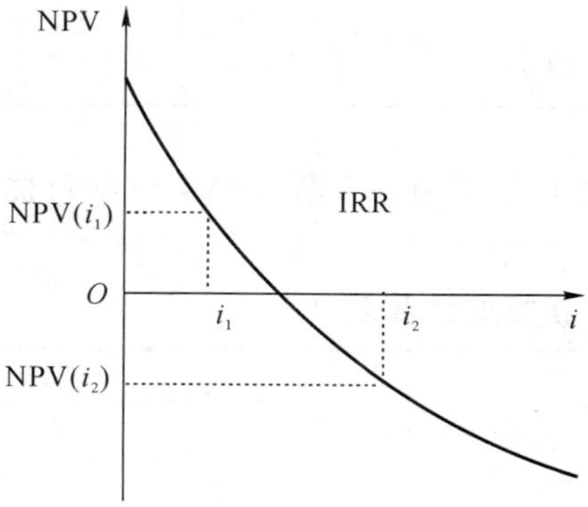

图 6－3　常规项目 NPV 曲线

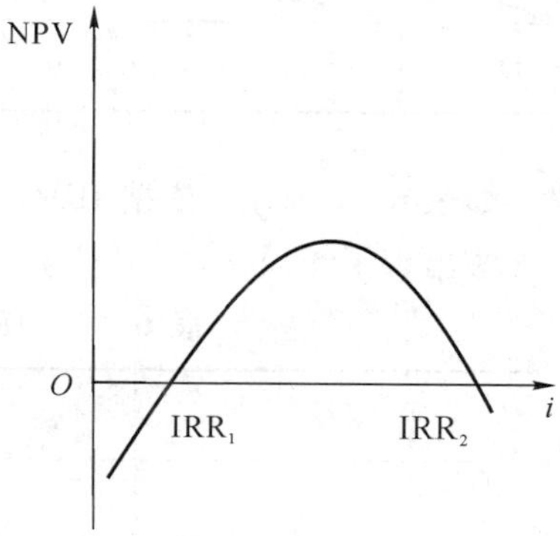

图 6－4　非常规项目 NPV 曲线

对于多个独立项目，由于方案间相互独立，主要做每个方案可行与否的决策。利用内含报酬率法可以得出正确结论，并且还可以按投资方案经济效益的高低，给各个方案做优先排序。但是对于多个互斥项目，不仅仅是方案是否可行的问题，还要做出只能选择一个最优方案的决策。这时，利用内含报酬率法就有可能做出错误的结论。如图 6－5，项目 A 和 B 为互斥项目，两条 NPV 曲线相交于 i，A 投资的内含报酬率 IRR_A 高于 B 投资的内含报酬率 IRR_B。但是如果比较两者的 NPV 会发现：投资的 NPV 的高低，取决于选取的贴现率的大小。当贴现率小于 i 时，项目 B 的 NPV 较高。在这个区间，即使项目 A 的 IRR 较高，进行项目 B 更能使投资人获利。当贴现率大于 i 时，项目 A 的 NPV 高于项目 B。在这个区间，净现值法和内含报酬率法的结论一致。由此，我们可以得到：在互斥项目的选择中，内含报酬率法可能会得出错误的结论，净现值法是一个比较好的方法。

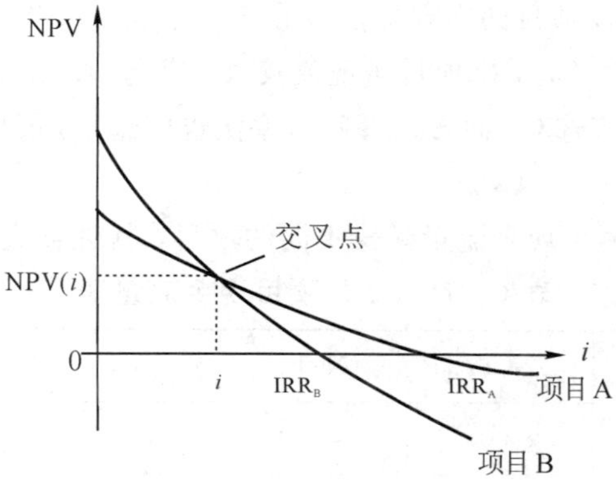

图 6－5　两个互斥项目的 NPV 曲线

【例 6－7】　C、D 为两个投资规模不同的项目，其现金流量如表 6－5 所示。

表 6－5 C、D 投资项目净现金流量 元

项 目	NCF_0	NCF_1	NCF_2	NCF_3	NCF_4
C	－26 900	10 000	10 000	10 000	10 000
D	－55 960	20 000	20 000	20 000	20 000

显然：如表 6－6 所示，依据 IRR，C 项目优于 D 项目。依据 NPV，D 项目优于 C 项目，两种方法出现了矛盾。

表 6－6 IRR、NPV 指标的计算表

项 目	IRR(%)	NPV(12%)
C	18	3 470
D	16	4 780

为了进一步验证结论，我们做出 C 项目和 D 项目的净现值曲线图(见图 6－6)。

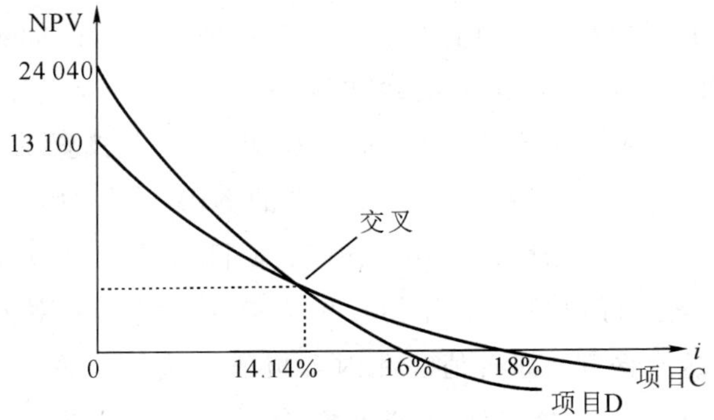

图 6－6 C、D 项目净现值曲线图

可以看出：C 项目和 D 项目的净现值曲线在 i 等于 14.14%时相交，即此时二者的净现值相等。当 i 小于 14.14%时，D 项目净现值较大，应选 D；当 i 大于 14.14%时，C 项目净现值较大，按净现值法应选 C；而按内部收益率法也应选 C。可见，无论如何，NPV 的选择总是正确的。

【例 6－8】 E、F 为两个现金流量模式不同的项目，其现金流量如表 6－7 所示。

表 6－7 E、F 项目现金流量表 元

项 目	NCF_0	NCF_1	NCF_2	NCF_3	IRR(%)	NPV(8%)
E	－10 000	8 000	4 000	9 600	20%	1 598
F	－10 000	1 000	4 544	9 676	18%	2 502

E、F 项目净现值曲线如图 6－7 所示，从图中可以看出，依据 IRR，E 项目优于 F 项

目，依据 NPV，当 i 大于 15.5%时，E 项目优；当 i 小于 15.5%时，F 项目优。

但无论如何，同样是 NPV 的选择都是正确的。

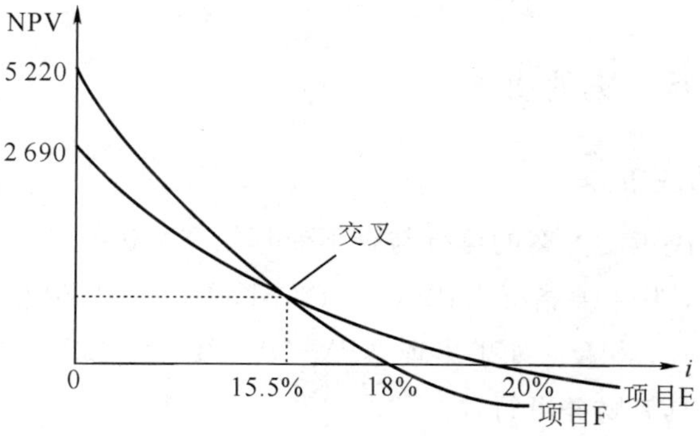

图 6－7　E、F 项目净现值曲线图

（二）净现值法和获利指数法的比较

由于净现值法和获利指数法的数据来源相同，对于单个项目和多个独立项目的评价，两种方法的结果是一致的。此时，如果 NPV≥0，则必然有 PI≥1；如果 NPV<0，则必然有 PI<1。然而，在做互斥项目的选择时，获利指数法和净现值法有可能得出不一致的结论。例如，项目 G 和项目 H 的现金流量如表 6－8 所示。

表 6－8　项目 G 和项目 H 各年现金流量　　万元

年份	项目 G	项目 H
0	－50	－200
1	20	80
2	20	80
3	30	100
4	30	100

假设贴现率为 10%，计算可以得到：NPV(G)＝27.74 万元，PI(G)＝1.55；NPV(H)＝82.28 万元，PI(H)＝1.41。根据净现值法，NPV(G)<NPV(H)，应选择项目 H；而根据获利指数法，PI(G)>PI(H)，项目 G 优于项目 H。在这个例子中，净现值法和获利指数法发生了矛盾。此时，我们应该根据净现值法做出判断。

（三）内含报酬率法和获利指数法的比较

内含报酬率法和获利指数法有相似之处，都是使用相对比率，而不像净现值法那样使用绝对数来评价投资项目。但内含报酬率法和获利指数法也有区别，在计算一个投资项目的内含报酬率时不必事先选择贴现率，内含报酬率的计算结果不受投资人主观期望的影响；而获利指数法需要投资人事先确定一个适合的贴现率，以便将现金流量折算为现值。投资项目的贴现率的高低将会影响其获利指数的大小。

第四节　项目投资决策实务

一、独立方案与互斥方案的决策

（一）独立方案的决策

独立方案是指在决策时方案的可行与否不受其他方案选择结果影响的投资方案。如果某项目属于独立方案，其主要指标 NPV≥0，PI≥1，IRR≥i（必要报酬率），可断定该项目基本上具有财务可行性；相反，如果出现 NPV<0，PI<1，IRR<i（必要报酬率）的情况，可基本断定该项目不具有财务可行性。

（二）互斥方案的决策

互斥方案是指在决策时涉及多个相互排斥、不能同时并存的投资方案。互斥方案决策中，投资者只能选择其中一个方案，面临的不仅是方案可行与否，还有哪一个方案最优的问题。互斥方案的决策方法主要有净现值法、差额内部收益率法、年等额净现值法或年均成本法等。

1. 净现值法

用净现值决策时，可选择净现值最大的方案作为最优方案。这种方法只适用于原始投资相同的多个互斥方案的决策。

2. 差额内部收益率法

差额内部收益率是指使两个原始投资额不同的方案的差量净现金流量的现值等于零的贴现率。按照该方法，当差额内部收益率大于或等于基准收益率或设定折现率时，原始投资额大的方案较优；反之，则投资少的方案为优。

该方法适用于原始投资额不相同的两个方案之间的比较。

ΔIRR 的计算过程同 IRR 一样，只是所依据的是 ΔNCF，即两个投资方案的每年净现金流量之差。该法还经常被用于更新改造项目的投资决策中，即当该项目的差额内部收益率指标大于或等于基准收益率或设定折现率时，应当进行更新改造；反之，就不应当进行此项更新改造。

3. 年等额净现值法或年均成本法

年等额净现值法是指根据所有投资方案的年等额净现值的大小来选择最优方案的方法。与 ΔIRR 法不同的是，该法适用于两个以上方案的比较决策。在此法下，年等额净现值最大的方案较优。

年等额净现值等于净现值与资本回收系数的乘积。若某方案净现值为 NPV，设定折现率或基准收益率为 i，项目计算期为 n，则年等额净现值可按下列公式计算：

$$A = \text{NPV} \times (A/P, i, n) \tag{6-13}$$

$$A = \text{NPV} \times \frac{1}{(P/A, i, n)}$$

式中：A 为年等额净现值；$(A/P, i, n)$为资本回收系数；$(P/A, i, n)$为年金现值系数。

运用此法对所有方案进行判断时，年等额净现值最大的方案为优。

年均成本与年等额净现值的计算方法相似。年均成本法适用于收入相同但计算期不同的项目比较选择。按此法，年均成本小的项目为最优项目。

【例 6-9】 某企业打算进行固定资产更新，已知新设备的购置成本为 25 000 元，可用 10 年，期满无残值，使用新设备的年付现经营成本为 3 200 元。旧设备的账面净值为 10 000 元，变现价值为 8 000 元，还可使用 6 年，期满净残值 800 元。如果继续使用旧设备，年付现经营成本为 4 800 元。假设行业基准折现率为 14%，不考虑所得税。试做出是否更新的决策。

【解】 将"继续使用旧设备(P)"和"使用新设备(Q)"视为两个相互独立的方案，则继续使用旧设备的年均成本为

$$AC_P = \frac{4\,800 \times (P/A, 14\%, 6) - 800 \times (P/F, 14\%, 6)}{(P/A, 14\%, 6)} = 4\,706(\text{元})$$

使用新设备的年均成本为

$$AC_Q = \frac{(25\,000 - 8\,000) + 3\,200 \times (P/A, 14\%, 10)}{(P/A, 14\%, 10)} = 6\,459(\text{元})$$

因此，应继续使用旧设备。

二、资本限额决策

资本限额是指企业可用于投资的资金量是有限的，不能投资于所有可接受的项目。在前面的讨论中，我们一直假设资本是无限量的，而在实际工作中，企业可筹集到的资金一般都有一定的限度，特别是那些外部融资受到限制的企业。

在资本有限的前提下，企业为了获得最大利益，应当选择投资总额不超过资本限量并且净现值最大的投资组合。资本限额决策一般可以采用获利指数法和净现值法，两种方法得出的结论一致。

决策步骤如下：

第一步，计算所有项目的 NPV，并列出项目的初始投资。

第二步，接受 NPV≥0 的项目，如果可接受的项目都有足够的资金，这一过程即可完成。

第三步，如果资金不能满足所有 NPV≥0 的项目，则需对所有项目在资本限量内进行各种可能的组合，然后计算出各种组合的净现值总额。

为了能够快速求得 NPV 总和最大的投资组合，应按现值指数 PI 的大小，并结合净现值 NPV 进行项目排队。

第四步，接受净现值的合计数最大的组合。

【例 6-10】 某公司现有 a、b、c、d、e 五个备选投资项目，其中 b 和 c，d 和 e 是互斥项目，各项目的投资额、净现值和获利能力指数如表 6-9 所示。该公司的最大资本限额为 100 万元。

表 6－9　五个投资项目的数据表　元

投资项目	初始投资	PI	NPV
a	400 000	1.45	180 000
b	370 000	1.36	133 200
c	700 000	1.4	280 000
d	200 000	1.6	120 000
e	350 000	1.4	140 000

试问，该公司应如何选择投资组合？

【解】 如果按照每个项目的净现值大小来选取，则首先应选择 C，另外可选择的只有 D，才不超过资本限量。然而，这种选择是错误的，它并不能使公司的净现值最大。

为了选出最优的投资组合，首先应列出在资本限额内所有可能的投资组合，见表 6－10。

表 6－10　投资组合　元

项目组合	初始投资	加权平均 PI	NPV 合计
ab	770 000	1.3 132	313 200
ad	600 000	1.3	300 000
ae	750 000	1.32	320 000
abd	970 000	1.6 032	433 200
bd	570 000	1.2 532	253 200
be	720 000	1.2 732	273 200
cd	900 000	1.4	400 000

假设投资组合的投资总额与资本限额的差额可投资于其他获利指数为 1 的投资，加权平均获利指数以 ab 组合为例，计算如下：

$$PI(ab)=\left(\frac{400\ 000}{1\ 000\ 000}\right)\times 1.45+\left(\frac{370\ 000}{1\ 000\ 000}\right)\times 1.36+\left(\frac{230\ 000}{1\ 000\ 000}\right)\times 1$$

$$=1.313\ 2$$

从表 6－10 中可以看出，获利指数法和净现值法得到的结论相同：投资组合 abd 是最优投资组合，其加权获利指数和净现值在所有可能组合中均最大。

三、投资的风险决策

以上投资决策都建立在现金流量是确定的假设上，实际上投资活动充满了不确定性或风险性。当存在风险，而且风险较大无法忽略时，就需要将风险因素考虑到投资决策中。对于投资决策中风险的处置，常用的方法主要有风险调整贴现率法和肯定当量法。现分述如下：

（一）风险调整贴现率法

风险调整贴现率法的基本思路是对高风险的项目采用较高的贴现率去计算净现值。问题的关键是如何确定包括了风险因素的贴现率即风险调整贴现率。风险调整贴现率有以下几种形式：

（1）按投资项目的风险程度来调整贴现率。

$$K=R_{\mathrm{f}}+b\cdot q \tag{6-14}$$

式中：K 为风险调整贴现率；R_{f} 为无风险报酬率；b 为风险报酬系数；q 为风险程度（标准差或标准离差率）。

对于证券投资，也可测定证券的 β 系数，根据资本资产定价模型来确定贴现率。

（2）按投资项目的类别调整贴现率。这是实际工作中常用的经验估计法。它首先把投资项目分成若干类别，然后根据经验对每一类投资项目的贴现率在资金成本率的基础上进行调整。

（3）按投资项目的风险等级来调整贴现率。这种方法是对影响投资项目风险的各因素进行评分，根据评分来确定风险等级，然后根据风险等级来调整贴现率的一种方法。风险等级与贴现率的对应关系由企业的管理人员根据以往的经验来确定。影响投资项目风险的因素可能有很多，并且相互关联、相互影响，在选取相关因素时，应避免太多、太杂，同时也应考虑在各个因素上分数的分配，并且打分应由企业的各部门组成的专家小组进行。

风险调整贴现率法的优点是该法对风险大的投资采用较高的贴现率，对风险小的投资采用较低的贴现率，简单明了，符合逻辑。此法的缺点是将时间价值和风险价值混为一谈，容易夸大远期风险。

（二）肯定当量法

肯定当量法的基本思想是先用一个系数把有风险的现金收支调整为无风险的现金收支，然后用无风险的贴现率去计算净现值，以便根据净现值法的规则选择方案。

$$\mathrm{NPV}=\sum_{t=0}^{n}\frac{\alpha_t\mathrm{NCF_t}}{(1+i)^t} \tag{6-15}$$

式中：α_t 为第 t 年的肯定当量系数；NCF_t 为第 t 年有风险的净现金流量；i 为无风险贴现率。

式（6－15）中的肯定当量系数指的是不肯定的1元现金流量期望值相当于使投资者满意的肯定的金额的系数，即

$$\alpha_t=\frac{\text{肯定的现金流量}}{\text{不肯定的现金流量期望值}} \tag{6-16}$$

肯定当量系数可以把不肯定的现金流量转换成肯定的现金流量。由于相同金额肯定的现金流量与不肯定的现金流量相比，前者更受投资人欢迎，所以肯定当量系数应在0到1之间。肯定当量系数的取值与现金流量的风险程度相关。投资风险越大，肯定当量系数越小；投资风险越小，肯定当量系数越大。当无投资风险时，肯定当量系数为1；当风险极大时，肯定当量系数为零。

如果用标准离差率来表示风险程度，标准离差率与肯定当量系数之间存在着一定的经

验关系，如表 6－11 所示。

表 6－11 标准离差率与肯定当量系数的关系

标准离差率	肯定当量系数
0～0.07	1
0.08～0.15	0.9
0.16～0.23	0.8
0.24～0.32	0.7
0.33～0.42	0.6
0.43～0.54	0.5
0.55～0.7	0.4

【例 6－11】 南方公司准备进行一项投资，各年的现金流量和分析人员确定的肯定当量系数见表 6－12 所示。无风险贴现率为 10%，试判断此项目是否可行。

表 6－12 南方公司各年现金流量和肯定当量系数 元

年　份	0	1	2	3	4
现金流量	－100 000	40 000	40 000	40 000	40 000
肯定当量系数	1	0.9	0.8	0.8	0.7

【解】 NPV＝－100 000＋40 000×0.9×(P/F，10%，1)＋
40 000×0.8×(P/F，10%，2)＋
40 000×0.8×(P/F，10%，3)＋
40000×0.7×(P/F，10%，4)
＝2 312(元)

该项目对各期有风险的现金流量进行调整后，计算出来的净现值为正数，所以该项目是可行的。

肯定当量法的优点是把时间价值和风险价值分别进行调整，先调整风险，然后把肯定现金流量用无风险报酬率进行折现。对不同年份的现金流量，可以根据风险的差别使用不同的肯定当量系数进行调整。其缺点是肯定当量系数的确定受主观因素影响较大，在实际应用中，较难确定准确的肯定当量系数。

四、通货膨胀对投资的影响

通货膨胀是经济生活中的一种常见现象。通货膨胀的幅度一般用通货膨胀率表示。通货膨胀的突出表现是商品价格上升和货币的购买力下降。通货膨胀不仅会带来预期现金流量的增加，同时也会影响投资人的必要报酬率。在投资评价中，当通货膨胀显著时，必须要考虑通货膨胀的影响。

(一) 通货膨胀对现金流量的影响

一般情况下，项目的营业收入、付现成本更多的是根据不变购买水平估算的实际现金流量。在投资评价中，要把不包括通胀因素的实际现金流量调整为包括通胀因素的名义现金流量。

$$\text{第}\,t\,\text{年的名义现金流量}=\text{第}\,t\,\text{年实际现金流量}\times(1+\text{预期通货膨胀率})^t \tag{6-17}$$

(二) 通货膨胀对资本成本的影响

在通货膨胀的条件下，实际资本成本和名义资本成本存在如下关系：

$$(1+r_n)=(1+r_r)(1+i) \tag{6-18}$$

式中：r_n 为名义资金成本；r_r 为实际资金成本；i 为预期通货膨胀率。

整理后得到

$$r_n=r_r+i+ir_r \tag{6-19}$$

通常，式(6-19)中的交叉项 ir_r 相对其他两项来说数值较小，所以有时为简化计算，也可以将式(6-19)写为

$$r_n=r_r+i \tag{6-20}$$

当考虑通货膨胀因素时，应重新计算名义资金成本，并以此作为新的贴现率。简单起见，还可以理解为：当考虑通货膨胀因素时，投资的必要报酬率应在原有的必要报酬率的基础上加上通货膨胀补偿。

(三) 考虑通货膨胀情况的投资决策

在实际操作中，应将现金流量调整为名义现金流量，资本成本调整为名义资本成本，再以此为基础使用净现值、内含报酬率等方法进行投资评价。

【例 6-12】 某公司准备购入一台机器设备。该机器的使用年限是 4 年，购置成本为 100 000 元，不计残值。按直线法计提折旧，这 4 年每年的折旧额为 25 000 元。按照不变购买力水平估算，该设备每年可以为公司带来营业收入 80 000 元，公司为此每年付出付现成本 30 000 元。假设公司所得税税率为 25%，项目的实际资本成本为 10%，如果通货膨胀预期为每年 8%，那么是否应该购买该设备。

【解】 首先，将各年的营业收入和付现成本调整为名义值。

第 1 年营业收入的名义值$=80\ 000\times(1+8\%)^1=86\ 400$(元)

第 2 年营业收入的名义值$=80\ 000\times(1+8\%)^2=93\ 312$(元)

第 3 年营业收入的名义值$=80\ 000\times(1+8\%)^3=100\ 777$(元)

第 4 年营业收入的名义值$=80\ 000\times(1+8\%)^4=108\ 840$(元)

同理，可以计算各年度付现成本的名义值。第 1～4 年付现成本的名义值分别为：32 400 元、34 992 元、37 791 元、40 815 元。每年的折旧金额是固定值，不受通货膨胀影响，不需要调整。按名义值计算各年净现金流量。计算过程如表 6-13。

表 6-13　按名义值计算现金流量　　元

项　目	第 0 年	第 1 年	第 2 年	第 3 年	第 4 年
初始投资	−100 000				
营业收入		86 400	93 312	100 777	108 840
付现成本		32 400	34 992	37 791	40 815
折　旧		25 000	25 000	25 000	25 000
税前利润		29 000	33 320	37 986	43 025
所得税		7 250	8 330	9 496.5	10 756.25
税后净利润		21 750	24 990	28 489.5	32 268.75
营业现金流量		46 750	49 990	53 489.5	57 268.75
净现金流量	−100 000	46 750	49 990	53 489.5	57 268.75

接着，计算名义资本成本。本例的名义资本成本为

$$r_n = 10\% + 8\% + 10\% \times 8\% = 18.8\%$$

最后，以名义资本成本为贴现率计算净现值。

$$NPV = -100\ 000 + \frac{46\ 750}{(1+18.8\%)^1} + \frac{49\ 990}{(1+18.8)^2} + \frac{53\ 489.5}{(1+18.8\%)^3} + \frac{57\ 268.75}{(1+18.8\%)^4}$$

$$= 35\ 425.02(元)$$

考虑了通货膨胀的影响后，因为净现值大于零，所以可以购买新设备。

值得注意的是，在实际应用中，在计算通货膨胀变化对各种现金流量，如销售价格、原材料成本、工资费用等的影响时，应注意不同现金流量受通货膨胀的影响程度可能是各不相同的，不能简单地用一个统一的通货膨胀率来修正所有的现金流量。另外，由于折旧的计提基础是原始成本，折旧额不随通货膨胀的变化而变化，导致纳税额增长速度高于通货膨胀增长速度，从而降低了项目的实际收益率，影响投资决策的正确性。

本章小结

项目投资决策是有关企业长远发展的战略决策。现金流量是项目投资决策的基础指标。这里的“现金”是一个广义的概念，“现金流量”是相关的增量现金流量。在做项目投资决策时，准确估计现金流量的数额和时间分布是进行决策的关键。

项目投资决策的指标，通常按是否考虑货币时间价值分为静态投资指标和动态投资指标两类。前者又称非贴现指标，主要包括投资回收期和投资收益率，其特点是计算简便，容易理解，但因没考虑时间价值，难免夸大项目的回收速度或收益水平；后者又称贴现指标，主要包括净现值、内含报酬率和获利指数，三者在理论上和实践中存在一定矛盾，但以净现值的结论为最可靠。所以在应用评价指标进行决策时，净现值最大是各种具体方法设计的基本原则。如互斥决策的年均净现值法、差额内部收益率法、年均成本法均体现了这一原则。

基本概念

投资	直接投资	间接投资	长期投资	短期投资	项目投资
对内投资	对外投资	现金流量	净现值	内含报酬率	投资回收期
获利指数	差额内部收益率				

练 习 题

一、单项选择题

1. 在计算投资项目的未来现金流量时，报废设备的预计净残值为 12 000 元，按税法规定计算的净残值为 14 000 元，所得税税率为 25%，则设备报废引起的预计现金流入量是(　　)元。

A. 11 500　　B. 13 500　　C. 12 500　　D. 14 500

2. 下列各项中，不会对投资项目的内含报酬率指标产生影响的因素是(　　)。

A. 原始投资　　B. 现金流量　　C. 项目计算期　　D. 设定折现率

3. 当贴现率为 10%时，某项目的净现值为 500 元，则说明该项目的内含报酬率(　　)。

A. 高于 10%　　B. 低于 10%　　C. 等于 10%　　D. 无法界定

4. 一个投资方案年销售收入为 300 万元，年销售成本为 210 万元，其中折旧 85 万元，所得税税率为 40%，则该方案年现金流量净额为(　　)万元。

A. 90　　B. 139　　C. 175　　D. 54

5. 某企业计划投资 10 万元建一生产线，预计投资后每年可获净利 1.5 万元，年折旧率为 10%，则投资回收期为(　　)。

A. 3 年　　B. 5 年　　C. 4 年　　D. 6 年

6. 某投资项目原始投资 12 000 元，当年完工投产，有效期为 3 年，每年可获得现金净流量 4 600 元，则该项目的内含报酬率为(　　)。

A. 7.32%　　B. 7.68%　　C. 8.32%　　D. 6.68%

7. 下列关于评价投资项目的回收期法的说法中，不正确的是(　　)。

A. 它忽略了货币时间价值

B. 它需要一个主观上确定的最长的可接受回收期作为评价依据

C. 它不能测度项目的盈利性

D. 它不能测度项目的流动性

二、多项选择题

1. 甲方案的净现值为 8 600 元，内含报酬率为 10%；乙方案的净现值为 6 800，内含报酬率为 15%，则下列说法正确的有(　　)。

A. 甲方案优于乙方案　　B. 乙方案优于甲方案

C. 若两方案互斥，甲优于乙　　D. 若两方案独立，乙优于甲

2. 确定一个投资方案可行的必要条件是(　　)。

A. 内含报酬率大于 1　　B. 净现值大于 0

C. 现值指数大于 1　　D. 回收期小于 1 年

3. 投资项目的内含报酬率是指(　　)。

A. 投资收益额与原始投资额的比率

B. 能使未来现金流入现值与未来现金流出现值相等的贴现率

C. 能使投资方案现值指数为 1 的贴现率

D. 能使投资方案净现值为 0 的贴现率

4. 投资项目的现金流出量包括(　　)。

A. 购买固定资产的价款　　B. 流动资金垫支

C. 固定资产折旧　　D. 递延资产摊销

5. 下列哪些表述是正确的(　　)。

A. 风险调整贴现率法把时间价值和风险价值混在一起，并据此对现金流量进行贴现

B. 肯定当量法有夸大远期风险的特点

C. 肯定当量法可以和净现值法结合使用，也可以和内含报酬率法结合使用

D. 肯定当量法的主要困难是确定合理的当量系数

三、判断题(对的打“√”，错的打“×”)

1. 某企业正在讨论更新现有的生产线，有两个备选方案：A 方案的净现值为 400 万元，内含报酬率为 10%；B 方案的净现值为 300 万元，内含报酬率为 15%。据此可以认定 A 方案较好。(　　)

2. ABC 公司对某投资项目的分析与评价资料如下：该投资项目适用的所得税税率为 30%，年税后营业收入为 700 万元，税后付现成本为 350 万元，税后净利润为 210 万元。那么，该项目年营业现金净流量为 410 万元。(　　)

3. 对于投资方案，只有增量现金流量才是相关现金流量。(　　)

4. 投资决策中，使用的现金流量就是指各种货币资金。(　　)

5. 一般情况下，使某投资方案的净现值小于零的折现率，一定高于该投资方案的内含报酬率。(　　)

四、计算题

1. 某投资项目需投资 5 400 000 元，可使用 10 年，按直线法计提折旧，使用期满后有残值 400 000 元，该项目在使用期内每年可实现净利 520 000 元，公司要求的报酬率为 14%。用净现值法评价该项目是否可行。

2. 某企业拟建一项固定资产，需投资 100 万元，按直线法计提折旧，使用寿命为 10 年，期末无残值。该项工程当年投产，预计投产后每年可获利 10 万元，假定该项目的行业基准折现率为 10%。用内含报酬率法评价该项目是否可行。

3. 某企业有一台旧设备，原值是 208 000 元，预计使用年限为 10 年，已经使用 4 年，预计残值为 8 000 元。为保障生产正常进行，准备对该设备进行大修或更新，有关资料

如下：

若现在大修需支付大修理费用 40 000 元，不增加使用年限，每年可实现收入 220 000 元，付现成本为 160 000 元；

若购买新设备价款为 246 000 元，预计使用年限为 6 年，残值为 6 000 元，每年实现收入 275 000 元，付现成本为 125 000 元，出售旧设备收入为 50 000 元。

该企业所得税税率为 25%，资本成本为 10%。会计政策与税法一致。

通过计算说明，企业应对旧设备进行大修还是更新。

本章练习题参考答案

第七章　证 券 投 资

教学目标与要求

- 了解证券投资与项目投资的区别。
- 了解企业证券投资的含义及目的。
- 掌握债券的估价模型。
- 掌握债券投资的收益与风险。
- 掌握股票的估价模型。
- 掌握股票投资收益。
- 掌握投资基金的估价。
- 了解基金收益与分配。

导入案例

南京某电力企业计划利用一笔长期资金投资购买A公司和B公司股票。已知A公司股票现行市价为每股8元，上年每股股利为0.25元，预计以后每年以4%的增长率增长。B公司股票现行市价为每股6元，上年每股股利为0.7元，股利分配政策将一贯坚持固定股利政策。南京某电力企业所要求的必要报酬率为8%。

【思考与讨论】　南京某电力企业应购买哪种股票比较合算？

第一节　证券投资概述

一、证券投资的含义

证券是指具有一定票面金额，代表财产所有权或债权，并借以取得一定收入的一种凭证。广义的证券包括商品证券、货币证券和资本证券。商品证券是指代表商品所有权的凭证，如提货单、运货单、仓库栈单等。货币证券是指持有人对货币享有索取权的证券，如商业汇票、商业本票、银行汇票、银行本票和支票，是货币市场的工具。资本证券是指持有人有一定的收入请求权的证券，如股票、债券、基金及其衍生品种等，是资本市场的工具。狭义的证券仅指资本证券。本书的证券指狭义证券。

证券一般具有四个基本特征：

(1) 产权性，是指有价证券记载着权利人的财产权内容，拥有证券就意味着享有财产的占有、使用、收益和处置的权利。

(2) 收益性，是指持有证券本身可以获得一定数额的收益，这是投资者转让资本使用权的回报。证券的收益表现为利息收入、红利收入和买卖证券的差价。

(3) 流通性，又称变现性，是指证券持有人可以转让证券以换取现金。

(4) 风险性，是指证券持有人面临着预期投资收益不能实现，甚至使本金也受到损失的可能性。

企业把资金用于购买资本证券，称为证券投资。它是企业对外投资的重要组成部分。

证券投资有别于项目投资，证券投资是购买金融资产，这些资金转移到企业手中后由企业再投入生产经营活动，因此又称间接投资；项目投资是把资金用于购买固定资产等实物资产，直接投资于生产经营活动，属于直接投资。证券投资的分析方法是证券分析，从证券市场中选择适宜的证券并组成证券组合，作为投资方案；项目投资需要事先做出备选方案，然后进行项目分析，研究其可行性和优劣次序，从中选择行动方案。

二、证券的种类

(一) 政府证券、金融证券和公司证券

证券按发行主体可分为政府证券、金融证券和公司证券三种。政府证券是指中央或地方政府为筹集资金而发行的证券。金融证券则是指银行或非银行金融机构为筹措资金而发行的证券。公司证券又称企业证券，是指工商企业为筹集资金而发行的证券。通常，政府证券的风险较小，金融证券次之，公司证券的风险相对较大。

(二) 短期证券和长期证券

证券按其期限长短可分为一年内到期的短期证券和期限长于一年的长期证券。前者如短期国债、商业票据、银行承兑汇票等；后者如股票、长期债券等。一般而言，短期证券的变现能力强，风险小，但收益相对较低；长期证券的收益较高，但时间长，风险大。

(三) 固定收益证券和变动收益证券

证券按其给投资者带来的收益状况分类，可分为固定收益证券和变动收益证券两种。固定收益证券是指在证券的票面上规定有固定收益率的证券，常见于债券和优先股。变动收益证券是指证券的票面不标明固定的收益率，其收益情况随企业经营状况而变动的证券，典型的例子有普通股。一般来说，固定收益证券风险较小但报酬不高，而变动收益证券反之。

(四) 所有权证券和债权证券

证券按其所体现的权益关系，可分为所有权证券和债权证券两种。所有权证券是指证券的持有人即证券发行单位的所有者的证券，这种证券的持有人一般对发行单位都有一定的管理和控制权。譬如股票，股东便是发行股票的企业的所有者。债权证券是指证券的持有人即发行单位的债权人的证券，持有人一般无权对发行单位进行管理和控制，但在发行单位破产时相较于所有权证券的持有者会得到优先清偿。

(五) 原生证券和衍生证券

证券按其收益的决定因素不同，可分为原生证券和衍生证券。原生证券收益的大小主要取决于发行者的财务状况，如股票和债券；衍生证券是从原生证券演化而来的，其收益取决于原生证券的价格，如期货合约和期权合约等。

(六) 股票、债券、基金、期货、期权和权证

证券按其所体现的经济内容不同，可分为普通股、优先股、债券、投资基金、期货、期权、权证等。

三、证券投资的目的

企业进行证券投资的根本目的是获取收益，但具体到某一投资行为，则有以下几个方面的主要目的：

（一）暂时存放闲置资金

企业一般都持有一定量的有价证券，以替代企业库存的较多的非盈利性现金余额，并在现金流出超过现金流入时，将有价证券售出，以增加现金。

（二）与筹集长期资金相配合

处于成长期或扩张期的公司一般每隔一段时间就会发行长期证券（股票或公司债券）。但发行长期证券所获得的资金一般并非一次用完，而是逐渐、分次使用。这样，暂时不用的资金可投资于有价证券以获取收益，而当企业进行投资需要资金时，则可卖出有价证券，以获得现金。

（三）满足未来的财务需求

假如企业在不久的将来有一笔现金需求，如建一座厂房或归还到期债务，则将现有的现金投资于有价证券，以便到时售出，满足所需要的现金。

（四）满足季节性经营对现金的需求

经营上具有季节性特征的公司，在一年内的某些月份会出现现金剩余，而在另一些月份则会出现现金短缺，这些公司通常在现金有剩余时购入有价证券，以提高资金的使用效益，而在现金短缺时出售有价证券，以满足现金的需求。

（五）取得对相关企业的控制权

有些企业往往从战略上考虑要控制另外一些企业，这可以通过股票投资实现。例如，一家汽车制造企业欲控制一家钢铁公司以便获得稳定的材料供应，这时便可动用一定资金来购买钢铁企业的股票，直到其所拥有的股权能控制这家钢铁企业为止。

四、证券投资的程序

证券投资程序是在证券交易市场买进证券的具体步骤。在不同的证券交易市场以及不同的证券商参加的证券交易关系中，证券投资程序不尽相同，但由证券经纪商参加的证券交易所交易程序最具有代表性，主要分开户、委托、竞价成交、结算和过户等步骤。

（一）开户

投资者欲进行证券投资，首先要开设证券账户和资金账户。证券账户用来记载投资者所持有的证券种类、数量和相应的变动情况，资金账户则用来记载和反映投资者买卖证券的货币收付和结存数额。

（二）委托

在证券交易市场，投资者买卖证券是不能直接进入交易所办理的，而必须通过证券交易所的会员来进行。换而言之，投资者需要通过经纪商的代理才能在证券交易所买卖证券。在这种情况下，投资者向经纪商下达买进或卖出证券的指令，称为“委托”。开户后，投资者就可以在证券营业部办理证券委托买卖。

证券经纪商接到投资者的委托指令后，首先要对投资者身份的真实性和合法性进行审查。审查合格后，经纪商要将投资者委托指令的内容传送到证券交易所进行撮合。这一过程称为“委托的执行”，也称为“申报”或“报盘”。

证券交易所在证券交易中接受报价的方式主要有口头报价、书面报价和电脑报价三种。采用口头报价方式时，证券公司的场内交易员接到交易指令后，在证券交易所规定的交易台前或者指定的区域，用口头方式喊出自己的买价或者卖价，同时辅以手势，直至成交。而在书面报价情况下，交易员将证券买卖要求以书面形式向证券交易所申报，然后按规定的竞价交易原则撮合成交。电脑报价则是指证券公司通过计算机交易系统进行证券买卖申报，其做法是：证券公司将买卖指令输入计算机终端，并通过计算机系统传给证券交易所的交易系统，交易系统接收后即进行配对处理。若买卖双方有合适的价格和数量，交易系统便自动撮合成交。目前，我国通过证券交易所进行的证券交易均采用电脑报价方式。

（三）竞价成交

竞价成交按照一定的竞争规则进行，其核心内容是价格优先、时间优先原则。价格优先原则是在买进证券时，较高的买进价格申报优先于较低的买进价格申报；卖出证券时，较低的卖出价格申报优先于较高的卖出价格申报。时间优先原则要求当存在若干相同价格申报时，应当由最早提出该价格申报的一方成交。即同价位申报，按照申报时序决定优先顺序。

我国证券交易所有两种竞价方式，即在每日开盘前采用集合竞价方式，在开盘后的交易时间里采用连续竞价方式。

（四）结算

证券结算是指一笔证券交易成交后，买卖双方结清价款和交收证券的过程。它包括证券清算和交割。清算是指按照确定的规则计算证券和资金的应收应付数额的行为。交割是指证券的卖方将卖出的证券交给买方，买方将买进证券的价款支付给卖方。

A 股、基金、债券采用 T+1 交割，B 股采用 T+3 交割。

（五）过户

过户是指证券的原所有者向新的所有者转移证券有关权利的记录。我国上市股票实行无纸化交易，过户和交割同时完成，无须到发行公司办理过户手续。

第二节　债券投资

一、债券投资概述

（一）债券投资的对象

债券投资是企业通过在证券市场上购买各种债券进行的投资。债券投资的对象有政府债券、金融债券和公司债券。

1. 政府债券

政府债券是政府为筹集资金而向出资者出具并承诺在一定时期支付利息和偿还本金的债务凭证，具体包括国家债券（中央政府债券）、地方政府债券和政府担保债券等。

政府债券具有安全性高、流通性强、收益稳定、免税待遇的特征。

我国目前发行的国家债券，从形式上可分为凭证式国债、无记名(实物)国债和记账式国债三种。

凭证式国债是一种国家储蓄债，可记名、挂失，以“凭证式国债收款凭证”记录债权，不能上市流通，从购买之日起计息。在持有期内，持券人如遇特殊情况需要提取现金，可以到购买网点提前兑取。提前兑取时，除偿还本金外，利息按实际持有天数及相应的利率档次计算，经办机构按兑付本金的千分之二收取手续费。

无记名(实物)国债是一种实物债券，以实物券的形式记录债权，面值不等，不记名，不挂失，可上市流通。发行期内，投资者可直接在国债销售机构的柜台购买。在证券交易所设立账户的投资者，可委托证券公司通过交易系统申购。发行期结束后，实物券持有者可在柜台卖出，也可将实物券交证券交易所托管，再通过交易系统卖出。

记账式国债以记账形式记录债权、通过证券交易所的交易系统发行和交易，可以记名、挂失。投资者进行记账式证券买卖，必须在证券交易所设立账户。由于记账式国债的发行和交易均无纸化，所以效率高、成本低、交易安全。

2. 金融债券

金融债券是由银行和非银行金融机构发行的债券，旨在解决金融机构资金来源和资金运用期限不匹配的矛盾。因此金融机构发行债券一般以长期债券为多，而且到期之前不能提前兑换，只能在市场上转让。

从收益和风险看，由于银行等金融机构在一国经济中占有较特殊的地位，政府对它们的运营又有严格的监管，因此，金融债券的资信通常高于其他非金融机构债券，违约风险相对较小，具有较高的安全性，因而利率通常低于一般的企业债券，但高于风险更小的国债和银行储蓄存款利率。

金融债券最常见的分类如下：

(1) 根据利息的支付方式，金融债券可分为附息金融债券和贴现金融债券。如果金融债券上附有多期息票，发行人定期支付利息，则称为附息金融债券；如果金融债券是以低于面值的价格贴现发行，到期按面值还本付息，利息为发行价与面值的差额，则称为贴现债券。

(2) 根据发行条件，金融债券可分为普通金融债券和累进利息金融债券。普通金融债券按面值发行，到期一次还本付息，期限一般是1年、2年和3年。普通金融债券类似于银行的定期存款，只是利率高些。累进利息金融债券的利率不固定，在不同的时间段有不同的利率，逐年累进，比如面值为1 000元、期限为3年的金融债券，第一年利率为9%，第二年利率为10%，第三年利率为11%。投资者可在第一年至第五年之间随时去银行兑付，并获得规定的利息。

3. 公司债券

有关公司债券的概念、分类已在第三章讲述，此处不再赘述。与国债及金融债券相比，公司债券具有风险性较大、收益率较高的特点。

(二) 债券投资的特点

与股票投资相比，债券投资的主要特点有：

1. 债券投资属于债权性投资

债券体现债权债务关系，债券持有人作为发行公司的债权人，定期获得利息并到期获得本金，但无权参与发行公司的经营管理。

2. 债券投资风险较小

债券规定了还本付息日，在企业破产时，对企业剩余资产的索取权位于股东之前，因此，债券投资一般能收回全部或部分本金，其风险较小，特别是政府债券近似被认为是无风险债券。

3. 债券投资收益较稳定

债券投资的收益包括按票面利率和票面价值计算的利息和债券转让的价差，前者一般是固定的，与企业绩效没有直接联系，后者的市场波动也较小，因此收益相对稳定。

4. 债券的市场流动性较强

债券在到期日前一般不得兑付，但如果债务人信誉高(如政府债券)，或者二级市场较为发达，则债券持有人能将债券迅速变现，或将其抵押给银行等金融机构申请贷款。

二、债券的估价模型

企业在决定是否购买一种债券前，必须对债券的价值进行评估。只有当债券价值大于购买价格时，该债券才值得投资。现介绍债券的估价模型。

(一) 债券估价的理论模型

债券作为一种投资，现金流出是其购买价格，现金流入是利息和归还的本金(或者出售时得到的现金)。债券价值是指债券的未来现金流入量的现值，由此确定的估价理论模型为

$$V=\sum_{t=1}^{n}\frac{I_t}{(1+r)^t}+\frac{M}{(1+r)^n} \tag{7-1}$$

其中，$I=i\times M$。式中：V 为债券价值；I_t 为第 t 期的利息；r 为市场利率或投资人要求的必要收益率；M 为债券面值；n 为付息期数；i 为票面利率。

注意：公式(7-1)中 i、r 和 n 的计算口径必须一致。即如果 n 为年数，则 r、i 为年利率；如果 n 为月数，则 r、i 为月利率，以此类推。

【例 7-1】 某债券面值为 1 000 元，票面利率为 8%，期限为 10 年，每年付息一次。某企业要对这种债券进行投资，当前的市场利率为 6%，问：债券价格为多少才能进行投资？

【解】 该债券的价值为

$$\begin{aligned}V&=1\,000\times 8\%\times(P/A,6\%,10)+1\,000\times(P/F,6\%,10)\\&=80\times 7.36+1\,000\times 0.558\\&=1\,146.8(\text{元})\end{aligned}$$

即该债券的价格必须低于 1 146.8 元时，投资者才能购买。

如果该债券每半年付息一次，其他条件不变，其价值为

$$\begin{aligned}V&=1\,000\times 4\%\times(P/A,3\%,20)+1\,000\times(P/F,3\%,20)\\&=40\times 14.877\,5+1\,000\times 0.553\,7\\&=1\,148.8(\text{元})\end{aligned}$$

可见，付息次数越多，债券价值越大。

（二）债券估价的应用模型

1. 附息债券的估价模型

附息债券又称息票债券，即券面上印有“息票”，作为按期（一般为一年）支付利息的凭据。债券持有人在债券到期期限内，可以定期凭债券上所附息票，向发行机构支取债券利息。附息债券往往适用于期限较长或在持有期限内不准兑现的债券，西方国家的债券绝大部分是此类。

附息债券的估价模型为

$$V=I\times(P/A,r,n)+M\times(P/F,r,n) \tag{7-2}$$

式中：$(P/A,r,n)$为1元年金现值系数，$(P/F,r,n)$为1元复利现值系数。

2. 到期一次还本付息且不计复利的债券估价模型

这种债券的价值实际上是未来到期日所收到本利和的折现价值。我国债券大多属于此类，其估价模型为

$$V=\frac{M+M\times i\times n}{(1+r)^n}=M\times(1+i\times n)\times(P/F,r,n) \tag{7-3}$$

注：公式中的符号含义同前式。

【例7-2】 某企业拟购买一种到期一次还本付息的债券，该债券面值为1 000元，期限为5年，票面利率为10%，不计复利，当前市场利率为8%，该债券发行价格为多少时，企业才能购买？

【解】

$$V=\frac{1\ 000+1\ 000\times10\%\times5}{(1+8\%)^5}=1\ 020(\text{元})$$

即债券价格必须低于1 020元时，企业才能购买。

3. 零息债券的估价模型

零息债券又称贴现债券，是指票面不标明利率，发行时以低于面值的价格出售，到期以面值偿还的债券。其价值实质上为本金的现值，计算公式为

$$V=\frac{M}{(1+r)^n}=M\times(P/F,r,n) \tag{7-4}$$

注：公式中的符号含义同前式。

【例7-3】 某债券面值为1 000元，期限为5年，以折现方式发行，期内不计利息，到期按面值偿还，当时市场利率为8%，问：该债券发行价格为多少时，企业才能购买？

【解】

$$\begin{aligned}V&=1\ 000\times(P/F,8\%,5)\\&=1\ 000\times0.681\\&=681(\text{元})\end{aligned}$$

即该债券的价格只有低于681元时，企业才能购买。

三、债券投资的收益

债券投资的收益包括两个部分：一是按票面价值和票面利率支付的利息；二是债券买卖的差价收益。

债券投资收益高低通常用债券收益率（年收益率）表示。债券收益率是一定时期内债券

投资收益与投资额的比率，它是衡量债券投资是否可行的重要指标。

计算债券投资收益率应区分以下四个概念：息票收益率、本期收益率、持有期收益率和到期收益率。息票收益率(票面收益率)是年利息收入与债券面额之比率，是债券的名义收益率。本期收益率是指债券的年利息收入与买入债券的实际价格之比率。两者都是只考虑了持有期间的利息收益，不考虑债券的买卖差价，因此不是债券投资决策的主要依据，不作为主要的讨论对象。债券投资收益率主要是指持有期收益率和到期收益率两个概念。

(一) 持有期收益率

持有期收益率是指买入债券后持有一段时间，又在债券到期前将其出售而得到的年均收益率。持有期收益率既考虑了持有期间利息收益，也考虑了买卖价差，是投资者获得的现实收益率。

计算债券的持有期收益率，不论是长期投资还是短期投资，一般都不考虑资金时间价值，计算公式按债券的种类不同有以下三种形式：

(1) 息票债券持有期收益率：

$$r=\frac{I+(P_1-P_0)/n}{P_0} \tag{7-5}$$

式中：r 为投资收益率；I 为每年支付利息；P_1 为债券卖价；P_0 为债券买价；n 为持有年数。

【例 7-4】 M 公司于 2018 年 1 月 1 日以 924.16 元购买一张面值为 1 000 元、期限为 5 年的债券，其票面利率为 8%，每年 1 月 1 日计算并支付一次利息，该债券于 2020 年 1 月 1 日按市价 953.26 元的价格出售，则该债券的持有期收益率为多少？

【解】 $$r=\frac{1\,000\times 8\%+(953.26-924.16)/2}{924.16}\approx 10.23\%$$

(2) 到期一次还本付息且单利计息的债券持有期收益率：

$$r=\frac{(P_1-P_0)/n}{P_0} \tag{7-6}$$

【例 7-5】 W 公司于 2018 年 1 月 1 日以 900 元的价格购买了一张当日发行、面值为 1 000 元、期限为 5 年、票面利率为 6%、到期一次还本付息的债券，该债券于 2020 年 1 月 1 日按市价 990 元的价格出售，则该债券的持有期收益率为多少？

【解】 $$r=\frac{(990-900)/2}{900}=5\%$$

(3) 贴现债券持有期收益率的计算公式同式(7-6)。

需要说明的是：当企业持有债券到期时，上述公式中的卖价即为到期兑付的面值(息票债券和贴现债券)或本利和(到期一次还本付息债券)。而短期投资持有期收益率的计算可能出现 n 小于 1 的情况。

【例 7-6】 如果例 7-5 中 W 公司将此债券一直持有到期，则持有期收益率为多少？

【解】 $$r=\frac{[1\,000\times(1+5\times 6\%)-900]/5}{900}\approx 8.9\%$$

【例 7-7】 某企业于 2019 年 6 月 6 日投资 900 元购进一张面值为 1 000 元，票面利率为 6%，每年 12 月 31 日付息一次的债券，并于 2020 年 1 月 6 日以 950 元的市价出售。则持有期收益率为多少？

【解】
$$r=\frac{950-900+1\,000\times 6\%}{900}\times\frac{12}{6}\times 100\%\approx 24.44\%$$

（二）到期收益率

所谓到期收益，是指从发行市场或流通市场购入债券，一直持有到期所产生的收益，包括到期的全部利息。到期收益率又称内部收益率、最终收益率、满期收益率、到期殖利率，是指使投资购买债券获得的未来现金流入量的现值等于债券当前市价的贴现率。

如果到期收益率大于或等于投资者要求的必要报酬率，则可以现价投资，否则应放弃。

由定义可知，到期收益率(用 r 表示)应满足下列方程：

(1) 息票债券

$$P=\sum_{t=1}^{n}\frac{I}{(1+r)^t}+\frac{M}{(1+r)^n}=I\times(P/A,r,n)+M\times(P/F,r,n) \quad (7-7)$$

(2) 到期一次还本付息债券

$$P=\frac{M+M\times i\times n}{(1+r)^n}=M(1+i\times n)\times(P/F,r,n) \quad (7-8)$$

(3) 贴现债券

$$P=\frac{M}{(1+r)^n}=M\times(P/F,r,n) \quad (7-9)$$

式中：r 为到期收益率；i 为债券票面利率；n 为债券期限；M 为债券面值；P 为债券当前购买价格。

【例 7-8】 某息票债券的面值为 1 000 元，票面利率为 9%，目前市价为 1 100 元，还有 10 年到期，问：该债券的到期收益率是多少？

【解】
$$1\,100=\sum_{t=1}^{10}\frac{90}{(1+r)^t}+\frac{1\,000}{(1+r)^{10}}$$

通过逐次测试法和插值法可计算出该债券的到期收益率 $r=7.54\%$。

在债券估价公式中，K 是市场利率或者投资者要求的必要报酬率，将其与到期收益率 r 比较。显然，如果 $r>K$，则说明该债券的预期收益率大于投资者要求的必要报酬率，投资者应该购买债券，反之则不应购买。

债券的到期收益率与债券的以下六个属性密切相关：到期时间(期限)、票面利率、赎回条款、税收待遇、流动性、违约风险。一般来说，债券票面利率越高，期限越长，提前赎回越容易，税收待遇越不利，流动性越弱，违约可能性越大，则其风险越大，到期的收益率越高。

四、债券投资的风险

债券投资的风险是系统风险和非系统风险的总和。系统风险有利息率风险、购买力风险；非系统风险有违约风险、流动性风险和期限性风险等。

（一）系统风险

1. 利息率风险

由于利息率的变动而引起债券价格波动，投资人遭受损失的风险，叫利息率风险。一般而言，银行利率下降，则债券价格上升，反之亦然。不同期限的债券，利息率风险不一样，期限越长，风险越大。

2. 购买力风险

由于通货膨胀而使债券到期或出售时所获得的货币资金的购买力降低的风险，称为购买力风险。在通货膨胀时期，购买力风险对投资者有重要影响。一般而言，随着通货膨胀的发生，变动收益证券比固定收益证券要好。因此，公司债券和其他有固定收入的证券被认为比普通股票有更大的购买力风险。

（二）非系统风险

1. 违约风险

债券发行人无法按期支付利息或偿还本金的风险，称为违约风险。一般而言，政府债券违约风险小，金融债券次之，公司债券的风险较大。造成公司债券违约的主要原因有：政治、经济形势发生重大变动；发生自然灾害，如水灾、火灾等；企业经营管理不善、成本高、浪费大；企业在市场竞争中失败，主要顾客流失；企业财务管理失误，不能及时清偿到期债务；等等。

2. 流动性风险

投资人想出售有价证券获取现金而不能立即出售的风险，叫流动性风险。能在较短期内按市价大量出售的资产是流动性较高的资产，流动性风险较小；反之，如果一种资产不能在短时间内按市价大量出售，则属于流动性较低的资产，流动性风险较大。例如，购买小公司的债券，想立即出售比较困难，因而流动性风险较大，相应地易出售变现的国库券则流动性风险较小。

3. 期限性风险

由于证券期限长而给投资人带来的风险，叫期限性风险。一项投资，到期日越长，投资人遭受的不确定性因素就越多，承担的风险越大。例如，同一家企业发行的十年期债券要比一年期债券的风险大，这便是债券的期限性风险。

五、债券投资的优缺点

1. 债券投资的优点

（1）本金安全性高。与股票相比，债券投资风险比较小。政府发行的债券有国家财力作后盾，其本金的安全性非常高，通常视为无风险证券。企业债券的持有者有优先求偿权，即当企业破产时，优先于股东分得企业资产，因此，其本金损失的可能性小。

（2）收入稳定性强。债券票面一般都标有固定利息率，债券的发行人有按时支付利息的法定义务。因此，在正常情况下，投资于债券都能获得比较稳定的收入。

（3）市场流动性好。特别是政府及大企业发行的债券，一般都可在金融市场上迅速出售，流动性很好。

2. 债券投资的缺点

（1）购买力风险较大。债券的面值和利息率在发行时就已确定，如果投资期间的通货膨胀率比较高，则本金和利息的购买力将不同程度地受到侵蚀，不利于投资者。

（2）没有经营管理权。投资于债券只是获得收益的一种手段，无权对债券发行单位施以影响和控制。

第三节　股票投资

一、股票投资概述

(一) 股票投资的对象

股票投资是企业通过在证券市场上购买各种股票进行的投资。股票的定义和常见分类已经在第三章从筹资者角度加以详述，这里从投资者角度进行分类，了解这些分类及其特点，是股票投资的前提。

1. 一线股、二线股和三线股

根据股票交易价格的高低，我国投资者直观地将股票分为一线股、二线股和三线股。一线股通常指股票市场上价格较高的一类股票。这些股票业绩优良或具有良好的发展前景，股价领先于其他股票。大致上，一线股等同于绩优股和蓝筹股。一些高成长股，如我国证券市场上的一些高科技股，由于投资者对其发展前景充满憧憬，它们也位于一线股之列。一线股享有良好的市场声誉，为机构投资者和中小投资者所熟知。

二线股是价格中等的股票。这类股票在市场上数量最多，二线股的业绩参差不齐，但从整体上看，它们的业绩也同股价一样，在全体上市公司中居中游。

三线股指价格低廉的股票。这些公司大多业绩不好，前景不妙，有的甚至步入亏损境地。也有少数上市公司，因为发行量太大，或者身处夕阳行业，缺乏高速增长的可能，难以塑造出好的投资概念来吸引投资者。这些公司虽然业绩尚可，但股价却徘徊不前，也被投资者视为了三线股。

2. 红筹股与蓝筹股

红筹股这一概念诞生于 20 世纪 90 年代初期的香港股票市场。香港和国际投资者把在境外注册、在香港上市的带有中国内地概念的股票称为红筹股。早期的红筹股主要是一些中资公司收购香港中小型上市公司后改造而形成的，近年来出现的红筹股主要是内地一些省市将其在香港的窗口公司改组并在香港上市后形成的。

在海外股票市场上，投资者把那些在其所属行业内占有重要支配性地位、业绩优良、成交活跃、红利优厚的大公司股票称为蓝筹股。“蓝筹”一词源于西方赌场。在西方赌场中，有三种颜色的筹码，其中蓝色筹码最为值钱，红色筹码次之，白色筹码最差。投资者把这些行话套用到股票上。蓝筹股并非一成不变，随着公司经营状况的改变及经济地位的升降，蓝筹股的排名也会变更。

3. 成长股、热门股、绩优股、投机股、周期股、防守股、表现股

成长股是指发行股票时规模并不大，但公司的业务蒸蒸日上，管理良好，利润丰厚，产品在市场上有竞争力的公司股票。成长型公司的经营利润主要用于公司的未来发展，往往派发很少的股息或根本不派息。这就要求成长股的投资者应将目光放得长远一些，尽可能长时间地持有公司股票，以期从股价的上升中获得丰厚的利润。

热门股是指交易量大、交易周转率高、股价涨跌幅度也较大的股票。热门股的形成往

往有其特定的经济、政治、社会等原因。如 20 世纪 70 年代的石油股与中东战争、石油输出国组织大幅度提高油价有关。但是没有永远热门的行业或企业，许多红极一时的热门股后来都销声匿迹了。

绩优股是指那些业绩优良，但增长速度较慢的公司的股票。这类公司有实力抵抗经济衰退，但并不能给人们带来振奋人心的利润。因为这类公司的业务较为成熟，不需要花很多钱来扩展业务，所以投资这类公司的目的主要在于获取股息。

投机股是指那些价格很不稳定或公司前景很不确定的普通股。这主要是那些雄心很大，开发性或冒险性的公司股票，热门的新发行股以及一些面值较低的普通股票等。

周期股是指经营业绩随着经济周期的涨缩而变动的公司的股票。航空工业、汽车工业、钢铁及化学工业都属于此类。当经济从衰退中开始复苏时，周期股的价格涨得比一般成长股快；反之经济衰退时，周期股的价格跌幅可能较大。所以投资这类公司的股票时，把握契机至关重要。

防守股是指那些在面临不确定性和商业衰退时股价保持相对稳定性的股票。公用事业公司发行的普通股是防守股的典型代表，因为即使在商业条件普遍恶化与经济萧条时期，人们对水电、煤气、邮政、通信、食品等行业也还有稳定的要求。

表现股亦称概念股，是指能迎合某一时代潮流但未必能适应另一时代潮流的公司所发行的，股价呈巨幅起伏的股票。

4. ST 股和 PT 股

1998 年 4 月 22 日，沪深证券交易所宣布将对财务状况异常的上市公司的股票交易进行特别处理(Special Treatment)。其中异常主要指两种情况：一是上市公司连续两年净利润为负值，二是上市公司最近一个会计年度经审计的每股净资产低于股票面值。被实行特别处理的股票遵循下列交易规则：股票报价日涨跌幅限制为 5%；原股票名称前加“ST”；上市公司的中期报告必须经过审计。

PT(Particular Transfer)股是基于为暂停上市流通的股票提供流通渠道的特别转让服务所产生的股票品种。根据《公司法》及《证券法》的有关规定，上市公司出现连续三年亏损等情况，其股票将暂停上市。沪深证券交易所从 1999 年 7 月 9 日起，对这类暂停上市的股票实施“特别转让服务”。即一周只有周五一个交易日可以进行买卖；只有 5%的涨幅限制，没有跌幅限制，风险相应增大；交易所在周五下午三点收市后一次性对当天所有有效申报委托以集合竞价方式进行撮合，产生唯一的成交价格，所有符合条件的委托申报均按此价格成交；PT 股交易不计入指数计算，转让信息只能在当天收盘行情中看到。

(二) 股票投资的特点

股票投资相较于债券投资有如下特点：

1. 股票投资是股权性投资

股票体现所有权关系，其持有人作为公司股东有权参与公司的经营管理，而债券持有人则无权参与。

2. 股票投资的非返还性

股票是一种无期限的有价证券。投资者购入股票后，不能要求发行公司退还其投资入股的本金，只能在股票市场上交易实现其变现。

3. 股票投资收益较高但不稳定

股票持有者有权按公司章程从公司领取股息和红利，获取投资收益。其收益大小取决于公司的盈利水平，一般情况下要高于银行储蓄的利息收入，也高于债券的利息收入。股票持有者还可以获得转让的价差收益。但是由于股票投资与企业绩效有直接联系，市价波动也较大，因此其收益的稳定性较差。

4. 股票的市场流动性较强

股票投资有较完善的交易市场，持股人随时可以在二级市场交易兑现。股票的流通性有利于促进社会资金的有效利用和资金的合理配置。

5. 股票投资的风险较大

股票的风险性表现在其收益具有不确定性。它随公司的经营状况和盈利水平而波动，也受到股票市场行情的影响。公司经营良好，股票持有者获得的股息和红利就多。否则，能分得的盈利就会减少甚至无利可分，使得股价下跌，股票持有者也会因股票贬值而遭受损失。此外，如果公司破产，则财产要首先清偿其所欠债务，剩余财产才能分配给股东，因此有可能连本金也保不住。由此可见，股票的风险偏高。

二、股票的估价模型

(一) 股票的相关价值

1. 票面价值

股票的票面价值又称为面值或名义价值，是指股票票面所标明的货币金额。它的主要作用是确定股东所持股份的数量及其在公司全部股本中所占的比例和确定股份有限公司的资本总量。股份有限公司的注册资本必须与股票面值总额相等。

2. 发行价值

股票的发行价值又称为发行价格，是指股票发行时所使用的价格，通常由发行公司根据股票的面值、市场行情及其他有关因素确定。需要注意的是，股票的发行价值与票面价值的不一致性也是股票的重要特征之一。股票发行价主要有平价发行(按面值)、时价发行(按市场价值)和中间价(平价与时价的中间值)发行。我国目前规定，股票不得低于面值即折价发行。

3. 账面价值

股票的账面价值又称每股净资产，是指每一普通股所拥有的公司账面资产净值。其公式为

$$\text{普通股每股账面价值}=\frac{\text{资产总额}-\text{负债总额}-\text{优先股权益}}{\text{普通股股数}} \tag{7-10}$$

4. 内在价值

内在价值是将股票所带来的未来收益按照一定的贴现率贴现之后计算出来的现值之和。其中贴现率一般是投资者要求的必要收益率。股票内在价值的计算公式为

$$V=\sum_{t=1}^{\infty}\frac{D_t}{(1+r)^t} \tag{7-11}$$

式中：V 为股票内在价值；D_t 为第 t 期的预期股利；r 为投资人要求的必要收益率。

5. 市场价值

股票的市场价值是指股票在股票交易市场上转让时的价格，又称市场价。股票市场价既受到诸如公司的发展前景、财务状况、股利政策、经营风险、预期盈利状况等自身因素的影响，又受到宏观经济形势、政经体制、经济周期、资金供求、社会公众心理预期等在内的系统因素的影响。因此，合理、准确地判断股票的市场价值较为困难。

6. 清算价值

股票的清算价值又称清算价格，是指在公司终止及清算时，每股股票所能代表的实际价值。由于清算时存在资本的变现损失及一定的清算费用，股票的清算价值常常与其账面价值和市场价值有很大差距。

(二) 股票的估价模型

企业决定是否购买一种股票之前，必须对股票的内在价值进行评估。只有当股票的内在价值大于购买价格时，该股票才值得投资。

1. 股利贴现模型

(1) 短期持有、未来准备出售的股票估价模型。

通常投资者投资于股票，不仅希望得到股利收入，还希望在未来出售股票时从股票价格的上涨中获得好处，据此股票估价模型为

$$V=\sum_{t=1}^{n}\frac{D_t}{(1+r)^t}+\frac{V_n}{(1+r)^n} \tag{7-12}$$

式中：V 为股票内在价值；D_t 为第 t 期的预期股利；r 为投资人要求的必要收益率；V_n 为未来出售时预计的股票价格；n 为预计持有股票的期数。

(2) 长期持有、股利固定不变的股票估价模型。

假设每年股利固定不变，投资人持有期限很长时，股利支付过程是一个永续年金，则股票的估价模型为

$$V=\frac{D}{r} \tag{7-13}$$

【例 7－9】 甲企业计划利用一笔长期资金投资购买 N 公司股票，该股票现行市价为每股 7 元，上年每股股利为 0.6 元，股利分配政策将一贯坚持固定股利政策。甲企业所要求的投资必要报酬率为 8%。要求：计算 N 公司股票价值。

【解】

$$V=\frac{0.6}{8\%}=7.5(\text{元})$$

如果 N 公司股票市价高于 7.5 元，说明市场对其高估，不能购买；反之应当购买。

(3) 长期持有股票，股利固定增长的股票估价模型。

若某公司股利固定增长，且投资人投资期限极长，则股票的估价更为困难，只能计算近似数。

设基年股利为 D_0，D_1 为预期第 1 年的股利，每年股利固定增长率为 g，则：

$$\begin{aligned}V&=\sum_{t=1}^{\infty}\frac{D_t}{(1+r)^t}=\sum_{t=1}^{\infty}\frac{D_0\times(1+g)^t}{(1+r)^t}\\&\approx\frac{D_0\times(1+g)}{r-g}=\frac{D_1}{r-g}\end{aligned} \tag{7-14}$$

【例 7－10】 时代公司准备投资购买东方信托投资股份有限公司的股票，股票上年每股股利为 2 元，预计以后每年以 4%的增长率增长。时代公司经分析后，认为必须得到 10%的收益率，才能购买东方信托投资股份有限公司的股票。该股票的价格为多少时，时代公司才能购买？

【解】

$$V=\frac{2\times(1+4\%)}{10\%-4\%}\approx 34.67(\text{元})$$

即东方信托投资股份有限公司的股票价格在 34.67 元以下时，时代公司才能购买。

(4) 长期持有股票，股利分阶段增长的股票估价模型。

如果一个公司的股利在初期阶段($1\sim T$)为非正常增长，此后阶段($T+1\sim\infty$)转入固定增长，固定增长率为 g，则其估价模型为

$$V=\sum_{t=1}^{T}\frac{D_t}{(1+r)^t}+\frac{D_{T+1}}{(r-g)(1+r)^T} \tag{7-15}$$

【例 7－11】 钢联股份公司未来 3 年内盈利水平将大幅度增加，其每年分配的股利也将高速增长，增长率为 20%，在此以后转为正常增长，增长率为 8%，公司最近 1 年的股利分配额为每股 0.75 元。投资者要求的必要收益率为 10%。计算该股票的内在价值。

【解】

$$D_1=0.75\times(1+20\%)=0.9(\text{元})$$

$$D_2=0.9\times(1+20\%)=1.08(\text{元})$$

$$D_3=1.08\times(1+20\%)=1.3(\text{元})$$

$$D_4=1.3\times(1+8\%)=1.4(\text{元})$$

$$\begin{aligned}V&=0.9\times(P/F,1,10\%)+1.08\times(P/F,2,10\%)+\\&\quad 1.3\times(P/F,3,10\%)+\frac{1.40}{(10\%-8\%)(1+10\%)^3}\\&=0.9\times0.909+1.08\times0.826+1.3\times0.751+\frac{1.4}{10\%-8\%}\times0.751\\&=55.26(\text{元})\end{aligned}$$

2. 市盈率模型

市盈率模型是指根据行业平均市盈率来评估股票价值的模型。其计算公式为

$$\text{股票价值}=\text{行业平均市盈率}\times\text{普通股每股收益} \tag{7-16}$$

$$\text{普通股每股收益}=\frac{\text{净利润}-\text{优先股股利}}{\text{普通股股数}} \tag{7-17}$$

【例 7－12】 某企业预计每股收益为 0.35 元，所在行业的平均市盈率为 20 倍，则该企业股票的内在价值为多少？

【解】

$$V=20\times0.35=7(\text{元})$$

三、股票投资的收益

企业进行股票投资的目的有两个：一是获利，即获取股利收入和股票买卖差价；二是控股，即通过购买某一企业的大量股票达到控制该企业的目的。在第一种情况下，需要计算其投资收益率。

股票投资没有票面收益率和到期收益率，只有本期收益率和持有期收益率。

1. 本期收益率

本期收益率是指一定期限的现金股利与本期股票价格的比率，表明持有期内某年的收益水平，计算公式为

$$本期收益率=\frac{年现金股利}{股票购买价格}\times 100\% \tag{7-18}$$

计算本期收益率一般不是为了进行投资决策，它只是投资管理的一个环节。

2. 持有期收益率

持有期收益率是指投资者从买入股票到卖出该股票这一段时间获得的年均收益率。该指标一般用于总结股票投资的成效。

(1) 短期股票投资的收益率。

如果投资者持有股票的时间不超过一年，不用考虑资金时间价值，其持有期收益率可按如下公式计算：

$$r=\frac{(P_1-P_0)+D}{P_0}\times 100\% \tag{7-19}$$

式中：r 为股票投资收益率；P_1 为股票出售价格；P_0 为股票购买价格；D 为支付的股利。

【例 7-13】 2019 年 2 月 9 日，X 公司购买 Y 公司每股市价为 50 元的股票，2020 年 1 月，X 公司持有的上述股票每股获现金股利 3 元，2020 年 2 月 9 日，X 公司将该股票以每股 60 元的价格出售，则投资收益率为多少？

【解】

$$r=\frac{(60-50+3)}{50}\times 100\%=26\%$$

(2) 长期股票投资的收益率。

企业进行长期股票投资，每年获得的股利是经常变动的，且出售股票时可收回一定的资金。此外，长期股票投资，因为涉及的时间较长，所以投资收益率的计算要考虑资金时间价值因素，显得较为复杂。其计算公式为

$$P_0=\sum_{t=1}^{n}\frac{D_t}{(1+r)^t}+\frac{P_n}{(1+r)^n} \tag{7-20}$$

式中：P_0 为股票的购买价格；r 为股票投资收益率；D_t 为各年获得的股利；P_n 为股票的出售价格；n 为投资期限。

【例 7-14】 H 公司在 2017 年 4 月 1 日投资 510 万元购买某种股票 100 万股，在 2018 年、2019 年和 2020 年的 3 月 31 日每股各分得现金股利 0.5 元、0.6 元和 0.8 元，并于 2020 年 3 月 31 日以每股 6 元的价格将股票全部出售，试计算该项投资的投资收益率。

【解】

$$510=\frac{50}{1+r}+\frac{60}{(1+r)^2}+\frac{680}{(1+r)^3}$$

① 第一次估计 $r_1=20\%$，代入式(7-20)右边，得

$$\frac{50}{1+20\%}+\frac{60}{(1+20\%)^2}+\frac{680}{(1+20\%)^3}=476.85(万元)$$

② 第二次估计 $r_2=18\%$，代入式(7-20)右边，得

$$\frac{50}{1+18\%}+\frac{60}{(1+18\%)^2}+\frac{680}{(1+18\%)^3}=499.32(万元)$$

③ 第三次估计 $r_3=16\%$，代入式(7－20)右边，得

$$\frac{50}{1+16\%}+\frac{60}{(1+16\%)^2}+\frac{680}{(1+16\%)^3}=523.38(\text{万元})$$

④ 由于 510 万元处在 523.38 万元和 499.32 万元之间，据此可以判定，该项投资的收益率在 16%和 18%之间，采用内插法计算如下：

$$r=16\%+(18\%-16\%)\times\frac{523.38-510}{523.38-499.32}=17.11\%$$

四、股票投资的优缺点

(一) 股票投资的优点

股票投资是一种颇具挑战性的投资，其收益和风险都偏高。股票投资的优点主要有：

1. 投资收益高

普通股票虽价格变动频繁，但从长期看，优质股票的价格总是上涨居多，选择得当可取得优厚的投资收益。

2. 购买力风险低

普通股的股利不固定，在通货膨胀率比较高时，由于物价普遍上涨，股份公司盈利增加，股利的支付也随之增加。因此，与固定收益证券相比，普通股能有效地降低购买力风险。

3. 拥有经营控制权

普通股股东属股份公司所有者，有权监督和控制企业的生产经营情况。因此，欲控制一家企业，最好是收购这家企业的股票。

(二) 股票投资的缺点

股票投资的缺点主要是风险大，这是因为：

1. 求偿权居后

普通股对企业资产和盈利的求偿权均居于最后。企业破产时，股东原来的投资可能得不到全额补偿，甚至一无所有。

2. 价格不稳定

普通股的价格受众多因素影响，很不稳定。政治因素、经济因素、投资人心理因素、企业的盈利情况、风险情况，都会影响股票价格，使得股票投资具有较高的风险。

3. 收入不稳定

普通股股利的多少，视企业经营状况和财务状况而定，其有无、多寡均无法律上的保证，其收入的风险也远远大于固定收益证券。

第四节 基金投资

一、基金投资概述

基金投资是一种间接的证券投资方式，它是指企业通过购买基金份额而进行的投资。

基金投资的对象主要是证券投资基金，了解证券投资基金的概念、种类及特点，是基金投资决策的前提。

（一）证券投资基金的概念

证券投资基金，在美国称为共同基金，在英国称为信托单位，它是一种集合投资制度，由基金发起人发行基金份额，集中投资者的资金由基金托管人（即具有资格的银行）托管，由基金管理人管理和运用资金，从事股票、债券等金融工具投资，然后共担投资风险、分享收益。通俗地说，证券投资基金是通过汇集众多投资者的资金，交给银行保管，由基金管理公司负责投资于股票和债券等证券，以实现保值增值目的的一种投资工具。

（二）证券投资基金的特点

1. 集合理财、专业管理

基金将众多投资者的资金集中起来，委托基金管理人进行共同投资，表现出一种集合理财的特点。通过汇集众多投资者的资金，积少成多，有利于发挥资金的规模优势，降低投资成本。基金由基金管理人进行投资管理和运作。基金管理人一般拥有大量的专业投资研究人员和强大的信息网络，能够更好地对证券市场进行全方位的动态跟踪与深入分析。将资金交给基金管理人管理，使中小投资者也能享受到专业化的投资管理服务。

2. 组合投资、分散风险

为降低投资风险，一些国家的法律通常规定基金必须以组合投资的方式进行基金的投资运作，从而使“组合投资、分散风险”成为基金的一大特色。中小投资者由于资金量小，一般无法通过购买数量众多的股票分散投资风险。基金通常会购买几十种甚至上百种股票，投资者购买基金就相当于用很少的资金购买了一揽子股票，在多数情况下，某些股票下跌造成的损失可以用其他股票上涨的盈利来弥补，因此可以充分享受到组合投资、分散风险的好处。

3. 利益共享、风险共担

证券投资基金实行“利益共享、风险共担”的原则。基金投资者是基金的所有者。基金投资收益在扣除由基金承担的费用后的盈余全部归基金投资者所有，并依据各投资者所持有的基金份额比例进行分配。为基金提供服务的基金托管人、基金管理人只能按规定收取一定比例的托管费、管理费，并不参与基金收益的分配。

4. 严格监管、信息透明

为切实保护投资者的利益，增强投资者对基金投资的信心，各国（地区）基金监管机构都对基金业实行严格的监管，对各种有损于投资者利益的行为进行严厉的打击，并强制基金进行及时、准确、充分的信息披露。在这种情况下，严格监管与信息透明也就成为基金的显著特点之一。

5. 独立托管、保障安全

基金管理人负责基金的投资操作，本身并不参与基金财产的保管，基金财产的保管由独立于基金管理人的基金托管人负责，这种相互制约、相互监督的制衡机制对投资者的利益提供了重要的保障。

（三）证券投资基金的种类

1. 契约型基金和公司型基金

按照组织形式不同，证券投资基金可分为契约型基金和公司型基金。

契约型基金又称为单位信托基金，是指把受益人（投资者）、管理人、托管人三者作为基金的当事人，由管理人与托管人通过签订信托契约的形式发行受益凭证而设立的一种基金。契约型基金由基金管理人负责基金的管理操作；由基金托管人作为基金资产的名义持有人，负责基金资产的保管和处置，对基金管理人的运作实行监督。

公司型基金是按照公司法以公司形态组成的，它以发行股份的方式募集资金，一般投资者购买该公司的股份即为认购基金，也就成为该公司的股东，享有管理权、收益分配权和剩余财产求索权。基金公司设有董事会，代表投资者的利益行使职权。公司型基金在形式上类似于一般股份公司，不同之处在于，它委托基金管理公司作为专业的财务顾问或管理公司来经营与管理基金资产。

契约型基金与公司型基金的区别：

(1) 资金的性质不同。契约型基金的资金是信托财产，公司型基金的资金是公司法人的资本。

(2) 投资者的地位不同。契约型基金的投资者购买受益凭证后成为基金契约的当事人，即受益人；公司型基金的投资者购买基金公司的股票后成为该公司的股东，以股息或红利形式取得收益。因此，契约型基金的投资者没有管理基金资产的权利，而公司型基金的股东通过股东大会和董事会享有管理基金公司的权利。

(3) 基金的运营依据不同。契约型基金依据基金契约运营基金，公司型基金依据基金公司章程运营基金。

2. 封闭式基金和开放式基金

按照运作方式不同，证券投资基金可分为封闭式基金和开放式基金。

封闭式基金是指基金的发起人在设立基金时，即限定基金单位的发行总额，筹集到这个总额后，基金即宣告成立，并进行封闭，在一定时期内不再接受新的投资。基金单位的流通采取在交易所上市的办法，通过二级市场进行竞价交易。

开放式基金是指基金发起人在设立基金时，基金单位的总数是不固定的，可视经营策略和发展需要追加发行。投资者也可根据市场状况和各自的投资决策，或者要求发行机构按现期净资产值扣除手续费后赎回股份或受益凭证，或者再买入股份或受益凭证，增加基金单位份额的持有比例。

封闭式基金与开放式基金的区别：

(1) 期限不同。封闭式基金通常有固定的封闭期，而开放式基金则没有，投资者可随时向基金管理人赎回。

(2) 发行规模要求不同。封闭式基金在招募说明书中列明其基金规模，开放式基金没有发行规模限制。

(3) 转让方式不同。封闭式基金的基金单位在封闭期限内不能要求基金公司赎回；开放式基金的投资者则可以在首次发行结束一段时间（多为 3 个月）后，随时向基金管理人或中介机构提出购买或赎回申请。

(4) 交易价格计算标准不同。封闭式基金的买卖价格受市场供求关系的影响，并不必然反映公司的净资产值；开放式基金的交易价格则取决于基金的每单位资产净值的大小，基本不受市场供求影响。

(5) 投资策略不同。封闭式基金的基金单位数不变，资本不会减少，因此基金可进行长期投资；开放式基金因基金单位可随时赎回，为应付投资者随时赎回兑现，基金资产不能全部用来投资，更不能把全部资本用来进行长线投资，必须保持基金资产的流动性。

3. 股票基金、债券基金、货币基金、期货基金、期权基金、认股权证基金、专门基金、混合型基金和特殊类型基金

按照投资对象不同，证券投资基金可作如上划分。其中，股票基金以股票(包括普通股和优先股)为主要投资对象，风险程度较个人投资股票市场要低得多，且具有较强的变现性和流动性。因此股票基金在各类基金中历史最为悠久，也是各国广泛采用的一种基金类型。根据股票基金所投资股票特性的不同，可以对股票基金进行进一步细分。如可以根据基金所持有股票平均市值以及价值特性的不同，将股票型基金分为小盘价值、小盘平衡、小盘成长、中盘价值、中盘平衡、中盘成长、大盘价值、大盘平衡、大盘成长型基金九种基本类型。

债券基金是指投资管理公司为稳健型投资者设计的，投资于政府债券、市政公债、企业债券等各类债券品种的投资基金。债券基金一般情况下定期派息，其风险和收益水平通常较股票基金低。

货币基金是指由货币存款构成投资组合，协助投资者参与外汇市场投资，赚取较高利息的投资基金。其投资工具包括银行短期存款、国库券、政府公债、公司债券、银行承兑票据及商业票据等。这类基金的投资风险小，投资成本低，安全性和流动性较高，在整个基金市场上属于低风险的安全基金。

期货基金是指投资于期货市场以获取较高投资回报的投资基金。由于期货市场具有高风险和高回报的特点，因此投资期货基金既可能获得较高的投资收益，同时也面临着较大的投资风险。

期权基金就是以期权作为主要投资对象的基金。期权交易就是期权购买者向期权出售者支付一定费用后，取得在规定时期内的任何时候，以事先确定好的协定价格，向期权出售者购买或出售一定数量的某种商品合约的权利的一种买卖。

认股权证基金以认股权证为主要投资对象，由于认股权证的价格是由公司的股份决定的，一般来说，认股权证的投资风险较通常的股票要大得多。因此，认股权证基金也属于高风险基金。

专门基金由股票基金发展演化而成，属于分类行业股票基金或次级股票基金，它包括黄金基金、资源基金、科技基金、地产基金等。这类基金的投资风险较大，收益水平较易受到市场行情的影响。

混合型基金是同时以股票、债券等为投资对象，根据股票、债券投资比例以及投资策略的不同，又可分为偏股型基金、偏债型基金、配置型基金等多种类型。

特殊类型基金，如基金中的基金、交易型开放式指数基金和上市型开放式基金等。

4. 成长型基金、收入型基金和平衡型基金

根据投资目标不同，证券投资基金可分为成长型基金、收入型基金和平衡型基金。

成长型基金是以追求资本增值为基本目标，较少考虑当期收入的基金，主要以具有良

好增长潜力的股票为投资对象。

收入型基金是指以追求稳定的经常性收入为基本目标的基金，该类型基金主要以大盘蓝筹股、公司债券、政府债券等高收益证券为投资对象。

平衡型基金则是既注重资本增值又注重当期收入的一类基金。

一般而言，成长型基金的风险大、收益高；收入型基金的风险小、收益也较低；平衡型基金的风险、收益则介于成长型基金与收入型基金之间。

二、投资基金的估价

企业决定是否购买一种投资基金之前，必须对基金的价值进行评估，以便在不同基金之间进行选择。评估所依据的信息来源主要是公开的基金财务报告信息。

(一) 基金价值的内涵

基金作为一种证券，其内在价值是指基金投资所带来的现金净流量的现值。但基金内在价值的具体确定方法与股票、债券等其他证券有很大区别。

债券的价值取决于债券投资所带来的利息收入和所收回的本金，股票的价值取决于股份公司净利润的稳定性和增长性。这些利息或股利都是未来收取的，也就是说，未来的现金流量决定着债券和股票的内在价值。而基金的价值取决于目前能给投资者带来的现金流量，这种目前的现金流量用基金的净资产价值来表达。原因是：股票的未来收益是可以预测的，而投资基金的未来收益是难以预测的。投资基金不断变换投资组合对象，再加上资本利得是投资收益的主要来源，变幻莫测的证券价格波动，使得投资基金未来收益的预测变得不大现实，因此应把握“现在”，即基金资产现有市场价值。

(二) 基金单位净值

基金单位净值也称单位净资产值，基金的价值取决于基金净资产的现在价值。因此，基金单位净值是评价基金业绩最基本和最直观的指标，也是开放式基金申购价格、赎回价格以及封闭式基金上市交易价格确定的重要依据。

基金单位净值是在某一时点每一基金单位(或基金股份)所具有的市场价值，计算公式为

$$\text{基金单位净值}=\frac{\text{总资产}-\text{总负债}}{\text{基金单位总数} } \tag{7-21}$$

其中，总资产指基金拥有的所有资产，包括股票、债券、银行存款和其他有价证券等；总负债指基金运作及融资时所形成的负债，包括应付给他人的各项费用、应付资金利息等；基金单位总数是指当时发行在外的基金单位的总量。

这里，基金总资产的价值并不是指资产总额的账面价值，而是指资产总额的市场价值。

(三) 基金的报价

理论上说，基金的价值决定了基金的交易价，即基金的交易价是以基金单位净值为基础的，基金单位净值高，其交易价格也高。封闭型基金在二级市场上竞价交易，其交易价格由供求关系和基金业绩决定，围绕基金单位净值上下波动。开放型基金的柜台交易价格则完全以基金单位净值为基础，通常采用两种报价形式：认购价(卖出价)和赎回价(买入价)。

基金认购价＝基金单位净值＋首次认购费　(7-22)

基金赎回价＝基金单位净值－基金赎回费　(7-23)

基金认购价是基金管理公司的卖出价，首次认购费是支付给基金管理公司的发行佣金。基金赎回价是基金管理公司的买入价，赎回时一般要收取赎回费，并以此提高赎回成本，防止投资者的赎回，保持基金资产的稳定性。

封闭式基金二级市场上的交易价格与股票和债券的市场价格一样，受基金公司经营业绩及市场供求关系变化的影响。

三、基金收益与分配

(一) 基金收益

基金收益是基金资产在运作过程中所产生的超过自身价值的部分。具体地说，基金收益包括基金投资所得红利、股息、债券利息、买卖证券价差、存款利息和其他收入。其中，红利是指基金因购买公司股票而享有对该公司净利润分配的所得；股息是指基金因购买公司的优先股权而享有对该公司净利润分配的所得；债券利息是指基金资产因投资于不同种类的债券而定期取得的利息；买卖证券差价是指基金资产投资于证券而形成的价差收益，通常也称资本利得；存款利息是指基金资产的银行存款利息收入；其他收入是指运用基金资产而带来的成本或费用的节约额，如基金因大额交易而从证券商处得到的交易佣金优惠等杂项收入。

(二) 基金分配

基金收益一般应进行如下分配：

1. 确定收益分配的内容

确切地说，基金分配的客体是净收益，即基金收益扣除按照有关规定应扣除的费用后的余额。该费用通常包括支付给基金管理公司的管理费、支付给托管人的托管费、支付给注册会计师和律师的费用、基金设立时发生的开办费及其他费用等。一般而言，基金当年净收益应先弥补上一年亏损后，才可进行当年收益分配；若当年净亏损，则不应进行收益分配。需注意，上述收益和费用数据都须经过具备从事证券相关业务资格的会计师事务所和注册会计师审计确认后，方可实施分配。

2. 确定收益分配的比例和时间

一般各基金的分配比例和时间都不相同，通常是在不违反国家有关法律法规的前提下，在基金契约或基金公司章程中事先载明。在分配比例上，美国有关法律规定基金必须将净收益的95%分配给投资者。而我国《证券投资基金管理暂行办法》则规定，基金收益分配比例不得低于基金净收益的90%。在分配时间上，基金每年应至少分配收益一次。

3. 确定收益分配的对象

无论是封闭式基金还是开放式基金，其收益分配的对象均为在特定时日持有基金单位的投资者。基金管理公司通常需规定获得收益分配权的最后权益登记日，凡在这一天交易结束后列于基金持有人名册上的投资者，方有权享受此次收益分配。

4. 确定分配的方式

一般有三种分配方式：

(1) 分配现金。分配现金是基金收益分配最普遍的形式。

(2) 分配基金单位。分配基金单位指将应分配的净收益折为等额的新的基金单位送给投资者，该分配形式类似于通常所言的“送股”，实际上是增加了基金的资本总额和规模。

(3) 不分配。不分配指既不分配现金也不送基金单位，而是将净收益列入本金进行再投资，体现为基金单位净资产值的增加。我国《证券投资基金管理暂行办法》仅允许采用形式(1)。

5. 确定收益分配的支付方式

支付方式关系到投资者如何领取应归属于他们的那部分收益的问题。通常而言，支付现金时，由托管人通知基金持有人亲自来领取，或汇至持有人的银行账户里；在分配基金单位的情况下，指定的证券公司会把分配的基金单位份额打印在投资者的基金单位持有证明上。

需要说明的是，尽管基金通过组合投资分散风险，通常能使投资者以较低的风险(比股票低)获得较高的收益(比债券高)，但是基金管理人对基金的未来收益是不做任何保证的。事实上，某些基金由于管理人运作失误，也会发生收益极低甚至亏损的情况。

本章小结

证券投资是指企业通过购买有价证券的形式所进行的投资，投资的对象包括股票投资、债券投资和基金投资等。股票投资的风险大，预期的收益高；债券投资的风险相对较小，但收益也低；基金投资的收益和风险介于股票和债券之间。

证券投资前应对有关证券进行价值评估，只有当证券价值大于证券购买价格时，才值得投资。股票估价的基本模型是股利贴现法，具体又包括短期持有股票、未来准备出售的股票估价模型，长期持有、股利固定不变的股票估价模型，长期持有、股利固定增长的估价模型；债券的估价基本模型也是计算未来现金流入的现值，具体分为息票债券、零息票债券和贴现债券的估价模型。投资基金的价值是指单位净值。

证券投资的收益率包括持有期收益率和到期收益率。计算时应注意理解每种形式的含义及其计算方法。

基本概念

证券　证券投资　固定收益证券　变动收益证券　所有权证券
债权证券　购买力风险　违约风险　流动性风险　蓝筹股
证券投资基金　契约型基金　公司型基金　封闭式基金　开放式基金

练习题

一、单项选择题

1. 债券投资中，通常投资者在投资前就可确定的是(　　)。

A. 债券年利息　　B. 资本利得　　C. 债券收益率　　D. 债券风险

2. 以下关于债券发行价格与交易价格的说法不正确的是(　　)。

A. 发行价格是债券一级市场的价格

B. 交易价格是债券二级市场的价格

C. 债券发行价格若高于面额，则债券收益率将低于票面利率

D. 债券发行价格若高于面额，则债券收益率将高于票面利率

3. 有关计算债券收益率的现值法，下列说法不正确的是(　　)。

A. 现值法可以精确计算债券到期收益率

B. 现值法利用了货币的时间价值原理

C. 现值法公式中的折现率就是债券的到期收益率

D. 现值法还是一种比较近似的办法

4. 年利息收入与债券面额的比率是(　　)。

A. 直接收益率　B. 到期收益率　C. 票面收益率　D. 利息收益率

5. 某债券面额为100元，期限为5年期，票面利率是12%，公开发行价格为95元，那么某投资者在认购债券后并持有该债券到期时，可获得的直接收益率与到期收益率分别为(　　)。

A. 11.55%　14.31%　B. 12.63%　13.33%

C. 13.14%　12.23%　D. 15.31%　13.47%

6. 以下不属于股票收益来源的是(　　)。

A. 现金股息　B. 股票股息　C. 资本利得　D. 利息收入

7. 以下关于股利收益率的叙述正确的是(　　)。

A. 股份公司以现金形式派发的股息与股票市场价格的比率

B. 股份公司以股票形式派发的股息与股票市场价格的比率

C. 股份公司发放的现金和股票股息的总额与股票面额的比率

D. 股份公司发放的现金和股票股息的总额与股票市场价格的比率

8. 某投资者以10元一股的价格买入某公司的股票，持有一年分得现金股息为0.5元，则该投资者的股利收益率是(　　)。

A. 4%　B. 5%　C. 6%　D. 7%

9. 以下关于利率风险的说法正确的是(　　)。

A. 利率风险属于非系统风险

B. 利率风险是指市场利率的变动引起的证券投资收益不确定的可能性

C. 市场利率风险是可以规避的

D. 市场利率风险是可以通过组合投资进行分散的

10. 以下关于购买力风险的说法正确的是(　　)。

A. 购买力风险是可以避免的

B. 购买力风险是可以通过组合投资得以减轻的

C. 购买力风险是由于通货膨胀、货币贬值给投资者带来的实际收益水平下降的风险

D. 购买力风险属于非系统风险

二、多项选择题

1. 以下形成债券投资收益来源的是(　　)。

A. 债券的年利息收入
B. 将债券以高于购买价格卖出
C. 将债券以低于购买价格卖出
D. 债券的本金收回

2. 利用现值法计算债券收益率的时候，需要知道的变量是（　　）。

A. 债券的未来收益
B. 债券的面值
C. 债券的期限
D. 债券的当前市场价格

3. 可以表示附息债券未到期就出售的债券收益率是（　　）。

A. 直接收益率　B. 持有期收益率　C. 到期收益率　D. 赎回收益率

4. 股票投资收益的来源有（　　）。

A. 现金股息　B. 资本利得　C. 送股　D. 配股

5. 以下可能导致证券投资风险的有（　　）。

A. 公司经营决策的失误
B. 市场利率的提高
C. 投资者投资决策的失误
D. 通货膨胀的发生

6. 以下关于购买力风险，说法正确的是（　　）。

A. 购买力风险属于系统风险
B. 购买力风险可以通过资产组合进行规避
C. 投资者无法减轻购买力风险的影响
D. 购买力风险就是通货膨胀带来的风险

7. 以下对于非系统风险的描述，正确的是（　　）。

A. 非系统风险是不可规避的风险
B. 非系统风险是由于公司内部因素导致的对证券投资收益的影响
C. 非系统风险是可以通过资产组合方式进行分散的
D. 非系统风险只对个别或少数证券的收益产生影响

三、判断题(对的打“√”，错的打“×”)

1. 债券投资收益的资本损益指债券买入价与卖出价或偿还额之间的差额，当债券卖出价大于买入价时，为资本收益；当债券卖出价小于买入价时，为资本损失。（　　）

2. 债券发行时，如果市场利率低于票面利率，债券应该采取折价发行方式。（　　）

3. 利用现值法计算债券的到期收益率，就是将债券带给投资者的未来现金流进行折现，这个折现率就是所要求的到期收益率。（　　）

4. 贴现债券的到期收益率一定低于它的持有期收益率。（　　）

5. 债券的市场价格上升，则它的到期收益率将下降；如果市场价格下降，则到期收益率将上升。（　　）

6. 股票投资收益由股息和资本利得两方面构成，其中股息数量在投资者投资前是可以预测的。（　　）

7. 股利收益率是指投资者当年获得的所有的股息与股票市场价格之间的比率。（　　）

8. 对于某一股票，股利收益率越高，持有期回收率也就越高。（　　）

9. 证券投资的风险主要体现在未来收益的不确定性上，即实际收益与投资者预期收益的背离。（　　）

10. 购买力风险属于系统风险，是由于货币贬值给投资者带来实际收益水平下降的风险。（　　）

四、计算题

1. 南京某电力企业计划利用一笔长期资金投资购买 A 公司和 B 公司股票。已知 A 公司股票现行市价为每股 8 元，上年每股股利为 0.25 元，预计以后每年以 4% 的增长率增长。B 公司股票现行市价为每股 6 元，上年每股股利为 0.7 元，股利分配政策将一贯坚持固定股利政策。南京某电力企业所要求的投资必要报酬率为 8%。

(1) 利用股票估价模型分别计算 A、B 公司股票价值。

(2) 代南京某电力企业做出股票投资决策。

2. A、B 两家公司同时于 2019 年 1 月 1 日发行面值为 1 000 元，票面利率为 10% 的 4 年期债券，A 公司债券不计复利，利息连同本金一起在第 4 年年末支付。B 公司债券一年两次付息，付息日在每年 6 月 30 日和 12 月 31 日，到期还本。

(1) 若 2020 年 1 月 1 日 A 公司债券的市场利率为 12%，市场价格为 1 100 元，判断 A 公司债券价值是否存在高估的问题。

(2) 若 2020 年 1 月 1 日 B 公司债券的市场利率为 12%，市场价格也为 1 100 元，判断 B 公司债券价值是否存在高估的问题。

本章练习题参考答案

第八章　营 运 资 金

教学目标与要求

· 理解营运资金的概念及特点。
· 掌握现金的持有动机与成本。
· 掌握最佳现金持有量的确定。
· 熟悉现金的日常管理方法。
· 掌握应收账款的功能与成本。
· 掌握信用政策。
· 熟悉应收账款的日常管理。
· 掌握存货的功能与成本。
· 掌握存货的经济批量模型。

导入案例

一个盈利的企业如果现金流量出现问题，同样会破产清算。美国的“斯塔柴尔”公司就是一个典型的案例：该公司连续几年的会计报表都披露有盈利而且有较好的获利前景，但数年后却突然宣布倒闭，原因是“现金流断流”。利润和现金流量是两个既有联系又完全不同的概念。很多企业往往只重视利润，而忽视现金流量。其实在某种程度上说，现金流是企业赖以生存和发展的血液，只有“血液”充足而且流动顺畅，企业才能健康。充分运用好营运资金，使现金流量不出现“断流”，是财务管理的一项重要内容。

【思考与讨论】　利润与现金流量有何不同？哪个对企业的意义更大？

第一节　营运资金概述

一、营运资金的含义

营运资金又称营运资本，有广义和狭义之分。广义的营运资金又称总营运资金，是指企业在正常生产经营活动中用在流动资产上的资金，亦即企业流动资产的总额；狭义的营运资金又称净营运资金，是指企业流动资产减流动负债后的余额。通常的营运资金是指净营运资金。

流动资产是指可以在 1 年或超过 1 年的一个营业周期内变现或耗用的资产，属于生产经营过程中短期置存的资产，是企业资产的重要组成部分。其主要项目包括现金、短期投资、应收账款、存货，它们占用了绝大部分的流动资金。企业拥有较多的流动资产，可以在一定程度上降低财务风险。流动负债是指将在 1 年或者超过 1 年的一个营业周期内偿还的债务。流动负债具有成本低、偿还期短的特点，必须认真进行管理，否则将使企业承受较大的风险。流动负债管理已在第三章企业筹资方式中讲述过，本章重点介绍流动资产管理。

二、营运资金的特点

为了有效地管理企业的营运资金，必须研究营运资金的特点，以便有针对性地进行管理。营运资金一般具有如下特点：

（一）周转时间的短期性

由于企业用在流动资产上的资金周转一次所需的时间较短，通常会在1年或超过1年的一个营业周期内收回，对企业影响的时间比较短，而且营运资金是一个不断投入和收回的循环过程，这一过程没有终止的日期，这就使我们难以直接评价其投资的报酬率。因此，营运资金投资评价的基本方法是以最低的成本满足生产经营周转的需要。

（二）占用形态的变动性

营运资金在企业再生产过程中是不断地循环周转的。以制造业为例，其循环周转情况如图8-1所示，企业经历了供、产、销三个生产阶段后，其营运资金的占用形态也经过了现金——原材料——在产品——产成品——应收账款——现金等具体形态的转变。营运资金占用形态的不断变动，形成了营运资金周而复始的运动。研究营运资金占用形态的变动性，有助于合理配置资金数额，促进资金周转的顺利进行。

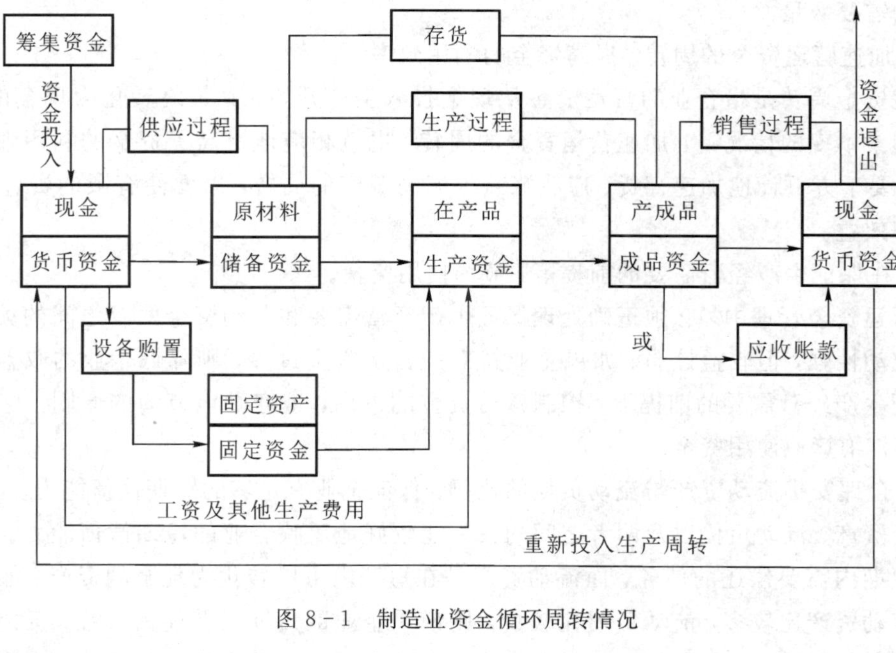

图8-1 制造业资金循环周转情况

（三）用资数量的波动性

在企业再生产过程中，随着企业供产销条件的变化，流动资产的占用数量也会时高时低，起伏不定，波动很大。季节性企业如此，非季节性企业亦如此。随着流动资产占用量的变动，要考虑合理安排营运资金的来源和供需平衡，协调好变动的数量关系。

(四) 资金来源的多样性

企业长期筹集资金的方式一般有银行长期借款、吸收直接投资、发行股票、发行债券等，种类较少；而由于营运资金占用数量具有波动性，因此企业筹集营运资金的方式灵活多样，通常有银行短期借款、商业信用、票据贴现、预收货款、应交税金、应付利润、应付工资、应付费用等。

掌握营运资金的上述特点，有助于企业合理确定营运资金的需要量，在保证生产经营需要的前提下，节约使用资金，通过合理组织供产销过程，实现加速营运资金的周转，提高资金利用效果的目的。

三、营运资金的管理要求

企业的营运资金在全部资金中占有相当的比重，而且由于其周转速度快，形态易变，因此在财务管理工作中是非常重要的组成部分。实践也表明，财务经理的大量时间都用于营运资金的管理。为了实现财务管理的总体目标，企业进行营运资金管理必须遵循以下要求：

(1) 认真分析生产经营状况，合理确定营运资金的需要数量。

企业营运资金的需要数量与企业生产经营活动有直接关系。当企业产销两旺时，流动资产会不断增加，流动负债也会相应增加；当企业产销量不断减少时，流动资产和流动负债也会相应减少。因此，企业财务人员应认真分析生产经营状况，采取一定的方法预测营运资金的需要数量。

(2) 加速营运资金的周转，提高资金的利用效率。

营运资金周转是指企业的营运资金从现金投入生产开始，到最终转化为现金的过程。在其他因素不变的情况下，加速营运资金的周转，也就相应地提高了资金的利用效率。因此，企业要千方百计地加速存货、应收账款等流动资产的周转，以便使有限的资金取得最大的经济效益。

(3) 在保证生产经营需要的前提下，节约使用资金。

在营运资金管理中，必须正确处理保证生产经营需要和节约资金两者之间的关系。营运资金流动性强，但收益性弱。如果企业持有的营运资金过多，则降低企业的收益。企业要在保证生产经营需要的前提下，控制营运资金的占用，遵守勤俭节约的原则，挖掘资金潜力，精打细算地使用资金。

(4) 合理安排流动资产与流动负债的比例，保证企业有足够的短期偿债能力。

流动资产、流动负债以及两者之间的关系能较好地反映企业的短期偿债能力。流动负债是在短期内需要偿还的债务，而流动资产是在短期内可以转化为现金的资产。如果一个企业的流动资产比较多，流动负债比较少，则说明企业的短期偿债能力较强；反之，则说明短期偿债能力较弱。但如果企业的流动资产太多，流动负债太少，也不是正常现象，这可能是因为流动资产闲置或流动负债利用不足所致。根据惯例，流动资产是流动负债的两倍是比较合理的。因此，企业在营运资金管理中，要合理安排流动资产和流动负债的比例，以便既节约资金，又保证有足够的偿债能力。

第二节 现 金

一、现金的含义

现金是指在企业生产经营过程中暂时停留在货币形态上的资金，包括库存现金、银行存款和其他货币资金。其中，库存现金是指企业为应付日常的零星开支而留存的没有存入各个银行的现金；其他货币资金是指企业除现金和银行存款以外的其他各种货币资金，即存放地点和用途均与现金和银行存款不同的货币资金，包括外埠存款、银行汇票存款、银行本票存款、信用卡存款和在途货币资金等。

二、现金的持有动机与成本

(一) 现金的持有动机

现实生活中的任何企业，在任何时候都会持有一定数量的现金，这主要是基于以下三个方面的动机：

1. 支付动机

支付动机是指企业在正常生产经营条件下需要保持的现金支付能力。因为企业的生产经营活动是周而复始、持续不断的，在这一过程中，购买材料、发放工资、缴纳税款、偿还债务、支付其他费用等活动每天都在发生，而每天的现金收入和现金支出很少同时等额发生，所以，保留一定的现金余额可使企业在现金支出大于现金收入时不致中断交易。企业为满足支付动机所持有的现金余额，主要取决于企业的销售水平。正常营业活动所产生的现金收入和支出以及它们的差额，一般同销售量成正比。其他现金的收支，如买卖有价证券、购入机器设备、偿还借款等，比较难预测，但随着销售数量的增加，都有增加的倾向。

2. 预防动机

预防动机是指企业持有现金以应付意外事件对现金的需求。企业预计的现金需要量一般是正常情况下的需要量，但现代企业的经济环境和经济活动日趋复杂，有许多意外事件会影响企业现金的收入与支出。例如，自然灾害、生产事故、主要顾客未能及时付款等，都会打破企业的现金收支计划，使现金收支出现不平衡。因此，企业为了保证在发生意外事件的情况下生产经营持续进行，就必须持有一定量的现金，使企业更好地应付这些意外事件的发生。企业为满足预防动机所持有的现金余额主要取决于以下三个因素：一是企业对现金流量预测的可靠程度；二是企业临时举债能力的强弱；三是企业愿意承担风险的程度。

3. 投机动机

投机动机是指企业为把握市场投资机会，获得较大收益而持有的现金。当预期利率将要上升、有价证券的价格将要下跌时，投机的动机就会鼓励企业暂时持有现金，直到利率停止上升为止。当预期利率将要下降，有价证券的价格将要上升时，企业可能会将现金投资于有价证券，以便从有价证券价格的上升中得到收益。投机动机只是企业确定现金余额时所需考虑的次要因素，其持有量的大小往往取决于两个因素：一是企业在金融市场的投资机会；二是企业对待风险的态度。

总而言之，企业由于各种原因，不可避免地要持有一定数量的现金。对企业所持有的现金，在确定余额时，一般应综合考虑各方面的需求。因为各种动机所需的现金是可以调节使用的，所以企业持有的现金总额通常小于各种动机所需现金余额的简单相加。另外，上述各种动机所需持有的现金并不要求必须是货币形态，也可以是能够随时变现的有价证券以及能够随时转换成现金的其他各种资金。

(二) 现金的持有成本

一般而言，企业持有现金会产生一系列的代价，这就是现金的持有成本。现金的持有成本主要有机会成本、管理成本、转换成本和短缺成本等。

1. 机会成本

机会成本是指企业因持有现金而失去了将这部分现金再投资所能得到的收益，亦可看作是以现金形态占用企业资金而付出的代价。例如，某企业年均持有 40 万元现金，这就意味着该企业失去了 40 万元再投资的机会以及相应的投资收益。其计算公式为

$$机会成本=现金平均持有量\times有价证券利率 \tag{8-1}$$

假设有价证券利率为 10%，则企业持有现金的机会成本为 4 万元(40×10%)。可见，机会成本与现金平均持有量成正比，属于变动成本，即现金平均持有量越大，机会成本越高，反之就越低。

2. 管理成本

管理成本是指企业因持有现金而发生的管理费用，如管理人员工资以及必要的安全措施的费用等，这些费用是现金的管理成本，在一定范围内与现金持有量的大小无明显的比例关系，是一种固定成本。

3. 转换成本

企业通常采用现金与有价证券相互转换的办法来解决现金收益性差的问题。当生产经营产生现金闲置时，将其转换为有价证券；而当企业生产经营需要现金时，再将有价证券转换为现金。转换成本是指企业用现金购入有价证券以及转让有价证券换取现金时支付的交易费用，亦即现金同有价证券之间相互转换的成本，如证券过户费、交易佣金、交易手续费、印花税、委托手续费、撤单费、电话委托或自助委托的刷卡费等。转换成本与证券的变现次数成正比，其计算公式为

$$转换总成本=每次转换成本\times证券变现次数 \tag{8-2}$$

4. 短缺成本

短缺成本是指企业因现金持有量不足而又无法及时通过有价证券变现加以补充，导致不能应付业务开支所需，给企业造成损失或为此付出的代价，分为直接成本与间接成本。

直接成本由两部分组成：一是丧失购买能力的成本，即公司由于现金短缺，不能及时取得必要的生产要素，影响生产经营活动的正常进行而造成的损失；二是丧失偿债能力的成本，即公司由于现金短缺使公司财务缺乏灵活性，不能按合同及时偿债，使公司蒙受的

损失(甚至面临破产的可能)。

间接成本主要是指信用损失和失去折扣优惠的成本，即公司由于现金短缺，不能按时付款而失信于供应商，进而造成供应商在未来拒绝供货，或不再提供商业信用而带来的损失，以及无力提前付款不得不放弃供应商提供的现金折扣而造成的损失。现金短缺成本随现金持有量的增加而下降，随现金持有量的减少而上升，即与现金的持有量成反比，属于变动成本。

三、现金管理的目标

现金作为企业的一种特殊资产，主要有两个方面的特点。一是流动性强。某种资产的流动性是指将该资产转换为现金的速度及难易程度。如果一项资产很容易在短期内以合理价格转换为现金，则称这种资产具有较高的流动性。从这个意义上讲，现金是流动性最强的营运资金，它可以用来满足生产经营开支的各种需求，也是偿还各种到期债务和履行纳税义务的保证。持有一定量的现金对降低企业财务风险，增强企业资金的流动性具有重大意义。二是收益率低。现金的直接报酬率几乎为零，在通货膨胀下，现金的报酬率为负。现金结余过多，会降低企业的收益；但现金太少，又可能会出现现金短缺，影响生产经营活动。所以合理持有现金以满足企业营运活动需要是现金管理的最基本要求。

现金管理的目标就是要在现金的流动性和收益性之间做出选择，在保证企业生产经营所需现金的同时，节约使用资金，并充分利用暂时闲置的现金去获得尽可能高的收益，使其持有量既能满足企业生产经营的需要，又能使风险降至合理的水平。因此，企业必须合理确定现金持有量，使现金收支不但在数量上平衡，而且在时间上相互衔接，以便在保证企业经营活动所需现金的同时，尽量减少企业闲置的现金数量，提高资金收益率。

四、最佳现金持有量的确定

所谓最佳现金持有量，又称为最佳现金余额，是指在正常情况下，能保证企业生产经营的最低限度需要的现金持有量。目前确定最佳现金持有量的模式较多，常用的有以下五种模式：成本分析模式、存货模式、现金周转模式、因素分析模式、随机模式。

(一) 成本分析模式

成本分析模式是根据持有现金的有关成本，分析预测其总成本最低时现金持有量的一种方法。运用成本分析模式确定现金最佳持有量，只考虑因持有一定量的现金而产生的管理成本、机会成本和短缺成本，而不考虑转换成本。

图 8-2 对这三种现金持有成本与现金持有量的关系进行了描述。当这三种成本之和(即总成本)达到最小时，企业所持有的现金水平为最佳持有量。

成本分析模式的具体步骤是：

第一步，根据不同现金持有量测算各备选方案的有关成本数值；

第二步，按照不同现金持有量及其有关成本资料编制最佳现金持有量计算表；

第三步，从计算表中找出总成本最低时的现金持有量，即最佳现金持有量。

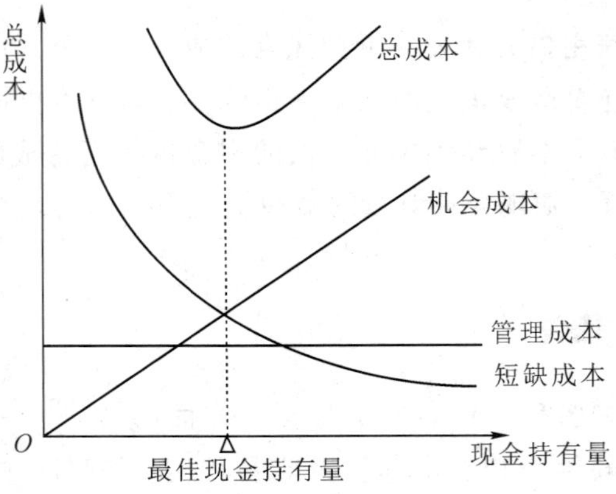

图 8-2 现金持有成本与最佳现金持有量

【例 8-1】 某企业有甲、乙、丙三种现金持有方案，它们各自的机会成本、管理成本、短缺成本如表 8-1 所示。

表 8-1 现金持有方案表 元

方案	项目			
	现金持有量	机会成本率	管理成本	短缺成本
甲方案	10 000	10%	2 000	3 000
乙方案	20 000	10%	2 000	1 500
丙方案	30 000	10%	2 000	0

【解】 根据表 8-1 编制计算各方案的总成本，如表 8-2 所示。

表 8-2 各方案总成本表 元

方案	项目				
	现金持有量	机会成本	管理成本	短缺成本	总成本
甲方案	10 000	1 000	2 000	3 000	6 000
乙方案	20 000	2 000	2 000	1 500	5 500
丙方案	30 000	3 000	2 000	0	5 000

将以上各方案的总成本加以比较可知，丙方案的总成本最低，因此，该企业的最佳现金持有量为 30 000 元。

(二) 存货模式

存货模式来源于存货经济批量模型，它是由美国经济学家威廉·杰克·鲍莫尔于 1952 年提出的。他认为公司现金持有量在许多方面与存货相似，存货经济批量模型可用于确定目标现金持有量，并以此为出发点，建立鲍莫尔模型。

鲍莫尔模型有严格的假定：第一，企业未来年度的现金流转情况可以比较准确地预测，现金流转也是有规律的，每次转换可生成大量的现金流入，然后逐渐流出，现金余额接近于0时再同样重复；第二，企业多余的现金都投资于有价证券，且短期有价证券亦可随时转换为现金。在这些假设条件下，企业的现金结余才与存货有相似之处，如图8-3所示。

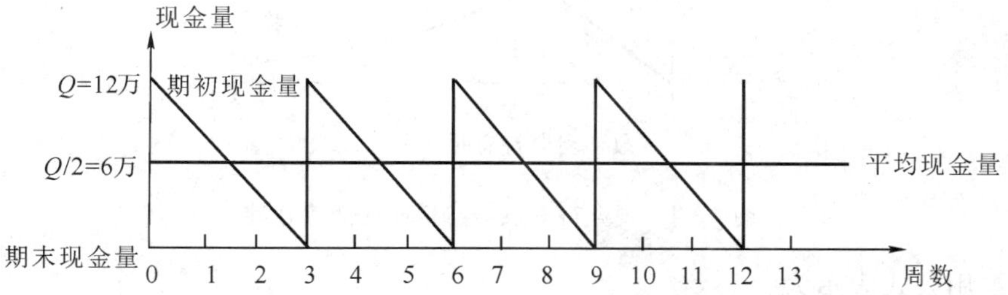

图8-3　存货模型下的现金余额

图8-3表明，假设某企业期初的现金持有量$Q=12$万元，每周现金流出量为4万元，第3周末现金余额降至0，即在这3周内其平均现金持有量$Q/2=6$万元。此时，企业要维持正常收支必须出售有价证券12万元以补充现金，所以第4周开始时，企业的现金持有量Q又增至12万元，待第6周末现金余额再次降至0，在这3周内其平均现金持有量$Q/2$仍为6万元。如此循环，企业每3周为一个现金使用的循环期。

如果企业将期初的现金持有量Q定得高一些，比如定为20万元，每周现金流出量仍为4万元，这些现金足够使用5周，企业可以在5周后再出售有价证券以补充现金。这样能够减少现金的转换成本，但5周内的平均现金持有量将增加至10万元($Q/2=10$万元)，这又增加了现金的机会成本。

如果企业将期初的现金持有量Q定得低一些，比如定为4万元，每周现金流出量仍为4万元，这些现金只够使用1周，企业必须频繁地每1周出售有价证券补充现金。这样必然会增加现金的转换成本，但1周内的平均现金持有量将降至2万元，这又减少了现金的机会成本。

可见，企业现金持有量越高，维持正常收支的时间越长，现金转换成本越低，而持有现金的机会成本越高；相反，持有现金越少，越需要频繁地将有价证券转换为现金，转换成本增加，而持有现金机会成本降低。利用鲍莫尔模型确定目标现金余额，就是要在持有过多现金产生的机会成本与持有过少现金而带来的转换成本之间进行权衡。

另外，在存货模式下，当持有现金不足时，由于可以通过出售有价证券来获得现金，因此不考虑现金的短缺成本；而对于现金管理成本，也由于它是持有现金的固定成本，因而不予考虑。

总之，在存货模式下，只需考虑机会成本以及有价证券和现金之间的转换成本，而不考虑现金短缺成本和管理成本。当这两种成本之和(也即总成本)达到最小时，企业所持有的现金水平为最佳持有量，如图8-4所示。

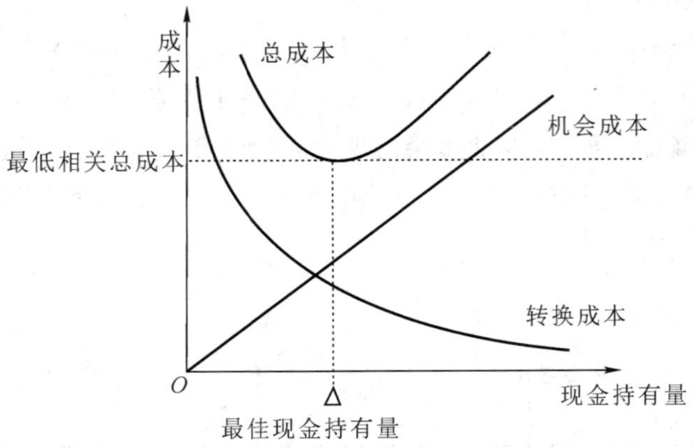

图 8-4　现金持有成本与最佳现金持有量

总成本用公式表示为

$$TC=\frac{Q}{2}\times K+\frac{A}{Q}\times F \quad (8-3)$$

式中：TC 为总成本；Q 为现金持有量；K 为有价证券收益率(机会成本率)；A 为一定时期内的现金总需求量；F 为每次转换有价证券的转换成本；$Q/2$ 为平均现金持有量；A/Q 为一定时期内的现金转换次数。

以现金持有量 Q 为自变量，求函数 TC 的一阶导数，并令其等于零：

$$TC'=\frac{1}{2}K-\frac{AF}{Q^2}$$

令 $TC'=0$，则

$$\frac{1}{2}K-\frac{AF}{Q^2}=0$$

解方程，可得最佳现金持有量：

$$Q=\sqrt{\frac{2AF}{K}} \quad (8-4)$$

将式(8-4)代入式(8-3)，整理后得最低相关总成本：

$$TC=\sqrt{2AFK} \quad (8-5)$$

【例 8-2】　假定某公司需要 150 000 元的现金，并确定如果把钱投资在有价证券上，每年能取得 15%的利润。将有价证券转换为现金的每次转换成本是 200 元。该公司的最佳现金持有量为多少？最低相关总成本为多少？交易有价证券的间隔期为多少天？年转换成本和年机会成本为多少？

【解】　最佳现金持有量：

$$Q=\sqrt{\frac{2\times 150\ 000\times 200}{15\%}}=20\ 000(\text{元})$$

每年最低相关总成本：

$$TC=\sqrt{2\times 150\ 000\times 200\times 15\%}=3\ 000(\text{元})$$

每年的交易次数：

$$N=\frac{A}{Q}=\frac{150\ 000}{20\ 000}=7.5(次)$$

每年有价证券交易的间隔期：

$$t=\frac{360}{7.5}=48(天)$$

每年的转换成本：

$$\sum F=200\times 7.5=1\ 500(元)$$

平均现金持有量：

$$\frac{Q}{2}=\frac{20\ 000}{2}=10\ 000(元)$$

年机会成本：

$$\frac{Q}{2}\times K=10\ 000\times 15\%=1\ 500(元)$$

(三) 现金周转模式

现金周转模式是根据现金的周转速度来确定最佳现金持有量的一种方法。这一模式的步骤如下。

第一步，计算现金周转期。

现金周转期是指企业从购买材料支付现金到销售商品收回现金的时间。其用公式表示为

$$现金周转期=存货周转期+应收账款周转期-应付账款周转期 \tag{8-6}$$

其中，存货周转期是指从购入材料到投入生产形成产成品并销售所需要的时间；应收账款周转期是指从应收账款形成到收回现金所需要的时间；应付账款周转期是指从购买材料形成应付账款开始到以现金支付应付账款所用的时间。现金周转期如图 8－5 所示。

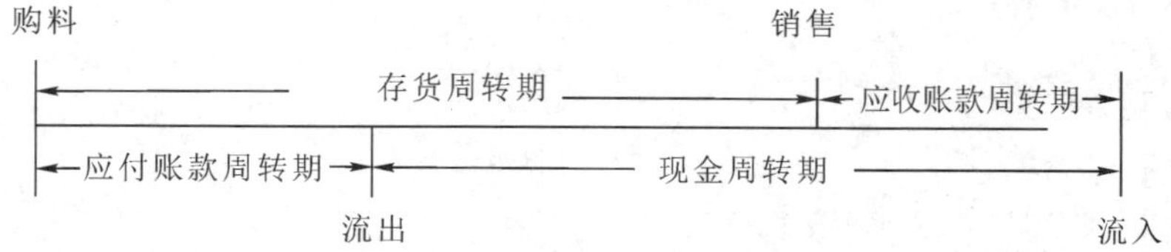

图 8－5 现金周转期示意图

第二步，计算现金周转率。

现金周转率是指一年中现金周转的次数。其计算公式为

$$现金周转率=\frac{日历天数(360)}{现金周转期} \tag{8-7}$$

第三步，计算最佳现金持有量。

$$最佳现金持有量=\frac{年现金需求额}{现金周转率}=\frac{年现金需求额\times 现金周转期}{360} \tag{8-8}$$

【例 8－3】 某企业的原料购买和产品销售均采取赊销方式，应付购料款的平均付款天数为 15 天，应收销货款的平均收款天数为 30 天。假设平均存货期限(即企业从原料购买到产成品销售的期限)为 75 天。若该企业的年现金需求额为 20 万元，则该企业的最佳现金持有量为多少？

【解】

$$现金周转期=75+30-15=90(天)$$

$$现金周转率=\frac{360}{90}=4(次)$$

$$最佳现金持有量=\frac{20}{4}=5(万元)$$

也就是说，如果年初企业持有 5 万元现金，它将有足够的现金满足企业一年各种支出的需要，不必另借现金。

(四) 因素分析模式

因素分析模式是以上期现金平均占有额为基础，分析本期各项因素的变动情况，来确定最佳现金持有量的一种方法。其计算公式为

$$\begin{aligned}最佳现金持有量=&(上期现金平均占用额-不合理占用额)\\&\times(1\pm预计销售收入变化的百分比)\end{aligned}\tag{8-9}$$

【例 8-4】 某企业 2015 年度平均占用现金为 2 000 万元，经分析，其中有 50 万元的不合理占用额，2016 年销售收入预计较上年增长 10%。该企业 2016 年的最佳现金持有量为多少?

【解】　　最佳现金持有量=(2 000-50)×(1+10%)=2 145(万元)

(五) 随机模式

随机模式是在现金需求量难以预知的情况下确定最佳现金持有量的一种方法。该方法是由默顿·米勒和丹尼尔·奥尔创建的，也称为米勒—奥尔模型。这种方法的基本原则是制订一个现金控制区域，定出上限和下限。上限代表现金持有量的最高点，下限代表现金持有量的最低点。当现金持有量达到上限时，将现金转换成短期有价证券，当现金持有量下降到下限时，将短期有价证券转换成现金，从而使现金持有量经常性地处在上限和下限之间，如图 8-6 所示。

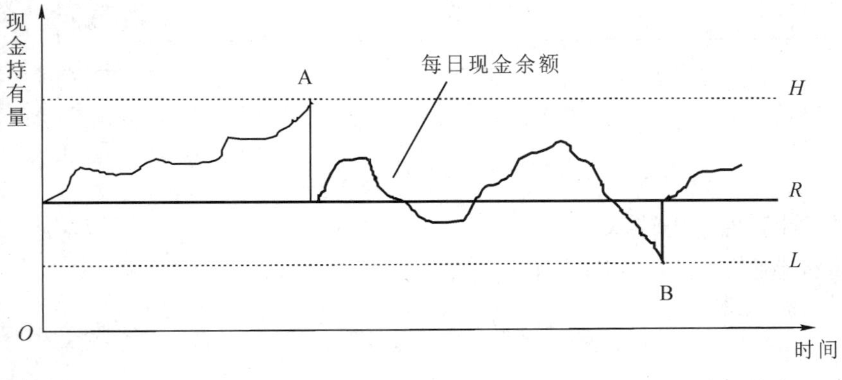

图 8-6　随机模式下现金控制原理

图 8-6 中，虚线 H 为现金存量的上限，虚线 L 为现金存量的下限，实线 R 为最优现金持有线。从图中可以看到，企业的现金持有量(表现为每日现金余额)是随机波动的，当其达到 A 点时，即达到了现金控制的上限，企业应用现金购买 $H-R$ 金额的有价证券，使现金持有量回落到最优现金持有线(R 线)的水平；当现金持有量降至 B 点时，即达到了现金控制的下限，企业则应出售 $R-L$ 金额的有价证券以换回现金，使现金持有量上升至最

优现金持有线的水平。现金持有量在上下限之间的波动属控制范围内的变化，是合理的，不必理会。最优现金持有线 R 的确定，仍可按现金持有总成本最低，即持有现金的机会成本和转换有价证券的固定成本之和最低的原理来确定，并把现金持有量可能波动的幅度同时考虑在内。其公式计算如下：

$$R=\sqrt[3]{\frac{3F\delta^2}{4K}}+L \tag{8-10}$$

$$H=3R-2L \tag{8-11}$$

式中：F 为每次有价证券的转换成本；δ 为预期每日现金余额变化的标准差（可根据历史资料测算）；K 为有价证券的日利率；L 为企业每日的最低现金需要。

【例 8-5】 假定某企业有价证券的日利率为 0.025%，每次现金与有价证券的转换成本为 120 元，该企业认为其任何时候的现金余额均不能低于 10 000 元，根据历史数据测出的现金余额波动标准差为 6 000 元。该企业最优现金持有量为多少？现金存量的上限为多少？

【解】
$$R=\sqrt[3]{\frac{3\times120\times6\ 000^2}{4\times0.025\%}}+10\ 000=23\ 489+10\ 000=33\ 489(\text{元})$$

$$H=3\times33\ 489-2\times10\ 000=80\ 467(\text{元})$$

在本例中，当企业的现金余额达到 80 467 元时，应以 46 978 元（80 467－33 489）的现金去投资有价证券，使现金持有量回落为 33 489 元；当企业的现金余额降至 10 000 元时，应出售 23 489 元（33 489－10 000）的有价证券，使现金持有量回升为 33 489 元。

五、现金的日常管理

企业在确定了最佳现金持有量后，还应采取各种措施，加强现金的日常管理，以保证现金的安全、完整，最大限度地发挥其效用。

（一）现金管理制度

我国《现金管理暂行条例》对企业现金管理做了如下规定：

1. 钱账分管

会计、出纳分开，要实行管钱的不管账，管账的不管钱。建立健全现金账目，逐笔记载现金收支，并做到日清月结、账款相符。

2. 现金收支范围

现金只能用于支付个人款项及不够支票结算起点的公用开支，其范围如下：

（1）支付职工的工资、津贴。

（2）支付个人的劳动报酬。

（3）根据规定颁发给个人的科学技术、文化艺术、体育等各种奖金。

（4）支付各种劳保、福利费用以及国家规定的对个人的其他支出。

（5）向个人收购农副产品和其他物资的价款。

（6）出差人员随身携带的差旅费。

（7）结算起点（1 000 元）以下的零星支出。

（8）中国人民银行确定需要支付现金的其他支出。

除此以外的支出，必须通过银行办理转账结算。

3. 库存现金限额

库存现金限额是由开户银行根据企业经营规模以及距离银行远近而核定的企业最高库存现金保存额。一般以企业 3 至 5 天的日常零星开支需要为限额，边远地区或交通不便地区的库存现金限额可多于 5 天，最长不超过 15 天。

4. 不得坐支现金

企业收入现金应于当日送存开户银行，当日送存银行有困难的，应由开户银行确定送存时间。企业支付现金可从本单位库存现金限额中支付或从开户银行提取，不得从本单位现金收入中直接支付(即坐支)。

5. 不得出租、出借银行账户

企业所开设的银行存款账户，不得出租、出借给他人使用。

6. 不得签发空头支票和远期支票

企业在签发支票时所签发支票的票面金额不得超过其银行账户的存款余额，并且票面上填写的日期不得是签发日之后的日期，即签发支票必须填写签发当日的日期。

7. 不得套用银行信用

企业应诚实守信，不得有逃废银行贷款、恶意透支信用卡、开空头支票等套用银行信用的行为。

8. 不得保存账外公款

企业不得将公款以个人名义存入银行，不得保存账外现钞等各种形式的账外公款。

(二) 现金回收管理

为了提高现金的使用效率，加速现金周转，企业应尽量加速账款的回收，避免本企业的资金被他人无偿占用。一般来说，企业账款的收回需要经过四个时点：客户开出票据、企业收到票据、票据交存银行和企业收到现金。这中间存在三个时间段：票据邮寄时间、票据停留时间以及票据结算时间，如图 8 - 7 所示。

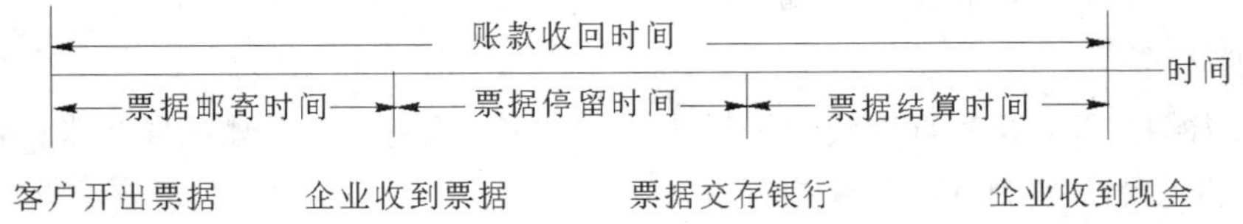

图 8 - 7　账款收回各阶段示意图

前两个阶段所需时间的长短不但与客户、企业、银行之间的距离有关，而且与收款的效率有关。在实际工作中，缩短这两段时间的方法一般有锁箱法和银行业务集中法两种。

1. 锁箱法

锁箱法又称邮政信箱法，是西方企业加速现金周转的一种常用方法，即企业在各主要城市租用加锁的专用邮政信箱，并开立分行存款账户，然后通知客户将支票直接寄送当地的邮政信箱，并委托当地银行每日开启信箱，在取得客户票据后立即予以结算，同时通过电汇再将货款拨给企业所在地银行的一种现金管理办法。

在锁箱法下，客户将票据直接寄给客户所在地的邮箱，而不是企业总部，这样不但缩短了票据的邮寄时间，还免除了公司办理收账、货款存入银行等手续，因而缩短了票据邮寄以及在企业的停留时间。但采用这种方法成本较高，因为被授权开启邮政信箱的当地银行除了要求扣除相应的补偿性余额外，还要收取办理额外服务的劳务费，导致现金成本增加。因此，是否采用锁箱法，需视提前收回现金产生的收益与增加成本的大小而定。若提前收回现金产生的收益大于增加的成本，则可采用锁箱法，否则就不宜采用。

2. 银行业务集中法

银行业务集中法是这样一种现金管理方法：企业以服务地区和各销售区的账单数量为依据，设立若干个收款中心，并指定一个收款中心(通常是设立在公司总部所在地的收款中心)的账户为集中银行，然后通知客户将货款送到最近的收款中心，而不必送到公司总部；收款中心将每天收到的货款存到当地的银行，同时把多余的现金从地方银行汇入集中银行(即公司开立的主要存款账户的商业银行)。

银行业务集中法可以缩短客户邮寄支票所需时间和支票托收所需时间，也就缩短了现金从客户到企业的中间周转时间。但是，采用这种方法在多处设立收款中心，同样会增加相应的费用支出。因为，设立收款中心的地方银行都要求有一定的补偿性余额，而补偿性余额是一种闲置的不能直接使用的资金，设立的收款中心越多，补偿性余额越多，闲置的资金也越多。另外，设立收款中心也需要一定的人力和物力，花费较多。所以，是否采用银行业务集中法，也应视提前收回现金产生的收益与增加成本的大小而定。

(三) 现金支出管理

与现金回收管理相反，现金支出管理的主要任务是在合理合法的前提下，尽可能地推迟应付款项的支出时间。延期支付账款的方法一般有以下几种：

1. 利用现金浮游量

所谓现金浮游量，是指企业从银行存款账户上开出的支票总额超过其银行存款账户的余额。有时企业账簿上的现金余额已经为零或者负数，而银行账簿上该企业的现金余额可能还有不少。这是因为有些支票企业虽已开出，但持票者还没有到银行兑现，如果能正确预测浮游量并加以利用，可节约大量资金，从而使现金利用率达到最高限度。

当一个企业在同一国家内有多个银行存款账户时，可选用一个能使支票流通在外的时间最长的银行来支付货款，以扩大浮游量。采用这种方法时应该考虑对持票者的不利影响(如由于企业判断失误导致持票者到银行兑现时款项不足，从而使持票者的利益受损)，要注意维护和持票者之间的关系。

2. 推迟付款时间

企业可在不影响信誉，不影响公司与供应商关系的前提下，尽可能地推迟应付款的支付。如果没有现金折扣而有约定的信用期，则最好在信用期满的那一天付款，而不是提前付款；如果有现金折扣，企业又希望享受折扣优惠，则应在折扣期满的当天付款，而不是马上付款，这样企业可以最大限度地利用现金而又不丧失优惠的机会。

3. 采用汇票付款

在使用支票付款时，只要持票人将支票存入银行，付款人就要无条件地付款。但汇票不是“见票即付”的付款方式，在持票人将汇票送达银行后，银行要将汇票送交付款人承兑，并由付款人将一笔相当于汇票金额的资金存入银行，银行才会付款给持票人，这样就有可能合法地延期付款。

（四）现金余额的投资管理

如果企业的现金余额要闲置一段时间，那么这些现金可用于短期证券投资，以获取利息收入或资本利得，如果管理得当，可为企业增加相当可观的净收益。在货币市场，财务人员通常使用的投资工具主要有国库券、可转让大额存单、回购协议等。

【知识拓展】 在电子商务环境下，货币电子化已成为潮流。这一潮流对现金构成项目带来的最显著影响是货币现钞的使用将逐渐减少。此外，电子商务带来电子资金转账、金融电子数据交换等先进技术，形成了国内自动票据清算的结算系统和电汇系统，还构建起了全球银行间金融传递网和全球银行间清算传递网，更准确、迅速地实现了银行等金融机构之间的信息传递和资金划转。因此，随着电子商务先进技术的广泛运用，在途货币资金在企业现金项目的构成中的比重将大大降低，并逐步退出现金管理的范围。

第三节　应收账款

一、应收账款的含义

应收账款是指企业在正常经营过程中，因销售商品、产品、提供劳务等应向购货单位或接受劳务单位收取的款项。它主要包括企业出售商品、产品、材料、提供劳务等应向债务人收取的价款及代购货方垫付的运杂费等。应收账款产生的原因主要是赊销，即企业给客户提供了商业信用，这样企业的一部分资金就被顾客占用，由此发生一定的应收账款成本。近几年来，随着市场经济的发展，商业信用的推行，企业应收账款数额明显增多，已成为流动资产管理中的一个日益重要的问题。

二、应收账款的功能与成本

（一）应收账款的功能

应收账款的功能是指它在企业生产经营中所具有的作用，主要有以下两点：

1. 增加销售量

通过赊销能为顾客提供方便，从而扩大企业的销售规模和市场占有率。进行赊销的企业实际上提供了两项交易：一是向顾客销售产品；二是在一个有限的时期内向顾客提供资金。虽然赊销仅是影响企业销售量的因素之一，但在银根紧缩、市场疲软和资金匮乏的情况下，赊销的作用是十分明显的。企业在销售新产品、开拓新市场时，赊销更具有重要的意义。

2. 减少库存

企业应收账款增加意味着存货的减少，而存货减少可以降低跟存货相关的成本费用，如存货的储存成本。因此，当产品存货较多时，企业可以采用较为优惠的信用条件进行赊销，尽快地实现产品存货向销售收入的转化。但是，在制订优惠的信用条件时，企业管理人员应当在增加赊销的受益与成本之间做出正确的权衡。

（二）应收账款的成本

赊销可以促进销售、减少存货占用，同时会产生应收账款。企业因持有应收账款而付出一定的代价，这种代价就形成应收账款的信用成本，主要包括机会成本、管理成本和坏账成本。

1. 机会成本

机会成本是指由于赊销使企业在应收账款上占用的资金无法使用，从而失去了将这部分资金再投资所得到的收益。比如一批货物，若采用现销方式，就可以及时收回货款投入新的周转(存入银行或购买有价证券等)，从而产生新的预期收益；若采用赊销方式，就会使资金沉淀于应收账款方面从而失去上述收益，这就是应收账款的机会成本。这一成本的大小通常与企业维持赊销业务所需要的资金数量(即应收账款占用资金)、资金成本率或有价证券利息率有关。其数额的计算步骤为：

(1) 计算应收账款周转率。

$$\text{应收账款周转率}=\frac{360}{\text{应收账款周转期}} \quad (8-12)$$

(2) 计算应收账款平均余额。

$$\text{应收账款平均余额}=\frac{\text{年赊销收入的净额}}{\text{应收账款周转率}} \quad (8-13)$$

(3) 应收账款占用资金(即维持赊销业务所需要的资金数额)。

$$\begin{aligned}\text{应收账款占用资金}&=\text{应收账款的平均余额}\times\text{变动成本率}\\&=\text{应收账款的平均余额}\times\frac{\text{变动成本}}{\text{销售收入}}\end{aligned} \quad (8-14)$$

(4) 应收账款的机会成本。

$$\text{应收账款的机会成本}=\text{应收账款占用资金}\times\text{资金成本率} \quad (8-15)$$

式(8-12)～(8-15)中，应收账款周转期一般按平均收款天数计算；资金成本率一般按有价证券利息率计算。

【例 8-6】 假设某企业预测的年度赊销额为 4 800 000 元，应收账款平均收款天数为 60 天，变动成本率为 70%，资金成本率为 10%。应收账款的机会成本为多少？

【解】

$$\text{应收账款周转率}=\frac{360}{60}=6(\text{次})$$

$$\text{应收账款平均余额}=\frac{480\ 000}{6}=800\ 000(\text{元})$$

$$\text{应收账款占用资金}=800\ 000\times 70\%=560\ 000(\text{元})$$

$$\text{应收账款的机会成本}=560\ 000\times 10\%=56\ 000(\text{元})$$

可见，应收账款周转率越高，应收账款占用资金就越少，从而应收账款的机会成本也就越少；反之，应收账款周转率越低，应收账款占用资金就越多，从而应收账款的机会成本也就越多。

2. 管理成本

管理成本是指企业对应收账款进行管理而耗费的各项开支，主要包括：调查顾客信用情况的费用；收集各种信息的费用；账簿的记录和保管费用；收账费用和其他费用。

一般来说，应收账款的管理成本在一定数额下是相对固定的，但当一定时期企业应收账款有很大变化时，其管理成本也会随之发生变化，特别是其中的收账费用。

3. 坏账成本

应收账款是基于商业信用而产生的，其存在着无法收回的可能性，因此也将给应收款持有企业带来可能的损失。这种因某些原因无法收回而给应收款持有企业带来的损失就称为坏账成本。这一成本一般与应收账款数量成正比，即应收账款越多，坏账成本越多。为此，为规避产生坏账成本给企业生产经营活动的稳定性带来的不利影响，企业应合理提取坏账准备。

三、应收账款管理的目标

应收账款管理的基本目标是充分发挥应收账款扩大销售的功能，同时，降低应收账款投资的机会成本、管理成本与坏账成本，最大限度地提高应收账款投资的收益。用公式表示如下：

应收账款投资收益＝赊销收入净额－销售成本－信用成本

＝(赊销销售收入－现金折扣)－变动成本－固定成本－

机会成本－坏账成本－收账费用　　(8－16)

其中，信用成本包括预期的机会成本、坏账成本和收账费用。在实务中，为了简化计算，企业在进行应收账款相关决策时，一般采用差量分析法，即将两个方案进行比较，计算出二者的差量，然后用差量进行决策。其用公式表示为

Δ应收账款投资收益＝Δ(赊销销售收入－现金折扣)－Δ变动成本－Δ固定成本－

Δ机会成本－Δ坏账成本－Δ收账费用　　(8－17)

四、信用政策

信用政策是指企业对应收账款投资进行规划与控制而确立的基本原则与行为规范，包括信用标准、信用条件和收账政策三部分内容。

(一) 信用标准

信用标准是指客户获得企业商业信用所应具备的最低条件，通常以预测的坏账损失率表示。它是企业评价客户等级，决定给予或拒绝客户信用的依据。如果企业的信用标准过高，只对信誉很好、坏账损失率很低的顾客给予赊销，则坏账成本将会减少，同时也将减少应收账款的机会成本和管理成本，但这会影响企业市场竞争能力的提高和销售收入的扩大；反之，如果信用标准过低，虽然会增加销售量，但会相应增加坏账成本，以及相应的应收账款的机会成本和管理成本。因此，企业应根据具体情况进行权衡，制定合理的信用标准。

【例8－7】 假定现行的信用标准是对预计坏账损失率低于8%的客户提供商业信用，现拟提高信用标准，将信用标准定为对预计坏账损失率低于6%的客户提供商业信用。假定该企业的最低投资报酬率要求为10%，产品的销售毛利率为20%，变动成本率为60%，其他资料如表8－3所示。要求：评价这两个标准对企业净收益的影响。

表8－3　信用标准方案的比较　　元

信用标准	现行标准	拟改变后标准
销售额	500 000	400 000
坏账成本	40 000	24 000
平均收现天数	60	45

【解】　增加的收益＝(400 000－500 000)×20％＝－20 000(元)

$$增加的机会成本=\left(400\,000\times\frac{45}{360}-500\,000\times\frac{60}{360}\right)\times 60\%\times 10\%=-2\,000(元)$$

减少的坏账成本＝500 000×8％－400 000×6％＝16 000(元)

增加的净收益总额＝－20 000－(－2 000)＋16 000＝－2 000(元)

由以上的分析可知：由于实施较为严格的信用标准，企业将减少利润2 000元，故应该保持现行的信用标准不变。

企业在制定或选择信用标准时，应考虑的主要因素主要有：

(1) 同行业竞争对手的情况。若对手实力较强，则采用较低(相对于竞争对手)的信用标准，以增强市场的竞争能力；反之，若对手实力较弱，则采用较高(相对于竞争对手)的信用标准，以降低坏账成本。

(2) 企业承担违约风险的能力。若企业具有较强的违约风险承担能力时，则采用较低的信用标准以提高竞争能力，争取客户，扩大销售；反之则采用较高的信用标准。

(3) 客户的资信程度。对客户的资信程度进行调查、分析，在此基础上，判断客户的信用等级并决定是否给予客户信用优惠。客户的资信程度的评价方法将在应收账款日常管理部分介绍。

(二) 信用条件

信用条件是指企业要求客户支付赊销款项的条件，包括信用期限、现金折扣和折扣期限。一旦企业决定给予客户信用优惠，就需要考虑具体的信用条件。例如，“2/10，n/30”就是信用条件的基本表达方式，其意思是：允许客户赊销的信用期限为30天，若客户能够在发票开出后的10日内付款，则可以享受2％的现金折扣；第11天至第30天付款，则不享受现金折扣优惠，需全额付款。

1. 信用期限

信用期限(信用期)是指企业为客户规定的最长付款时间。通常企业产品销售利润与信用期限成正比。信用期限越长，销售量越大，销售收入与销售利润越高；反之，销售量、销售收入与销售利润越低。但是，随着信用期限延长，占用在应收账款上的资金相应增加，其机会成本、管理成本和坏账成本都随之增大。因此，确定信用期限时，应在收益与成本之间进行权衡。

【例8－8】 甲公司现在采用30天按发票金额付款的信用政策。为扩大销售，公司拟将信用期限放宽至60天，仍按发票金额付款。假设资金成本率为15％，其他有关数据如表8－4所示。

表8－4　信用条件备选方案表　　元

项　目	A方案：n/30	B方案：n/60
年赊销额	500 000	600 000
年销售成本：		
变动成本	400 000	480 000
固定成本	50 000	50 000
年信用成本：		
收账费用	3 000	4 000
坏账成本	5 000	9 000

【解】 (1) 总额分析法。

① A 方案($n/30$):

$$机会成本=\frac{500\ 000}{360}\times 30\times\frac{400\ 000}{500\ 000}\times 15\%=5\ 000(元)$$

应收账款投资收益=500 000−400 000−50 000−5 000−3 000−5 000=37 000(元)

② B 方案($n/60$):

$$机会成本=\frac{600\ 000}{360}\times 60\times\frac{480\ 000}{600\ 000}\times 15\%=12\ 000(元)$$

应收账款投资收益=600 000−480 000−50 000−12 000−4 000−9 000=45 000(元)

由于 B 方案的收益大于 A 方案的,所以应选 $n/60$ 信用政策。

(2) 差量分析法(B−A)。

$$\begin{aligned}
&\Delta 年赊销额=600\ 000-500\ 000=100\ 000(元)\\
&\Delta 变动成本=480\ 000-400\ 000=80\ 000(元)\\
&\Delta 固定成本=50\ 000-50\ 000=0\\
&\Delta 机会成本=12\ 000-5\ 000=7\ 000(元)\\
&\Delta 收账费用=4\ 000-3\ 000=1\ 000(元)\\
&\Delta 坏账成本=9\ 000-5\ 000=4\ 000(元)
\end{aligned}$$

Δ 应收账款投资收益=100 000−80 000−0−7 000−1 000−4 000=8 000(元)

由于收益的增加大于成本增加,故应采用 60 天的信用期限。

2. 现金折扣和折扣期限

现金折扣是指企业为了鼓励客户提前付款而给予提前付款的客户在商品价款上的折扣优惠。如“2/10,$n/30$”表示赊销期限为 30 天,若客户在发票开出后的 10 日内付款,则可享受 2%的现金折扣。

折扣期限是指企业为客户规定的可享受现金折扣的最长期限。如“2/10,$n/30$”信用条件中,2%的现金折扣期限为 10 天,即客户在发票开出后的 10 日内付款,才可享受 2%的价格折扣优惠。

对于不同水平的现金折扣和不同长度的现金折扣期限,所增加的收益与成本是不一样的。企业决定是否提供以及提供多大程度的现金折扣、核定多长的现金折扣期限,必须将按信用期限提供折扣后所得的收益与付出的现金折扣成本结合起来考虑。

【例 8-9】 沿用例 8-8 资料,假定甲公司在采用 $n/60$ 的方案的同时,为了吸引顾客尽早付款,又提出了“2/10,1/30,$n/60$”的现金折扣条件(C 方案),估计会有 50%的客户享受 2%的现金折扣,30%的客户享受 1%的折扣,其余客户付全价。预计坏账成本将下降到 3 000 元,收账费用将下降到 1 000 元。试做出是否采用 C 方案的决策。

【解】 C 方案(2/10,1/30,$n/60$):

$$平均收账天数=50\%\times 10+30\%\times 30+20\%\times 60=26(天)$$

$$机会成本=\frac{600\ 000}{360}\times 26\times\frac{480\ 000}{600\ 000}\times 15\%=5\ 200(元)$$

$$现金折扣=600\ 000\times(50\%\times 2\%+30\%\times 1\%)=7\ 800(元)$$

应收账款投资收益=(600 000−7800)−480 000−50 000−5 200−3 000−1 000
=53 000(元)

根据例 8－8 和例 8－9 的资料，可编制信用条件分析评价表，如表 8－5 所示。

表 8－5　信用条件分析评价表　　　元

项　目	总额分析		
	A 方案：$n/30$	B 方案：$n/60$	C 方案：2/10，1/30，$n/60$
年赊销额	500 000	600 000	600 000
减：现金折扣	0	0	7 800
年赊销净额	500 000	600 000	592 200
减：变动成本	400 000	480 000	480 000
固定成本	50 000	50 000	50 000
扣除信用成本前的收益	50 000	70 000	62 200
减：机会成本	5 000	12 000	5 200
坏账成本	5 000	9 000	3 000
收账费用	3 000	4 000	1 000
扣除信用成本后的收益	37 000	45 000	53 000

【知识拓展】 收账天数是指企业按照信用期限计算的收到应收账款的实际天数。其具体计算方法如下：

(1) 如果没有现金折扣条件，则按照信用期限作为平均收账天数。

(2) 如果有现金折扣条件，则由于客户还款的时间不同，所适用的优惠条件也不同，因此一般应采用加权平均数作为平均收账天数。

(三) 收账政策

收账政策是指信用条件被违反时，企业采取的收账策略。正常情况下，客户应该按照信用条件中的规定到期时限及时付款，履行其购货时承诺的责任，但是由于种种原因，有的客户在期满后仍不能付清货款。因此，期满之后，企业必须采取一些催收的措施，这样便会产生收账费用。企业如果采用较积极的收账政策，可能会减少应收账款的机会成本，减少坏账成本，但要增加收账费用；如果采用较消极的收账政策，则可能会增加应收账款的机会成本，增加坏账成本，但会减少收账费用。一般而言，收账费用支出越多，坏账成本越少，但这两者并不一定存在线性关系。通常情况是：开始收账时花费一些收账费用，应收账款和坏账成本有小部分降低；收账费用继续增加，应收账款和坏账成本明显减少；当收账费用达到某一限度以后，应收账款和坏账成本的减少就不再明显了。这个限度称为饱和点(如图 8－8 所示，P 为饱和点)。在制定信用政策时，应权衡增加收账费用与减少应收账款机会成本和坏账成本这两方面间的得失。

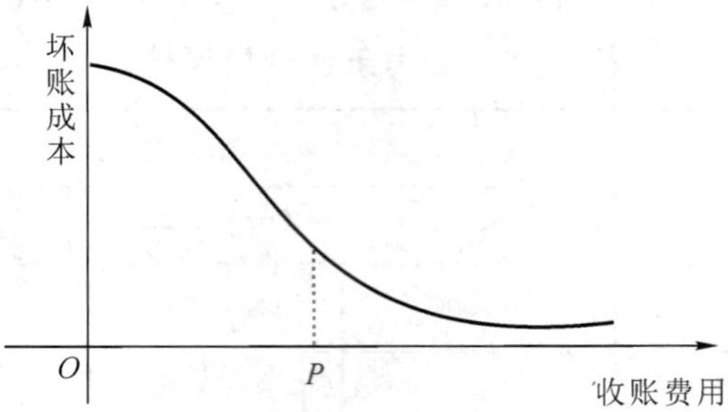

图 8-8　收账费用与坏账成本关系

【例 8-10】 假设某企业应收账款原有的收账政策和拟改变的收账政策如表 8-6 所示，预计年赊销收入 540 万元，变动成本率为 60%，资金成本率为 20%。要求计算两种方案的收账总成本。

表 8-6　两种收账政策对比表

项　目	现行收账政策	拟改变收账政策
年收账费用/万元	5	8
平均收账期限/天	60	30
坏账损失率/(%)	3	2

【解】 计算结果如表 8-7 所示。

表 8-7　两种方案收账总成本计算表

项　目	现行收账政策	拟改变收账政策
赊销额/万元	540	540
应收账款周转次数	360/60=6	360/30=12
应收账款平均余额/万元	540/6=90	540/12=45
应收账款投资额/万元	90×60%=54	45×60%=27
收账成本：		
机会成本/万元	54×20%=10.8	27×20%=5.4
坏账成本/万元	540×3%=16.2	540×2%=10.8
收账费用/万元	5	8
收账总成本/万元	32	24.2

表 8-7 中的计算结果表明：由于采用了积极的收账政策，虽然收账费用增加了 3 万元(8－5=3 万元)，但却加速了资金周转，减少了应收账款的机会成本(10.8－5.4=5.4 万元)和坏账成本(16.2－10.8=5.4 万元)，从而使总收益增加(32－24.2=7.8 万元)。可见，改变收账政策的方案是可行的。

五、应收账款的日常管理

信用政策建立以后，为了更加有效地落实信用政策，企业还必须进一步强化日常管理工作。

（一）应收账款的事前管理

1. 信用调查

对客户的信用进行评价是应收账款日常管理的重要内容。要想合理地评价客户的信用，必须对客户信用进行调查，收集有关的资料。信用调查可分为直接调查与间接调查两类。

（1）直接调查。

直接调查是指调查人员与被调查单位直接接触，通过当面采访、询问、观看、记录等方式获取信用资料的一种方法。直接调查能保证所搜集资料的准确性和及时性，但若不能得到被调查单位的配合，则会使调查资料不完整。

（2）间接调查。

间接调查是指通过加工整理被调查单位的有关原始记录和核算资料，以获得其信用资料的一种方法。这些资料来源包括：客户企业财务报告；第三方信用评估机构发布的有关企业的信息等级报告；各专业银行提供的信用资料；从财税部门、消协、工商管理部门、新闻媒体等获取的资料。

2. 信用评估

为了制定出较为合理的信用标准，必须对客户的信用状况进行评估。在评估等级方面，目前主要有两种分类方式：第一种是采取三等九级制（即把企业的信用情况分为AAA、AA、A、BBB、BB、B、CCC、CC、C九等，AAA为最优信用级别，C为最差信用等级）；第二种是采用三级制（即把企业的信用情况分为AAA、AA、A）。

评价某客户的信用状况是一项复杂的事，因为其影响因素很多。这里介绍两种常见的方法，即“5C”评估法和信用评分法。

（1）“5C”评估法。5C即Character（信用品质）、Capacity（偿付能力）、Capital（资本）、Collateral（抵押或质押品）和Conditions（环境条件）。

信用品质是指借款人的偿债意愿（即客户履约或赖账的可能性），它反映在借款人过去的偿债记录上。债务人不论是个人、公司还是政府，都必须保持优良记录。若曾因债务关系受到法院强制执行，将丧失其获得的信用授予。如果债务人能始终保持良好的记录，则其将具有较高的资信，相应地较易获得高的信用品质分数。

偿付能力是指借款人偿还贷款的能力。它主要取决于资产，特别是流动资产的数量、变现能力及其与流动负债的比率关系。如果一个债务人在以往的历史中具有较高的盈利能力，并且他在获利的同时能确保风险不是太高，则其在偿付能力评分中将获得较高的分数。

资本反映了客户的经济实力和财务状况的优劣，是客户偿付债务的最终保证。它特别注重资金价值的稳定性和变现能力，不但要注意其资本净值，同时也应分析其负债数量，若无风险才予以贷款。如果债务人有较雄厚的资本，则说明其到期偿还债务的能力较强，贷款的收回可能性也较大。

抵押或质押品是指客户提供的可作为资信安全保证的资产。这种抵押或质押品必须是价值稳定，在保险公司投过保，并且是市场广泛，易于出售的资产。客户提供的抵押或质押品越充足，信用安全保证就越大。

环境条件是指企业自身的经营情况和其外部经营环境。前者包括企业的经营特点、经营方法、技术状况和劳资关系等，这些均为企业自身能决定的因素；后者则是非企业自己所能控制的，其范围大至政局变动、社会环境、商业周期、季节变动、一般经济状况、国民收入水平等，小至行业发展、同业竞争程度等。如果经济处在发展和上升阶段，则放款条件可能相对宽松；如果经济处在萧条阶段，则只能对信用好的债务人进行放款。

（2）信用评分法。信用评分法是先对一系列财务比率和信用情况指标进行评分，然后进行加权平均，得出客户综合的信用分数，并以此进行信用评估的一种方法。进行信用评分的基本公式为

$$Y=\alpha_1 x_1+\alpha_2 x_2+\alpha_3 x_3+\cdots+\alpha_n x_n=\sum_{i=1}^{n}\alpha_i x_i$$

$$\sum_{i=1}^{n}\alpha_i=1 \tag{8-18}$$

式中：Y 为企业的信用评分；α_i 为事先拟定的对第 i 种财务比率和信用品质进行加权的权数；x_i 为第 i 种财务比率或信用品质的评分。

在采用信用评分法进行信用评估时，分数在 80 分以上者，说明企业信用状况良好；60～80 分为一般；60 分以下则较差。

（二）应收账款的事中管理

应收账款的事中管理是指在应收账款发生以后，企业对应收账款的回收情况进行监督和控制。应收账款事中管理的方法主要是通过定期编制应收账款账龄分析表来进行的，即通过计算各账龄应收账款的余额占应收账款总余额的比重，对应收账款账龄的结构进行分析，如表 8－8 所示。

表 8－8　应收账款账龄分析表

应收账款账龄	账户数	金额/千元	比重(%)
折扣期内	80	50	15.15
超过折扣期，但在信用期内	170	115	34.85
超过信用期 1～10 天	130	79	23.94
超过信用期 11～30 天	120	44	13.33
超过信用期 31～60 天	50	21	6.36
超过信用期 61～90 天	20	10	3.03
超过信用期 91～120 天	10	9	2.73
超过信用期 120 天以上	5	2	0.61
合　计	585	330	100

账龄分析表可使财务人员了解到许多相关的财务信息，主要有：

（1）有多少客户的欠款在信用期内，欠款金额为多少。表 8－8 显示：有 80 个客户的欠款在折扣期内，欠款金额为 50 000 元；有 170 个客户的欠款超过折扣期，但在信用期内，欠款金额为 115 000 元。这两部分款项合计 165 000 元，占全部应收账款的 50%。这些款项未到偿付期，欠款是正常的。但到期后能否收回，还要视到期时的具体情况而定，故及时

的监督仍是必要的。

(2) 有多少客户超过信用期付款，欠款金额为多少；各超时时段的款项各占多少；有多少欠款会因拖欠时间太久而可能成为坏账。表 8-8 显示，有 335 个客户的欠款超过了信用期，欠款金额为 165 000 元，占全部应收账款的 50%。不过，其中拖欠时间较短的(10 天内)有 130 个客户，欠款金额为 79 000 元，占全部应收账款的 23.94%，这部分欠款收回的可能性很大；拖欠时间较长的(11～30 天) 有 120 个客户，欠款金额为 44 000 元，占全部应收账款的 13.33%，这部分欠款收回的可能性也比较大；拖欠时间在 31～120 天的有 80 个客户，欠款金额为 40 000 元，占全部应收账款的 12.12%，这部分欠款的回收有一定难度；拖欠时间很长的(120 天以上) 有 5 个客户，欠款价值 2 000 元，占全部应收账款的 0.61%，这部分欠款有可能成为坏账。

通过应收账款的账龄分析，对不同拖欠时间的欠款，企业应采取不同的收账方法，制定出实际、可行的收账政策；对可能发生的坏账，则应提前做好准备，充分估计这一因素对损益的影响。

(三) 应收账款的事后管理

1. 应收账款的回收

收账是企业应收账款管理的一项重要工作。收账管理应包括如下两个部分内容：

(1) 确定合理的收账程序。

催收账款的程序一般是：信函通知→电话催收→派专人面谈→法律诉讼。当客户拖欠货款时，要先给客户一封有礼貌的通知信件，接着可寄出一封措辞直率的信件；进一步是通过电话催收；再无效，企业的收账员可直接与客户面谈，协商解决；如果上述方法都无效，而且拖欠时间较长，则可以交给企业的法律顾问，采取强硬的法律措施。

(2) 确定合适的催收方法。

客户拖欠货款的原因很多，但概括起来分为两类：无力偿还和故意拖欠。

无力偿还是指客户因经营管理不善，财务困难，没有资金偿付到期债务。对这种情况要进行具体分析。如果客户确实遇到暂时的困难，经过努力可以东山再起，则应当帮助客户渡过难关，以便收回较多的账款；如果客户遇到严重困难，已经达到破产境地，无法恢复活力，则应及时向法院提起诉讼，要求在破产清算时得到债券的偿还。

故意拖欠是指客户虽然有能力付款，但是为了自身的利益，想方设法不履行偿债义务。遇到这种情况，企业需要确定合理的讨债方法，以达到收回账款的目的。常见的讨债方法有：讲理法、恻隐术法、疲劳战术、激将法和软硬兼施法等。

2. 建立坏账准备

无论企业采取怎样严格的信用政策，只要存在着商业信用行为，坏账的发生总是不可避免的。一般来说，确定坏账的标准主要有两条：

(1) 债务人破产或死亡，以其破产财产或遗产清偿后，仍不能收回的应收账款。

(2) 债务人逾期未履行偿债义务，并有足够的证据表明无法收回或收回的可能性极小。

企业的应收账款只要符合上述任何一个条件，均可作为坏账损失处理。需要注意的是，当企业的应收账款按照第(2)个条件已经作为坏账处理后，并非意味着企业放弃了对该项应收账款的索取权。实际上，企业仍然拥有继续收款的法定权利，企业与欠款人之间的债权债务关系不会因为企业已做坏账处理而解除。

既然应收账款的坏账损失无法避免，那么，企业应遵循谨慎性原则，对坏账损失的可能性预先进行估计，并建立弥补坏账损失的准备制度，即提取坏账准备金。

第四节 存 货

一、存货的含义

存货是指企业在日常活动中持有以备出售的产成品或商品、处在生产过程中的在产品、在生产过程或提供劳务过程中耗用的材料或物料等。它具体包括在途的、加工中的、库存的各类材料、商品、在产品、产成品、包装物、低值易耗物等。存货区别于固定资产等非流动资产的最基本的特征是，企业持有存货的最终的目的是出售，不论是可供直接销售，如企业的产成品、商品等，还是需经过进一步加工后才能出售，如原材料等。

二、存货的功能与成本

（一）存货的功能

存货的功能是指存货在生产经营过程中的作用，主要有以下两点：

1. 保证生产和销售的需要

实际上，很少企业能做到随时购入生产和销售所需的各种物资，即使是市场供应量充足的物资也是如此。这不仅因为不时会出现某种材料的市场断档，还因为企业距离供货点较远而需要必要的途中运输及可能出现运输故障损失等。一旦生产和销售所需物资短缺，生产经营就被迫停顿，从而造成损失。为了避免或减少出现停工停料、停业待货等事故，企业需要储备存货。

2. 降低存货的购买价格

零购物资的价格往往较高，而批量购买在价格上往往有优惠。批量集中进货，一方面可获得较多的商业折扣，另一方面可减少购货次数、降低采购费用。只要进货成本的降低额大于因存货增加而导致的储存费用的增加额，便可适当地储存一些原材料和产成品，以便于组织均衡生产，降低产品成本。

（二）存货的成本

存货成本是指企业为了发挥存货的固有功能而储存一定存货所必须付出的代价。它包括以下几个方面：

1. 购置成本

购置成本又称采购成本，主要由买价、运杂费等构成。在一定时期进货总量既定、物价水平不变、不存在商业折扣的情况下，无论企业采购次数如何变动，存货的购置成本通常是保持不变的，因而属于决策无关成本。但是，当存在商业折扣时，购置成本将与数量相关。购置成本的公式为

$$T_1 = A \times P \tag{8-19}$$

式中：T_1 为购置成本；A 为全年存货需要量；P 为存货的购买单价。

2. 订货成本

订货成本又称进货费用，是指为订货而发生的各种成本，包括采购人员工资、采购部门的一般经费(如办公费、水电费、折旧费等)和采购业务费(如差旅费、邮电费、电话电报费、检验费)等。

订货成本可分为两部分：一部分与订货次数无关，其各期金额比较稳定，如采购人员工资、采购部门的一般经费等，称为固定订货成本，用 F_1 表示，属于决策无关成本；另一部分与订货次数有关，随订货次数的增加而增加，如采购业务费，称为变动订货成本，属于决策相关成本。订货成本的公式为

$$T_2=F_1+n\times B_1=F_1+\frac{A}{Q}\times B_1 \tag{8-20}$$

式中：T_2 为订货成本总额；F_1 为固定订货成本；n 为全年订货次数；B_1 为每次订货的变动成本；A 为全年存货需要量；Q 为每次订货量。

3. 储存成本

储存成本是指企业为持有存货而发生的成本。储存成本也分为两部分：一部分总额相对稳定，与储存数量无关，如仓库折旧费、仓库职工的固定工资等，称为固定储存成本，属于决策无关成本；另一部分总额大小取决于储存数量和储存时间，如存货占用资金的应付利息、存货的保险费、存货的破损变质费等，称为变动储存成本，属于决策相关成本。储存成本的公式为

$$T_3=F_2+\frac{Q}{2}\times B_2 \tag{8-21}$$

式中：T_3 为储存成本总额；F_2 为固定储存成本；Q 为每次订货量；$Q/2$ 为平均储存量；B_2 为单位变动年储存成本。

4. 缺货成本

缺货成本(T_4)是指因存货不足而给企业造成的各种损失，主要包括由于材料供应中断造成的停工损失、成品供应中断导致延误发货的信誉损失及丧失销售机会的损失等。缺货成本能否作为决策的相关成本，应视企业是否允许出现存货短缺的情形而定。若企业允许缺货，则缺货成本与存货数量成反比，即属于决策相关成本；反之，若企业不允许发生缺货，则由于此时缺货成本为零，也就无须加以考虑。

三、存货管理的目标

存货管理涉及四项内容：决定进货项目、选择供应单位、决定进货时间和决定进货批量。决定进货项目和选择供应单位是销售部门、采购部门和生产部门的职责。财务部门要做的是决定进货时间和决定进货批量，其中最重要的是决定进货批量。因为进货批量过多，虽然能满足生产经营对存货的需要，也能降低订货成本，但是与存货相关的储存成本也会相应增加；进货批量过少，虽然降低了储存成本，但又增加了订货成本，甚至满足不了生产经营对存货的需要而发生缺货成本。因此，存货管理的目标就是确定一定时期使存货的总成本达到最低点的进货批量，即经济订货量。存货管理的目标总成本公式为

$$T=T_1+T_2+T_3+T_4=A\times P+F_1+\frac{A}{Q}\times B_1+F_2+\frac{Q}{2}\times B_2+T_4 \tag{8-22}$$

四、存货的经济订货批量模型

（一）存货的经济订货批量的基本模型

存货的经济订货批量的基本模型的假设条件包括：① 能够及时补充存货；② 能集中到货；③ 不允许缺货；④ 需求量稳定，并且能预测；⑤ 存货单价不变，不考虑现金折扣；⑥ 现金充足；⑦ 存货市场供应充足。在上述严格的假设条件下，影响企业经济批量决策的成本因素就只有变动订货成本和变动储存成本。订货成本、储存成本和订货批量之间的关系如图 8－9 所示，用公式表示为

$$T=\frac{A}{Q}\times B_1+\frac{Q}{2}\times B_2 \tag{8-23}$$

式中：A 为全年存货需要量；B_1 为每次订货的变动成本；Q 为每次订货量；B_2 为单位变动年储存成本。

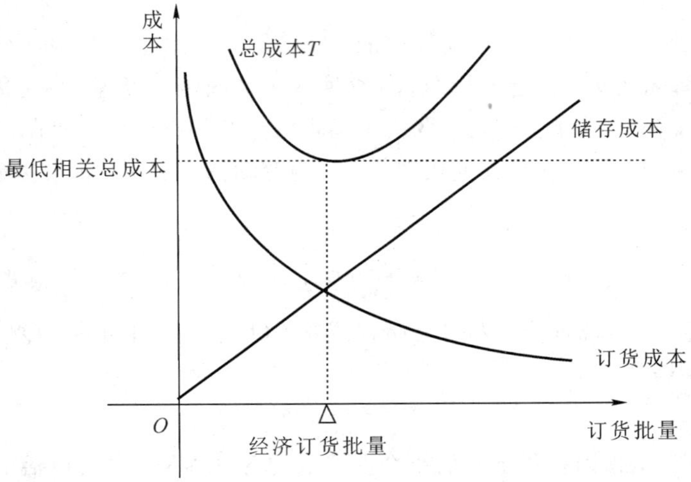

图 8－9　订货成本、储存成本和订货批量的关系

以订货批量 Q 为自变量，求函数 T 的一阶导数，并令其等于零：

$$T'=-\frac{AB_1}{Q^2}+\frac{B_2}{2}=0$$

解方程，得经济订货批量 Q^* 的表达式：

$$Q^*=\sqrt{\frac{2AB_1}{B_2}} \tag{8-24}$$

这一公式称为存货的经济订货批量的基本模型，求出的每次订货批量，可使总成本达到最小值：

$$T^*=\sqrt{2AB_1B_2} \tag{8-25}$$

经济订货次数为

$$n^*=\frac{A}{Q^*}=\sqrt{\frac{AB_2}{2B_1}} \tag{8-26}$$

经济订货周期为

$$t^*=\frac{360}{n^*} \tag{8-27}$$

【例 8-11】 高德化工厂生产所需 A 种材料，年采购总量为 90 000 千克，材料单价为 500 元，一次订货成本为 240 元，每千克材料的年平均储存成本为 1.2 元。A 材料的经济订货批量是多少？最佳订货次数、最佳订货周期、最低总成本和平均占用资金分别是多少？

【解】 (1) A 材料的经济订货批量：

$$Q^*=\sqrt{\frac{2\times240\times90\ 000}{1.2}}=6\ 000(\text{千克})$$

(2) A 材料的最佳订货次数：

$$n=\frac{90\ 000}{6\ 000}=15(\text{次})$$

(3) A 材料的最佳订货周期：

$$t=\frac{360}{15}=24(\text{天})$$

(4) 经济订货批量下的最低总成本：

$$T_{(Q^*)}=\sqrt{2\times240\times90\ 000\times1.2}=7\ 200(\text{千克})$$

(5) 存货平均占用资金：

$$\frac{6\ 000}{2}\times500=1\ 500\ 000(\text{元})$$

(二) 存货的经济订货批量的扩展模型

1. 有数量折扣的经济订货批量

在上述基本模型中，假定价格不随批量而变动。但在实务中，许多企业在销售时都有批量折扣，对大批量采购在价格上往往给予一定的优惠。在这种情况下，企业采购时除了要考虑订货成本和储存成本外，还要考虑购置成本，只有上述三种成本之和最低的方案，才是最优方案。有数量折扣的存货相关总成本的公式为

$$T=\frac{A}{Q}\times B_1+\frac{Q}{2}\times B_2+A\times P \tag{8-28}$$

式中：A 为全年存货需要量；B_1 为每次订货的变动成本；Q 为每次订货量；B_2 为单位变动年储存成本；P 为存货的购买单价。

有数量折扣下的经济订货批量的计算步骤是：

第一步，按照基本经济订货批量模型确定不享受折扣的经济订货批量；

第二步，按上述经济订货批量计算相关总成本；

第三步，按给予数量折扣的批量计算相关总成本(若给予数量折扣的批量是一个范围，则按给予数量折扣的最低批量计算相关总成本)；

第四步，比较不同订货批量的相关总成本，最低相关总成本所对应的订货批量，就是实行数量折扣的经济订货批量。

【例 8-12】 某企业全年需用 A 零件 1 800 个，每个标准单价为 50 元。供应商规定，每次订货量达到 750 个时，可获得 2%的价格优惠。已知每个零件每年储存成本 0.5 元，每次订货费用 72 元。要求计算该零件的经济订货批量。

【解】 (1) 不享受折扣的经济订货批量及相关成本:

$$Q=\sqrt{\frac{2\times 1\ 800\times 72}{0.5}}=720(\text{个})$$

$$T_{(Q=720)}=\frac{1\ 800}{720}\times 72+\frac{720}{2}\times 0.5+1\ 800\times 50=90\ 360(\text{元})$$

(2) 每次订货 750 个时的相关成本:

$$T_{(Q=750)}=\frac{1\ 800}{750}\times 72+\frac{750}{2}\times 0.5+1\ 800\times 50\times(1-2\%)$$
$$=88\ 560.3(\text{元})$$

因为 $T_{(Q=750)}<T_{(Q=720)}$,所以 A 零件的经济订货批量为 750 个。

【例 8-13】 某企业全年需用甲材料 4 000 千克,每千克标准价格为 20 元。已知每次订货费用为 60 元,单位材料的年储存成本为 3 元。供应商为扩大销售,规定折扣条件如表 8-9 所示。要求计算有数量折扣时的经济订货量。

表 8-9 订货数量与价格折扣表

订购单位数	折扣/千克
0～999	—
1 000～1 999	2%
2 000 以上	3%

【解】 (1) 不享受折扣的经济订货批量及相关成本:

$$Q=\sqrt{\frac{2\times 4\ 000\times 60}{3}}=400(\text{千克})$$

$$T_{(Q=400)}=\frac{4\ 000}{400}\times 60+\frac{400}{2}\times 3+4\ 000\times 20=81\ 200(\text{元})$$

(2) 每次订货量为 1 000 千克时的相关成本:

$$T_{(Q=1\ 000)}=\frac{4\ 000}{1\ 000}\times 60+\frac{1\ 000}{2}\times 3+4\ 000\times 20\times(1-2\%)=80\ 140(\text{元})$$

(3) 每次订货量为 2 000 千克时的相关成本:

$$T_{(Q=2\ 000)}=\frac{4\ 000}{2\ 000}\times 60+\frac{2\ 000}{2}\times 3+4\ 000\times 20\times(1-3\%)=80\ 720(\text{元})$$

通过比较发现,每次订货为 1 000 千克时的存货相关总成本最低,所以此时最佳经济订货批量为 1 000 千克。

【思考与讨论】 若给予数量折扣的批量是一个范围,为什么要按给予数量折扣的最低批量计算相关总成本?这样做有什么好处?

2. 存货陆续供应和使用的经济订货批量

在上述经济订货批量模型中假设存货能集中到货,即一次全部入库,那么,存货在每个订货周期的期初都达到最高点,期末回到 0 点,因此,存货增加时储存量的变化为一条垂直的直线,如图 8-10 所示。

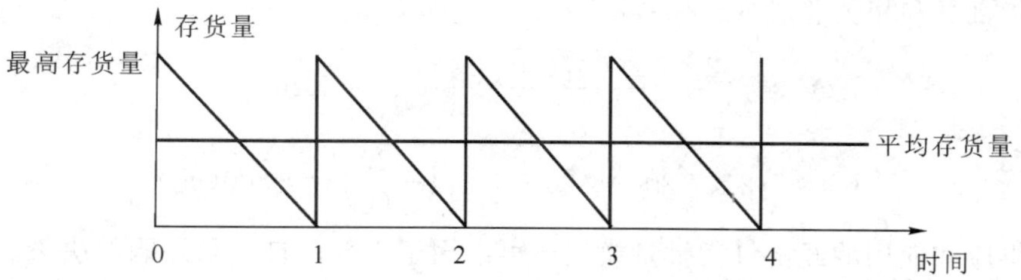

图 8-10　经济订货批量基本模型下的存货库存图

在现实生活中，各批存货大多是陆续供应、入库和使用的，尤其是产成品入库和在产品转移，几乎总是陆续供应和耗用的。在这种情况下，需要对基本模型做一些修改，如图 8-11 所示。

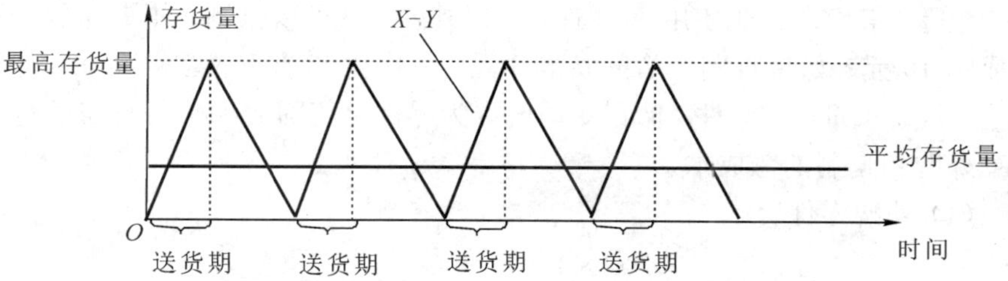

图 8-11　存货陆续供应和使用下的库存图

设每批订货量为 Q，每日送货量为 X，则该批订货全部送达所需日数为 Q/X，称为送货期，即自开始送货至该批订货送完为止所需的天数。设存货每日耗用量为 Y，显然，每日耗用量 Y 应小于每日送货量 X。由于存货是陆续供应和耗用的，所以每日存货量的净增加额为每日送货量与耗用量的差额($X-Y$)。当每批存货全部送达完毕时：

$$\text{最高存货量}=\text{送货期}\times\text{每日存货量的净增加额}$$

$$=\frac{Q}{X}\times(X-Y)=Q-\frac{Q}{X}\times Y$$

$$\text{平均存货量}=\frac{1}{2}\left(Q-\frac{Q}{X}\times Y\right)=\frac{Q}{2}\left(1-\frac{Y}{X}\right)$$

这样，存货相关总成本的基本模型可改写为

$$T=\frac{A}{Q}\times B_1+\frac{Q}{2}\times\left(1-\frac{Y}{X}\right)\times B_2 \tag{8-29}$$

以 Q 为自变量，求函数 T 的一阶导数并令其等于零，可得存货陆续供应和使用的经济订货批量公式：

$$Q^*=\sqrt{\frac{2AB_1}{B_2}\times\frac{X}{X-Y}} \tag{8-30}$$

将式(8-30)代入式(8-29)得最低存货相关总成本：

$$T^*=\sqrt{2AB_1B_2\left(1-\frac{Y}{X}\right)} \tag{8-31}$$

【例 8-14】　某企业全年需用甲材料 7 200 件，每日送货量 60 件，每日耗用量 20 件，该材料采购单价 20 元，每次订货成本 400 元，单位储存成本 6 元。求存货陆续供应和使用的经济订货批量和相关总成本。

【解】
$$Q^{*}=\sqrt{\frac{2\times 7\ 200\times 400}{6}\times\frac{60}{60-20}}=1\ 200(件)$$

$$T^{*}=\sqrt{2\times 7\ 200\times 400\times 6\times\left(1-\frac{20}{60}\right)}=4\ 800(元)$$

陆续供应和使用的经济订货批量模型还可以用于零部件自制和外购的决策。自制零部件属于陆续供应和使用的情况，单位生产成本可能较低，但每批零部件投产的生产准备成本高于一次外购订货的订货成本；外购零部件的单价可能较高，但订货成本相对比较低。要在自制零部件和外购零部件之间做出选择，需要全面衡量它们各自的总成本。

自制成本＝生产成本＋生产准备成本＋储存成本

外购成本＝存货买价＋订货成本＋储存成本

【例 8－15】 某生产企业使用 A 零件，可以外购，也可以自制。如果外购，单价 4 元，一次订货成本 10 元；如果自制，单位成本 3 元，每次生产准备成本 600 元，每日产量 50 件。零件的全年需求量 3 600 件，储存变动成本为零件价值的 20%，每日需求量 10 件。要求分别计算外购和自制的总成本。

【解】（1）外购零件。

$$Q^{*}=\sqrt{\frac{2\times 10\times 3\ 600}{4\times 0.2}}=300(件)$$

$$T^{*}=3\ 600\times 4+\sqrt{2\times 10\times 3\ 600\times 4\times 0.2}=14\ 640(元)$$

（2）自制零件。

$$Q^{*}=\sqrt{\frac{2\times 600\times 3\ 600}{3\times 0.2}\times\frac{50}{50-10}}=3\ 000(件)$$

$$T^{*}=3\ 600\times 3+\sqrt{2\times 600\times 3\ 600\times 3\times 0.2\times\left(1-\frac{10}{50}\right)}=12\ 240(元)$$

由于自制的总成本低于外购的总成本，故以自制为宜。

3. 订货提前期与再订货点

前面我们在介绍经济订货批量模型时假定每次当库存量降至零时下一批存货才到货入库，这种做法可行的前提是企业从订货到货物入库必须在一天内完成。然而，实际操作过程中，企业从订货到收到货物需要若干天，所以为避免停工待料情况发生，企业必须提前订货。那么，何时是最佳的订货时间？这就要求我们计算出从订货至收到货物所需天数，企业以该天数为前提，提前订货，此天数称为订货提前期，如图 8－12 所示。

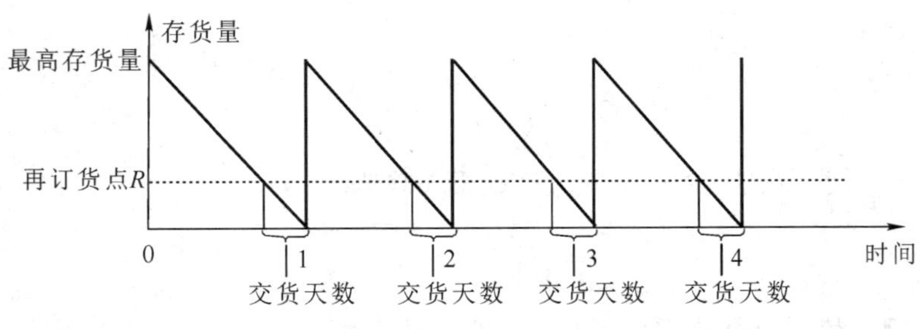

图 8－12　提前订货示意图

在提前订货的情况下，企业发出订货单时，还有存货量，该存货量称为再订货点，用 R 来表示。它的数量等于交货时间(L)和每日平均需用量(Y)的乘积，即

$$R=L\times Y \tag{8-32}$$

【例 8-16】 假定某种存货日平均需要量为 20 千克，订货日至到货日的时间为 10 天，则该种存货的再订货点是多少？

【解】 $R=10\times 20=200$(千克)

即当存货量降到 200 千克时，企业必须发出订货单订货，这样，当存货量用完时下一批货恰好送到。

五、存货的日常管理

存货的日常管理是指在企业的日常生产经营过程中，对存货实物的使用和资金的周转进行组织、调节和监督。存货的日常管理方式有许多种，这里介绍几种常用的。

(一) 建立存货的归口分级管理制度

1. *存货资金的统一管理*

存货资金的统一管理是指财务部门对存货实行统一综合管理，实现资金使用的综合平衡。对存货资金统一管理的主要内容包括：根据财务制度和企业具体情况，制定资金管理的各种制度；认真测算原材料、在产品、产成品的资金占用定额，汇总编制存货资金计划；将有关控制指标进行分解，分别归口落实到供应、生产、销售等部门，以明确责任；对各部门资金运用情况进行检查和分析，统一考核资金的使用情况。

2. *存货资金的归口管理*

存货资金的归口管理是指根据物资管理和资金管理相结合的原则，每项物资由哪个部门使用，其资金就由哪个部门管理。资金归口管理的分工一般如下：原材料、燃料、包装物等占用的资金归物资供应部门负责；在产品和自制半成品占用的资金归生产部门管理；产成品占用的资金归销售部门负责；工具用具的占用资金归工具部门负责；修理用备件占用的资金归维修部门负责。

3. *存货资金的分级管理*

存货资金的分级管理是指各归口的管理部门要根据具体情况，将资金控制计划进行层层分解，分配给所属的仓库、车间、班组等基层单位实行分级管理。具体分级过程可按如下方式进行：原材料资金计划分配给供应计划、材料采购、仓库保管、整理准备等业务组管理；在产品资金计划分配给各车间、半成品库管理；产成品资金计划分配给仓库保管、成品发运、销售等业务组管理。

(二) ABC 分类管理

ABC 分类管理是意大利经济学家弗·巴雷特于 19 世纪首创的。所谓 ABC 分类管理，就是按照一定的标准，将企业的存货划分为 A、B、C 三类，分别实行分品种重点管理、分类别一般控制和按总额灵活掌握的一种存货管理、控制的方法。

一般来说，企业存货品种繁多，尤其是大型企业的存货往往多达成千上万种，给管理带来较大的困难。经过观察分析发现，有的存货品种数量很少，但单位价值很大，占存货资金总额的比例较大，如果管理不善，将给企业造成极大的损失；相反，有的存货虽然品

种数量繁多，但单位价值较小，占存货资金总额的比例较小，即使管理上出现一些问题，也不至于产生较大的影响。因此，无论是从能力还是从经济角度，企业均不可能也没有必要对所有存货都进行严格管理。ABC控制法正是基于这一考虑而提出的，其目的在于使企业分清主次，突出重点，以提高存货资金管理的整体效果。

ABC分类的标准主要有两个：一是价值标准；二是品种数量标准。其中，价值标准是最基本的，品种数量标准仅作为参考。

对存货进行分类并实行不同的控制方法，有利于抓住重点，从而有效地控制主要存货资金。一般来说，A类存货金额巨大，品种数量较少；B类存货金额一般，品种数量相对较多；C类存货品种数量繁多，价值金额却很小。这三类存货的金额比重大致为：A∶B∶C＝0.7∶0.2∶0.1，而品种数量比重大致为：A∶B∶C＝0.1∶0.2∶0.7。通常，对A类存货，应按品种重点管理和控制，实行最为严格的内部控制制度，逐项计算各种存货的经济订货批量，并经常检查有关计划和管理措施的执行情况，以便及时纠正各种偏差；对B类存货，由于金额相对较小，而品种数量远多于A类存货，因此，不必像A类存货那样严格管理，可通过分类别的方式进行管理和控制；对于C类存货，可采用较为简化的方法，只要把握一个总金额就完全可以了。ABC分类管理示意图如图8－13所示。

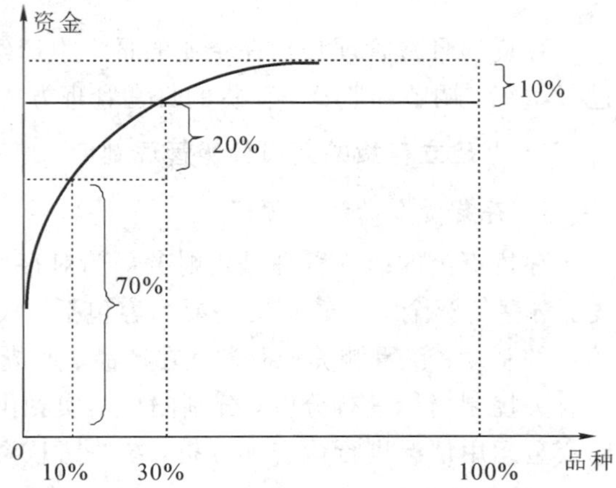

图8－13　ABC分类管理示意图

ABC分类管理的具体应用一般分为如下几个步骤：

第一步，列示企业全部存货明细表，并计算出每种存货的成本总额及占全部存货成本的百分比。

第二步，按照金额标准从大到小进行排列，累加金额百分比，并编成表格。

第三步，根据事先测定好的标准，把最重要的存货划分为A类，把一般存货划分为B类，把不重要的存货划分为C类，并画图表示出来。

（三）适时存货管理

适时存货管理又被称为“零存货管理”，产生于20世纪80年代的日本。适时的核心思想是要消除从产品设计到产品销售各个环节的一切浪费，将这方面的资源有效地应用到能为最终产品增加价值的作业上去，且要求企业尽可能实现零存货和零缺陷。以丰田公司为代表的企业，利用适时存货管理大大降低了企业运营成本，在激烈的国际竞争中占据了有利地位，适时存货管理因此受到了西方主要发达国家的关注。

（四）建立计算机存货控制系统

随着计算机的普及应用，对存货的日常管理可通过建立计算机存货控制系统来进行。采用计算机存货控制系统时，企业需要先对所有存货进行盘点，并把库存数据输入计算机中，随着销售量的变化，计算机存货控制系统会自动调整存货水平。存货被取走时，要及时做出记录，系统会自动修正库存余额；当库存量降到订货点时，系统自动发出订单，并在收到订货时调整库存量。同时，计算机记录可用来判定存货的使用率是否发生变化，从而调整再订购量。计算机存货控制系统在西方的零售商店中得到广泛的应用，该系统又被称作及时供应系统。

本章小结

营运资金的概念分为广义和狭义两种，通常的营运资金是指狭义的概念，即净营运资金。营运资金具有周转时间的短期性、占用形态的变动性、用资数量的波动性、资金来源的多样性等特点。

现金是营运资金中流动性最强的资金。任何企业在任何时候出于支付、预防、投机等动机都会持有一定数量的现金，然而现金持有量的大小又会不同程度地影响到现金持有的成本，进而影响到企业的盈利水平。因此，如何选择最佳的现金持有量是企业管理者需考虑的一个重要问题。

应收账款产生的原因主要是赊销。赊销既会促进销售、减少存货占用，也会付出一定的代价，这种代价就形成了应收账款的成本。因此，企业必须注重应收账款的管理，特别是信用标准、信用条件以及收账政策的制定和评价。

存货占流动资产的比例较大，在企业的供产销过程中，起着决定性作用。因此，存货管理水平的高低，对企业收益水平和财务风险大小有着举足轻重的作用。存货管理的主要问题是如何确定企业存货的经济订货批量。

基本概念

营运资金　现金　坐支现金　应收账款　信用政策　信用标准　信用条件
存货　订货成本　存储成本　经济订货批量　ABC 分类管理

练　习　题

一、单项选择题

1. 某零件年需要量 16 200 件，日供应量 60 件，一次订货成本 25 元，单位储存成本 1 元/年。假设一年为 360 天，需求是均匀的，不设置保险库存并且按照经济订货批量进货，则下列各项计算结果错误的是(　　)。

A. 经济订货批量为 1 800 件　　B. 最高存货量为 450 件
C. 平均存货量为 225 件　　D. 与进货批量有关的总成本为 600 元

2. 某公司持有有价证券的平均年利率为 5%，公司的现金最低持有量为 1 500 元，现金余额的最优现金持有线为 8 000 元。如果公司现有现金 20 000 元，根据现金持有量随机模式，此时应当投资于有价证券的金额是(　　)元。

A. 0　　B. 6 500　　C. 12 000　　D. 18 500

3. 企业置存现金的原因是(　　)。

A. 交易性、预防性、收益性需要　　B. 交易性、投机性、收益性需要

C. 交易性、预防性、投机性需要　　D. 预防性、收益性、投机性需要

4. 在确定最佳现金持有量时，成本分析模式和存货分析模式均需考虑的因素有(　　)。

A. 持有现金的机会成本　　B. 固定性交易成本

C. 现金短缺成本　　D. 现金保管费用

5. 在确定应收账款信用期限的过程中，需要运用的计算公式有(　　)。

A. 应收账款应计利息＝应收账款占用资金×销售成本率

B. 收益的增加＝销售量增加×边际贡献率

C. 应收账款占用资金＝应收账款平均余额×资金成本率

D. 应收账款平均余额＝日销售额×平均收现期

6. 企业目前的信用条件为“$n/30$”，赊销额为 3 600 万，准备将信用期限延长为“$n/60$”，预计赊销额将变为 7 200 万。若该企业变动成本率为 60%，资金成本率为 10%，则该企业维持赊销业务所需资金将(　　)。

A. 增加 3 600 万　　B. 增加 6 000 万　　C. 增加 360 万　　D. 增加 540 万

7. 采用 ABC 法对存货进行管理时，应当重点控制的是(　　)。

A. 数量较多的存货　　B. 占用资金较多的存货

C. 品种较多的存货　　D. 库存时间较长的存货

二、多项选择题

1. 下列各项因素中，影响经济订货批量大小的有(　　)。

A. 仓库人员的固定月工资　　B. 存货的年耗用量

C. 存货资金的应计利息　　D. 保险储备量

2. 下列有关信用期限的表述中，正确的有(　　)。

A. 缩短信用期限可能增加当期现金流量

B. 延长信用期限会扩大销售

C. 降低信用标准意味着将延长信用期限

D. 延长信用期限将增加应收账款的机会成本

3. 下列关于最佳现金持有量存货模式的表述中，正确的有(　　)。

A. 现金的交易成本与平时现金持有量成反比

B. 现金的机会成本与平时现金持有量成正比

C. 机会成本与交易成本相等时的现金持有量是最佳现金持有量

D. 存货模式的假定是现金流出量是不稳定的

4. 采用随机模式计算最优现金持有线时，应考虑的因素有(　　)。

A. 有价证券的日利息率　　B. 预期每日现金余额变化的标准差

C. 每次有价证券的固定转换成本　　D. 现金存量的上限

5. 企业对顾客进行资信评估应考虑的因素主要有(　　)。

A. 信用品质　　B. 偿付能力　　C. 资本和抵押品　　D. 经济环境

6. 企业建立保险储备的目的是(　　)。

A. 在过量使用存货时保证供应

B. 在进货延迟时保证供应

C. 使存货的缺货成本和储存成本之和最小

D. 降低存货的储备成本

7. 在现金周转模式下，与目标现金持有量有关的因素有(　　)。

A. 应收账款周转期　　　　B. 应付账款周转期

C. 存货周转期　　　　D. 年现金需求量

三、判断题(对的打"√"，错的打"×")

1. 订货提前期与经济订货批量、最佳订货次数、最佳订货间隔时间无关。(　　)

2. 企业现金管理的目标应当是在收益性与流动性之间做出权衡。(　　)

3. 企业的信用标准严格，给予客户的信用期限很短，使得应收账款周转率很高，将有利于增加企业的利润。(　　)

4. 企业花费的收账费用越多，坏账成本就一定越少。(　　)

5. 现金持有量的存货模式下，现金的管理成本和短缺成本是无关成本。(　　)

四、计算题

1. 已知：某公司现金收支平稳，预计全年(按 360 天计算)现金需要量为 250 000 元，现金与有价证券的交易成本为每次 500 元，有价证券年利率为 10%。

(1) 计算最佳现金持有量。

(2) 计算最佳现金持有量下的全年现金相关总成本、全年现金交易成本和全年现金持有机会成本。

(3) 计算最佳现金持有量下的全年有价证券交易次数和有价证券交易间隔期。

2. 某企业生产并销售 M 产品，该产品单价为 6 元，单位变动成本为 5 元，固定成本为 6 000 元。预计信用期限若为 30 天，则年销售量可达 12 000 件，可能发生的收账费用为 3 200 元，可能发生的坏账损失率为 1%；信用期限若为 60 天，则年销售量可增加 3 000 件，但可能发生的坏账成本为 4 200 元，增加销售部分的坏账损失率为 1.5%。假定资金成本率为 10%。根据上述情况，确定对企业有利的信用期限。

3. 某企业每年需零件 72 000 件，日平均需用量 200 件，该种零件企业自制，每天产量为 500 件，每次生产准备成本为 500 元，单件生产成本为 50 元，每件零件年储存成本为 10 元。若外购，单价为 60 元，一次订货成本为 400 元。请问该厂应选择自制还是外购？

本章练习题参考答案

第九章　利润分配

教学目标与要求

- 掌握利润的构成。
- 掌握利润的分配程序。
- 了解利润的分配原则。
- 掌握股利理论。
- 熟悉股利政策。
- 了解股利支付形式。
- 掌握股票分割和股票回购。

导入案例

ABC公司于2012年开业，历年的税前利润或亏损如表9-1所示(无纳税调整事项，企业所得税税率为25%)。

表9-1　税前利润表　　　万元

年　度	税前利润
2012年	-100 000
2013年	+40 000
2014年	-30 000
2015年	+10 000
2016年	+10 000
2017年	+10 000
2018年	+10 000
2019年	+40 000
2020年	+20 000

【思考与讨论】 该企业哪些年度应该缴纳企业所得税，哪些年度应该提起法定盈余公积金和任意盈余公积金，哪些年度可以向股东分配利润？

第一节　利润分配概述

一、利润的构成

利润是指企业在一定会计期间的经营成果。利润包括收入减去费用后的净额、直接计入当期利润的利得和损失等。直接计入当期利润的利得和损失，是指应当计入当期损益、会导致所有者权益发生增减变动、与所有者投入资本或者向所有者分配利润无关的经济利益的流入和流出。

企业的利润就其构成来说，既有通过生产经营活动获得的，也有通过投资活动获得的，此外还包括那些与生产经营活动无直接关系的事项所引起的盈亏。

(一) 营业利润

营业利润按下式计算：

营业利润＝营业收入－营业成本－税金及附加－销售费用－管理费用－
财务费用－资产减值损失＋公允价值变动收益(－公允价值变动损失)
投资收益(－投资损失) (9-1)

其中，营业收入是指企业经营业务所确认的收入总额，包括主营业务收入和其他业务收入；营业成本是指企业经营业务所发生的实际成本总额，包括主营业务成本和其他业务成本；资产减值损失是指企业计提各项资产减值准备所形成的损失。公允价值变动收益(或损失)是指企业交易性金融资产等公允价值变动形成的应计入当期损益的利得(或损失)；投资收益(或损失)是指企业以各种方式对外投资所取得的收益(或发生的损失)。

(二) 利润总额

利润总额按下式计算：

利润总额＝营业利润＋营业外收入－营业外支出 (9-2)

其中，营业外收入是指企业确认的与其日常活动无直接关系的各项利得，主要包括非流动资产处置利得、非货币性资产交换利得、出售无形资产收益、债务重组利得、企业合并损益、盘盈利得、因债权人原因确实无法支付的应付款项、政府补助、教育费附加返还款、罚款收入、捐赠利得等；营业外支出是指企业发生的与其日常活动无直接关系的各项损失，主要包括非流动资产处置损失、公益性捐赠支出、盘亏损失、罚款支出、非货币性资产交换损失、债务重组损失、非常损失等。

(三) 净利润

净利润按下式计算：

净利润＝利润总额－所得税费用

其中，所得税费用是指企业确认的应当从当期利润总额中扣除的所得税费用。在资产负债表债务法下，所得税费用的计算公式为

所得税费用＝当期所得税＋递延所得税费用 (9-3)

当期所得税是指企业按照税法规定计算确定的针对当期发生的交易和事项，应交纳给税务部门的所得税金额，即应交所得税，应以适用的税收法规为基础计算确定。企业在确定当期所得税时，对于当期发生的交易或事项，会计处理与税收处理不同的，应在会计利润的基础上，按照适用税收法规的要求进行调整，计算出当期应纳税所得额，按照应纳税所得额与适用所得税税率计算确定当期应交所得税。

应交所得税＝应纳税所得额×所得税税率 (9-4)

应纳税所得额＝税前会计利润＋纳税调整增加额－纳税调整减少额 (9-5)

递延所得税费用是指企业在某一会计期间确认的递延所得税资产及递延所得税负债的

综合结果。即按照企业会计准则规定应予确认的递延所得税资产和递延所得税负债在期末应有的金额相对于原已确认金额之间的差额。其用公式表示为

递延所得税费用＝(递延所得税负债的期末余额－递延所得税负债的期初余额)－(递延所得税资产的期末余额－递延所得税资产的期初余额)　(9-6)

二、利润的分配程序

利润分配是指将企业实现的净利润(或称税后利润)，按照国家财务制度规定的分配形式和分配顺序，在企业和投资者之间进行的分配。根据《企业财务通则》的规定，企业的净利润应按下列顺序进行分配：

(一) 弥补以前年度亏损

弥补以前年度亏损是指弥补超过用所得税税前利润抵补亏损的法定期限后仍未补足的亏损。

企业发生的年度亏损可以用下年度的利润弥补；下年度利润不足弥补的，可以在五年内用所得税前利润延续弥补。延续五年未弥补的亏损，用税后利润弥补，或者经投资者审议后，用盈余公积金弥补。企业在以前年度亏损未弥补之前，不得向投资者分配利润。也就是本年净利润加上年初未分配利润(或未弥补的亏损)为企业可供分配的利润，只有可供分配的利润大于零时，企业才能进行后续分配。

(二) 提取法定盈余公积金

根据《公司法》的规定，法定盈余公积金的提取比例为本年净利润(弥补亏损后)的10％。当法定盈余公积金已达到注册资本的50％时不可再提取。法定盈余公积金可用于弥补亏损、扩大公司生产经营或转增资本，但公司用盈余公积金转增资本后，法定盈余公积金的余额不得低于转增前公司注册资本的25％。

(三) 提取任意盈余公积金

根据《公司法》的规定，公司从净利润中提取法定公积金后，经股东会或者股东大会决议，还可以从税后利润中提取任意公积金。提取任意盈余公积金的目的是控制向投资者分配利润的水平以及调整各年利润分配的波动，通过这种方法对投资者分配的利润加以限制和调节。独资经营的企业，可与法定盈余公积金合并提取。

(四) 向投资者分配利润

根据《公司法》的规定，公司弥补亏损和提取公积金后所余净利润，可以向股东(投资者)分配股利(利润)，其中有限责任公司股东按照实缴的出资比例分取红利，全体股东约定不按照出资比例分取红利的除外；股份有限公司按照股东持有的股份比例分配，但股份有限公司章程规定不按持股比例分配的除外。如果公司在弥补亏损和提取法定公积金之前向股东分配利润，股东必须将违反规定分配的利润退还公司。

企业以前年度未分配的利润，可以并入本年度利润向投资者进行分配。企业需要拿出一定比例的净利润用于向投资者分配利润，除了要有足够的累计盈余外，还要考虑企业盈余的稳定性、投资机会、债务需要和举债能力等因素，尤其是发放现金股利(利润)，需要重点考虑企业的现金流量。

另外，如果企业当年无利润，一般不得向股东分配利润，但若用公积金补亏后，经股东大会特别决议，可按照不超过股票面值6%的比率用公积金向股东分配股利，不过留存的法定公积金不得低于注册资本的25%。

三、利润的分配原则

利润分配不仅影响企业的筹资和投资决策，而且直接涉及各利益集团切身的利益关系。利润的分配是否合理，直接影响到企业的生存与发展。为此，企业在进行利润分配时，应遵循以下几条基本原则：

(一) 依法分配原则

为规范企业的利润分配行为，国家制定和颁布了若干法规，这些法规规定了企业利润分配的基本要求、一般程序和重大比例。企业的税前利润首先应按国家规定做出相应调整，增减应纳税所得额，然后依法缴纳所得税。税后利润的分配应按顺序弥补以前年度亏损、提取法定公积金、公益金，再向投资者分配利润。

(二) 资本保全原则

利润分配是对企业投资者(所有者)投入资本增值的分配，而不是投入本金的返还，所以企业不能因向投资者分配利润而减少企业的资本总额，应确保资本的完整性，维护投资者的权益。为此，企业在年度发生亏损的情况下，不得动用资本向投资者分配利润，但国家有特殊规定的除外。

(三) 兼顾各方面利益原则

净利润分配合理与否直接关系到企业的投资者、经营者以及内部职工的切身利益。因此，在进行利润分配时必须坚持全局观念，兼顾各方的经济利益。投资者是企业的所有者，依法享有净利润的分配权，企业的净利润归投资者所有，是企业的基本制度，也是企业所有者投资企业的根本动力所在。但企业的利润离不开全体职工的辛勤工作，职工作为利润的直接创造者，除了获得工资及奖金等劳动报酬外，还要以适当的方式参与净利润的分配，如提取公益金用于职工集体福利设施的购建开支等。经营者是搞好企业的关键要素，应以股票期权等形式分给经营者一部分利润。

(四) 分配和积累并重原则

企业进行利润分配应正确处理长远利益和短期利益的辩证关系，将二者有机地结合起来，坚持分配和积累并重。从企业未来发展的角度考虑，企业除按规定提取法定盈余公积金以外，还应留存一部分的利润作为积累。这部分利润虽然暂时未分配给投资者，但所有权仍归投资者。这部分利润的积累不但可为企业扩大再生产筹措资金，增强企业抵抗风险的能力，而且有利于增强投资者的回报，在企业利润波动时，达到以丰补歉的目的，从而起到稳定投资报酬率的效果。

(五) 投资与收益对等原则

企业向投资者分配利润应当体现“谁投资谁受益”，受益大小和投资比例相适应，即投资与收益对等原则，这是正确处理投资者之间利益关系的关键。

第二节 股利理论

企业在向投资者(股东)分配利润(股利)时，常常会有以下疑问：为什么企业会支付股利？支付股利是否会影响企业价值？企业支付多少股利比较合适？股东的态度怎样？费雪·布莱克(1976)将这些难以破解的难题称之为“股利之谜”。长期以来，很多学者对此都有研究，从不同的角度提出了许多观点，从而形成了不同的股利理论。有关股利分配对企业价值影响的理论大致可以分为两种：股利无关论和股利相关论。

一、股利无关论

股利无关论是由美国经济学家莫迪蒂安尼和米勒于 1961 年发表的《股利政策、增长与股票估价》一文中提出的，也称 MM 理论。

该理论认为，在一定的假设条件下，股利政策不会对公司的价值或股票的价格产生任何影响。一个公司的股票价格完全由公司的投资决策的获利能力和风险组合决定，而与公司的利润分配政策无关。股东只关心公司收益的增长，至于支付多大比例的股利，股东并不关心。若公司有理想的投资机会，则即便公司支付了较高的股利，投资者也会用分得的股利去购买该公司的股票。反过来，即使公司不支付股利，其股票价格也不会因此而受到影响，因为公司可以将较多的留存盈余用于再投资，导致公司股票价格上涨，需用现金的投资者可以通过出售股票换取现金。该理论是建立在完全市场理论之上的，假定条件包括：① 完全竞争假设，即任何一位证券交易者都没有足够的力量通过其交易活动对股票的现行价格产生明显的影响；② 交易成本为零假设，即证券的发行和买卖等交易活动不存在任何费用；③ 企业所得税和个人所得税零假设，即在利润分配与不分配或资本利得与股利之间均不存在税负差异；④ 信息完备假设，即所有的投资者都可以平等地免费获取影响股票价格的任何信息；⑤ 理性投资者假设，即每个投资者都是财富最大化的追求者。

【例 9－1】 A 公司是 B 公司的股东，A 公司持有 B 公司 1％的股份，B 公司总股本为 500 万股。B 公司预计 2019 年末和 2020 年末可用于分配普通股股利的利润均为 50 万元。对于 2019 年现有三个方案可供选择；至于 2020 年，不论 2019 年采用哪个方案，B 公司均将剩余的可分配利润全部分配给投资者。

方案一：B 公司 2019 年末发放股利 50 万元。

方案二：B 公司 2019 年末发放股利 75 万元，但 2020 年因建设 X 项目需要，对外筹资 25 万元，利率为 10％。

方案三：B 公司 2019 年末不发放股利，将 50 万元用于投资建设 X 项目。

要求：在股利无关论的假设条件下，分析 A 公司两年的收益变化。假设项目投资收益率为 10％。

【解】 考虑到资金的时间价值，我们可分别从现值和终值两个角度分析。

(1) 从现值的角度考虑：

方案一：

若 2019 年末发放股利 50 万元，则：

A 公司 2019 年末的股利收益＝50×1％＝0.5(万元)

A 公司 2020 年末股利收益的现值＝50×1％×(1＋10％)$^{-1}$＝0.454 5(万元)

A 公司两年股利收益的现值＝0.5＋0.454 5＝0.954 5(万元)

方案二：

若 2019 年末发放股利 75 万元，则：

A 公司 2019 年末的股利收益＝75×1％＝0.75(万元)

2020 年末由于筹集资金 25 万元需支付利息，则：

2020 年末可用于分配普通股股利的利润＝(50－25)×(1－10％)＝22.5(万元)

A 公司 2020 年末的股利收益的现值＝22.5×1％×(1＋10％)$^{-1}$＝0.204 5(万元)

A 公司两年股利收益的现值＝0.75＋0.204 5＝0.954 5(万元)

方案三：

若 2019 年末不发放股利，将 50 万元用于投资建设 X 项目，则：

A 公司 2019 年末的股利收益＝0(万元)

2020 年末企业 X 项目的收益＝50×10％＝5(万元)

A 公司 2020 年末股利收益的现值＝(50＋55)×1％×(1＋10％)$^{-1}$＝0.954 5(万元)

A 公司两年股利收益的现值＝0＋0.954 5＝0.954 5(万元)

(2) 从终值的角度考虑，假设 A 公司 2019 年末取得股利后将该股利继续用于投资，投资收益率亦为 10％。

方案一：

若 2019 年末发放股利 50 万元，则：

A 公司 2019 年末的股利收益＝50×1％＝0.5(万元)

A 公司股利的投资收益＝0.5×10％＝0.05(万元)

A 公司 2020 年末的股利收益＝50×1％＝0.5(万元)

A 公司两年的收益＝0.5＋0.05＋0.5＝1.05(万元)

方案二：

若 2019 年末发放股利 75 万元，则：

A 公司 2019 年末的股利收益＝75×1％＝0.75(万元)

A 公司股利的投资收益＝0.75×10％＝0.075(万元)

2020 年末由于筹集资金 25 万元需支付利息，则：

2020 年末企业可用于分配普通股股利的利润＝(50－25)×(1－10％)＝22.5(万元)

A 公司 2020 年末的股利收益＝22.5×1％＝0.225(万元)

A 公司两年的收益＝0.75＋0.075＋0.225＝1.05(万元)

方案三：

若 2019 年末不发放股利，将 50 万元用于投资建设 X 项目，则：

A 公司 2019 年末的股利收益＝0(万元)

2020 年末企业 X 项目的收益＝50×10％＝5(万元)

A 公司 2020 年末股利收益＝(50＋55)×1％＝1.05(万元)

A 公司两年的收益＝0＋1.05＝1.05(万元)

可见，在股利无关论的假设条件下，无论 2019 年 B 公司是否发放股利，股利发放了多少，都不影响 A 公司既定的股利收入。

股利无关论的关键是存在一种套利机制，通过这一机制，支付股利与外部筹资这两项经济业务所产生的效益与成本正好相互抵消。根据这一理论，企业的价值高低取决于其投资的获利能力而非股利政策。因此，若企业目前没有合适的投资机会，就应当将多余的资金以股利的形式发放给股东，以便使投资者选择更好的投资机会。

股利无关论的前提条件过于脱离现实，致使该理论的结论与事实相差甚远。

二、股利相关论

股利无关论是基于一种简单而又完全的市场假设，如果现实环境符合这些假设，那么上述无关论的观点无疑是令人信服的。然而，在现实环境中，这些假设几乎不成立，使得现实中的股利分配与企业价值具有相关性。有关股利相关论的理论观点很多，这里介绍几种常见的观点：

（一）税差理论

在 MM 的股利无关论中假设不存在税收，但在现实条件下，现金股利税和资本利得税不仅是存在的，而且会表现出差异性。一般来说，出于保护和鼓励资本市场投资的目的，股利的个人所得税率一般会高于资本利得税率。即使资本利得税率与股利的个人所得税率相同，也由于股利所得税的支付时间先于资本利得税的支付时间而出现递延纳税的时间价值差。

因此，税差理论认为：

(1) 如果不考虑股票交易成本，分配股利的比率越高，股东的股利收益纳税负担越明显高于资本利得纳税负担，企业应采取低现金股利比率的分配政策，以提高留存收益再投资的比率，使股东在实现未来的资本利得中享受税收节省。

(2) 如果存在股票的交易成本，甚至当资本利得税与交易成本之和大于股利收益税时，偏好定期取得股利收益的股东自然会倾向于企业采用高现金股利支付率政策。

【例 9-2】 A 公司有 500 000 元的可供分配利润，有两种方案可供选择：方案一，公司保留现金进行项目投资；方案二，以现金股利形式发放给股东，由股东自己去进行投资。假设企业和股东投资的收益率均为 10%，企业所得税税率为 25%，个人所得税税率为 20%。要求：计算 2 年后股东所获得的现金收入。

【解】 方案一：

由企业保留现金进行项目投资，则：

$$企业投资项目税后收益率=10\%\times(1-25\%)=7.5\%$$

$$2\text{ 年后现金流入}=500\ 000\times(1+7.5\%)^2=577\ 812.5(元)$$

$$股东可获得的现金=577\ 812.5\times(1-20\%)=462\ 250(元)$$

方案二：

以现金股利形式发放给股东，则：

$$股东收到的现金=500\ 000\times(1-20\%)=400\ 000(元)$$

$$股东投资项目税后收益率=10\%\times(1-20\%)=8\%$$

$$2\text{ 年后股东可获得的现金}=400\ 000\times(1+8\%)^2=466\ 560(元)$$

在本例所给的税率差异下，分配现金股利对股东更有利，能使股东现金流入量增加

4 310(466 560－462 250)元。

【例 9-3】 承前例，个人所得税税率为 45%，其他条件不变。要求：计算 2 年后股东所获得的现金收入。

【解】 方案一：

由企业保留现金进行项目投资，则：

企业投资项目税后收益率＝10%×(1－25%)＝7.5%

2 年后现金流入＝500 000×(1＋7.5%)^2＝577 812.5(元)

股东可获得的现金＝577 812.5×(1－45%)＝317 796.9(元)

方案二：

以现金股利形式发放给股东，则：

股东收到的现金＝500 000×(1－45%)＝275 000(元)

股东投资项目税后收益率＝10%×(1－45%)＝5.5%

2 年后股东可获得的现金＝275 000×(1＋5.5%)^2＝306 081.9(元)

在本例所给的税率差异下，分配现金股利对股东不利，使股东现金流入量减少 11 715(317 796.9－306 081.9)元。

可见，股利支付率取决于企业所得税率和个人所得税率的高低。如果股东的个人所得税率高于企业所得税率，则降低股利支付率对股东有利，这时，股东希望支付较少的股利，以便能够降低纳税额和减少交易费用，并通过资本利得的实现来取得远期的投资收益；如果股东的个人所得税率低于企业所得税率，则高股利支付率有利于股东，这时，他们一般不会注重资本利得所带来的好处，并且大都持有偏好股利增长的态度，以期更多地获取即期的投资收益。

(二) 客户效应理论

客户效应理论是对税差理论的进一步扩展，主要研究处于不同税收等级的投资者对待股利分配态度的差异。该理论认为投资者不仅仅是对资本利得和股利收益有偏好，即使是投资者本身，因其所处不同等级的边际税率，对企业股利政策的偏好也是不同的。收入高的投资者因其拥有较高的税率表现出偏好低股利支付率的股票，希望少分现金股利或不分现金股利，以更多地留存收益进行再投资，从而提高所持有的股票价格。而收入低的投资者以及享有税收优惠的养老基金投资者表现出偏好高股利支付率的股票，希望支付较高而且稳定的现金股利。

投资者的边际税率差异性导致其对待股利政策态度的差异性。边际税率高的投资者会选择实施低股利支付率的股票，边际税率低的投资者则会选择实施高股利支付率的股票。这种投资者依据自身边际税率而显示出的对实施相应股利政策股票的选择偏好现象被称为“客户效应”。因此，客户效应理论认为，公司在制定或调整股利政策时，不应该忽视股东对股利政策的需求。公司应该根据投资者的不同需求，对投资者分门别类地制定股利政策：对于低收入阶层和风险厌恶投资者，由于其税负低，并且偏好现金股利，他们希望公司多发放现金股利，因此公司应该实施高现金股利分红比例的股利政策；对于高收入阶层和风险偏好投资者，由于其税负高，并且偏好资本增长，他们希望公司少发放现金股利，并希望通过获得资本利得适当避税，因此，公司应实施低现金分红比例，甚至不分红的股利政策。

（三）“手中之鸟”理论

“手中之鸟”理论源于谚语“双鸟在林不如一鸟在手”，所以又称为“一鸟在手”理论。该理论是流行最广泛和最持久的股利理论，主要代表人物是迈伦·戈登和约翰·林特纳。

该理论认为，就股利和资本利得而言，一些股东可能更偏好股利，因为投资者对风险有天生的反感，他们认为股利是定期、确定的报酬，而未来的资本利得则是股东靠出售手中股票得到的买卖价差收入。因为股票价格的涨跌具有不确定性，所以资本利得也具有不确定性。而股利的发放可以降低投资者报酬的不确定性，并使投资者愿意按较低的必要报酬率来对企业的未来盈利加以贴现，由此使企业的价值得到提高。相反，不发放股利或降低股利支付率，则会提高普通股的必要报酬率，降低企业的价值。因此，不同的股利支付率会对企业价值产生不同的影响。

“手中之鸟”理论虽然流行时间最久、最广泛，但它很难解释投资者在收到现金后又购买企业新发行的普通股现象，它实际上混淆了投资者决策和股利政策对股票价格的影响。

（四）信号传递理论

信号传递理论认为，股利政策之所以会影响企业股票的价值，是因为在信息不对称的情况下，股利能将企业的盈余状况、资金状况和财务信息等提供给投资者，从而股利分配对股票价格有一定的影响。一般而言，股利增长可能传递了企业未来业绩大幅增长信号，也可能传递的是企业没有前景看好的投资项目的信号。股利减少可能传递企业未来出现衰退的信号，也可能传递企业有前景看好的投资项目的信号。如果一个企业的股利支付比率一直很稳定，那么投资者就可能对企业未来的盈利能力与现金流量抱有较为乐观的预期；当其突然大幅度地变动股利支付比率时，投资者则认为企业的财务状况或盈余情况有较大变动，因而股票价格也会发生变动。因此，在充满风险的市场上，股利可以削减管理层与投资者之间信息水平的差异。

（五）代理理论

股东作为企业的所有者，希望股东财富最大化，要求经营者尽最大的努力去实现权益资本满意值这一目标；但企业的经营者通常会考虑自己的利益，追求货币报酬和非货币待遇，追求较少的劳动时间和较低的劳动强度，避免工作中的风险，不愿为企业取得更高收益而付出较多的代价。从某种意义上说，经营者所得到的利益，正是股东所放弃的利益。企业的经营者与股东之间存在着代理冲突。股东为了保护自身利益，必须承担一定的代理成本以减少这种冲突。但对于大型企业而言，如何有效地做到这一点存在许多困难，股东很难对经营者进行直接监控，因此，这就需要第三者的介入。有学者发现，通过外部融资可以对解决代理冲突起到很好的作用。当企业对外发行股票或债券的时候，企业必须接受证券市场的审查和分析，包括银行对企业信用的分析、证券评级机构的意见以及众多分析专家的评价，不正当、不科学的管理行为必将暴露在证券市场上。新投资者接受那些力争实现企业价值最大化的企业证券，这种企业能很好地解决代理冲突问题。在投资规模既定的前提下，股利支付率越高，企业需要发行的新股票就越多，接受的市场监管也就越多，同时，通过发放相当于闲置现金流量的股利，可以减少管理层浪费企业资金的机会。

因此，代理理论认为，股利政策就相当于是协调股东与经营者之间代理关系的一种约束机制。高水平股利支付政策将有助于降低企业的代理成本，但同时也增加了企业的外部融资成本。最优的股利政策应使两种成本之和最小化。

上述股利相关论的几种观点都是从某一角度来解释股利政策和股价的相关性，不足之处在于没有同时考虑多种因素的影响。在不完全资本市场上，公司股利政策效应要受许多因素的影响，如所得税负担、筹资成本、市场效率、公司本身因素等。

第三节　股 利 政 策

一、股利政策的含义

股利政策是指公司股东大会或董事会对一切与股利有关的事项，所采取的原则性的做法，是关于公司是否向股东发放股利、发放多少股利以及何时发放股利等方面的方针和策略。股利政策有广义和狭义之分。从狭义方面来说，股利政策是指确定保留盈余和普通股股利支付的比例关系问题，即股利发放比率的确定。而广义的股利政策则包括股利宣布日的确定、股利发放比例的确定、股利发放时的资金筹集等问题。

从股东权益看，不管公司是否分配，利润都属于股东的财富。公司以现金股利分配给股东，股东可以用这部分资金再投资或者消费；公司不分配现金股利，是公司对股东财富的再投资。两者看起来不影响股东财富，但是从前述的股利理论可以看出，怎么分配股利会传递一定的信号，会产生现实的影响。因此，股利政策的确定成为公司财务管理的一项重要内容。

二、制定股利政策应考虑的因素

股利政策的制定受到各方面因素的影响，大致说来，这些影响因素主要有以下几个方面：

（一）法律因素

为了保护企业债权人和股东的利益，防止企业管理层滥用手中的权力，国家有关法规对企业利润的分配做了一定的硬性限制。这些限制主要体现为以下几个方面：

1．资本保全约束

资本保全是企业财务管理应遵循的一项重要原则。它要求企业发放的股利或投资分红不得来源于原始投资（或股本），而只能来源于企业当期利润或留存收益。也就是说，企业发放的股利或投资分红，不能超过当期与过去的留存收益之和。其目的是保护债务人的权益，防止企业任意减少资本结构中所有者权益（股东权益）的比例。如果没有这项约束，一个处于财务危机的企业有可能将其资产分给股东，从而侵蚀资本，损害债权人的利益。

2．资本积累约束

资本积累约束要求企业在分配利润时，必须按税后利润的10%提取法定盈余公积金，同时还鼓励企业提取任意盈余公积金，只有当企业提取公积金累计数额达到注册资本50%时才可以不再计提。

3．净利润约束

净利润约束要求企业账面累计税后利润必须是正数才可以发放股利，以前年度的亏损必须足额弥补。也就是说，要求在具体的分配政策上，贯彻“无利不分”原则，即当企业出现年度亏损时，一般不得分配利润。

4. 偿债能力约束

偿债能力是指企业按时足额偿付各种到期债务的能力。相关法律规定企业如果要发放股利或投资分红，就必须保证有充分的偿债能力。也就是说，如果企业无力偿付到期债务或因支付股利或投资分红后影响企业偿还债务和正常经营，那么企业发放股利或投资分红的数额就要受到限制。

5. 超额累积利润约束

超额累积利润是指企业的留存收益超过法律认可的水平。投资者所获得的收益包括股利和资本利得。由于投资者接受股利缴纳的所得税高于进行股票交易的资本利得所缴纳的税金，因此许多企业通过少发股利、累积利润使股价上涨来帮助股东避税。西方许多国家都注意到了这一点，并在法律上明确规定企业不得超额累积利润，一旦企业留存收益超过法律认可的水平，将被加征额外税款。我国法律目前对此尚未做出规定。

（二）股东因素

股东出于自身利益的考虑，可能对公司的利润分配提出限制、稳定或提高股利发放率等不同意见，主要包括：

1. 控制权

公司的股利支付率高，必然导致保留盈余减少，这意味着将来有可能通过发行新股为新的投资项目筹资，而发行新股会稀释公司的控制权。因此，这些公司的股东往往限制股利的支付，而愿意较多地保留盈余，以防止控制权旁落他人。

2. 避税

股东获得的股利和资本利得都需要缴纳一定的所得税，而前者的所得税税率（累进税率）高于后者。为了减轻税负，高收入阶层的股东出于避税考虑，通常愿意公司少支付股利，而较多地保留盈余，以便从股价上涨中获利。

3. 稳定收入

与高收入阶层的股东相比，一些收入较低的股东所适用的所得税税率比较低，税负并不是他们关心的内容，他们对股利的依赖性较强，往往要求较为稳定的股利收入，因而反对公司留存较多的利润。

4. 规避风险

在某些股东看来，通过增加留存收益引起股价上涨而获得的资本利得是有风险的，而目前所得股利是确定的，即便是现在较少的股利，也强于未来较多的资本利得，因此他们往往要求较多地支付股利。

（三）企业因素

企业出于长期发展与短期经营考虑，需要综合考虑以下因素，并最终制订出切实可行的分配政策。这些因素主要有：

1. 举债能力

若一个企业的举债能力强，能够及时地从资金市场上筹措到所需的资金，则有可能采取较为宽松的利润分配政策，即多付股利少留存；而对于一个举债能力较弱的企业而言，则宜保留较多的盈余，因而往往采取较紧的利润分配政策。

2. 未来投资机会

当企业预期未来有较好的投资机会，且投资收益率大于投资者的期望收益率时，企业经营者会首先考虑将大部分盈余用于投资，减少发放股利的数额；如果企业缺乏良好的投资机会，则保留大量盈余会造成资金的闲置，因此应增加发放股利的数额。正因为如此，处于成长中的企业多采取少分多留的分配政策，而陷于经营收缩的企业多采取多分少留的分配政策。

3. 盈余稳定状况

盈利相对稳定的企业对未来取得盈余的可能性预期良好，因此有可能支付较高的股利；而盈余状况不稳定的企业，由于对未来盈余的把握较小，不敢贸然采取多分配政策，而较多采取较低股利支付率的政策。

4. 资产流动状况

较多地支付现金股利，会减少企业现金持有量，使资产的流动性降低。因此，如果企业的资产流动性差，即使收益可观，也不宜分配过多的现金股利。

5. 筹资成本

与发行新股和举债筹资相比，采用留存收益作为内部筹资的方式，不需支付筹资费用，其筹资成本较低。因此，很多企业在考虑投资分红时，首先将企业的净利润作为筹资的第一选择渠道，特别是在负债资金较多、资本结构欠佳的时期。

6. 反收购

通过支付较高股利，刺激企业股价上涨，从而达到反收购的目的等。

（四）其他因素

1. 债务合同约束

企业的债务合同，特别是长期债务合同，往往有限制企业现金支付程度的条款，以保护债权人的利益。比如：未来股利只能用协议签订以后的新的收益支付(即限制动用以前的留存收益)；营运资金低于一定标准时不得支付股利；利息保障倍数低于一定标准时不得支付股利；等等。

2. 通货膨胀

通货膨胀会带来货币购买力水平的下降，导致没有足够的资金来源重置固定资产。此时企业往往不得不考虑留用一定的利润，以便弥补由于货币购买力水平下降而造成的固定资产重置成本缺口。因此，在通货膨胀时期，企业一般采取偏紧的利润分配政策。

三、股利政策的类型

企业在确定股利分配政策时，应综合考虑各种影响因素，结合自身实际情况，权衡得失，从优选择。在理财实践中，企业经常采用的股利分配政策主要有以下几种：

（一）剩余股利政策

所谓剩余股利政策，是指在企业确定的最佳资本结构下，税后净利润首先要满足投资项目的需求，然后才将剩余的利润用于向股东分配。这种政策的特点是优先考虑投资机会和资本成本这两个重要因素。如果企业有良好的投资机会，在目标资本结构的约束下，企业应该最大限度地使用留存收益来满足投资项目所需自有资金数额，剩余的利润才向股东分配。

采用剩余股利政策，应按照以下四个步骤进行：

第一步，根据选定的最佳投资方案，确定投资所需的资金数额；

第二步，按照企业的目标资本结构，确定投资需要增加的股东权益资本的数额；

第三步，税后净利润首先用于满足投资需要增加的股东权益资本的数额；

第四步，满足投资需要后的剩余部分用于向股东分配股利。

【例 9－4】 M 公司 2019 年度可用于分配普通股股利的税后净利润是 4 000 万元。该公司的目标资本结构为：债务资本 40％，股东权益资本 60％，流通在外的普通股 200 万股。假设 2020 年该公司有较好的投资项目，需要投资 5 000 万元，该公司采用剩余股利政策，则该公司如何筹资？如何分配股利？

【解】 对于 2020 年需要投资的 5 000 万元，M 公司有多种筹资方式，如表 9－2 所示。

表 9－2 M 公司股利分配方案 万元

项　目	分配方案一	分配方案二
税后净利润	4 000	4 000
投资所需资金	5 000	5 000
目标资本结构(负债/权益)	4∶6	不考虑资本结构
投资所需股权资本	3 000	4 000
投资所需债务资本	2 000	1 000
分配的现金股利	1 000	0
每股股利	5	0
股利支付率(现金股利/税后净利润)	25％	0

分配方案一：根据目标资本结构的要求，M 公司 4 000 万元的税后净利润首先用于投资项目 3 000 万元，剩余 1 000 万元用于分配给股东。从融资角度讲，投资项目所需 5 000 万元资金，用留存利润融资 3 000 万元，债务融资 2 000 万元。

分配方案二：M 公司 4 000 万元的税后净利润全部用于投资项目，不向股东分配利润。从融资角度讲，投资项目所需 5 000 万元资金，用留存利润融资 4 000 万元，债务融资 1 000 万元。

在第二个方案中，虽然公司需向外部筹资的金额少，但是该方案破坏了最佳资本结构，会使公司的综合资本成本上升，因此不是最优方案。而对于第一个方案，虽然需要向外部筹集较多的资本，但是它保持了公司的最佳资本结构，此时公司的综合资本成本才是最低的。因此，实施剩余股利政策应采用第一个股利分配方案。

剩余股利政策的理论依据是股利无关论。其优点在于：留存收益优先保证再投资的需要，有助于降低再投资的资本成本，保持最佳的资本结构，实现企业价值的长期最大化。虽然投资者在这种股利政策下取得的股利较少，但由于公司拥有净利润大于零的投资机会，预示着发展前景较好，因而其股票价格往往会上升，同样给投资者带来丰厚的回报。

这种股利政策也有缺点：一是股利支付额会每年随投资机会和盈利水平的波动而波动。即使在盈利水平不变的情况下，股利也将与投资机会的多寡呈反方向变动，投资机会多，股利少；反之，投资机会少，股利多。二是不利于投资者安排收入和支出，从而不利于吸引追求稳定收入的股东投资。剩余股利政策比较适合于新成立的、处于初创期的企业。

（二）固定股利政策

所谓固定股利政策，是指公司在较长时期内每股支付固定股利额的股利政策。该政策的关键是确定固定的每股股利。其计算公式为

$$每股股利=\frac{普通股现金股利总额}{期末普通股股份数}\times 100\% \tag{9-7}$$

固定股利政策在公司盈利发生一般的变化时，并不改变股利的支付额，而是使其保持稳定的水平，只有当公司对未来利润增长确有把握，并且认为这种增长不会发生逆转时，才提高年度的股利发放额。实行这种股利政策者都支持股利相关论，他们认为公司的股利政策会对公司股票价格产生影响，股利的发放是向投资者传递公司经营状况的某种信息。不过近年来，许多国家受到通货膨胀的影响，逐步将固定股利政策转为稳定增长股利政策。即企业在支付一定金额股利的基础上，确定一个目标增长率，依据企业盈利水平，按目标增长率逐步提高股利支付水平，以抵消通货膨胀的不利影响。

【例 9-5】 N 公司 2019 年提取了盈余公积金后的税后净利润为 5 000 万元，由于公司发展比较稳定，拟采用固定股利政策，每股支付固定股利 2 元，该公司流通在外的普通股为 1 000 万股。如果 2020 年该公司有较好的投资项目，需要投资 5 000 万元，则该公司如何筹资？如何分配股利？

【解】 对于 2020 年需要投资的 5 000 万元，N 公司有多种筹资方式，如表 9-3 所示。

表 9-3　N 公司股利分配方案　　万元

项　目	分配方案
税后净利润	5 000
投资所需资金	5 000
分配现金股利	2 000
投资项目所需借款	2 000

固定股利政策的理论基础是“手中之鸟”理论和信号传递理论。其主要优点是：

（1）固定股利政策可以向投资者传递公司经营状况稳定的信息，树立公司的良好形象，增强投资者对公司的信心，从而稳定公司股票价格，吸引更多的投资者。

（2）有利于投资者安排股利收入和支出，特别是那些对股利有着很高依赖性的股东更是如此。而股利忽高忽低的股票，则不会受这些股东的欢迎。

（3）可以避免股利支付的大幅度、无序性波动，有助于公司进行资金调度和财务安排。

该股利政策的缺点在于：

（1）股利的支付与盈余相脱节，致使股利分配水平不能反映公司的绩效水平。当盈余较低时仍要支付固定的股利，这可能导致资金短缺，财务状况恶化。

（2）它不能像剩余股利政策那样使公司保持较低的资本成本，可能会给公司造成较大的财务压力，甚至可能侵蚀公司留存利润和公司资本。固定股利政策比较适合于经营比较

稳定或正处于成长期的企业。

(三) 固定股利支付率政策

股利支付率是指公司当年支付给普通股股东的现金股利与当年净利润的比值，或者每股股利与每股收益的比值。其计算公式为

$$股利支付率=\frac{普通股现金股利总额}{净利润}\times 100\%=\frac{每股股利}{每股收益}\times 100\% \qquad (9-8)$$

固定股利支付率政策是指公司每年按某一固定股利支付率向股东支付股利。这种股利政策与剩余股利政策顺序相反，它是先考虑派发股利，后考虑留存收益。固定股利支付率越高，企业留存收益就越少。其计算公式如下：

$$发放股利总额=当年可用于分配普通股股利的税后净利润\times 股利支付率 \qquad (9-9)$$

$$当年留存收益额=当年可用于分配普通股股利的税后净利润-发放股利总额 \qquad (9-10)$$

【例 9-6】 Q 公司 2019 年提取了盈余公积金后的税后净利润为 500 万元，该企业采取固定股利支付率政策分配股利，股利支付率为 40%。如果 2020 年该公司有较好的投资项目，需要投资 400 万元，则该公司如何筹资？如何分配股利？

【解】

$$当年发放股利总额=500\times 40\%=200(万元)$$

$$税后净利润中可用于投资的金额=500-200=300(万元)$$

$$企业需对外筹资额=400-300=100(万元)$$

在固定股利支付率政策下，各年股利额会随企业经营状况的好坏而上下波动，获利较多的年份，支付的股利额较多，获利较少的年份，股利支付额较少。此外，由于该股利政策是后考虑留存收益的，因此当次年投资所需的资金大于当年的留存收益时还需向外筹资。

固定股利支付率政策的理论依据是"手中之鸟"理论。其主要优点是：

(1) 它能使股利与盈余紧密结合，体现多盈多分、少盈少分、不盈不分的原则，有利于公平地对待每一位股东。

(2) 保持股利与利润间一定的比例关系，体现了投资风险与投资收益的对称性。

该股利政策的缺点在于：

(1) 当公司盈余在各个期间波动不定时，其支付的股利也将随之波动，这就不利于树立公司的良好形象，不利于稳定股票价格。

(2) 公司财务压力较大，缺乏财务弹性。

(3) 确定合理的固定股利支付率难度很大。该股利政策适合于稳定发展的企业和财务状况处于较稳定阶段的企业。

(四) 低正常股利加额外股利政策

低正常股利加额外股利政策是介于固定股利政策和固定股利支付率政策之间的一种折中的股利政策。这种股利政策主张公司每年只支付固定数额的较低股利，在公司经营业绩非常好的年份，确定额外的增长股利。但这种额外股利并不常有，也不是原有股利率的提高，它只在特殊的情况下支付。

【例 9-7】 T 公司发行在外的普通股股数为 200 万股，2019 年的税后净利润为 1 000 万元，该公司采用低正常股利加额外股利政策，低正常股利为每股 1 元。2020 年该公司实现税后净利润为 1 500 万元，准备额外支付股利给股东。额外股利以 2019 年的税后净利润为基数，按照税后净利润每增长 1 元，股利增长 0.3 元的原则发放。要求：计算各年的股利

发放额。

【解】　　2019 年发放的股利额＝1×200＝200(万元)

2020 年发放的股利额＝1×200＋(1 500－1 000)×0.3＝350(万元)

该股利政策的优点是：

(1) 既能使那些高度依赖股利生活的股东获得较低但却很稳定的股利收入，又可以在公司盈余较多时适当增加股利，使股东分享到经济繁荣带来的利益，对投资者具有较强吸引力。

(2) 能使公司具有较大的财务灵活性，即当公司盈余较少或因有较好的投资机会，而需大量投资时，可维持较低的正常股利，股东不会因此而失望。而当公司盈余较多，或无投资需求时，可适度增发股利，以增强投资者的持股或投资信心，提升股票价格。

该股利政策的缺点在于：

(1) 股利派发仍然缺乏稳定性，额外股利随着盈利的变化而变化，时有时无，给人不稳定的印象。

(2) 如果公司较长时期一直发放额外股利，股东就会误认为这是正常股利，一旦取消，极易造成公司财务状况逆转的负面影响，导致股价下跌。该股利政策适合于盈利经常波动的企业。

第四节　股利分配方案

企业应该根据自身盈利状况以及投融资的需要，通过分析，权衡利弊，选择合理的股利分配政策，制定出适合企业具体特点的股利分配方案。一个完善的股利分配方案包括股利政策、股利支付水平、股利支付形式以及股利支付时间等。

一、选择股利政策

企业所处的生命周期包括初创阶段、高速发展阶段、稳定增长阶段、成熟阶段和衰退阶段。在不同的阶段，由于企业的经营风险和财务风险不同，企业的筹资能力以及对资本的需求不同，企业的股利政策会受到不同的影响。企业各发展阶段的股利政策的选择如表 9－4 所示。

表 9－4　企业股利分配政策的选择

企业发展阶段	特　点	适应的股利政策
企业初创阶段	企业经营风险高，融资能力差	剩余股利政策或不发放现金股利
企业高速发展阶段	产品销量急剧上升，需要进行大规模的投资	低正常股利加额外股利政策
企业稳定增长阶段	销售收入稳定增长，企业的市场竞争力增强，行业地位已经巩固，企业扩张的投资需求减少，广告开支比例下降，净现金流量稳步增长，每股净利呈上升态势	固定股利政策或固定股利支付率政策
企业成熟阶段	产品市场趋于饱和，销售收入难以增长，但盈利水平稳定，企业通常已积累了相当的盈余和资金	固定股利支付率政策或固定股利政策
企业衰退阶段	产品销售收入锐减，利润严重下降，股利支付能力下降	剩余股利政策

二、确定股利支付水平

股利支付水平通常用股利支付率来衡量。确定股利支付率水平的高低，取决于企业对下列因素的权衡：① 企业所处的成长周期；② 企业的投资机会；③ 企业的筹资能力及筹资成本；④ 企业的资本结构；⑤ 股利的信号传递功能；⑥ 借款协议及法律限制；⑦ 股东偏好；⑧ 通货膨胀等因素。

三、确定股利支付形式

股份有限公司支付股利的形式有现金股利、股票股利、财产股利和负债股利，其中最基本的是现金股利和股票股利。

(一) 现金股利

现金股利是指企业以现金的形式发放给股东的股利，是股利支付的主要方式。通常情况下，如未作特别说明，所谓股利均指现金股利。一般来说，企业支付现金股利除了要有足够的累计留存盈余外，还要有足够的现金。现金股利的发放会对股票价格产生直接影响，在股票除息日之后股票价格会下跌。若不考虑其他因素，在正常情况下，除息后股票价格的计算公式为

$$\text{除息后价格}=\text{股权登记日收盘价}-\text{每股所派现金} \tag{9-11}$$

例如，某企业决定于 8 月 7 日除息，发放现金股利 3 元。8 月 6 日收盘价为 50 元，那么在 8 月 7 日的开盘参考价为

$$50-3=47(\text{元})$$

当企业宣告发放现金股利后，即将发放的股利就形成了企业的一项流动负债，同时会引起企业未分配利润的减少；当实际支付股利时，又会引起流动负债和现金的减少。因此，现金股利支付方式不仅会引起企业资产总额的减少，还会引起股东权益总额的减少，并且两者减少的数额相同。由于发放现金股利时，企业的现金流出量加大，因此，发放股利应保证不会影响企业正常的资金周转。

(二) 股票股利

股票股利是指企业以股票形式发放的股利，即企业用增发股票的方式代替现金发放股利，是按原股份的比例发给股东的新股。它通常以比例形式(配股率)来表示，如增发 10% 的股票股利，股东现在持有的每 10 股股票将能得到 1 股新股票。

采用股票股利时，企业的资产和负债都保持不变，股东财富并没有增加，只是所有者权益内部各项目的结构以及股票的市场价格发生了变化。若不考虑其他因素，在正常情况下，除权后股票价格的计算公式为

$$\text{除权后的价格}=\frac{\text{前一交易日该股票收盘价格}}{1+\text{配股率}} \tag{9-12}$$

【例 9-8】 某企业发行在外的普通股股数为 800 万股，每股面值为 10 元，每股市价为 15 元。现决定发放 10% 的股票股利，即每 10 股派 1 股。该企业发放股票股利前后的股东权益结构如表 9-5 所示。

表 9－5 企业股东权益结构 万元

项 目	发放股票股利前	发放股票股利后
净利润	1 600	1 600
股本	8 000	8 800
股份数(万股)	800	880
每股面值(元)	10	10
资本公积	1 500	1 900
盈余公积	2 500	2 500
未分配利润	3 000	1 800
股东权益合计	15 000	15 000
每股收益(元)	2	1.82
每股市价(元)	15	13.66
企业的市值	12 000	12 000

【思考与讨论】 在例 9－8 中，发放股票股利后的每股收益、每股股票价格、企业的市值是如何计算的？

可见，发放股票股利与现金股利不同，它只是将企业的税后利润资本化，并不会导致企业现金支出的增加，也不会使股东权益和企业的价值产生变化，所以它是一种能有效地降低企业现金流出的股利支付方式。另外，一般来说，如果不考虑股票市价的波动，发放股票股利后的股票价格应当按发放的股票股利的比例而成比例下降(如上例从 15 元降到 13.66 元)，有助于企业把股票市价维持在希望的范围内。

(三) 财产股利

财产股利是指企业用现金以外的其他资产分配股利。常用的形式是用企业持有的其他企业的股票、债券等有价证券来发放股利。由于有价证券的流动性和安全性仅次于现金，而获利性却高于现金，因而投资者比较乐于接受。从企业角度来讲，以有价证券形式发放股利的好处在于可以使企业保持发放股利的良好记录，同时又不会造成其现金的短缺。

(四) 负债股利

负债股利是指企业通过向股东负债的形式来代替股利发放。负债股利的具体形式有两种：一是本企业发行的企业债券，二是本企业开出带息的应付票据。对股东来说，负债股利尽管还不是货币收入，但是可通过债券或带息票据的利息给予补偿。对企业来说，如果近期现金不足，那么支付负债股利往往较为理想，因为可以推迟现金支出的时间。

财产股利和负债股利实际上是现金股利的替代方式，这两种股利支付方式在实务中很少使用，但并非法律所禁止。

四、确定股利发放日期

股份有限公司分配股利时必须先由董事会提出分配预案，然后提交股东大会决议，股东大会决议通过分配预案之后，向股东宣布发放股利的方案，并确定股权登记日、除息日和股利支付日等。一般来说，企业应当每年向股东支付一次股利，有的企业半年甚至每个季度支付一次股利。由于股票可以自由买卖，企业股东经常变换，为了确定股利的享有人，股份有限公司向股东支付股利，需规定几个特定的日期。这些特定日期按惯例包括：

(一) 股利宣告日

股利宣告日是指企业董事会将股利支付情况予以公告的日期。公告中将宣布每股支付的股利、股权登记期限、除去股息的日期和股利支付日期。

(二) 股权登记日

股权登记日是指有权领取股利的股东资格登记截止日期，只有在股权登记日这一天在企业股东名册上有名的股东，才有权分享股利。证券交易所的中央清算登记系统为股权登记提供了很大的方便，一般在营业结束的当天即可打印出股东名册。

(三) 除权日、除息日

如前面所述，企业向股东支付股利的主要形式有股票股利和现金股利。当企业发放股票股利时，流通在外的股数增多，但发放股票前后，企业整体价值不变，所以每股价值就会下降；当企业发放现金股利后，为使发放前后的价格一致，就必须将股票的价格按照现金股利予以同等金额的下降。这种因发放股票股利而向下调整股价就是除权，因发放现金股利而向下调整股价就是除息。

除权日(或除息日)是指领取股利的权利与股票相互分离的日期。在除权日(或除息日)之前的股票交易都是含股利的，从除权日(或除息日)起，股票交易将不再含有股利，卖者仍可享有股利。也就是说，在除权日(或除息日)之前买入股票的投资者将获得当期股利，而在除权日(或除息日)当日或之后买入股票的投资者将不能获得当期股利。通常除权日(或除息日)在股权登记日的第二天。

(四) 股利支付日

股利支付日是指企业向股东支付股利的日期。

例如，假定甲企业 2019 年 12 月 15 日发布公告：“本企业董事会在 2019 年 12 月 15 日的会议上通过决议，定于 2020 年 1 月 10 日向在 2019 年 12 月 30 日在册的所有股东发放每股为 3 元的股利。”

本例中，2019 年 12 月 15 日为甲企业的股利宣告日；2019 年 12 月 30 日为股权登记日；2019 年 12 月 31 日为除息日；2020 年 1 月 10 日为股利支付日。

第五节　股票分割和股票回购

一、股票分割

股票分割又称拆股，是指将高面额股票拆换为低面额股票的行为。例如，将 1 股面值为 8 元的股票拆换为 2 股面值为 4 元的股票。

股票分割对公司的资本结构不会产生任何影响，一般只会使发行在外的股票总数增加，资产负债表中股东权益各账户(股本、资本公积、留存收益)的余额都保持不变，股东权益的总额也保持不变。

股票分割给投资者带来的不是现实的利益，但是投资者持有的股票数增加了，给投资者带来了今后可多分股利和更高收益的希望，因此股票分割往往比增加股息派发对股价上涨的刺激作用更大。

【例 9-9】 某企业原发行面额 10 元的普通股 800 万股，本年净利润为 1 600 万元。若按 1 股换成 2 股的比例进行股票分割，则分割前后的股东权益各项目列示如表 9-6 所示。

表 9-6 股票分割前后股东权益对照表 万元

项 目	股票分割前	股票分割后
净利润	1 600	1 600
股本		
股份数(万股)	800	1 600
每股面值(元)	10	5
股本金额	8 000	8 000
资本公积	1 500	1 500
盈余公积	2 500	2 500
未分配利润	3 000	3 000
股东权益合计	15 000	15 000
每股收益(元)	2	1
每股市价(元)	15	7.5
企业的市值	12 000	12 000

从表 9-6 可知，假设股票分割前后企业净利润均为 1 600 万元，股票分割前的每股收益为 2 元，分割后的每股收益为 1 元；分割前每股市价为 15 元，分割后每股市价为 7.5 (15/(1＋100％))元。而股东权益和企业的市值均没有产生变化，分别均为 15 000 万元和 12 000 万元。

对比表 9-5 和表 9-6，我们可以看出，股票分割与股票股利是非常相似的。在西方实践中，一般根据有关证券管理部门的规定来加以区别。例如，美国纽约股票交易所规定，企业发放 25％以上的股票股利都被认为是股票分割；而进行低于 25％的股利分派不能使用股票分割，应使用股票股利方式。

对于企业而言，实行股票分割的主要目的在于通过增加股票股数降低每股市价，从而吸引更多的投资者。此外，股票分割往往是成长中企业的行为，所以宣布股票分割后容易给人一种“企业正处于发展之中”的印象，这种有利信息会对企业有所帮助。

对于股东而言，股票分割后各股东持有的股数增加，但持股比例不变，持有股票的总价值不变。不过，只要股票分割后每股现金股利的下降幅度小于股票分割幅度，股东仍能多获现金股利。

【思考与讨论】 股票分割与股票股利的异同点有哪些？

二、股票回购

(一) 股票回购的含义与方式

股票回购是指上市公司利用现金等方式，从股票市场上购回本公司发行在外的一定数额的股票的行为。公司在股票回购完成后可以将所回购的股票注销。但在绝大多数情况下，公司将回购的股票作为“库藏股”保留，仍属于发行在外的股票，但不参与每股收益的计算和分配。库藏股日后可移作他用，如发行可转换债券、雇员福利计划等，或在需要资金时将其出售。

股票回购的方式主要有三种：一是在市场上直接购买；二是向全体股东按照相同比例发出购回要约；三是与少数大股东协商购买。

对于国有股，一般采用协商回购，因为它是特定的回购对象，而且持股比例相对较大，所以采取协商方式会比较有利于回购的顺利完成。流通股(A、B、H 股)所采用的回购方式较为灵活，可以在市场上直接购买，也可以用现金要约收购。在采用上述方式时应考虑到两种方式对证券二级市场所产生的不同影响。原则上不采用协商性质的回购，因为所面对的是不特定的投资者，协商在这种情况下操作是有一定难度的。

我国《公司法》规定：禁止公司收购本公司的股票，但为减少公司资本而注销股份或者与持有本公司股票的其他公司合并时除外。

【思考与讨论】 股票回购并加以注销的会计处理。

(二) 股票回购的动机

1. 传递股价被低估信号

由于外部投资者与公司管理层之间存在信息不对称的现象，二者对股票价值的认识可能会存在较大差异。当资本市场低迷时，公司的股价就有可能被低估。如果管理层认为该公司股票被严重低估，公司就可以通过股票回购方式来传递这种信号，从而促使公司股票价格上涨。因为股票回购可以减少流通在外的股票数量，相应地提高每股收益，从而推动股价上升或将股价维持在一个合理水平上。实际上，公司的股票回购公告发布之后，通常会使股票价格上涨。

【例 9-10】 A 公司流通在外的普通股股数为 600 万股，税后净利润为 2 400 万元，目前股票市价为每股 16 元，假设公司计划回购 20%的股票，市盈率不变，要求：测算股票回购后的股票市场价格。

【解】

$$回购前每股收益=\frac{税后盈利}{股份数}=\frac{2\ 400}{600}=4(元)$$

$$市盈率=\frac{市价}{每股收益}=\frac{16}{4}=4$$

$$回购后每股收益=\frac{2\ 400}{600\times(1-20\%)}=5(元)$$

$$回购后预期股票市场价格=5\times4=20(元)$$

2. 减少自由现金流量

如果企业有多余的现金，而又没有更好的投资机会使用这笔现金，企业可以通过回购股票将现金分配给股东。按照企业发展理论，一旦企业步入成熟期以后，不再片面追求增加设备投资，扩大企业规模，而日益重视剩余资金的高效率运作。然而，如何高效率地运用剩余资金，成为当时企业面临的重要课题。例如，经历了 20 世纪五六十年代快速增长时期的 IBM 公司，70 年代中期出现大量的现金盈余。1976 年末现金盈余为 61 亿美元，1977 年末为 54 亿美元。由于缺乏有吸引力的投资机会，IBM 公司在增加现金红利(1978 年的红利支付率为 54%，而五六十年代红利支付率仅为 1%至 2%)的同时，于 1977 年和 1978 年共斥资 14 亿美元回购本公司股票。

3. 防止被兼并、收购

证券市场的兼并、收购行为是常见的，很多时候都表现为上市公司股权之争，此时控股比例便成为决定性因素，上市公司的股票回购行为便会经常发生。以美国为例，20 世纪 80 年代以后，由于敌意并购盛行，许多上市公司大量回购本公司股票，以维持现有股东的控制权。比较典型的有：1985 年菲利普石油公司动用 81 亿美元回购 8100 万股本公司股票；1989 年和 1994 年埃克森石油公司分别动用 150 亿美元和 170 亿美元回购本公司股票。A 股市场此类事件也很常见，时有上市公司为巩固控股权而发生回购自家股票的情形出现。

4. 优化资本结构

无论是用现金还是负债回购股票，都会改变公司的资本结构，提高财务杠杆率。在现金回购方式下，假定公司中长期负债规模不变，则伴随股票回购而来的是股权资本在公司资本结构中的比重下降，公司财务杠杆率提高。在以增加债务方式回购股票的情况下，公司中长期债务增加，股权资本比重下降，公司财务杠杆率提高。很明显，利用债务融资回购股票对于财务杠杆率的提高作用更为突出，而且举债会增加税收上可抵减的利息额。

5. 为股东避税

股票购回后股东得到的是资本利得，交纳资本利得税，而股东收到现金股利则交纳股利所得税。由于资本利得税税率往往低于股利所得税税率，因此与现金股利相比，股东可通过股票购回产生节税效应。

本章小结

利润分配是财务管理的一项重要内容，它不仅影响企业的筹资和投资决策，也直接影响到企业的生存与发展。因此，企业在进行利润分配时，应遵循利润分配的基本原则，在确定利润分配政策时，还应考虑到法律、股东以及企业自身的因素。

股利理论有股利无关论和股利相关论两种观点。股利政策有剩余股利政策、固定股利政策、固定股利支付率政策和低正常股利加额外股利政策。这些股利政策分别适用于企业发展的各个阶段，具体选用时将会受到很多方面因素的影响。因此，企业在确定自己的股利分配方案时，应借鉴各政策的基本思想，制定适合自己实际情况的股利政策。股利支付形式有现金股利、股票股利、财产股利和负债股利。

基本概念

股利支付率　现金股利　股票股利　财产股利　负债股利　股票分割
股票回购　股权登记日　除权日　除息日

练 习 题

一、单项选择题

1. 以下股利分配政策中，最有利于股价稳定的是(　　)。

A. 剩余股利政策　　B. 固定或持续增长的股利政策

C. 固定股利支付率政策　　D. 低正常股利加额外股利政策

2. 按照剩余股利政策，假设某公司资本结构为30%的负债和70%的股权资本，明年预计投资600万元，今年年末股利分配时，应从税后利润中保留的资本预算数额为(　　)。

A. 420万元　　B. 240万元　　C. 360万元　　D. 180万元

3. 公司发放股票股利或进行股票分割并不影响股东权益总额，(　　)。

A. 但会影响每位股东的持股比例

B. 但会增加每位股东拥有公司股份的份数

C. 但会引起公司股票价格上升

D. 但会减少公司的现金流量

4. 公司出资回购其本身发行在外的股票，通常会使(　　)。

A. 流通在外的股数减少，股票价格上升　　B. 流通在外的股数减少，股票价格下跌

C. 流通在外的股数减少，股票价格不变　　D. 公司现金流减少

5. 适用于盈利水平随着经济周期而波动较大的公司或行业的股利分配政策是(　　)。

A. 剩余股利政策　　B. 固定股利政策

C. 固定股利支付率政策　　D. 低正常股利加额外股利政策

6. 如果上市公司以其所拥有的其他公司的股票作为股利支付给股东，则这种股利的方式称为(　　)。

A. 现金股利　　B. 股票股利　　C. 财产股利　　D. 负债股利

7. 我国上市公司不得用于支付股利的权益资金是(　　)。

A. 资本公积　　B. 任意盈余公积金　　C. 法定盈余公积金　　D. 上年未分配利润

8. 某公司存在年初累计亏损500万元，其中100万为5年前的亏损导致的，公司本年实现的净利润为800万元，法律规定的法定公积金计提比率为10%，则本年计提的法定公积金为(　　)万元。

A. 80　　B. 50　　C. 40　　D. 30

9. 某公司实施的分配方案如下：每10股送2股派发现金股利0.5元(含税)，转增3股。假设实施前股权登记日的收盘价为30元，则除权(除息)日的参考价为(　　)元。

A. 15.23　　B. 19.97　　C. 23.13　　D. 25.35

二、多项选择题

1. 企业所处的成长和发展阶段不同，相应采用的股利分配政策也不同，下列说法正确的是(　　)。

A. 剩余股利政策一般适用于公司初创阶段和衰退阶段

B. 固定或稳定增长股利政策一般适用于公司的成熟阶段

C. 低正常股利加额外股利政策一般适用于公司的高速发展阶段

D. 固定股利支付率政策一般适用于公司的高速发展阶段

2. 法定盈余公积可用于(　　)。

A. 弥补亏损　　B. 扩大公司生产经营

C. 转增公司资本　　D. 职工集体福利

3. 根据《公司法》规定，下列关于盈余公积金的说法不正确的是(　　)。

A. 只要弥补亏损后，当年的税后利润还有剩余，就必须计提盈余公积金

B. 法定盈余公积的提取比例为当年税后利润(弥补亏损后)的10%

C. 法定盈余公积金可用于弥补亏损，扩大公司生产经营或转增资本

D. 用盈余公积金转增资本后，法定盈余公积金的余额不得低于转增后公司注册资本的25%

4. 下列有关表述中正确的有(　　)。

A. 在除息日之前，股利权从属于股票

B. 从除息日开始，新购入股票的人不能分享本次已宣告发放的股利

C. 在股权登记日当天买入股票的股东没有资格领取本期股利

D. 自除息日起的股票价格中不包含本次派发的股利

5. 下列关于股利分配政策的表述中，错误的有(　　)。

A. 处于衰退期的企业在制定收益分配政策时，应当优先考虑企业积累

B. 金融市场利率走势下降时，公司一般不应采用高现金股利政策

C. 基于控制权的考虑，股东会倾向于较高的股利支付水平

D. 债权人不会影响公司的股利分配政策

6. 某公司采用低正常股利加额外股利政策，下列说法中正确的有(　　)。

A. 可以保持理想的资本结构，使加权平均资本成本最低

B. 额外股利并不固定化，不意味着公司永久地提高了规定的股利支付率

C. 当盈余较低时，不支付额外股利

D. 股利和盈余不匹配，不利于增强股东对公司的信心

7. 股票股利和股票分割均会使(　　)。

A. 股价下降　　B. 股东权益总额减少

C. 普通股股数增加　　D. 每股收益下降

8. 下列关于股票股利、股票分割和股票回购的表述中，正确的有(　　)。

A. 发放股票股利会导致股价下降，因此股票股利会使股票总市场价值下降

B. 如果发放股票股利后股票的市盈率增加，则原股东所持股票的市场价值增加

C. 发放股票股利和进行股票分割对企业的所有者权益各项目的影响是相同的

D. 股票回购本质上是现金股利的一种替代选择，但是两者带给股东的净财富效应不同

三、判断题(对的打“√”，错的打“×”)

1. 资本公积金与盈余公积金一样都可以用于弥补亏损。(　　)

2. 企业采用固定股利政策可以筹措到成本较低的资本。(　　)

3. 企业利润分配政策在一定程度上影响企业市场价值的大小。(　　)

4. 低正常股利加额外股利政策，能使股利和公司的盈余紧密结合，以体现多盈多分，

少盈少分的原则。(　　)

5. 股票分割以后，因此发行在外的普通股股数明显增多，所以公司的总市值也会上升。(　　)

6. 由于股票购回使发行在外的流通股减少，因而不论何种购回价格，都会使股价上涨。(　　)

四、计算题

1. 某公司2019年净利润为1 000万元，2020年计划投资1 200万元。公司的目标资本结构为自有资金占60%，债务资金占40%。另外，公司流通在外的普通股股数为2 000万股。计算该公司2019年可以发放的股利额及每股股利。

2. ABC公司预计未来5年的净收益与资本支出如表9－7所示。

表9－7　ABC公司预计未来5年的净收益与资本支出表　万元

项　目	1年	2年	3年	4年	5年
净收益	4 000	3 000	5 000	4 600	3 600
资本支出	2 000	3 000	4 000	3 000	4 000

公司目前发行的普通股为2 000万股，每股支付年股利1元。

(1) 如果采取剩余股利政策，试确定每股股利及每年所需要的外部筹资额。

(2) 如果目前每股年股利保持不变，试确定每年外部筹资需要额。

(3) 如果保持50%的股利支付率，试确定每年外部筹资需要额。

(4) 在以上三种股利政策下，哪种股利政策可使5年内股利支付总额最大，5年内所需外部筹资总额最小?

3. 某公司今年年底的所有者权益总额为9 000万元，普通股6 000万股。目前的资本结构为长期负债占55%，所有者权益占45%，没有需要付息的流动负债。该公司的所得税税率为30%。预计继续增加长期债务不会改变目前11%的平均利率水平。董事会在讨论明年资金安排时提出：① 计划年度分配现金股利0.05元/股；② 为新的投资项目筹集4 000万元的资金；③ 计划年度维持目前的资本结构，并且不增发新股，不举借短期借款。测算实现董事会上述要求所需要的息税前利润。

4. 某公司去年税后利润为500万元，今年税后盈余降为475万元，目前发行在外普通股100万股。该公司决定投资400万元，其60%将来自举债，40%来自权益资金，去年每股股利3元。

(1) 若维持固定股利支付率政策，今年支付股利每股多少元?

(2) 若依剩余股利政策，今年支付股利每股多少元?

5. 某公司本年度所有者权益情况如表9－8所示：

表9－8　某公司本年度所有者权益情况表

项　目	金　额
上年未分配利润	1 000万元
本年税后利润	2 000万元
股本(500万股，每股1元)	500万元
资本公积	100万元

续表

项 目	金 额
盈余公积	400 万元
股东权益合计	4 000 万元
每股市价	40 元

本年度按 15%提取盈余公积，发放股票股利 10%，并按发放后的股数派发现金每股股利 0.1 元。设股价与每股账面价值成正比例关系。

要求：计算利润分配后的未分配利润、盈余公积、资本公积、流通股数及每股市价。

6. 某公司年终利润分配前的股东权益项目资料如下：

股本—普通股(每股面值 2 元，1 000 万股)2 000 万元

资本公积 800 万元

未分配利润 4 200 万元

所有者权益合计 7 000 万元

公司股票的每股现行市价为 35 元。

计算回答下述 3 个互不关联的问题：

(1) 计划按每 10 股送 1 股的方案发放股票股利，并按发放股票股利后的股数派发每股现金股利 0.2 元，股票股利的金额按现行市价计算。计算完成这一方案后的股东权益各项目数额。

(2) 若按 1 股换 2 股的比例进行股票分割，计算股东权益各项目数额、普通股股数。

(3) 假设利润分配不改变市净率，公司按每 10 股送 1 股的方案发放股票股利，股票股利按现行市价计算，并按新股数发放现金股利，且希望普通股市价达到每股 30 元。每股现金股利应是多少？

本章练习题参考答案

第十章 财务预算

教学目标与要求

· 了解预算的内容。

· 了解预算编制的程序。

· 掌握预算编制的方法。

· 掌握现金流入量的估计（销售预算、其他现金流入量估计）。

· 掌握现金流出量的估计（生产预算、直接材料预算、直接人工预算、制造费用预算、期末存货预算、销售及管理费用预算、其他现金流出量估计）。

· 掌握现金预算表的编制。

· 掌握预计利润表和预计资产负债表的编制。

导入案例

沃尔玛公司是一家美国的世界性连锁企业。以营业额计算，它为全球最大的公司，其控股人为沃尔顿家族，总部位于美国阿肯色州的本顿维尔。沃尔玛主要涉足零售业，有8 500家门店，分布于全球15个国家，是一个实实在在的商业帝国。但不管你走进哪里的沃尔玛，经常能看到“天天低价”的促销广告。为了实现低价，沃尔玛想尽了招数，其中最重要的一招就是节省预算开支。比如沃尔玛绕开中间商，直接从工厂进货，严格控制采购费用，将其基本控制在销售额的2%以内；把增加新人员的工资和销售收入结合在一起，预算每天需要多售出多少钱的商品才不赔钱；公司与员工共同分享因减少损耗而获得的盈利，把损耗率控制在公司目标之内；等等。

【思考与讨论】 沃尔玛成功的秘密何在？

第一节 预算概述

一、预算的含义

预算是在预测的基础上，为了实现特定目标，以一定的方式，对企业未来的生产经营活动所作的数量说明。根据预算的概念，企业预算一般有四个显著特点：① 预算是包括财务预算在内的全面预算；② 预算可以用价值形式反映，也可以用其他数量形式反映；③ 预算应该有明确的目标；④ 预算以预测为前提。一个预算就是一种定量计划，用来帮助协调和控制给定时期内资源的获得、配置和使用。

二、预算的内容

全面预算（如图10－1所示）是企业根据战略目标和资源状况，运用系统方法所编制的生产经营、资本、财务等年度收支总计划，包括经营预算、专门决策预算与财务预算三大类内容。

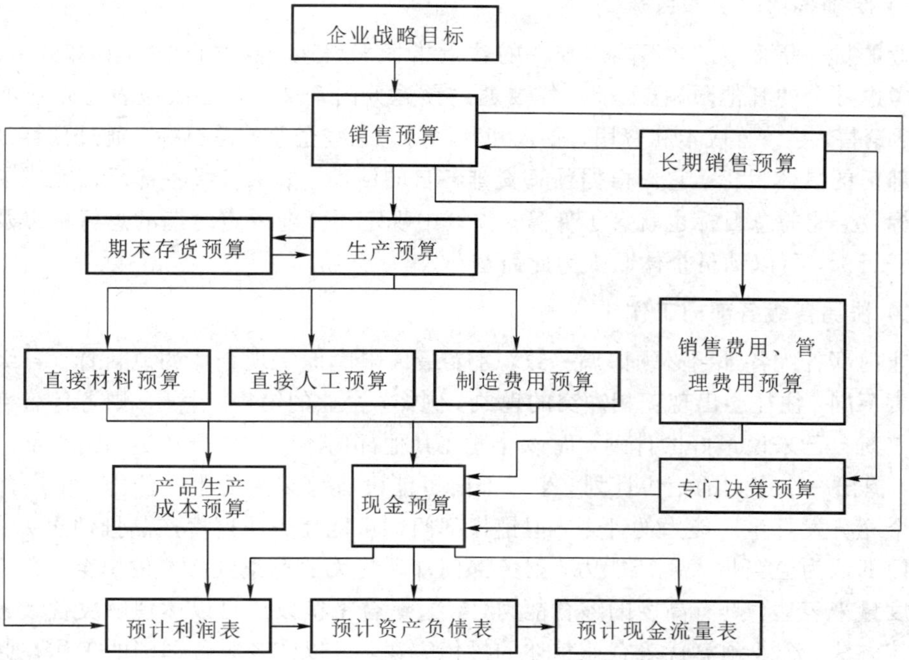

图 10－1　全面预算体系

经营预算是指与企业日常经营活动直接相关的各种预算。它通常是在销售预测的基础上，首先对企业的产品销售进行预测，然后按照以销定产的方法，逐步对生产、材料采购、存货和各种费用等进行预算。经营预算主要包括销售预算、生产预算、直接材料预算、应交税金及附加预算、直接人工及其他直接支出预算、制造费用预算、产品生产成本预算、期末存货预算、销售费用预算、管理费用预算等内容。这类预算前后衔接，相互钩稽，通常与企业利润表的计算有关，大多以实物量指标和价值量指标分别反映企业收入与费用的构成情况。

专门决策预算是指企业为不经常发生的长期投资决策项目或一次性专门业务所编制的预算。它通常是指与企业投资活动、筹资活动或收益分配等相关的各种预算，具体包括资本支出预算和一次性专门业务预算。资本支出预算主要是针对企业长期投资决策编制的预算，包括固定资产投资预算、权益性资本投资预算和债券投资预算；一次性专门业务预算主要有资金筹措及运用预算、交纳税金与发放股利预算等。

财务预算是指一系列专门反映企业未来一定预算期内预计财务状况和经营成果，以及现金收支等价值指标的各种预算的总称，具体包括现金预算、预计利润表、预计资产负债表、预计现金流量表。财务预算的编制主要是由财务部门利用各业务、职能部门传递来的各项经营预算和专门决策预算资料来完成的。财务预算作为全面预算体系中的最后环节，是从价值方面总括反映经营期经营预算与专门决策预算的结果，亦称为总预算。其余预算相应称为辅助预算或分预算。

三、预算的作用

(一) 明确各部门工作目标

企业的目标是多重的，不能用唯一的数量指标来表达。西方企业的主要目标是盈利，但也要考虑社会的其他限制。因此，需要通过预算分门别类、有层次地表达企业的各种目标，包括销售、生产、成本和费用、收入和利润等。这些企业的总目标，通过预算被分解成各级各部门的具体目标。它们根据预算安排各自的活动，如果各级各部门都完成了自己的具体目标，企业的总目标也就有了保障。预算中规定了企业一定时期的总目标以及各级各部门的子目标，可以动员全体职工为此而奋斗。

(二) 协调各级各部门工作

企业内部各级各部门必须协调一致，才能最大限度地实现企业的总目标。各级各部门因其职责不同，往往会出现互相冲突的现象。例如，企业的销售、生产、财务等各部门可以分别编出对自己来说最好的计划，而该计划在其他部门不一定能行得通。销售部门根据市场预测，提出一个庞大的销售计划，生产部门可能没有那么大的生产能力。生产部门可以编制一个充分发挥生产能力的计划，但销售部门却可能无力将这些产品推销出去。销售和生产部门都认为应当扩大生产能力，财务部门却认为无法筹集到必要的资金。企业预算运用货币度量来表达，具有高度的综合能力，经过综合平衡以后可以体现解决各级各部门冲突的最佳方法。企业预算代表企业整体的最优方案，可以使各级各部门的工作在此基础上协调起来。

(三) 控制各部门经济活动

计划一经确定，管理工作的重心就转入到控制，即设法使经济活动按计划进行。控制过程包括经济活动的状态计量、实际状态和标准的比较，两者差异的确定和分析，以及采取措施调整经济活动等。预算是控制经济活动的依据和衡量其是否合理的标准，当实际状态和预算有了较大差异时，要查明原因并采取措施控制经济活动。

(四) 考核各部门业绩

现代企业是团队生产的过程，不能没有责任制度，而有效的责任制度离不开工作业绩的考核。通过考核，对每个人的工作进行评价，并据此实行奖惩和安排人事任免，可以促使人们更好地工作。考核与不考核是大不一样的。当管理人员知道将根据他们的工作实绩来评价其能力并实行奖惩时，他们将会更努力工作。当然，考核时也不能只看预算是否被完全执行，某些偏差可能是有利的，如增加销售费用可能对企业总体有利；反之，年终突击花钱，虽未超过预算，也不是一种好现象。

为使预算发挥上述作用，除了要编制一个高质量的预算外，还应制定合理的预算管理制度，包括编制预算的程序、修改预算的办法、预算执行情况的分析方法以及调查和奖惩办法等。

四、预算编制的程序

企业预算的编制，涉及经营管理的各个部门，只有执行人参与预算的编制，才能使预算成为他们自愿努力完成的目标。因此，企业预算的编制要经过自上而下和自下而上的反复过程。其编制程序如下：

第一步：最高领导机构根据长期规划，利用本量利分析等工具，于每年 9 月底提出下一年度本企业预算总目标，并下达计划指标。

第二步：最基层成本控制人员自行草编预算，使预算能较为可靠且符合实际。

第三步：各部门汇总部门预算，并初步协调本部门预算，编出销售、生产、财务等业务预算。

第四步：预算委员会审查、平衡业务预算，汇总出公司的总预算。

第五步：经过行政首长批准，审议机构通过或者驳回修改预算。

第六步：主要预算指标报告给董事会或上级主管单位，董事会或上级主管单位讨论通过或者驳回修改。

第七步：批准后的预算于下年 1 月下达给各部门执行。

五、预算编制的方法

（一）固定预算与弹性预算

固定预算又称静态预算，是指在编制预算时，只根据预算期内正常的、可实现的某一固定业务量（如生产量、销售量）水平作为唯一基础来编制预算的一种方法。一般来说，固定预算只能适用于那些业务量水平较为平稳的企业或非营利组织编制预算时采用。固定预算的基本特征是：① 不考虑预算期内业务活动水平可能发生的变动，而只以预算期内计划预定的某一共同的活动水平为基础确定相应的数据；② 将实际结果与以预算期内计划预定的某一共同的活动水平为基础所确定的预算数进行比较分析，并据以进行业绩评价、考核。固定预算的缺点是一旦预计业务量与实际业务量水平相差甚远，必然导致有关成本费用及利润的实际水平与预算水平因基础不同而失去可比性，不利于开展控制和考核。

弹性预算又称变动预算或滑动预算，是固定预算的对称。它是根据预算期内一系列可能达到的预计业务量水平而编制的能适应多种情况的预算。弹性预算的基本原理是将成本费用按照成本习性划分为固定成本和变动成本两大部分，编制弹性预算时对固定成本不予调整，只对变动成本进行调整。弹性预算能随业务量的变动而变动，使预算执行情况的评价和考核建立在更加客观可比的基础上，可以充分发挥预算在管理中的控制作用。由于未来业务量的变动会影响到成本、费用、利润等各个方面，因此，弹性预算方法从理论上讲适用于编制全面预算中所有与业务量有关的各种预算，但在实际工作中，主要用于编制弹性成本费用预算和弹性利润预算等。

（二）增量预算与零基预算

增量预算又称调整预算，是指以基期成本费用水平为基础，结合预算期业务量水平及有关影响成本因素的未来变动情况，通过调整有关原有费用项目而编制预算的一种方法。传统的预算编制方法基本上采用的是增量预算方法，即以基期的实际预算为基础，对预算值进行增减调整。这种方法的基本假定是：① 现有的业务活动是企业所必需的，只有保留企业现有的每项业务活动，才能使企业的经营过程得到正常发展；② 原有的各项开支都是合理的，既然现有的业务活动是必需的，那么原有的各项费用开支就一定是合理的，必须予以保留；③ 增加费用预算是值得的，未来预算期的费用变动是在现有费用的基础上调整的结果。增量预算比较简单，但它以过去的水平为基础，实际上是承认过去发生的一切是合理的，无须改进，因循沿袭下去。这样一方面可能使原来不合理的费用开支继续存在下去，造成预算的浪费；另一方面也可能造成预算的不足，不利于企业未来的发展。

零基预算又称零底预算，是指在编制成本费用预算时，不考虑以往会计期间所发生的费用项目或费用数额，而是将所有的预算支出均以零为出发点，一切从实际需要与可能出发，像对待决策项目一样，逐项审议各项费用的内容及开支标准是否合理，在综合平衡的基础上编制费用预算的一种方法。该预算方法特别适用于产出较难辨认的服务性部门费用预算的编制。零基预算方法打破了传统的编制预算观念，它要求对各个业务项目需要多少人力、物力和财力逐个进行估算并说明其经济效果，在此基础上，按项目的轻重缓急性质分配预算经费，这种预算不再以历史资料为基础修修补补，而是一切以零为出发点，一切推倒重来，零基预算方法即因此而得名。

（三）定期预算与滚动预算

定期预算是指在编制预算时以不变的会计期间（如日历年度）作为预算期的一种编制预算的方法。定期预算的优点是能使预算期与会计年度一致，便于实际数与预算数的比较，有利于预算执行情况与执行结果的分析和评价。定期预算的缺点是灵活性差，可能造成预算滞后过时，使之成为虚假预算。

滚动预算又称连续预算或永续预算，是指在编制预算时，将预算期与会计年度脱离，随着预算的执行，不断延伸补充预算，逐期向后滚动，使预算期永远保持为一个固定期间的一种预算编制方法。滚动预算的基本做法是：每过一个季度（或月份），立即根据前一个季度（或月份）的预算执行情况，对以后季度（或月份）进行修订，并增加一个季度（或月份）的预算。

【知识拓展】 零基预算的思想源于 1952 年，是美国人维恩·刘易斯在《预算编制理论新解》一文中提出的一个预算编制中的新论点，即在编制公共支出预算时，根据某种标准或方法来把一定数额的资金分配给部门 A，而不是分配给部门 B，分配给部门 A 而不分配给部门 B 可能产生不一样的结果。他认为，只有通过“非传统的编制方法”才能解决这一问题。而这种“非传统的编制方法”就是后来形成的零基预算编制法。

20 世纪 60 年代，美国联邦政府农业部曾试图在本部门试行零基预算，但最终无果而终。1970 年，美国得克萨斯仪器公司人事研究部门在部门预算编制中成功地采用了零基预算编制方法，此后该公司的所有部门在编制预算时都成功采用了零基预算。随后，零基预算便先在美国的私营企业界广泛推广。不久美国联邦政府决定在公共部门全面采用零基预算，佐治亚州成为美国第一个采用零基预算编制法的州政府。1979 年卡特当选美国总统，在联邦政府全面推行按零基预算方式来编制公共部门预算，许多州政府纷纷效法，零基预算编制法在美国迅速传播开来。之后，世界其他一些国家的政府也陆续采用。零基预算在 20 世纪 80 年代后期出现下降趋势。1993 年，美国国会颁布了《政府绩效与结果法案》，开始全面采用新的绩效预算编制方法。

【思考与讨论】 零基预算和增量预算各有何优缺点？定期预算和滚动预算各有何优缺点？

第二节　财务预算的编制

一、现金预算的编制

现金预算亦称现金收支预算，它是以经营预算和专门决策预算为基础所编制的反映现金收支情况的预算。这里的现金是指企业的库存现金和银行存款等货币资金。现金预算的内容包括现金收入、现金支出、现金余缺的计算，以及不足部分的筹措方案和多余部分的利用方案等。

（一）编制依据

现金预算实际上是经营预算和专门决策预算中有关现金收支部分的汇总，以及收支差额平衡措施的具体计划。它的编制要以经营预算和专门决策预算为基础，或者说经营预算和专门决策预算在编制时要为现金预算做好数据准备。

（二）编制方法

1. 销售预算

销售预算是指在销售预测的基础上，根据企业年度目标利润确定的，用于规划预算期销售量、销售价格和销售收入的一种经营预算。它是整个预算的起点，其他预算的编制都以销售预算作为基础。

销售预算的主要内容是销量、单价和销售收入。销量数据是根据市场预测（其主要依据是各种产品历史销售量的分析）或销货合同并结合企业生产能力确定的，即结合市场预测中各种产品的发展前景等资料，先按产品、月份、地区、销售员分别加以编制，然后加以归并汇总（为了简化，本例只划分了季度销售数据）。单价是通过价格决策确定的。销售收入是销量和单价的乘积，在销售预算中，有：

预计销售收入＝预计销售量×预计销售单价　(10－1)

销售预算中通常还包括预计现金收入和应收账款期末余额的计算，其目的是编制现金预算和预计资产负债表。具体计算公式如下：

某期经营现金收入＝该期现销含税销售收入＋该期回收以前各期应收账款
＝（该期含税销售收入×该期预计现销率）＋
（本期期初应收账款×该期预计应收账款回收率）　(10－2)

年末应收账款余额＝年初应收账款余额＋本年含税销售收入－本年经营现金收入　(10－3)

【例 10－1】 XYZ 公司生产经营 A、B 两种产品，2020 年初应收账款数据和各季度预测的销售价格、销售数量及回收率等资料如表 10－1 所示。

表 10－1　2020 年度 XYZ 公司的预计销售单价、预计销售量和其他资料　　元

季　度		一	二	三	四	年初应收账款	增值税税率	销售收现率	
								首期	二期
A 产品	预计销售量/件	2 000	4 000	6 000	8 000	5 000	17%	70%	30%
	销售单价/元/件	50	50	50	50				
B 产品	预计销售量/件	1 000	2 000	3 000	4 000	8 000			
	销售单价/元/件	20	20	20	20				

要求：为 XYZ 公司编制 2020 年度的销售预算表。

【解】 XYZ 公司的销售预算表的编制如表 10－2 所示。

表 10－2　2020 年度 XYZ 公司的销售预算　　元

季　度		一	二	三	四	全　年	资料来源
A 产品	预计销售量/件	2 000	4 000	6 000	8 000	20 000	见表 10－1
	销售单价/元/件	50	50	50	50		见表 10－1
B 产品	预计销售量/件	1 000	2 000	3 000	4 000	10 000	见表 10－1
	销售单价/(元/件)	20	20	20	20		见表 10－1
销售收入	A 产品	100 000	200 000	300 000	400 000	1 000 000	
	B 产品	20 000	40 000	60 000	80 000	200 000	
	合　计	120 000	240 000	360 000	480 000	1 200 000	
增值税销项税额		20 400	40 800	61 200	81 600	204 000	
含税销售收入		140 400	280 800	421 200	561 600	1 404 000	
预计现金收入							
上年应收账款		13 000				13 000	
第一季度		98 280	42 120			140 400	
第二季度			196 560	84 240		280 800	
第三季度				294 840	126 360	421 200	
第四季度					393 120	393 120	年末应收账款余额 168 480
现金收入合计		111 280	238 680	379 080	519 480	1 248 520	

2. 生产预算

生产预算是指用于规划预算期生产量水平的一种经营预算。它是在销售预算的基础上编制的，可以作为编制材料采购预算和生产成本预算的依据。该预算只有实物量指标，没有价值量指标，不涉及现金收支。

生产预算的主要内容有产品销售量、期初和期末产品存货量、生产量。销售量数据来自上述销售预算。本期期初存货等于上期期末存货(本例中，年初存货是编制预算时估计的，年末存货根据长期销售趋势来确定)。除年末存货外，年内各期期末存货通常按照下期销售量的一定百分比确定，也可根据最优存货量模型确定。之所以设置一定的存货，是由于企业的生产和销售不能做到“同步同量”，有了一定的存货量之后，就能保证发生意外需求时按时供货，并可均衡生产，节省赶工的额外支出。预计生产量是按以下公式计算的：

预计生产量＝预计销售量＋预计期末存货量－预计期初存货量 (10－4)

实际中，生产预算的编制是比较复杂的。因为产量受到生产能力的制约，存货量受到仓库容量的限制，只能在此范围内来安排存货数量和各期生产量。此外，有的季度可能销量很大，可以用赶工方法增产，为此要多付加班费。如果在淡季提前生产，会因增加存货而多付资金利息。因此，要权衡两者得失，选择成本最低的方案。

【例10－2】 承前例，XYZ公司A、B两种产品2020年度期初的实际存货量和年末的预计存货量等资料如表10－3所示。

表10－3 2020年度XYZ公司的存货资料 件

品 种	年初存货量	年初存货余额/元	年末存货量	预计期末存货占下期销量的百分比
A产品	100	2 000(@20元/件)	200	10%
B产品	400	24 000(@60元/件)	600	10%

要求：编制该公司的生产预算。

【解】 XYZ公司生产预算的编制如表10－4所示。

表10－4 2020年度XYZ公司的生产预算 件

品 种	项 目	一	二	三	四	全 年	资料来源
A产品	预计销售量	2 000	4 000	6 000	8 000	20 000	见表10－1
	加：预计期末存货量	400	600	800	200	200	见表10－3
	减：预计期初存货量	100	400	600	800	100	见表10－3
	预计生产量	2 300	4 200	6 200	7 400	20 100	
B产品	预计销售量	1 000	2 000	3 000	4 000	10 000	见表10－1
	加：预计期末存货量	200	300	400	600	600	见表10－3
	减：预计期初存货量	400	200	300	400	400	见表10－3
	预计生产量	800	2 100	3 100	4 200	10 200	

3. 直接材料预算

直接材料预算是指用于规划预算期各种材料消耗量、采购量、材料消耗成本和采购成本的一种经营预算。它是以生产预算为基础编制的，同时要考虑原材料存货水平。

直接材料预算包括生产需要量预算和采购预算两个部分。前者的主要内容有预计生产量、直接材料的单位产品材料用量、生产需用量。其中，预计生产量来自生产预算，单位产品材料用量来自标准成本资料或消耗定额资料，生产需用量是上述两项的乘积，即

某产品消耗某种直接材料预计生产需用量＝该产品耗用该材料的消耗定额×该产品预算期的预计生产量 (10－5)

后者的主要内容有期初和期末材料存货量、预计采购量等。其中，本期期初材料存货

量等于上期期末材料存货量(本例中，年初和年末的材料存货量是根据当前情况和长期销售预测估计的)。年内各期期末材料存货量是按照下期生产需用量的一定百分比确定的。预计采购量的计算公式为

$$\text{某种直接材料预计采购量}=\text{该种材料预计生产需用量}+\text{该种材料的预计期末库存量}-\text{该种材料的预计期初库存量} \tag{10-6}$$

为了便于编制现金预算，通常要预计材料采购现金支出。各期现金支出包括偿还上期应付账款和本期应支付的采购货款。

【例 10-3】 承前例，XYZ 公司 A、B 两种产品 2020 年度需用的各种材料消耗定额及其采购单价资料如表 10-5 所示。各种材料年初和年末的存货量以及有关账户余额等资料如表 10-6 所示。该公司每季度采购金额中，有 70%于当季支付现金，其余 30%要到下一季度付讫。

表 10-5 2020 年度 XYZ 公司的材料消耗定额及采购单价

项　目	材料名称	一	二	三	四
A 产品材料消耗定额/(kg/件)	甲材料	0.1	0.1	0.1	0.1
	乙材料	0.2	0.2	0.2	0.2
B 产品材料消耗定额/(kg/件)	甲材料	0.5	0.5	0.5	0.5
	丙材料	0.2	0.2	0.2	0.2
材料采购单价/(元/kg)	甲材料	10	10	10	10
	乙材料	5	5	5	5
	丙材料	15	15	15	15

表 10-6 2020 年度 XYZ 公司的材料存货量与其他资料

材料名称	年初存货量/kg	年末存货量/kg	预计期末存货量占下期需用量的百分比	年初余额/元		付款率	
				库存材料	应付账款	首期	二期
甲材料	252	152	10%	2 520	9 600	70%	30%
乙材料	64	44	10%	320			
丙材料	52	12	10%	780			

要求：为 XYZ 公司编制 2020 年度的直接材料预算。

【解】 根据有关资料，编制 XYZ 公司 2020 年度直接材料预算，如表 10-7 所示。

表 10-7 2020 年 XYZ 公司的直接材料需用量预算

品种	项　目	材料名称	一	二	三	四	全　年	资料来源
A 产品	材料单耗/(kg/件)	甲材料	0.1	0.1	0.1	0.1	0.1	见表 10-5
		乙材料	0.2	0.2	0.2	0.2	0.2	见表 10-5
	预计生产量/件		2 300	4 200	6 200	7 400	20 100	见表 10-4
	预计生产需用量/kg	甲材料	230	420	620	740	2 010	
		乙材料	460	840	1 240	1 480	4 020	

续表

品种	项 目	材料名称	一	二	三	四	全 年	资料来源
B产品	材料单耗/(kg/件)	甲材料	0.5	0.5	0.5	0.5	0.5	见表 10-5
		丙材料	0.2	0.2	0.2	0.2	0.2	见表 10-5
	预计生产量/件		800	2 100	3 100	4 200	10 200	见表 10-4
	预计生产需用量/kg	甲材料	400	1 050	1 550	2 100	5 100	
		丙材料	160	420	620	840	2 040	
本期生产需用总量/kg		甲材料	630	1 470	2 170	2 840	7 110	
		乙材料	460	840	1 240	1 480	4 020	
		丙材料	160	420	620	840	2 040	
加：预计期末材料存量		甲材料	147	217	284	152	152	见表 10-6
		乙材料	84	124	148	44	44	见表 10-6
		丙材料	42	62	84	12	12	见表 10-6
减：预计期初材料存量		甲材料	252	147	217	284	252	见表 10-6
		乙材料	64	84	124	148	64	见表 10-6
		丙材料	52	42	62	84	52	见表 10-6
本期采购量		甲材料	525	1 540	2 237	2 708	7 010	
		乙材料	480	880	1 264	1 376	4 000	
		丙材料	150	440	642	768	2 000	
材料采购单价/(元/kg)		甲材料	10	10	10	10	10	见表 10-5
		乙材料	5	5	5	5	5	见表 10-5
		丙材料	15	15	15	15	15	见表 10-5
材料采购成本/元		甲材料	5 250	15 400	22 370	27 080	70 100	
		乙材料	2 400	4 400	6 320	6 880	20 000	
		丙材料	2 250	6 600	9 630	11 520	30 000	
		合计	9 900	26 400	38 320	45 480	120 100	
增值税进项税额			1 683	4 488	6 514.4	7 731.6	20 417	
含税采购成本			11 583	30 888	44 834.4	53 211.6	140 517	
预计现金支出								
上年应付账款			9 600				9 600	见表 10-6
第一季度			8 108.1	3 474.9			11 583	
第二季度				21 621.6	9 266.4		30 888	
第三季度					31 384.08	13 450.32	44 834.4	
第四季度						37 248.12	37 248.12	年末应付账款余额 15 963.48
现金支出合计			17 708.1	25 096.5	40 650.48	50 698.44	134 153.52	

4. 应交税金及附加预算

应交税金及附加预算是指用于规划预算期预计发生的应交增值税、消费税、资源税、城市维护建设税和教育费附加金额的一种经营预算。它是根据销售预算、材料采购预算的相关数据和适用税率等资料来编制的。

应交税金及附加预算的主要内容有预计销售税金及附加和预计应交增值税。其中，预计销售税金及附加包括预计应交消费税、预计应交资源税、预计应交城市维护建设税和预计应交教育费附加。预计应交消费税等于应纳税额与适用税率的乘积；预计应交资源税按照应税产品的课税数量和规定的单位税额计算；预计应交城市维护建设税和预计应交教育费附加分别等于预计应交消费税和增值税之和与适用的附加税率或征收率的乘积。

预计应交增值税有两种估算方法：第一种方法是简捷法，通过某期预计销售收入与应交增值税估算率的乘积来估算，这种方法比较简单，可以直接估算出某期应交增值税，缺点是存在一定的误差；第二种方法是常规法，即按照增值税的实际计税方法进行估算，这种方法的优点是与实际方法一致，缺点是需要分别估算销项税额和进项税额，比较麻烦。

本预算中不包括预交所得税和直接计入管理费用的印花税。由于税金需要及时清缴，因此为简化预算方法，可以假定预算期内发生的各项税金及附加均于当期以现金形式支付。

【例 10－4】 承前例，XYZ 公司 2020 年度各季度预计的增值税销项税额和进项税额资料分别如表 10－2 和表 10－7 所示；该企业的流通环节只交纳增值税，并于实现的当期(季度)用现金完税；附加税税率为 10％。

要求：为 XYZ 公司编制 2020 年度的应交税金及附加预算。

【解】 XYZ 公司的应交税金及附加预算的编制如表 10－8 所示。

表 10－8 2020 年度 XYZ 公司的应交税金及附加预算 元

项 目	一	二	三	四	全 年	资料来源
增值税销项税额	20 400	40 800	61 200	81 600	204 000	表 10－2
增值税进项税额	1 683	4 488	6 514.4	7 731.6	20 417	表 10－7
应交增值税	18 717	36 312	54 685.6	73 868.4	183 583	
销售税金及附加	1 871.7	3 631.2	5 468.56	7 386.84	18 358.3	
现金支出合计	20 588.7	39 943.2	60 154.16	81 255.24	201 941.3	

注：本例中，销售税金及附加＝应交增税值×附加税税率。

5. 直接人工预算

直接人工预算是指用于规划预算期内人工工时的消耗水平和人工成本水平的一种经营预算。它是以生产预算为基础编制的。

直接人工预算的主要内容有预计产量、单位产品工时定额、直接人工总工时、单位工时工资和直接人工总成本。预计产量数据来自生产预算。单位产品工时定额和单位工时工资数据来自定额成本或标准成本资料。直接人工总工时和直接人工总成本按下列程序计算：

(1) 计算某产品消耗的直接人工工时：

$$\text{某产品消耗的直接人工工时}=\text{单位产品工时定额}\times\text{该产品预计产量} \qquad (10-7)$$

(2) 计算某产品耗用的直接工资：

某产品耗用的直接工资＝单位工时工资×该产品消耗的直接人工工时　(10－8)

(3) 计算某产品计提的福利费等其他直接费用：

某产品计提的其他直接费用＝某产品耗用的直接工资×计提标准　(10－9)

(4) 计算预算期某产品的直接人工成本：

预算期某产品的直接人工成本＝该产品耗用的直接工资＋计提的其他直接费用　(10－10)

(5) 计算预算期直接人工成本现金支出：

直接人工成本现金支出＝直接工资＋计提的其他直接费用×支付率　(10－11)

【例 10－5】 承前例，XYZ 公司 2020 年单位工时工资率和工时定额资料如表 10－9 所示。

表 10－9　2020 年度 XYZ 公司的单位工时工资率和工时定额

项　目		一	二	三	四	其他直接费用计提标准	预计应付福利费支用率
单位工时工资率		10	10	10	10	14%	70%
单位产品工时定额	A 产品	2	2	2	2		
	B 产品	5	5	5	5		

要求：为 XYZ 公司编制 2020 年度的直接人工预算。

【解】 根据有关资料编制 XYZ 公司直接人工预算如表 10－10 所示。

表 10－10　2020 年度 XYZ 公司的直接人工预算　　元

季　度		一	二	三	四	全　年	资料来源
单位工时工资率		10	10	10	10	10	表 10－9
A 产品	单位产品工时定额/小时	2	2	2	2	2	表 10－9
	预计生产量/件	2 300	4 200	6 200	7 400	20 100	表 10－4
	直接人工工时数/小时	4 600	8 400	12 400	14 800	40 200	
	预计直接工资	46 000	84 000	124 000	148 000	402 000	
	其他直接费用	6 440	11 760	17 360	20 720	56 280	
	直接人工成本合计/元	52 440	95 760	141 360	168 720	458 280	
	单位工时直接人工成本/(元/小时)	11.4	11.4	11.4	11.4	11.4	
B 产品	单位产品工时定额/小时	5	5	5	5		表 10－9
	预计生产量/件	800	2 100	3 100	4 200	10 200	表 10－4
	直接人工工时数/小时	4 000	10 500	15 500	21 000	51 000	
	预计直接工资	40 000	105 000	155 000	210 000	510 000	
	其他直接费用	5 600	14 700	21 700	29 400	71 400	
	直接人工成本合计/元	45 600	119 700	176 700	239 400	581 400	
	单位工时直接人工成本/(元/小时)	11.4	11.4	11.4	11.4	11.4	

续表

季　度		一	二	三	四	全　年	资料来源
合计	直接工资总额	86 000	189 000	279 000	358 000	912 000	
	其他直接费用	12 040	26 460	39 060	50 120	127 680	
	直接人工成本合计	98 040	215 460	318 060	408 120	1 039 680	
预计福利费现金支出		8 428	18 522	27 342	35 084	89 376	
直接人工成本现金支出合计		94 428	207 522	306 342	393 084	1 001 376	

注：其他直接费用＝直接工资×计提比例(14%)；

预计福利费现金支出＝其他直接费用×支用率(70%)。

6. 制造费用预算

制造费用预算是指用于规划生产成本中除直接材料和直接人工以外的其他生产费用的一种经营预算。

当以变动成本法为基础编制制造费用预算时，可按变动性制造费用和固定性制造费用两部分内容分别编制。变动性制造费用预算根据预计生产量和预计变动费用分配率计算；固定性制造费用可根据零基预算法或增量预算法逐项编制。其中，变动费用分配率可按以下公式计算：

$$变动费用分配率=\frac{变动性制造费用}{相关分配标准} \tag{10-12}$$

式中，分母可以选择生产预算或直接人工工时总额预算，在多品种情况下，一般可以按后者进行分配。

制造费用项目中，大部分是需要当前用现金支付的，但也有一部分是非付现成本，比如固定资产折旧费等。因此，为了便于编制现金预算，在编制制造费用预算时也应该包括现金支出预算。固定性制造费用现金支出的计算公式为

$$某季度预计固定性制造费用现金支出=\frac{该年度预计固定性制造费用-预计年折旧费}{4} \tag{10-13}$$

【例 10-6】 XYZ 公司在编制预算时采用变动成本法，变动性制造费用按各种产品直接人工工时比例分配。2020 年的相关资料如表 10-11 所示。

表 10-11　2020 年度 XYZ 公司的制造费用预算　　元

固定制造费用	金　额	变动制造费用	金　额
管理人员工资	8 600	间接材料	15 000
保险费	2 900	间接人工成本	15 800
设备租金	2 600	水电费	12 500
维修费	1 900	维修费	2 300
折旧费	12 000	合　计	45 600
合　计	28 000	直接人工总工时	91 200
其中：付现费用	16 000	预算分配率	0.5

要求：为 XYZ 公司编制制造费用的现金支出预算。

【解】 公司制造费用现金支出预算的编制如表 10－12 所示。

表 10－12 2020 年度 XYZ 公司的制造费用现金支出预算 元

项 目		一	二	三	四	全 年	资料来源
直接人工工时	A 产品	4 600	8 400	12 400	14 800	40 200	表 10－10
	B 产品	4 000	10 500	15 500	21 000	51 000	表 10－10
变动制造费用	A 产品	2 300	4 200	6 200	7 400	20 100	
	B 产品	2 000	5 250	7 750	10 500	25 500	
付现的固定制造费用		4 000	4 000	4 000	4 000	16 000	
现金支出合计		8 300	13 450	17 950	21 900	61 600	

7. 产品成本预算

产品成本预算是指用于规划预算期内每种产品的单位产品成本、生产成本、销售成本等内容的一种经营预算。

产品成本预算是生产预算、直接材料预算、直接人工预算、制造费用预算的汇总，即产品成本预算主要依据生产预算、直接材料预算、直接人工预算、制造费用预算等汇总编制。产品成本预算的主要内容是产品的总成本与单位成本。其中，总成本又分为生产成本、销货成本和期末产品库存成本。其中，销货成本和期末产品库存成本的计算与存货的计价方法相关，如先进先出法、后进先出法、个别计价法、全月一次加权平均法、移动加权平均法和计划成本法等，采用不同的存货计价方法，销货成本和期末产品库存成本的计算程序和计算结果不同。

为简化程序，假定企业只编制全年的产品成本预算，不编制分季度预算。

【例 10－7】 承前例，根据有关资料采用变动成本法为 XYZ 公司编制两种产品 2020 年度的产品成本预算，产成品按先进先出法计价，假定在产品及自制半成品的期初、期末余额均为零。

【解】 A、B 两种产品 2020 年度的产品成本预算的编制分别如表 10－13 和表 10－14 所示。

表 10－13 2020 年度 XYZ 公司 A 产品成本预算

计划产量：20 100 件 元

成 本 项 目		单 价	单位用量	单位成本	总成本	资料来源
直接材料	甲材料	10	0.1	1	20 100	表 10－7
	乙材料	5	0.2	1	20 100	表 10－7
	小计			2	40 200	
直接人工		11.4	2	22.8	458 280	表 10－10
变动制造费用		0.5	2	1	20 100	表 10－12
合 计				25.8	518 580	
加：在产品及自制半成品的期初余额				0	0	

续表

成本项目	单价	单位用量	单位成本	总成本	资料来源
减：在产品及自制半成品的期末余额			0	0	
预计产品生产成本			25.8	518 580	
加：产成品期初余额			20	2 000	表 10－3
减：产成品期末余额			25.8	5 160	表 10－3
预计产品销售成本				515 420	

表 10－14　2020 年度 XYZ 公司 B 产品成本预算

计划产量：10 200 件　　元

成本项目		单价	单位用量	单位成本	总成本	资料来源
直接材料	甲材料	10	0.5	5	51 000	表 10－7
	丙材料	15	0.2	3	30 600	表 10－7
	小计			8	81 600	
直接人工		11.4	5	57	581 400	表 10－10
变动制造费用		0.5	5	2.5	25 500	表 10－12
合计				67.5	688 500	
加：在产品及自制半成品的期初余额				0	0	
减：在产品及自制半成品的期末余额				0	0	
预计产品生产成本				67.5	688 500	
加：产成品期初余额				60	24 000	表 10－3
减：产成品期末余额				67.5	40 500	表 10－3
预计产品销售成本					672 000	

8. 期末存货预算

期末存货预算是指用于规划预算期末的在产品、产成品和原材料预计成本水平的一种经营预算。

由于本预算与产品成本预算密切相关，因此它也受到了存货计价方法的影响。如果产成品采用先进先出法计价，则期末产成品存货成本预算额等于产品成本预算中各种产品的产成品期末余额之和；期末原材料存货成本预算额为各种材料期末余额之和。

为了简化预算过程，可假定期末在产品存货为零，通常期末存货预算只是编制年末预算，不编制分季度预算。

如果原材料采用后进先出法计价，则某种原材料期末存货成本预算的计算公式如下：

某种原材料期末余额＝该种原材料期初余额＋本期该种材料预计采购成本－本期预计耗用该种材料成本　　(10－14)

期末存货余额预算可按以下公式计算：

某期期末存货余额＝该期在产品存货期末余额＋该期产成品存货期末余额＋该期原材料存货期末余额 (10－15)

【例10－8】 承前例，产品按先进先出法计价，原材料按后进先出法计价，按变动成本法为XYZ公司编制2020年度的年末存货预算。

【解】 2020年度的年末存货预算的编制如表10－15所示。

表10－15 2020年度XYZ公司期末存货预算 元

<table>
<tr><td colspan="2">项目</td><td colspan="2">单位成本</td><td colspan="2">期末存货量</td><td>期末存货成本</td><td>资料来源</td></tr>
<tr><td rowspan="3">在产品存货</td><td>A产品</td><td colspan="2">0</td><td colspan="2">0</td><td>0</td><td>表10－13</td></tr>
<tr><td>B产品</td><td colspan="2">0</td><td colspan="2">0</td><td>0</td><td>表10－14</td></tr>
<tr><td colspan="5">小计</td><td>0</td><td></td></tr>
<tr><td rowspan="3">产成品存货</td><td>A产品</td><td colspan="2">25.8</td><td colspan="2">200</td><td>5 160</td><td>表10－13</td></tr>
<tr><td>B产品</td><td colspan="2">67.5</td><td colspan="2">600</td><td>40 500</td><td>表10－14</td></tr>
<tr><td colspan="5">小计</td><td>45 660</td><td></td></tr>
<tr><td rowspan="6">材料存货</td><td rowspan="2">产品</td><td rowspan="2">年初材料成本</td><td rowspan="2">本年材料采购成本</td><td colspan="2">本年耗用材料成本</td><td></td><td></td></tr>
<tr><td>A产品</td><td>B产品</td><td></td><td></td></tr>
<tr><td>甲材料</td><td>2 520</td><td>70 100</td><td>20 100</td><td>51 000</td><td>1 520</td><td>表10－5～表10－7，表10－13～表10－14</td></tr>
<tr><td>乙材料</td><td>320</td><td>20 000</td><td>20 100</td><td>—</td><td>220</td><td>表10－5～表10－7，表10－13</td></tr>
<tr><td>丙材料</td><td>780</td><td>30 000</td><td>—</td><td>30 600</td><td>180</td><td>表10－5～表10－7，表10－14</td></tr>
<tr><td>小计</td><td>3 620</td><td>120 100</td><td>40 200</td><td>81 600</td><td>1 920</td><td>年初存货成本为29 620元</td></tr>
<tr><td colspan="7">期末存货合计</td><td>47 580</td></tr>
</table>

9. 销售费用预算

销售费用预算是指用于规划预算期内企业在销售阶段组织产品销售预计发生各项费用水平的一种经营预算。它以销售预算为基础，分析销售收入、销售利润和销售费用的关系，力求实现销售费用的最有效使用。在安排销售费用时，要利用本量利分析方法，费用的支出应能获取更多的收益。在草拟销售费用预算时，要对过去的销售费用进行分析，考虑过去销售费用支出的必要性和效果。销售费用预算应和销售预算相配合，应有按品种、按地区、按用途的具体预算数额。

销售费用预算的编制方法可将其划分为变动性和固定性两部分费用。对随销售量成正比例变动的那部分变动性销售费用，只需要反映各个项目的单位产品费用分配额即可。对于固定性销售费用，只需要按项目反映全年预计水平。

销售费用预算也要编制相应的现金支出预算。对于固定性销售费用的现金支出，可以采取两种处理方法：第一种方法是根据全年固定性销售费用的预算总额扣除其中的非付现成本（如销售机构的折旧费）的差额在年内各季度平均分摊；第二种方法不主张其在年度内各季度平均分摊，而是根据具体的付现成本项目的预计发生情况分季度编制预算。这是因为固定性销售费用中存在有部分内容属于年内待摊或预提的性质，如一次性支付的全年广告费和销售保险费等，这些开支的时间与收益期间不一致。对于这些跨期分摊的项目来说，任何平均费用都不等于实际支出，必须逐项按预计支出情况编制预算。本书采用的是第一种方法。

【例 10－9】 承前例，XYZ 公司 2020 年度的销售费用按各种产品预计销售量比例分配，除折旧以外的各种销售费用均用现金支付，除注明资料外，其余均为已知资料。其销售费用预算如表 10－16 所示。

表 10－16　2020 年度 XYZ 公司的销售费用预算　　元

项　目		一	二	三	四	全　年	资料来源
变动销售费用	销售佣金	5 000	10 000	15 000	30 000	60 000	
	销售运杂费	5 000	8 000	10 000	15 000	38 000	
	其　他	3 000	8 000	14 000	7 000	32 000	
	小　计	13 000	26 000	39 000	52 000	130 000	
预计销售量	A 产品	2 000	4 000	6 000	8 000	20 000	表 10－1
	B 产品	1 000	2 000	3 000	4 000	10 000	表 10－1
变动销售费用分配率	A 产品	4	4	4	4	4	各季可变动
	B 产品	5	5	5	5	5	各季可变动
变动销售费用	A 产品	8 000	16 000	24 000	32 000	80 000	
	B 产品	5 000	10 000	15 000	20 000	50 000	
	小　计	13 000	26 000	39 000	52 000	130 000	
固定销售费用	管理人员工资	4 000	4 000	4 000	4 000	16 000	
	折　旧	600	600	600	600	2 400	
	专设销售机构办公费	1 000	1 000	1 000	1 000	4 000	
	宣传广告费	900	900	900	900	3 600	
	其　他	1 000	1 000	1 000	1 000	4 000	
	小　计	7 500	7 500	7 500	7 500	30 000	
销售费用合计		20 500	33 500	46 500	59 500	160 000	
减：折旧		600	600	600	600	2 400	
现金支出的费用		19 900	32 900	45 900	58 900	157 600	

10. 管理费用预算

管理费用预算是指用于规划预算期内因管理企业预计发生的各项费用水平的一种经营预算。

本预算的编制可采取以下两种方法：第一种方法是按项目反映全年预计水平，这是因为管理费用大多为固定成本；第二种方法类似于制造费用预算或销售费用预算的编制方法，即将管理费用划分为变动和固定性两部分费用，对前者再按预算期的变动性管理费用分配率(等于一定时期变动性管理费用除以同期销售业务量)和预计销售业务量进行预算。为简化预算编制，本书采用第一种方法。

在编制管理费用总额预算的同时，还需要分季度编制管理费用现金支出预算。在假定管理费用均为固定成本的条件下，某季度预计管理费用现金支出为全年的平均数，计算公式如下：

$$\text{某季度预计管理费用现金支出}=\frac{\text{该年度预计管理费用}-\text{预计年度折旧费}-\text{预计年摊销费}}{4} \quad (10-16)$$

式中，折旧费和摊销费分别是指在管理费用中列支的折旧费和无形资产摊销额。

【例 10－10】 承前例，根据有关资料编制的 XYZ 公司 2020 年度的管理费用(假设均为固定费用)及其现金支出预算如表 10－17 所示。

表 10－17　2020 年度 XYZ 公司管理费用及其现金支出预算　　元

项　目	一	二	三	四	全　年
管理人员薪金	4 000	4 000	4 000	4 000	16 000
工会经费	1 500	1 500	1 500	1 500	6 000
办公费用	1 500	1 500	1 500	1 500	6 000
董事会费	2 250	2 250	2 250	2 250	9 000
折　旧	1 000	1 000	1 000	1 000	4 000
无形资产摊销	600	600	600	600	2 400
职工培训费	2 000	2 000	2 000	2 000	8 000
其　他	500	500	500	500	2 000
管理费用合计	13 350	13 350	13 350	13 350	53 400
减：折旧	1 000	1 000	1 000	1 000	4 000
无形资产摊销	600	600	600	600	2 400
现金支出的费用	11 750	11 750	11 750	11 750	47 000

11. 财务费用预算

财务费用预算是指反映预算期内因筹措使用资金而发生财务费用水平的一种预算。就其本质而言，该预算属于日常业务预算，但由于该预算必须根据现金预算中的资金筹措及运用的相关数据来编制，因此本书将其纳入财务预算的范畴。

【例 10－11】 根据 XYZ 公司 2020 年度的现金预算情况(见表 10－22)编制的财务费用预算如表 10－18 所示。

表 10－18　XYZ 公司财务费用预算

项　目	一	二	三	四	全　年	资料来源
应计并支付长期借款利息				500	500	表 10－22
应计并支付公司债券利息				4 000	4 000	表 10－22
支付利息合计				4 500	4 500	
减：资本化利息				4 000	4 000	
预计财务费用				500	500	

12. 投资决策预算

投资决策预算是指与项目投资决策密切相关的特种决策预算，又称资本支出预算。由于这类预算涉及长期建设项目的投资投放与筹措等，并经常跨年度，因此，除个别项目外一般不纳入日常业务预算，但应计入与此有关的现金预算与预计资产负债表。

【例 10－12】 为了形成开发新产品(C 产品)的生产能力，XYZ 公司决定 2020 年度上马一条新的生产线，年内安装调试完毕，年末交付使用。该固定资产投资的明细项目及其分次支付时间如表 10－19 所示。预计发生固定资产投资 100 000 元。

根据以上资料，现编制该公司 2020 年度 C 产品生产线项目投资及筹资预算，如表 10－19 所示。

表 10－19　项目投资预算及资金筹措预算　　元

项　目	一	二	三	四	全　年
固定资产投资：					
勘察设计费	3 000				3 000
土建工程	20 000	20 000			40 000
设备购置			20 000	20 000	40 000
安装工程				15 000	15 000
其他			1 000	1 000	2 000
固定资产投资合计	23 000	20 000	21 000	36 000	100 000
流动资产投资	0	0	0	0	0
投资支出总计	23 000	20 000	21 000	36 000	100 000

需要指出的是，该项目的建设期为 1 年，2020 年度应付公司债券的利息为 4 000 元(40 000×10％×1)。该利息要资本化，计入固定资产原值，则预算期完工的固定资产价值＝100 000＋4 000＝104 000(元)。

13. 一次性专门决策预算

【例 10－13】 该公司根据预算期间的现金预算情况(见表 10－22)，为筹集所需资金，于年初发行票面利率为 10％、期限为三年、每年末支付一次性利息、到期一次性还本的公司债券，预计发行收入为 40 000 元；同时从银行借入利率为 5％、期限为两年的借款 10 000 元，该借款于每年末支付利息，到期一次性还本。于第二季度初、第三季度初和第四季度初分别增加发行股本为 115 000 元、128 000 元、142 000 元的普通股股票(假设不因此而形成资本公积)。现根据以上资料编制该公司 2020 年度资金筹措预算，如表 10－20 所示。

表 10－20　2020 年度 XYZ 公司资金筹措预算　　元

筹资与运用	一	二	三	四	
银行长期借款	10 000				10 000
发行公司债券	40 000				40 000
发行普通股股票		115 000	128 000	142 000	385 000

【例 10－14】 XYZ 公司董事会决定在 2020 年预算期间每季末支付股利 1 000 元，全年共 4 000 元；又根据税法规定，2020 年预算期间每季末预付所得税 2 000 元，全年共 8 000 元。现根据以上资料编制该公司 2020 年度一次性专门决策预算，如表 10－21 所示。

表 10－21　2020 年度 XYZ 公司一次性专门决策预算　元

专门业务名称	支付对象	支付时间				合　计
		第一季度末	第二季度末	第三季度末	第四季度末	
预付所得税	税务部门	2 000	2 000	2 000	2 000	8 000
预付股利	股东	1 000	1 000	1 000	1 000	4 000

14. 现金预算

现金预算是预算期现金收入与现金支出安排平衡的预算，是全部经济活动有关现金收支方面的汇总反映。

现金预算的内容包括现金收入、现金支出、现金余缺、资金筹借及运用等方面。现金收入主要指经营活动的现金收入，包括预算期间的期初现金余额加上本期预计可能发生的现金收入，其主要来源是销售收入和应收账款的回收，可以从销售预算中获得有关资料。现金支出包括预算期间预计可能发生的一切现金支出，可以从直接材料、直接人工、制造费用、销售费用、管理费及专门决策预算等中获得有关资料。现金余缺部分列示现金收入合计与现金支出合计的差额。差额为正，说明收大于支，现金有多余，可以用于偿还过去向银行取得的借款，或者用于短期投资；差额为负，说明支大于收，现金不足，需要向银行取得新的借款。

需要注意的是，期末现金余额应保持在合理的限度内。因为现金储备过少会影响周转，现金过多又会造成浪费，所以现金余额既不是越多越好，也不是越少越好。因此，企业不仅要定期筹措到抵补收支差额的现金，还必须保证有一定现金持有量。

【例 10－15】 承前例，假定 XYZ 公司 2020 年初现金余额为 43 000 元，其他资料见以上各例中的各项预算。该公司本年度现金余额应保持在 4 000～7 000 元之间。现金预算如表 10－22 所示。

表 10－22　XYZ 公司 2020 年度现金预算　元

项　目	一	二	三	四	全　年	资料来源
期初现金余额	43 000	5 605.2	5 623.5	5 956.86	43 000	
加：销售现金收入	111 280	238 680	379 080	519 480	1 248 520	表 10－2
现金收入合计	154 280	244 285.2	384 703.5	525 436.86	1 308 705.56	
减：现金支出						
直接材料	17 708.1	25 096.5	40 650.48	50 698.44	134 153.52	表 10－7
应交税金及附加预算	20 588.7	39 943.2	60 154.16	81 255.24	201 941.3	表 10－8
直接人工	94 428	207 522	306 342	393 084	1 001 376	表 10－10
制造费用	8 300	13 450	17 950	21 900	61 600	表 10－12
销售费用	19 900	32 900	45 900	58 900	157 600	表 10－16

续表

季　度	一	二	三	四	全　年	资料来源
管理费用	11 750	11 750	11 750	11 750	47 000	表 10－17
投资支出	23 000	20 000	21 000	36 000	100 000	表 10－19
预付所得税	2 000	2 000	2 000	2 000	8 000	表 10－21
预付股利	1 000	1 000	1 000	1 000	4 000	表 10－21
现金支出合计	198 674.8	353 661.7	506 746.64	656 587.68	1 715 670.82	
现金余缺	－44 394.8	－109 376.5	－122 043.14	－131 150.82	－424 150.82	
筹资与运用						
银行长期借款	10 000				10 000	表 10－20
发行公司债券	40 000				40 000	表 10－20
发行普通股股票		115 000	128 000	142 000	385 000	表 10－20
偿还银行借款					0	表 10－20
支付借款利息				500	500	表 10－18
支付公司债券利息				4 000	4 000	表 10－18
期末现金余额	5 605.2	5 623.5	5 956.86	6 349.18	6 349.18	

二、预计利润表

预计利润表是指以货币形式综合反映预算期内企业经营活动成果(包括利润总额、净利润)计划水平的一种财务预算。编制预计利润表的主要依据是销售预算、产品成本预算、应交税金及附加预算、销售费用预算、管理费用预算、财务费用预算、制造费用预算等有关资料，通常是按年度进行编制的。

【例 10－16】 承前例，按变动成本法为 XYZ 公司编制 2020 年度的预计利润表和预计利润分配表，如表 10－23 所示。

表 10－23　2020 年度 XYZ 公司预计利润表及利润分配表　元

项　目	金　额	资料来源
销售收入	1 200 000	表 10－2
减：销货变动成本		
期初产成品成本	26 000	表 10－13、表 10－14
本期产成品成本	1 207 080	表 10－13、表 10－14
可供销售的产成品成本	1 233 080	
减：期末产成品成本	45 660	表 10－13、表 10－14
本期销货变动成本合计	1 187 420	表 10－13、表 10－14
销售税金及附加	18 358.3	表 10－8
边际贡献(制造部分)	－5 778.3	

续表

项　目	金　额	资料来源
减：		
变动管理费用	0	表10－17
变动销售费用	130 000	表10－16
边际贡献(最终)	－135 778.3	
减：固定成本		
固定制造费用	28 000	表10－11
固定管理费用	53 400	表10－17
固定销售费用	30 000	表10－16
固定财务费用	500	表10－18
固定成本合计	111 900	
税前利润	－247 678.3	
减：所得税(25%)	0	
净利润	－247 678.3	
加：年初未分配利润	15 000	上年末未分配利润
其他转入		
可供分配的利润	－232 678.3	
减：提取法定盈余公积	0	提取比例为10%
可供投资者分配的利润	0	
减：提取任意盈余公积	0	提取比例为0%
向投资者分配股利	0	股利分配率为40%
年末未分配利润	－232 678.3	

三、预计资产负债表

预计资产负债表是指用于总括反映企业预算期末财务状况的一种财务预算，它与实际资产负债表在内容、格式上应基本一致。预计资产负债表中除上年期末数已知外，其余项目均应在前述各项日常业务预算和专门决策预算的基础上分析填列。

【例10－17】 承前例，根据有关资料，为XYZ公司编制2020年度的预计资产负债表。

【解】 XYZ公司2020年度预计资产负债表的编制如表10－24所示。

表10－24　2020年度XYZ公司预计资产负债表(2020年12月31日)　　元

资　产	金　额		负债及所有者权益	金　额	
	年初数	期末数		年初数	期末数
流动资产：			流动负债：		
货币资金	43 000	6 349.18	短期借款	0	0

续表

资　产	金　额		负债及所有者权益	金　额	
	年初数	期末数		年初数	期末数
短期投资	0	0	应付账款	9 600	15 963.48
应收账款	13 000	168 480	应付福利费	10 400	48 704
存货	29 620	47 580	应交税金	0	－8 000
流动资产合计	85 620	222 409.18	应付股利	0	－4 000
			流动负债合计	20 000	52 667.48
长期投资：					
长期股票投资	0	0	长期负债：		
长期债券投资	0	0	长期借款	0	10 000
长期投资合计	0	0	应付债券	0	40 000
			长期负债合计	0	50 000
固定资产：					
固定资产原值	260 000	364 000	负债合计	20 000	102 667.48
减：累计折旧	30 000	48 400			
固定资产净值	230 000	315 600	所有者权益：		
固定资产合计	230 000	315 600	实收资本	253 320	638 320
			资本公积	13 000	13 000
无形资产及其他资产：			盈余公积	32 000	32 000
无形资产	17 700	15 300	未分配利润	15 000	－232 678.3
其他资产	0	0	所有者权益合计	313 320	450 641.7
无形资产及其他资产合计	17 700	15 300			
资产总计	333 320	553 309.18	负债与所有者权益总计	333 320	553 309.18

表 10－23 中的“期末数”栏的有关项目填列说明如下：

(1)“固定资产原值”项目＝260 000＋(100 000＋4 000)。

(2)“累计折旧”项目＝30 000＋(12 000＋2 400＋4 000)。

(3)“无形资产”项目＝17 700－2 400。

(4)“应交税金”项目＝0＋(0－8 000)。

(5)“应付股利”项目＝0＋(0－4 000)。

(6)“应付福利费”项目＝10 400＋(127 680－89 376)。

(7)“实收资本”项目＝253 320＋385 000。

(8)“盈余公积”项目＝32 000＋0。

【思考与讨论】　预计资产负债表中“应收账款”“应付账款”“货币资金”“应交税金”“应付福利费”“未分配利润”项目的期末余额是根据什么填列的？

本章小结

财务预算是一系列专门反映企业未来一定预算期内预计财务状况和经营成果，以及现金收支等价值指标的各种预算的总称，具体包括现金预算、预计利润表、预计资产负债表。财务预算具有明确目标、协调工作、控制活动、考核业绩等作用。财务预算是全面预算的最后环节，在全面预算体系中具有举足轻重的地位。

财务预算的编制方法有固定预算与弹性预算、增量预算与零基预算、定期预算与滚动预算，每种预算方法都有自己的优缺点。

基本概念

预算　全面预算　经营预算　专门决策预算　财务预算　固定预算　弹性预算
增量预算　零基预算　定期预算　滚动预算

练习题

一、单项选择题

1. 关于全面预算管理，能够体现“全面”特征的是(　　)。

A. 全员　　B. 全过程
C. 全方位　　D. 全员、全过程、全方位

2. 企业年度预算编制的起点是(　　)。

A. 长期战略目标　　B. 年度目标　　C. 季度目标　　D. 月度目标

3. 企业预算管理的最高权力组织是(　　)。

A. 股东大会　　B. 董事会
C. 预算管理委员会　　D. 预算管理工作组

4. 财务预算的主要特征是(　　)。

A. 以财务人员为主体　　B. 不涉及实物计量
C. 不涉及成本因素　　D. 是企业的综合性价值预算

5. 对于成长期企业来说，预算的起点应当是(　　)。

A. 销售　　B. 利润　　C. 成本　　D. 现金流量

6. 对于衰退期企业来说，预算的起点应当是(　　)。

A. 销售　　B. 利润　　C. 成本　　D. 现金流量

7. 对于稳定期企业来说，预算的起点应当是(　　)。

A. 销售　　B. 利润　　C. 资本　　D. 现金流量

8. 在 $y=a+(\quad)x$ 中，y 表示总成本，a 表示固定成本，x 表示销售额，则 x 的系数应是(　　)。

A. 单位变动成本　　B. 单位边际贡献　　C. 变动成本率　　D. 边际贡献率

9. 下列组织中，负责预算管理具体流程的应当是(　　)。

A. 股东大会　　B. 董事会

C. 预算管理委员会　　D. 预算管理工作组

二、多项选择题

1. 全面预算管理的内容有(　　)。

A. 业务预算　　B. 资本预算

C. 筹资预算　　D. 生产预算

E. 财务预算

2. 全面预算管理所依赖的信息资料主要有(　　)。

A. 财务信息　　B. 相关非财务信息

C. 货币信息　　D. 相关非货币信息

E. 定量信息

3. 下列项目中拟采用弹性预算法编制的有(　　)。

A. 直接材料成本　　B. 计件工资成本

C. 按产量法计提的折旧费　　D. 生产单位的设备保险费

E. 生产单位管理人员工资

4. 现金预算的组成部分有(　　)。

A. 资金筹措预算　　B. 预计损益表

C. 现金收入预算　　D. 现金支出预算

E. 销售预算

5. 新产品成本预算可以采用的预算方法有(　　)。

A. 弹性预算法　　B. 固定预算法

C. 增量预算法　　D. 零基预算法

E. 滚动预算法

6. 要做好预算过程控制，需要关注的因素有(　　)。

A. 健全的预算管理组织　　B. 合理的授权制度

C. 信息反馈与传递的及时充分　　D. 随时关注环境的动态变化

E. 能够严格执行考核制度

7. 下列方案应由股东大会行使决策权的有(　　)。

A. 公司资本性投资预算方案　　B. 公司年度总体经营方案

C. 公司年度全面预算方案　　D. 公司年度财务决算方案

E. 整体预算考评与奖惩方案

8. 以目标利润为核心的预算管理体系包括的具体内容有(　　)。

A. 资本预算　　B. 销售预算

C. 生产预算　　D. 筹资预算

E. 财务预算

三、判断题(对的打"√"，错的打"×")

1. 财务预算也就是全面预算中的综合价值预算。(　　)

2. 财务预算必须以业务预算、资本预算和筹资预算为基础。(　　)

3. 在激励机制健全的情况下，预算指标既具有约束功能，又具有激励功能。(　　)

4. 企业预算管理委员会是企业预算管理的最高权力组织。(　　)

5. 无论什么样的预算管理模式都需要编制现金预算。(　　)

6. 全面预算管理在内容方面主要限于能以货币计量的经济事项。(　　)

7. 财务预算就是以价值体现的全面预算。(　　)

8. 预算管理的关键在于过程控制。(　　)

9. 没有预算管理的企业，其目标管理存在盲目性和非可靠性。(　　)

10. 资本预算在全面预算管理中具有重要地位和作用，可以说没有资本预算就谈不上全面预算。(　　)

四、计算题

1. 某企业编制销售预算，上期产品销售收入为 300 万元，预计预算期产品销售收入为 500 万元，该企业适用的增值税税率为 17%，含税销售收入的 60%会在本期收到，其余将在下期收到，则预算期的经营现金收入是多少？

2. 某企业编制第二季度的直接材料采购预算，预计第二季度期初材料存量 300 千克，该季度生产需用量 1 500 千克，预计期末存量为 200 千克，材料单价为 60 元/千克，若材料采购货款有 80%在本季度内付清，另外 20%在下季度付清，该企业适用的增值税税率为 17%，则该企业预计资产负债表年末应付账款项目是多少？

3. 某企业 2020 年 1—3 月实际销售额分别为 38 000 万元、36 000 万元和 41 000 万元。每月销售收入中有 70%能当月现金收讫，20%于次月收现，10%于第三月收讫，不存在坏账。假定该企业销售的产品在流通环节只需交纳消费税，税率为 10%，并于当月以现金交纳。该公司 3 月末现金余额为 80 万元，应付账款余额为 5 000 万元(需在 4 月份付清)，不存在其他应收款项。

五、综合分析题

某公司 2020 年有关预算资料如下：

(1) 预计该公司 6—10 月份的销售收入分别为 200 万元、300 万元、500 万元、400 万元、300 万元，每月销售中，当月收到现金 40%，下月收到现金 60%。

(2) 各月材料采购成本按下一个月不含税销售收入的 60%计算，所购材料款于当月支付现金 50%，下月支付 50%。

(3) 预计该企业 7—9 月份制造费用分别为 30 万元、40 万元、45 万元，每月生产设备的折旧费为 20 万元。

(4) 7 月份将购置固定资产，需现金 60 万元。

(5) 假设不论当月货款是否付清，产品销售和材料采购都是在当月开具或收到增值税专用发票，该企业适用的增值税税率为 17%，城建税税率为 7%，教育费附加的征收率为 3%，流转税均需在当月支付。

(6) 预计该企业在现金不足时，向银行借款为 10 万元的倍数，现金有剩余时归还借款(为 10 万元的倍数)，借款在期初，还款在期末，每月末支付利息，借款年利率为 12%，该企业 7 月初无借款。预计该企业各月现金余额最低为 20 万元。其他资料如表 10 - 25 所示。

表 10－25　现金流量预算资料表　　万元

项　目	7月份	8月份	9月份
(1) 期初现金余额	25		
(2) 经营现金收入			
(3) 采购直接材料			
(4) 支付直接人工	35	45	40
(5) 支付制造费用			
(6) 支付其他费用	20	15	30
(7) 支付增值税、消费税及附加			
(8) 预交所得税			50
(9) 购置固定资产			
(10) 现金余缺			
(11) 向银行借款			
(12) 偿还借款			
(13) 支付利息			
(14) 期末现金余额			

根据以上资料完成该公司7—9月份的现金预算的编制工作。

本章练习题参考答案

第十一章　财务报表分析

教学目标与要求

- 掌握财务报表分析的含义和目的。
- 掌握财务报表分析的依据和内容。
- 了解财务报表分析的局限性。
- 掌握财务报表分析的方法。
- 掌握财务比率分析。
- 掌握财务综合分析。
- 掌握上市公司财务分析。

导入案例

某企业净资产收益率为40%，销售净利率为10%，平均资产为1 000万元，总资产周转率为2次，期初资产为800万元，期初资产负债率为50%。

【思考与讨论】 该企业期末资产负债率为多少？怎样看待这个指标？

第一节　财务报表分析概述

一、财务报表分析的含义

财务报表分析产生于19世纪末20世纪初。最早的财务报表分析主要是为银行服务的信用分析，银行通过财务报表分析来判断客户的偿债能力。随着资本市场的形成，财务报表分析由主要为贷款银行服务扩展到为投资人服务。由于投资人要求的信息比较广泛，财务报表分析开始对企业的盈利能力、筹资结构、利润分配进行分析，发展出比较完善的外部分析体系。当公司组织发展起来以后，财务报表分析由单纯的外部分析扩大到以改善内部经营管理为目的的内部分析。经理人员为了提高盈利能力、增强偿债能力、控制财务风险，以取得投资人和债权人的支持，充分利用企业内部数据，分析经营管理中的问题，增强决策的科学性、合理性，形成了较为完善的内部财务分析体系。

财务报表分析是指以财务报表和其他资料为依据与起点，采用专门方法，系统分析和评价企业过去与现在的经营成果、财务状况及其变动，目的是了解过去、评价现在、预测未来，帮助报表使用人改善决策。财务分析的最基本功能是将大量的财务报表数据进行加工、整理、比较、分析并转换成对特定决策有用的信息，减少决策的不确定性。

【知识拓展】 财务报表分析是认识过程，通常只能发现问题而不能提供解决问题的现成答案。例如，某企业资产收益率低，通过分析知道原因是资产周转率低，进一步分析知道资产周转率低的原因是存货过高，再进一步分析知道存货过高主要是产成品积压。如何处理积压产品？财务报表分析不能回答，它只是指明了需要详细调查和研究的具体项目。

二、财务报表分析的目的

财务报表分析的一般目的可以概括为：评价过去的经营业绩；衡量现在的财务状况；预测未来的发展趋势。但是财务报表是根据全体使用人的一般要求设计的，并不适合特定报表使用人的特定要求。报表使用人要从中选择自己需要的信息，重新排列，并研究其相互关系，使之符合特定决策要求。财务报表的使用人有许多种，包括投资者、债权人、经理人员、政府机构和其他人员，他们的分析目的不完全相同。

（一）投资者

投资者是指企业的权益投资人，即普通股股东。普通股股东投资于企业的目的是扩大自己的财富，他们所关心的是企业的偿债能力、盈利能力以及投资风险等。投资者进行财务报表分析，是为了回答以下几方面的问题：① 企业当前和长期的盈利水平高低，以及企业盈利是否容易受重大变动的影响；② 企业目前的财务状况如何，资本结构决定的风险和报酬如何；③ 与其他竞争者相比，企业处于何种地位等。投资者通过分析企业的资产和盈利能力，来决定是否进行投资；通过分析企业的盈利状况、股价变动和发展前景来决定是否转让股份；通过分析企业的盈利水平、破产风险和竞争能力，来考察经营者的业绩；通过分析企业的筹资状况，来决定股利分配政策。总之，通过财务报表分析，为投资者做出投资决策提供依据。

（二）债权人

债权人是指贷款给企业并得到企业还款承诺的人。债权人关心企业是否具有偿还债务的能力。债权人的主要决策：决定是否给企业提供信用，以及是否需要提前收回债权。他们进行财务报表分析是为了回答以下几方面的问题：① 企业为什么需要额外筹集资金；② 企业还本付息所需资金的可能来源是什么；③ 企业对于以前的短期和长期借款是否按期偿还；④ 企业将来在哪些方面还需要借款；等等。债权人为决定是否给企业贷款，要分析贷款的报酬和风险；为了解债务人的短期偿债能力，要分析其资产流动状况；为了解债务人的长期偿债能力，要分析其盈利状况；为决定是否出让债权，要评价其价值。

（三）经理人员

经理人员是指被所有者聘用的、对企业资产和负债进行管理的个人组成的团体，有时称之为“管理当局”。经理人员有责任保证企业的内部资产合理使用，并得到保值和增值。在生产经营活动中，他们既要保持企业良好的偿债能力和营运能力，又要为投资者赚取较多的利润。因此，他们进行财务分析的目的是综合的和多方面的，涉及的内容最广泛，几乎包括外部使用者关心的所有问题。

（四）政府机构

政府也是企业财务报表的使用人，包括税务部门、国有企业的管理部门、证券管理机构、会计监管机构和社会保障部门等。他们使用财务报表是为了履行自己的监督管理职责。比如，通过财务分析，检查国家各项经济政策、法规、制度在企业的执行情况；通过财务分析，保证企业财务会计信息的真实性、准确性，从而为投资者提供真实可靠的会计信息资料，维护市场秩序，防止欺诈和不正当竞争；通过财务分析，对国家整个经济形势或发展做出评价与预测，以便取得宏观调控所需的信息资料。

(五) 其他人员

其他人员主要是指与企业有相关利益的供应商、工会和雇员、中介机构等。供应商通过财务报表分析，判断企业能否长期合作，了解企业销售信用水平如何，以及决定是否对企业延长付款时间。工会和雇员通过财务报表分析、判断企业盈利与劳动收入、保险、福利之间是否相适应。注册会计师通过报表分析可以确定审计的重点等。

三、财务报表分析的依据

财务报表分析的依据主要是资产负债表、利润表、现金流量表三种基本报表及报表附注。报表附注提供无法在报表上列示的定性信息和定量信息，其主要内容有：公司简介、编制基础、遵循企业会计准则的声明、重要会计政策和会计估计、资产负债表日后事项说明、税费、主要控股子公司、财务报表主要项目注释、分部报告、关联方关系及交易、或有事项、承诺事项、财务风险管理、其他重要事项、扣除非经常性损失后的合并净利润。

除了财务报表及其附注以外，在企业财务分析中，还可能用到企业的日常会计核算资料(如会计凭证、会计账簿、财产清查)，各种计划指标、标准或定额资料，一些行业数据、主要竞争对手数据等。

下面着重介绍进行财务分析常用的三种基本财务报表。

(一) 资产负债表

资产负债表是指反映企业在某一时点上资产、负债和所有者权益基本状况的会计报表。它提供了企业的资产结构、资产流动性、资本来源、负债水平以及资本结构等财务信息。分析者通过对资产负债表的分析，可以了解企业的偿债能力、营运能力等财务状况，为企业管理者、投资者和债权人提供决策依据。

资产负债表的编制原理是“资产＝负债＋所有者权益”会计恒等式。资产的排列是按照它们的流动性大小从上到下排列的，排列越在前，其流动性越大，也就越容易转换成现金。负债和所有者权益是按照支付顺序的先后排列，依次为流动负债、长期负债和所有者权益。资产负债表既是一张平衡报表，反映资产总计(左方)与负债及所有者权益总计(右方)相等；又是一张静态报表，反映企业在某一时点的财务状况，如月末或年末。通过在资产负债表上设立“年初数”和“年末数”栏，也能反映出企业财务状况的变动情况。

M 公司的资产负债表如表 11-1 所示。

表 11-1　资产负债表

编制单位：M 公司　　2020 年 12 月 31 日　　万元

资　产	年初数	年末数	负债和所有者权益	年初数	年末数
流动资产：			流动负债：		
货币资金	400	450	短期借款	1 000	1 150
交易性金融资产	500	250	交易性金融负债		
应收票据			应付票据		
应收账款	600	650	应付账款	500	600

续表

资　产	年初数	年末数	负债和所有者权益	年初数	年末数
预付款项	20	35	预收款项	150	200
应收利息			应付职工薪酬		
应收股利			应交税费		
其他应收款			应付利息		
存货	2 000	2 600	应付股利		
一年内到期的非流动资产			其他应付款	50	50
其他流动资产	30	40	一年内到期的非流动负债		
流动资产合计	3 550	4 025	其他流动负债		
非流动资产：			流动负债合计	1 700	2 000
债权资产			非流动负债：		
其他债权资产			长期借款		
长期应收款			应付债券		
长期股权投资	200	200	长期应付款		
投资性房地产			专项应付款		
固定资产	6 000	7 000	预计负债		
在建工程			递延所得税负债		
工程物资			其他非流动负债		
固定资产清理			非流动负债合计	1 000	1 250
生产性生物资产			负债合计	2 700	3 250
油气资产			所有者权益：		
无形资产	250	275	实收资本(或股本)	6 000	6 000
开发支出			资本公积		
商誉			减：库存股		
长期待摊费用			盈余公积	800	800
递延所得税资产			未分配利润	500	1 450
其他非流动资产			少数股东权益		
非流动资产合计	6 450	7 475	所有者权益合计	7 300	8 250
资产合计	10 000	11 500	负债和所有者权益合计	10 000	11 500

(二) 利润表

利润表也称损益表、收益表，是指反映企业在一定会计期间经营成果的报表。由于它反映的是某一期间的情况，所以，又称为动态报表。在利润表中，企业通常按各项收入、费用以及构成利润的各个项目分类分项列示。也就是说，收入按其重要性进行列示，主要包括营业收入、公允价值变动收益、投资收益、补贴收入、营业外收入；费用按其性质进行列示，主要包括营业成本、税金及附加、销售费用、管理费用、财务费用、资产减值损失、营业外支出、所得税费用等；利润按营业利润、利润总额和净利润列示。

M 公司的利润表如表 11-2 所示。

表 11-2　利　润　表

编制单位：M 公司　　　　2020 年度　　　　万元

项　目	上年实际	本年累计
一、营业收入	9 000	10 000
减：营业成本	5 350	6 100
税金及附加	540	600
销售费用	810	950
管理费用	700	1 000
财务费用	100	150
资产减值损失		
加：公允价值变动收益		
投资收益	150	150
二、营业利润	2 250	2 350
加：营业外收入	50	75
减：营业外支出	300	325
三、利润总额	2 000	2 100
减：所得税费用(税率为 25%)	500	525
四、净利润	1 500	1 575

(三) 现金流量表

现金流量表是指以现金及现金等价物为基础，按收付实现制编制的会计报表。

现金流量是某一段时期内企业现金流入和流出的数量。如企业销售商品、提供劳务、出售固定资产、向银行借款等取得现金，形成企业的现金流入；购买原材料、接受劳务、购建固定资产、对外投资、偿还债务等而支付现金等，形成企业的现金流出。应该注意的是，企业现金形式的转换不会产生现金的流入和流出，如企业从银行提取现金，是企业现金存放形式的转换，并未流出企业，不构成现金流量；同样，现金与现金等价物之间的转换也不属于现金流量，比如，企业用现金购买将于 3 个月内到期的国库券。现金流量信息能够表明企业经营状况是否良好、资金是否紧缺、企业偿付能力大小，从而为投资者、债权人、企业管理者提供非常有用的信息。

现金流量表的编制是按照经营活动、投资活动和筹资活动三大类财务活动进行编制的，每大类活动又是根据“现金流入量－现金流出量＝现金流量净额”进行排列的。现金流量表的格式如表 11-3 所示。

表 11-3　现金流量表

编制单位：M 公司　　2020 年度　　万元

项　目	本期金额	上期金额
一、经营活动产生的现金流量		
销售商品、提供劳务收到的现金		
收到的税费返还		
收到的其他与经营活动有关的现金		
经营活动现金流入小计		
购买商品、接受劳务支付的现金		
支付给职工以及为职工支付的现金		
支付的各种税费		
支付的其他与经营活动有关的现金		
经营活动现金流出小计		
经营活动产生的现金流量净额		
二、投资活动产生的现金流量		
收回投资所收到的现金		
取得投资收益所收到的现金		
处置固定资产、无形资产和其他长期资产所收到的现金净额		
处置子公司及其他营业单位收到的现金净额		
收到的其他与投资活动有关的现金		
投资活动现金流入小计		
购建固定资产、无形资产和其他长期资产所支付的现金		
投资所支付的现金		
取得子公司及其他营业单位支付的现金净额		
支付的其他与投资活动有关的现金		
投资活动现金流出小计		
投资活动产生的现金流量净额		
三、筹资活动产生的现金流量		
吸收投资所收到的现金		
借款所收到的现金		
收到的其他与筹资活动有关的现金		
筹资活动现金流入小计		
偿还债务所支付的现金		
分配股利、利润或偿付利息所支付的现金		
支付的其他与筹资活动有关的现金		
筹资活动现金流出小计		
筹资活动产生的现金流量净额		
四、汇率变动对现金及现金等价物的影响		
五、现金及现金等价物净增加额		
加：期初现金及现金等价物余额		
六、期末现金及现金等价物余额		

【知识拓展】 会计上所说的现金通常指企业的库存现金。而现金流量表中的“现金”不仅包括“现金”账户核算的库存现金，还包括企业“银行存款”账户核算的存入金融企业、随时可以用于支付的存款，也包括“其他货币资金”账户核算的外埠存款、银行汇票存款、银行本票存款和在途货币资金等其他货币资金。应注意的是，银行存款和其他货币资金中有些不能随时用于支付的存款，如不能随时支取的定期存款等，不应作为现金，而应列作投资；提前通知金融企业便可支取的定期存款，则应包括在现金范围内。现金等价物是指企业持有的期限短、流动性强、易于转换为已知金额现金、价值变动风险很小的投资。

四、财务报表分析的内容

财务报表分析的不同主体出于不同的利益考虑，在对企业进行财务分析时有着各自不同的要求，使得他们的财务报表分析内容既有共性又有不同的侧重。尽管侧重点不同，但就企业总体来看，财务报表分析的内容可归纳为以下四个方面：偿债能力分析、营运能力分析、盈利能力分析和发展能力分析。

（一）偿债能力分析

偿债能力是指企业偿还债务的能力。通过对企业的财务报告等会计资料进行分析，可以了解企业资产的流动性、负债水平及偿还债务的能力，从而评价企业的财务状况和经营风险，为企业经营管理者、投资者和债权人提供财务信息。

（二）营运能力分析

营运能力是指企业资产利用的能力。企业的生产经营过程就是利用资产取得收益的过程。资产是企业生产经营活动的经济资源，资产的管理水平直接影响到企业的收益。进行财务报表分析，可以了解到企业资产的保值和增值情况，分析企业资产的利用效率、管理水平、资金周转状况、现金流量情况等，为评价企业的经营管理水平提供依据。

（三）盈利能力分析

盈利能力是指企业获取经营利润的能力。获取利润是企业的主要经营目标之一，它也反映了企业的综合素质。企业要生存和发展，必须争取获得较高的利润，这样才能在竞争中立于不败之地。投资者和债权人都十分关心企业的获利能力，获利能力强可以提高企业偿还债务的能力，提高企业的信誉。对企业盈利能力的分析不能仅看其获取利润的绝对数，还应分析其相对指标，这些都可以通过财务报表分析来实现。

（四）发展能力分析

发展能力分析就是通过观察企业资产变动、负债增减、资本筹集状况、经营规模和经营成果等情况，对偿债能力、营运能力、盈利能力诸方面进行综合分析，从而评价与判断企业的未来发展趋势与前景。

五、财务报表分析的局限性

财务报表分析对于了解企业的财务状况和经营业绩，评价企业的偿债能力和盈利能力，制定经济决策，都有着显著的作用。但由于种种因素的影响，财务报表分析也存在着一定的局限性。我们在分析中，应注意这些局限性的影响，以保证分析结果的正确性。

(一) 完整性问题

财务报表没有披露企业的全部信息，特别是非财务信息。

(二) 真实性问题

已经披露的财务信息存在会计估计误差，不一定是真实情况的准确计量。例如，稳健原则要求预计损失而不预计收益，有可能夸大费用，少计收益和资产；历史成本报告资产，不代表其现行成本或变现价值；假设币值不变，不按通货膨胀率或物价水平调整报表；等等。

(三) 可比性问题

管理层的各项会计政策选择，可能使不同企业之间的财务报表无法直接比较。例如，存货计价方法、折旧方法、所得税费用的确认方法、对外投资收益的确认方法等。虽然财务报表附注对会计政策的选择有一定的表述，但报表使用者未必能完成可比性的调整工作。

第二节　财务报表分析的方法

财务报表分析是完成财务报表分析任务、实现财务报表分析目的的技术手段。财务报表分析常用的方法有比较分析法和因素分析法。

一、比较分析法

比较分析法是通过对两个或几个相关经济指标的对比，来揭示经济指标间的数量关系和差异的一种方法。比较分析法的主要作用在于指出财务活动中的数量关系和存在的差距，从中发现问题，为进一步分析原因、挖掘潜力、指明方向。比较分析法是最基本的分析方法，没有比较就没有分析。

(一) 按比较对象分类(和谁比)

1. 实际与计划比较

通过实际与计划比较，可以揭示实际与计划或预算之间的差异，了解该项指标的计划或预算的完成情况，也称差异分析。

2. 本期与历史比较

通过本期与历史比较，可以确定不同时期(2～10 年)有关指标的变动情况，了解企业生产经营活动的发展趋势和管理工作的改进情况，也称趋势分析或纵向分析。

对不同时期财务指标的比较，可以有两种方法：定基分析和环比分析。

$$定基比率=\frac{计算期数额}{固定基期数额} \tag{11-1}$$

$$环比比率=\frac{计算期数额}{前一期数额} \tag{11-2}$$

3. 本单位与其他单位比较

通过本单位与其他单位比较，可以找出与先进单位之间的差距，推动本单位改善经营管理，赶超先进水平，也称横向分析。

运用比较分析法对同一经济指标进行数值比较时，要注意所用指标的可比性。比较双方的指标在内容、时间、计算方法、计价标准上应当口径一致，可以进行比较。必要时，要对所用指标按统一口径进行调整或换算。

(二) 按比较内容分类(比什么)

1. 比较总量指标

总量是指财务报表项目的总金额，例如总资产、净资产、净利润等。总量比较主要用于时间序列分析，如研究利润的逐年变化趋势，看其增长潜力。有时也用于同业对比，看企业的相对规模和竞争地位。实际中，一般是通过编制比较财务报表进行总量分析。

2. 比较结构百分比

结构百分比是指报表中各项目占总额的比重或百分比，其计算公式为

$$结构百分比=\frac{部分}{总体} \tag{11-3}$$

式中，部分指标必须是总体指标这个大系统中的一个小系统。通常，利润表中的“总体”是“营业收入”，资产负债表中的“总体”是“总资产”。实际中，一般是把利润表、资产负债表、现金流量表转换成结构百分比报表。通过比较结构百分比报表，可以发现有显著问题的项目，揭示进一步分析的方向。

3. 比较财务比率

财务比率是各会计要素的相互关系，反映其内在联系。常见的财务比率指标主要有效率比率和相关比率。

效率比率是用来计算某项财务活动中所费与所得的比率，反映投入与产出、耗费与收入的比例关系。利用效率比率指标，可以进行得失比较，从而考察经营成果，评价经济效益的水平。如将利润项目与销售成本、销售收入、资本等项目加以对比，可以计算出成本利润率、销售利润率、资产利润率等利润率指标，可以从不同角度比较企业获利能力的高低及其增减变化情况，分析考察企业财务成果，评价企业经营状况和经济效益水平。

相关比率是用来计算除部分与总体关系、投入与产出关系之外的具有相关关系的指标的比率。如将流动资产与流动负债相比，计算出流动比率，据以判断企业的短期偿债能力。

采用财务比率分析法，应注意以下几点：

(1) 对比项目的相关性。计算比率的分子和分母必须具有相关性，把不相关的项目进行对比是没有意义的。在效率指标中，投入与产出必须有因果关系；在相关比率指标中，两个对比指标也要有内在联系，才能评价有关经济活动之间是否协调均衡，安排是否合理。

(2) 对比口径的一致性。计算比率的分子和分母必须在计算时间、范围、价格、计量单位等方面保持口径一致，这样才具有可比性。

(3) 衡量标准的科学性。采用比率指标进行分析时要有对比的标准，以便对企业的财务状况做出正确的评价。通常用作对比的标准有：目标标准、历史标准、行业标准及公认标准等。

(三) 两种分类的对应关系

财务报表分析方法按比较对象分类，解决的是“和谁比”的问题，而按比较内容分类则解决的是“比什么”的问题，它们之间存在一定的对应关系。一定的比较内容可以有多种比较对象，同一比较对象也可以适用于不同的比较内容。它们之间的对应关系可用表 11-4 来表示。

表 11－4　按比较对象分类和按比较内容分类之间的对应关系

项　目		按比较对象分类			
		实际与计划比	本期与历史比	本企业与其他企业比	
按比较内容分类	比较总量指标	√	√	√	比较财务报表
	比较结构百分比	√	√	√	比较结构百分比报表
	比较财务比率	√	√	√	相关分析，效率分析 专题分析，综合分析
		差异分析	趋势分析	横向分析	

从表 11－4 可以看出，两种分类方法必须结合起来使用，否则没有实质性意义。例如，如果仅仅是计算出财务比率而不进行比较分析，那么什么问题也说明不了。

二、因素分析法

因素分析法是依据分析指标与其影响因素的关系，确定各因素对分析指标影响方向和影响程度的一种方法。常用的因素分析法主要有定性分析法和定量分析法。下面主要介绍定量分析法中的连环替代法和差额分析法。

(一) 连环替代法

连环替代法是根据因素之间的内在依存关系，依次测定各因素变动对经济指标差异影响的一种分析方法。连环替代法的主要作用在于分析计算综合经济指标变动的原因及其各因素的影响程度。应用连环替代法的前提条件是：经济指标与它的构成因素之间有着因果关系，能够构成一种代数式。

假设某经济指标 Y 受 a、b、c 三个因素影响，它们之间的因果关系代数式为：$Y=a\times b\times c$(或其他加减乘除代数式)。0 表示基期数，1 表示报告期数，则连环替代法的应用步骤如下：

第一步：确定分析对象(总差异)。

$$\Delta Y=Y_1-Y_0$$

第二步：进行连环顺序替代。

$$Y_0=a_0\times b_0\times c_0,\ Y_2=a_1\times b_0\times c_0$$

$$Y_3=a_1\times b_1\times c_0,\ Y_1=a_1\times b_1\times c_1$$

第三步：计算各因素变动带来的影响(分差异)。

$$\Delta Y_a=Y_2-Y_0,\ \Delta Y_b=Y_3-Y_2,\ \Delta Y_c=Y_1-Y_3$$

第四步：验证结果，得出分析结论。

$$\Delta Y=\Delta Y_a+\Delta Y_b+\Delta Y_c$$

下面通过例题说明其步骤。

【例 11－1】　Q 公司材料费用有关资料如表 11－5 所示。请用连环替代法计算各因素变动对材料费用总额的影响程度。

表 11-5　Q公司材料费用有关资料表

项　目	单　位	计划值	实际值
产品产量	件	100	110
单位产品材料消耗量	千克	8	7
材料单价	元	10	12
材料费用总额	元	8 000	9 240

【解】

第一步：确定分析对象。

$$\Delta Y = 9\ 240 - 8\ 000 = 1\ 240(\text{元})$$

第二步：进行连环顺序替代。

计划指标：$Y_0 = 100 \times 8 \times 10 = 8\ 000(\text{元})$

第一次替代：$Y_2 = 110 \times 8 \times 10 = 8\ 800(\text{元})$

第二次替代：$Y_3 = 110 \times 7 \times 10 = 7\ 700(\text{元})$

实际指标：$Y_1 = 110 \times 7 \times 12 = 9\ 240(\text{元})$

第三步：计算各因素变动带来的影响。

$$\Delta Y_a = Y_2 - Y_0 = 8\ 800 - 8\ 000 = 800(\text{元})$$

$$\Delta Y_b = Y_3 - Y_2 = 7\ 700 - 8\ 800 = -1\ 100(\text{元})$$

$$\Delta Y_c = Y_1 - Y_3 = 9\ 240 - 7\ 700 = 1\ 540(\text{元})$$

第四步：检验分析结果，得出分析结论。

$$\Delta Y = 800 - 1\ 100 + 1\ 540 = 1\ 240(\text{元})$$

分析结论：该公司材料费用实际比计划超支 1 240 元，其主要原因是：① 由于产量增加 10 件，使材料费用超支 800 元；② 由于单位产品材料消耗量减少 1 千克，使材料费用节约 1 100 元；③ 由于每千克材料涨价 2 元，使材料费用超支 1 540 元。

连环替代法既可以全面分析各因素对某一经济指标的影响，又可以单独分析某个因素对某一经济指标的影响，在财务分析中应用颇为广泛。但在实际运用时，应注意以下几点：

(1) 因素分解的关联性。构成某经济指标的各因素确实是形成该项指标差异的内在原因，它们之间存在着客观的因果关系。

(2) 因素替代的顺序性。要按照“先数量后质量、先实物量后价值量、先原始后派生、先主要后次要、先分子后分母”的顺序替代，不可随意颠倒顺序。

(3) 顺序替代的连环性。在计算每一个因素变动的影响时，都是在前一次计算的基础上进行，并采用连环比较的方法确定因素变化影响的结果。

(4) 计算结果的假定性。由于因素分析法计算的每一个因素变动的影响值会因替代计算顺序的不同而有差别，因而计算结果具有一定程度上的假定性和近似性。

(二) 差额分析法

差额分析法是连环替代法的一种简化形式，依次利用各个因素的实际值与基准值之间的差额，来计算各因素对分析指标的影响。

将连环替代法的第二步和第三步进行合并，得出差额分析法如下：

$$\Delta Y_a = Y_2 - Y_0 = (a_1 - a_0) \times b_0 \times c_0$$

$$\Delta Y_b = Y_3 - Y_2 = a_1 \times (b_1 - b_0) \times c_0$$

$$\Delta Y_c = Y_1 - Y_3 = a_1 \times b_1 \times (c_1 - c_0)$$

第三节　财务比率分析

财务比率分析是指把财务报表中的有关项目组成一个有意义的比率，然后通过差异分析、趋势分析、横向分析和因素分析来评价该比率的一种专项分析方法。财务比率分析可以消除规模的影响，从而帮助投资者和债权人做出理智的决策。

一、偿债能力分析

偿债能力是指企业偿还各种到期债务的能力。进行企业偿债能力的分析，既可以为投资者、债权人了解企业的变现能力和债务的物质保障程度提供财务信息，又可以为企业经营者了解和掌握企业举债适度和筹资风险等提供财务信息。偿债能力分析包括短期偿债能力分析和长期偿债能力分析。

（一）短期偿债能力分析

短期偿债能力是指企业以流动资产偿付流动负债的能力。评价企业短期偿债能力的财务指标主要有流动比率、速动比率和现金比率等。

1. 流动比率

流动比率是指流动资产与流动负债的比率，表明企业每单位流动负债有多少流动资产作为偿还的保证。其计算公式为

$$流动比率 = \frac{流动资产}{流动负债} \tag{11-4}$$

一般情况下，流动比率越高，反映企业短期偿债能力越强。通常认为，生产企业合理的最低流动比率是 2。这是因为流动资产中变现能力最差的存货约占流动资产的一半，剩下的流动性较大的流动资产至少要等于流动负债，企业的短期偿债能力才会有保证。

计算出来的流动比率，只有和同行业平均流动比率、本企业历史的流动比率进行比较，才能知道这个比率是高还是低。当然这种比较并不能说明流动比率为什么这么高或低，要找出过高或过低的原因还必须分析分子和分母包括的内容以及经营上的因素。一般情况下，营业周期、应收账款和存货的周转速度是影响流动比率的主要因素。

【例 11 - 2】 根据表 11 - 1 资料，计算 M 公司 2020 年的流动比率是多少？

【解】　　年初流动比率$=\frac{3\ 550}{1\ 700}=2.09$，年末流动比率$=\frac{4\ 025}{2\ 000}=2.01$

2. 速动比率

速动比率又称酸性测试比率，是指从流动资产中扣除存货部分，再除以流动负债的比值。其计算公式为

$$速动比率=\frac{流动资产-存货}{流动负债} \tag{11-5}$$

【例 11-3】 根据表 11-1 资料，计算 M 公司 2020 年的速动比率是多少？

【解】
$$年初速动比率=\frac{3\ 550-2\ 000}{1\ 700}=0.91$$

$$年末速动比率=\frac{4\ 025-2\ 600}{2\ 000}=0.71$$

为什么在计算速动比率时要把存货从流动资产中剔除？其主要原因是：存货的变现速度最慢；部分存货可能已损失报废还没做处理；部分存货可能已抵押给某债权人；存货估计存在成本与市价之差；等等。

通常认为，正常的速动比率为 1，表明企业每 1 元流动负债都有 1 元易于变现的资产作为支付保证。但这个评判标准并不是绝对的。实际工作中，应考虑到企业的行业性质。例如商品零售行业，由于采用大量现金销售，几乎没有应收账款，速动比率大大低于 1，也是合理的。相反，有些企业虽然速动比率大于 1，但速动资产中大部分是应收账款，并不代表企业的偿债能力强，因为应收账款能否收回具有很大的不确定性。所以，在评价速动比率时，还应分析应收账款的质量。

在计算速动比率时，除扣除存货以外，还可以从流动资产中去掉其他一些可能与当期现金流量无关的项目，如预付账款、待摊费用、待处理流动资产损失等，以计算更进一步的变现能力。如采用保守速动比率（或称超速动比率），其计算公式为

$$保守速动比率=\frac{现金+交易性金融资产+应收票据+应收账款净额}{流动负债} \tag{11-6}$$

【例 11-4】 根据表 11-1 资料，计算 M 公司 2020 年的保守速动比率是多少？

【解】
$$年初保守速动比率=\frac{400+500+600}{1700}=0.88$$

$$年末保守速动比率=\frac{450+250+650}{2\ 000}=0.68$$

3. 现金比率

现金比率是指企业现金类资产与流动负债之间的比率。其计算公式为

$$现金比率=\frac{现金+交易性金融资产}{流动负债} \tag{11-7}$$

一般来说，现金比率在 0.2 以上为好，但也不能认为这项指标越高越好。该指标越大，虽能表明企业偿还到期债务的保障程度越高，但该指标过大可能意味着企业拥有过多的获利能力较低的现金类资产，而导致企业机会成本的增加。

【例 11-5】 根据表 11-1 资料，计算 M 公司 2020 年的现金比率是多少？

【解】
$$年初现金比率=\frac{400+500}{1\ 700}=0.53$$

$$年末现金比率=\frac{450+250}{2\ 000}=0.35$$

【知识拓展】 上述短期偿债能力指标，都是从财务报表中取得的。还有一些财务报表

中没有反映出来的因素，也会影响企业的短期偿债能力，如可动用的银行贷款指标、准备很快变现的长期资产、偿债声誉、或有负债，等等。

（二）长期偿债能力分析

长期偿债能力是指企业偿还长期负债的能力。评价企业长期偿债能力的指标有资产负债率、产权比率和已获利息倍数等。

1. 资产负债率

资产负债率又称负债比率，指企业负债总额除以资产总额的百分比。资产负债率反映在企业总资产中有多大比例是通过借债来筹资的，以及企业资产对债权人权益的保障程度。其计算公式为

$$资产负债率=\frac{负债总额}{资产总额}\times 100\% \tag{11-8}$$

资产负债率是国际公认的衡量企业负债偿还能力和经营风险的重要指标，比较保守的经验判断一般为不高于 50%。一般情况下，资产负债率越小，表明企业偿债能力越强。

不同的报表分析者运用资产负债率进行长期偿债能力分析时，其含义也不同。

从债权人的立场看，他们最关心的是贷给企业的款项的安全程度，也就是能否按期收回本金和利息。如果资产负债率过高，则表明企业的债务负担重，企业的资金实力不强，偿债缺乏保障，这对债权人是不利的。因此，他们希望债务比例越低越好，企业偿债有保证，贷款不会有太大的风险。

从股东的立场看，由于企业通过举债筹措的资金与股东提供的资金在经营中发挥同样的作用，所以股东关心的是全部资本利润率是否超过借入款项的利息率，即借入资本的代价。因此，从股东的立场来看，在全部资本利润率高于借入资金利息率时，负债比例越高越好，否则反之。

从经营者的立场看，如果举债过多，超出债权人心理承受能力，则债权人会认为是不保险的，企业就借不到钱。但如果企业不举债，或者负债的比率很低，则说明企业畏缩不前，对前途信心不足，利用债权人的资金从事经营活动的能力较差。从财务管理的角度看，企业应当审时度势，全面考虑，在利用资产负债率制定借入资金策略时，必须充分估计预期的利润和增加的风险，并权衡两者的利弊得失。

【例 11－6】 根据表 11－1 资料，计算 M 公司 2020 年的资产负债率是多少？

【解】

$$年初资产负债率=\frac{2\ 700}{10\ 000}\times 100\%=27\%$$

$$年末资产负债率=\frac{3\ 250}{11\ 500}\times 100\%=28.26\%$$

2. 产权比率

产权比率又称负债与股东权益比率，是负债总额与所有者权益之间的比率。它反映企业所有者权益对债权人权益的保障程度，是企业财务结构稳健与否的重要标志。其计算公式为

$$产权比率=\frac{负债总额}{所有者权益总额}\times 100\% \tag{11-9}$$

产权比率高，是高风险、高报酬的财务结构；产权比率低，是低风险、低报酬的财务结

构。产权比率的高低，对不同的权益主体有不同的意义。从股东的角度看，在通货膨胀时期，企业多借债可以把损失和风险转嫁给债权人；在经济繁荣时期，多借债可以获得额外的利润；在经济萎缩时期，少借债可以减少利息负担和财务风险。从债权人的角度看，产权比率越低，表明企业的长期偿债能力越强，债权人权益的保障程度越高，承担的风险越小，债权人也就愿意向企业增加借款；反之，这一比率越高，则表明企业的长期偿债能力越低，企业的风险主要由债权人承担，债权人自然就不愿意向企业增加借款。

【例 11－7】 根据表 11－1 资料，计算 M 公司 2020 年的产权比率是多少？

【解】

$$\text{年初产权比率}=\frac{2\ 700}{7\ 300}\times 100\%=36.99\%$$

$$\text{年末产权比率}=\frac{3\ 250}{8\ 250}\times 100\%=39.39\%$$

3. 已获利息倍数

已获利息倍数又称利息保障倍数，是指企业生产经营所获得的息税前利润与利息费用的比率。其中，息税前利润是指未扣除利息费用和所得税之前的利润；利息费用指本期发生的全部应付利息，不仅包括财务费用中的利息费用，还应包括计入固定资产成本的资本化利息。其计算公式为

$$\text{已获利息倍数}=\frac{\text{息税前利润}}{\text{利息费用}} \tag{11-10}$$

一般情况下，已获利息倍数越高，表明企业长期偿债能力越强。国际上通常认为，该指标为 3 时较为合适。从长期来看，若要维持正常偿债能力，已获利息倍数至少应当大于 1。如果已获利息倍数过小，企业将面临亏损以及偿债的安全性与稳定性下降的风险。

如何合理确定企业的已获利息倍数，这需要将企业的这一指标与其他企业，特别是本行业的平均水平进行比较。同时，从稳健性原则出发，最好比较本企业连续几年的该项指标，并选择最低指标年度的数据作为标准。这是因为，企业不仅在经营好的年份要偿债，在经营不好的年份也要偿还大约等量的债务。某一个年度利润很高，已获利息倍数也会很高，但不能年年如此。采用指标最低年度的数据，可以保证最低的偿债能力。

【例 11－8】 根据表 11－2 资料，假定表中财务费用全部为利息费用，计算 M 公司 2019 年和 2020 年的已获利息倍数是多少？

【解】

$$2019\text{ 年已获利息倍数}=\frac{2\ 000+100}{100}=21$$

$$2020\text{ 年已获利息倍数}=\frac{2\ 100+150}{150}=15$$

二、营运能力分析

营运能力又称资产管理能力，是指企业对其现有资产的利用效率。营运能力分析包括流动资产周转情况分析、固定资产周转情况分析和总资产周转情况分析。

（一）流动资产周转情况分析

反映流动资产周转情况的指标主要有：存货周转率、应收账款周转率和流动资产周转

率等。

1. 存货周转率

存货周转率是指企业一定时期的销售成本与存货平均余额之间的比率，或叫存货的周转次数。用时间表示的周转速度是存货周转天数。它是衡量企业从取得存货、投入生产到销售收回(包括现金销售和赊销)等环节中，存货运营效率的一个综合性指标。其计算公式为

$$存货周转率=\frac{销售成本}{平均存货} \tag{11-11}$$

$$存货周转天数=\frac{360}{存货周转率} \tag{11-12}$$

式中，“销售成本”数据来自利润表；“平均存货”是资产负债表中的“期初存货”加上“期末存货”，再除以 2 的平均数。在分析企业不同时期或不同企业的存货周转率时，应注意存货计价方法、计算口径以及分子、分母的数据在时间上的一致性。

一般来说，存货周转率越高，存货周转天数越少，存货转换为现金、应收账款的速度越快。因此，提高存货周转率可以提高企业的变现能力，而存货周转速度越慢，则变现能力越差。

存货周转率指标的好坏反映存货管理水平，它不仅影响企业的短期偿债能力，也是整个企业管理的重要内容。存货既不能储存过少，否则可能造成生产中断或销售紧张；又不能储存过多，否则可能形成呆滞、积压。同时，存货一定要保证结构合理、质量可靠。

【例 11－9】 根据表 11－1 和表 11－2 资料，假定 M 公司 2018 年末存货余额为 1 900 万元，该公司 2019 年和 2020 年存货周转率是多少？

【解】 2019 年：

$$平均存货=\frac{1\ 900+2\ 000}{2}=1\ 950(万元)$$

$$存货周转率=\frac{5\ 350}{1\ 950}=2.74(次)$$

$$存货周转天数=\frac{360}{2.74}\approx 131(天)$$

2020 年：

$$平均存货=\frac{2\ 000+2\ 600}{2}=2\ 300(万元)$$

$$存货周转率=\frac{6\ 100}{2\ 300}=2.65(次)$$

$$存货周转天数=\frac{360}{2.65}\approx 136(天)$$

2. 应收账款周转率

应收账款周转率是指企业在一定时期内的赊销净额与应收账款平均余额之间的比率，也叫应收账款周转次数。用时间表示的周转速度是应收账款周转天数，也叫平均应收账款回收期或平均收现期。其计算公式为

$$应收账款周转率=\frac{赊销收入净额}{平均应收账款} \tag{11-13}$$

$$应收账款周转天数=\frac{360}{应收账款周转率} \tag{11-14}$$

式中，“赊销收入净额”数据来自利润表，是指赊销收入扣除销售退回与折扣后的净额；“平均应收账款”是指资产负债表中的“期初应收账款”加上“期末应收账款”再除以 2 的平均数。

一般来说，应收账款周转率高，平均收账期越短，说明应收账款回收速度越快，造成坏账损失的风险小；否则，企业的营运资金则过多地呆滞在应收账款上，影响其正常的资金周转。

运用应收账款周转率进行分析时，应注意以下几个问题：

(1) 报表的外部使用人很难取得赊销收入净额这项数据。可以把现金销售视为收账期为零的赊销，以销售收入净额来代替赊销收入净额进行计算。

(2) 公式中的应收账款包括会计核算中“应收账款”和“应收票据”等全部赊销账款在内，且金额应为扣除坏账准备后的净额。

(3) 由于季节性经营、大量采用分期收款或现金方式结算等都可能使本指标结果失实，所以，应结合企业前后期间、行业平均水平进行综合评价。

(4) 分子、分母的数据应注意时间口径的一致性。

【例 11－10】 根据表 11－1 和表 11－2 资料，假定 M 公司 2018 年末应收账款余额为 550 万元，该公司 2019 和年 2020 年应收账款周转率是多少？

【解】 2019 年：

$$平均应收账款=\frac{550+600}{2}=575(万元)$$

$$应收账款周转率=\frac{9\,000}{575}=15.65(次)$$

$$应收账款周转天数=\frac{360}{15.65}\approx 23(天)$$

2020 年：

$$平均应收账款=\frac{600+650}{2}=625(万元)$$

$$应收账款周转率=\frac{10\,000}{625}=16(次)$$

$$应收账款周转天数=\frac{360}{16}\approx 22.5(天)$$

3. *流动资产周转率*

流动资产周转率是销售收入与流动资产平均余额之间的比率，它反映的是全部流动资产的利用效率。其计算公式为

$$流动资产周转率=\frac{销售收入净额}{平均流动资产} \tag{11-15}$$

$$流动资产周转天数=\frac{360}{流动资产周转率} \tag{11-16}$$

流动资产周转率反映了企业流动资产的周转速度。周转速度快，会相对节约流动资产，等于相对扩大资产投入，增强企业盈利能力；而延缓周转速度，需要补充流动资产参加周转，会形成资金浪费，降低企业盈利能力。但是，流动资产周转率究竟多少为好，并没有一个确定的标准。通常分析流动资产周转率应参照企业历年的数据并结合行业特点进行比较，然后做出分析评价。

【例 11－11】 根据表 11－1 和表 11－2 资料，假定 M 公司 2018 年末流动资产余额为 3 000 万元，该公司 2019 年和 2020 年流动资产周转率是多少？

【解】 2019 年：

$$平均流动资产=\frac{3\ 000+3\ 550}{2}=3\ 275(万元)$$

$$流动资产周转率=\frac{9\ 000}{3\ 275}=2.75(次)$$

$$流动资产周转天数=\frac{360}{2.75}\approx 131(天)$$

2020 年：

$$平均流动资产=\frac{3\ 550+4\ 025}{2}=3\ 787.5(万元)$$

$$流动资产周转率=\frac{10\ 000}{3\ 787.5}=2.64(次)$$

$$流动资产周转天数=\frac{360}{2.64}\approx 136(天)$$

(二) 固定资产周转情况分析

固定资产周转率也称固定资产利用率，是企业一定时期销售收入净额与固定资产平均净值的比率。其计算公式为

$$固定资产周转率=\frac{销售收入净额}{固定资产平均净值} \tag{11－17}$$

其中：$固定资产平均净值=\frac{期初固定资产净值+期末固定资产净值}{2}$。

一般情况下，固定资产周转率高，表明企业固定资产利用充分，企业固定资产投资得当，固定资产结构分布合理，能够充分发挥固定资产的使用效率；反之，如果固定资产周转率低，则表明企业固定资产使用效率低，提供的生产成果少，企业的营运能力差。

运用固定资产周转率进行分析时，应注意以下几个问题：

(1) 由于公式中的固定资产净值是固定资产原值减累计折旧，再减已提取的固定资产减值准备后的余额，因此常常会因为企业所采取的固定资产折旧方法以及折旧年限、固定资产减值准备计算方法的不同而产生差异，导致固定资产周转率缺乏可比性。

(2) 固定资产周转率的分析标准并无确定值，通常应参考行业或地区或全国的同期指标值。

【例 11－12】 根据表 11－1 和表 11－2 资料，假定 M 公司 2018 年末固定资产净值为 5900 万元，该公司 2019 年和 2020 年固定资产周转率是多少？

【解】 2019 年：

$$\text{固定资产平均净值}=\frac{5\ 900+6\ 000}{2}=5\ 950(\text{万元})$$

$$\text{固定资产周转率}=\frac{9\ 000}{5\ 950}=1.51(\text{次})$$

2020 年：

$$\text{固定资产平均净值}=\frac{6\ 000+7\ 000}{2}=6\ 500(\text{万元})$$

$$\text{固定资产周转率}=\frac{10\ 00}{6\ 500}=1.54(\text{次})$$

（三）总资产周转情况分析

总资产周转率是企业一定时期的销售收入净额与平均资产总额的比值，可以用来反映企业全部资产的利用效率。其计算公式为

$$\text{总资产周转率}=\frac{\text{销售收入净额}}{\text{平均资产总额}} \tag{11-18}$$

其中：$\text{平均资产总额}=\frac{\text{期初资产总额}+\text{期末资产总额}}{2}$。

一般来说，总资产周转率越高，说明同样的资产取得的收益越多，则资产的管理水平越高，相应的企业的营运能力和偿债能力越强。具体分析时，经营者可以将当期的总资产周转率和上期的指标进行对比，也可将本企业指标与同行业平均水平对比，以评价资产管理水平的高低。

【例 11-13】 根据表 11-1 和表 11-2 资料，假定 M 公司 2018 年末总资产余额为 9 500 万元，该公司 2019 年和 2020 年总资产周转率是多少？

【解】 2019 年：

$$\text{总资产平均余额}=\frac{9\ 500+10\ 000}{2}=9\ 750(\text{万元})$$

$$\text{总资产周转率}=\frac{9\ 000}{9\ 750}=0.92(\text{次})$$

2020 年：

$$\text{总资产平均余额}=\frac{10\ 000+11\ 500}{2}=10\ 750(\text{万元})$$

$$\text{总资产周转率}=\frac{10\ 000}{10\ 750}=0.93(\text{次})$$

三、盈利能力分析

盈利能力是指企业获取利润的能力。获取利润是企业的重要经营目标，是企业生存和发展的物质基础，它不仅关系到企业所有者的利益，也是企业偿还债务的重要来源。因此，无论是投资人、债权人还是企业经营者，都重视和关心企业的盈利能力。企业盈利能力分析的内容主要有销售利润率分析、资产利润率分析和资本利润率分析。

(一) 销售利润率分析

1. 销售毛利率

销售毛利率是毛利占销售收入净额的百分比，其中毛利是销售收入净额与销售成本的差。其计算公式为

$$销售毛利率=\frac{销售收入净额-销售成本}{销售收入净额}\times100\% \tag{11-19}$$

该指标表示每一元销售收入扣除销售成本后，有多少钱可以用于各项期间费用和形成盈利。

【例 11-14】 根据表 11-2 资料，M 公司销售毛利率是多少？

【解】

$$2019年销售毛利率=\frac{9\ 000-5\ 350}{9\ 000}\times100\%=40.56\%$$

$$2020年销售毛利率=\frac{10\ 000-6\ 100}{10\ 000}\times100\%=39\%$$

2. 销售净利率

销售净利率是指净利润占销售收入净额的百分比。其计算公式为

$$销售净利率=\frac{净利润}{销售收入净额}\times100\% \tag{11-20}$$

其中，净利润是指我国会计制度中的税后利润。

该指标反映每一元销售收入带来的净利润的多少，表示销售收入的收益水平。净利润额与销售净利率成正比关系，而销售收入额与销售净利率成反比关系。企业在增加销售收入额的同时，必须相应地获得更多的净利润，才能使销售净利率保持不变或有所提高。通过分析销售净利率的升降变动，可以促使企业在扩大销售的同时，注意改进经营管理，提高盈利水平。

【例 11-15】 根据表 11-2 资料，M 公司销售净利率是多少？

【解】

$$2019年销售净利率=\frac{1\ 500}{9\ 000}\times100\%=16.67\%$$

$$2020年销售净利率=\frac{1\ 575}{10\ 000}\times100\%=15.75\%$$

(二) 资产利润率分析

反映资产利润率的主要指标是资产净利率。资产净利率是企业净利润占平均资产总额的百分比。其计算公式为

$$资产净利率=\frac{净利润}{平均资产总额}\times100\% \tag{11-21}$$

其中：$平均资产总额=\frac{期初资产总额+期末资产总额}{2}$。

这一指标说明企业资产利用的综合效果。指标越高，表明资产的利用效率越高，说明企业在增加收入和节约资金使用等方面取得了良好的效果，否则相反。

资产净利率是一个综合指标，为了正确评价企业经济效益，挖掘提高利润水平的潜

力，可以用该指标与本企业前期、与计划、与本行业平均水平和本行业内先进企业进行对比，分析形成差异的原因，进而分析经营中存在的问题。影响资产净利率的因素主要有：产品的价格、单位成本、产品的产量和销售数量、资金占用量等。另外，可以利用资产净利率来分析经营中存在的问题，并提高销售利润率，加速资金周转。详见本章第四节的“杜邦财务分析体系”。

【例 11－16】 根据表 11－1 和表 11－2 资料，M 公司资产净利率是多少？

【解】

$$2019\text{ 年资产净利率}=\frac{1\ 500}{9\ 750}\times 100\%=15.38\%$$

$$2020\text{ 年资产净利率}=\frac{1\ 575}{10\ 750}\times 100\%=14.65\%$$

（三）资本利润率分析

1. 净资产收益率

净资产收益率是净利润与平均净资产的百分比，也叫净值报酬率或权益报酬率。它是反映自有资金投资收益水平的指标，是企业盈利能力评价指标的核心。其计算公式为

$$\text{净资产收益率}=\frac{\text{净利润}}{\text{平均净资产}}\times 100\% \qquad (11-22)$$

其中：$\text{平均净资产}=\frac{\text{年初净资产}+\text{年末净资产}}{2}$。

净资产收益率是评价企业资本运营的绩效最具综合性与代表性的指标。一般认为，该指标越高，企业自有资金获取收益的能力越强，运营效益越好，对企业投资人、债权人的保证程度越高。

【例 11－17】 根据表 11－1 和表 11－2 资料，假定 M 公司 2018 年末所有者权益合计为 6 500 万元，该公司 2019 年和 2020 年的净资产收益率是多少？

【解】 2019 年：

$$\text{平均净资产}=\frac{6\ 500+7\ 300}{2}=6\ 900(\text{万元})$$

$$\text{净资产收益率}=\frac{1\ 500}{6\ 900}\times 100\%=21.74\%$$

2020 年：

$$\text{平均净资产}=\frac{7\ 300+8\ 250}{2}=7\ 775(\text{万元})$$

$$\text{净资产收益率}=\frac{1\ 575}{7\ 775}\times 100\%=20.26\%$$

净资产收益率反映公司所有者权益的投资报酬率，具有很强的综合性，它包含了权益乘数、总资产周转率和销售净利率这三个指标所反映的内容。具体分析方法见本章第四节的“杜邦财务分析体系”。

2. 资本保值增值率

资本保值增值率是指企业期末所有者权益总额与期初所有者权益总额的比率，反映了企业当年资本在企业自身努力下的实际增加变动情况，是评价企业财务效益状况的辅助指

标。其计算公式为

$$资本保值增值率=\frac{期末所有者权益总额}{期初所有者权益总额}\times 100\% \tag{11-23}$$

该指标充分体现了对所有者权益的保护，能够及时、有效地发现侵蚀所有者权益的现象，反映了投资者投入企业资本的保全性和增长性。一般说来，如果资本保值增值率大于100%，说明所有者权益增加；如果小于100%，则意味着所有者权益遭受损失。用该方法进行分析时，应当注意的是，这一指标的高低除了受企业经营成果的影响外，还受企业利润分配政策的影响。

【例 11-18】 根据表 11-1 资料，M 公司 2019 年和 2020 年的资本保值增值率是多少？

【解】

$$2019年资本保值增值率=\frac{7\ 300}{6\ 500}\times 100\%=112.31\%$$

$$2020年资本保值增值率=\frac{8\ 250}{7\ 300}\times 100\%=113.01\%$$

第四节　财务综合分析

一、财务综合分析的含义

所谓财务综合分析就是将各项财务比率指标作为整体，系统、全面地对企业财务状况和经营成果进行分析和评价。要想对企业财务状况和经营成果有一个总的评价，仅仅分析某些财务比率指标，或者将一些孤立的财务比率指标堆砌在一起，是很难得出合理、正确的综合性结论的，有时甚至会做出错误的结论。只有将企业偿债能力、营运能力、盈利能力及发展能力等各项比率指标作为一个整体，系统、全面地对企业财务状况和经营成果进行相互关联的分析，采用适当的标准进行综合性评价，才能得出正确的分析结论。

财务综合分析与前述各单项财务比率分析相比，具有以下特点：

(1) 综合性。所设置的评价指标必须能够涵盖企业盈利能力、偿债能力、营运能力和发展能力等诸方面总体分析的要求。

(2) 重要性。财务比率指标众多，进行综合财务分析，一定要抓住主要目标，在主要财务比率指标分析的基础上再对其辅助指标进行分析。

(3) 全面性。满足企业利害各方的不同财务信息需要，要从多角度、多层次进行综合评价和分析。

二、财务综合分析的方法

财务综合分析的方法很多，其中应用比较广泛的有杜邦财务分析体系和沃尔比重评分法和综合评分法。

(一) 杜邦财务分析体系

杜邦财务分析体系，又称为杜邦分析法、杜邦系统法。它是以股东净资产收益率(即权益报酬率)为中心，逐层分解，全面、系统揭示各主要财务比率指标间的内在关系，对企业综合财务状况及经济效益进行系统分析评价的方法。这种方法因最初由美国杜邦公司创立并成功运用而得名。

杜邦财务分析体系的基本结构如图 11-1 所示。

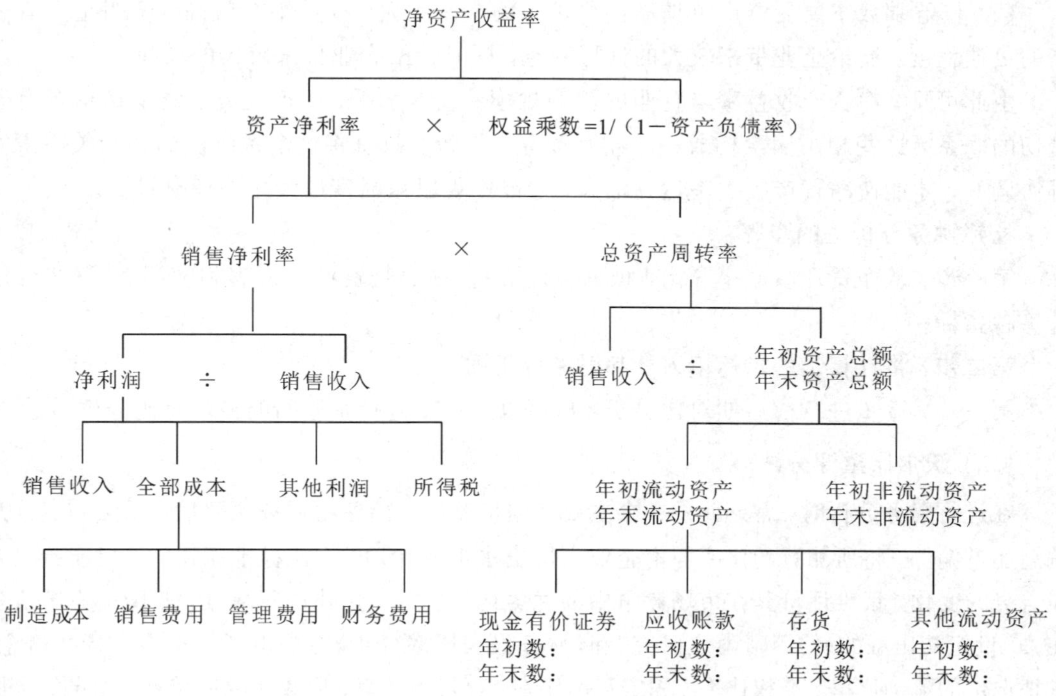

图 11-1　杜邦财务分析体系图

杜邦财务分析体系图中，主要包含以下几种财务比率关系：

$$净资产收益率=资产净利率\times权益乘数 \tag{11-24}$$

$$资产净利率=销售净利润\times资产周转率 \tag{11-25}$$

$$权益乘数=\frac{总资产}{所有者权益}=\frac{1}{1-资产负债率} \tag{11-26}$$

杜邦财务分析体系的基本思想是将净资产收益率逐级分解为多项财务比率指标，这样有助于深入分析比较企业经营业绩变动的原因和变动趋势，为采取措施指明方向。

(1) 净资产收益率也称权益净利率，是一个综合性最强的财务比率。该指标反映了所有者投入资本的获利能力，它取决于企业的资产净利率和权益乘数。资产净利率反映企业在运用资产进行生产经营活动的效率高低，而权益乘数则主要反映企业的筹资情况，即企业资金来源结构。

(2) 资产净利率是影响净资产收益率的最重要财务比率。它是销售净利率和资产周转率的乘积。因此，要进一步从销售活动和资产管理两方面来分析。

(3) 销售净利率反映了企业净利润与销售收入之间的关系，提高销售净利率是提高企业盈利的关键。一般来说，销售收入增加，企业的净利润会随之增加，但要想提高销售净利率，必须一方面提高销售收入，另一方面降低各种成本费用，这样才能使净利润的增长高于销售收入的增长，从而使销售净利率得到提高。

(4) 资产周转率揭示出企业运用资产实现销售收入的综合能力。对资产周转率的分析，可以从资产的构成比例是否恰当、资产的使用效率是否正常、资产的运用效果是否理想等方面进行详细分析。

(5) 权益乘数主要受资产负债率的影响。负债比例大，权益乘数就高，说明企业有较高的负债程度，能给企业带来较大的杠杆利益，同时也给企业带来较大的风险。

由此可见，净资产收益率与企业的销售规模、成本水平、资产运营、资本结构等有着密切的联系，这些相关因素构成一个相互依存的系统，只有将这个系统内的各相关因素安排协调好，才能使净资产收益率达到最大，才能实现股东财富最大化的理财目标。

杜邦财务分析法的步骤：

第一步，从净资产收益率开始，根据会计资料(主要是资产负债表和利润表)逐步分解计算各指标；

第二步，将计算出的指标填入杜邦财务分析图；

第三步，逐步进行前后期对比分析，也可以进一步进行企业间的横向对比分析。

(二) 沃尔比重评分法

在进行财务分析时，常遇到的一个主要问题是在计算出各项财务比率后，无法判定其是偏高还是偏低。将所测算的比率与本企业的历史水平或计划、定额标准相比，也只能看出企业自身的变化，很难评价其在市场竞争中的优劣地位。为了弥补这些缺点，亚历山大·沃尔在 20 世纪初出版的《信用晴雨表研究》和《财务报表比率分析》中提出了信用能力指数概念，它把选定的流动比率、产权比率、固定资产比率、存货周转率、应收账款周转率、固定资产周转率、主权资本(即所有者权益)周转率等七项财务比率用线性关系结合起来，并分别给定各自的分数比重，总和为 100 分，然后通过与标准比率进行比较，确定各项指标的得分及总体指标的累计分数，从而对企业的信用水平做出综合评价，如表 11－6 所示。

表 11－6　沃尔比重评分法

选择的指标	比　重 ①	标准比率 ②	实际比率 ③	相对比率 ④＝③/②	评　分 ①×④
流动比率	25	2			
净资产/负债	25	1.5			
资产/固定资产	15	2.5			
销售成本/存货	10	8			
销售额/应收账款	10	6			
销售额/固定资产	10	4			
销售额/净资产	5	3			
合　计	100				

沃尔比重评分法的步骤：

第一步，选择评价指标并分配指标权重；

第二步，确定各项比率指标的标准值，即各项指标在企业现时条件下的最优值；

第三步，计算企业在一定时期各项比率指标的实际值；

第四步，形成评价结果。

沃尔比重评分法的计算公式为

$$实际分数=\frac{实际值}{标准值}\times 权重 \tag{11-27}$$

沃尔比重评分法存在两个缺陷：一是不能证明为什么要选择这七项指标，而不是更多或更少些，或者选择别的财务比率，以及不能证明每个指标所占比重的合理性；二是当某项指标严重异常时，会对总评分产生不合逻辑的重大影响。评分是由相对比率与比重相“乘”引起的。财务比率提高 1 倍，评分增加 100％；而降低到 50％，其评分只减少 50％。

（三）综合评分法

现代社会与沃尔的时代相比，已有很大变化。一般认为，企业财务评价的内容主要是盈利能力，其次是偿债能力，此外还有成长能力。它们之间大致可按 5∶3∶2 来分配比重。综合评分的标准如表 11－7 所示。

表 11－7　综合评分的标准

选择的指标	标准评分	标准比率（％）	行业最高比率（％）	最高评分	最低评分	每分比率的差（％）
一、盈利能力：						
总资产净利率	20	10	20	30	10	1
销售净利率	20	4	20	30	10	1.6
权益报酬率	10	16	20	15	5	0.8
二、偿债能力：						
自有资本比率	8	40	100	12	4	15
流动比率	8	150	450	12	4	75
应收账款周转率	8	600	1 200	12	4	150
存货周转率	8	800	1 200	12	4	100
三、成长能力：						
销售增长率	6	15	30	9	3	5
净利润增长率	6	10	20	9	3	3.3
人均净利润增长率	6	10	20	9	3	3.3
合　计	100			150	50	

标准比率应以本行业平均数为基础，适当进行理论修正。每分比率的差（％）是按照下列公式计算的：

$$每分比率的差(\%)=\frac{行业最高比率-标准比率}{最高评分-标准评分} \tag{11-28}$$

例如，总资产净利率的标准值为10%，标准评分为20分；行业最高比率为20%，最高评分为30分，则每分的总资产周转率差为1%［(20%－10%)÷(30分－20分)］。换言之，总资产净利率每提高1%，可以较标准得分多得1分，但该项得分最高不超过30分。其他得分比率差的计算同理，这里不再一一列示。

根据这种方法，对M公司2020年的财务情况进行综合评价，得120.69分(见表11－8)，高于行业平均水平20.69分，说明该企业财务状况较好，是一个中等偏上水平的企业。

表11－8　M公司财务状况综合分析表

选择的指标	实际比率(%)①	标准比率(%)②	差异③=①－②	每分比率的差④	调整分⑤=③÷④	标准评分值⑥	得分⑦=⑤+⑥
一、盈利能力：							
总资产净利率	14.65	10	4.65	1	4.65	20	24.65
销售净利率	15.75	4	11.75	1.6	7.34	20	27.34
净资产收益率	20.26	16	4.26	0.8	5.33	10	15.33
二、偿债能力：							
自有资本比率	71.74	40	31.74	15	2.11	8	10.11
流动比率	201	150	51	75	0.68	8	8.68
应收账款周转率	1 600	600	1 000	150	6.67	8	14.67
存货周转率	265	800	－535	100	－5.35	8	2.65
三、成长能力：							
销售增长率	15	11.11	3.89	5	0.78	6	6.78
净利润增长率	5	10	－5	3.3	－1.52	6	4.48
人均净利润增长率	10	10	0	3.3	0	6	6
合　计						100	120.69

在给每个指标评分时，应规定上限和下限，以减少个别指标异常对总分造成不合理的影响。上限可定为正常评分值的1.5倍，下限定为正常评分值的1/2。此外，给分时不采用“乘”的关系，而采用“加”或“减”的关系来处理，以克服早期沃尔比重评分法的缺点。

运用该方法的关键是“标准评分值”的确定和“标准比率”的建立。只有长期连续实践，不断修正，才能取得较好的效果。

第五节　上市公司财务分析

上市公司公开披露的财务信息很多，投资人要想通过众多的信息正确把握企业的财务现状和未来，必须对几个重要的财务指标进行分析。对上市公司来说，最重要的财务指标有每股收益、市盈率、每股股利、股票获利率、股利支付率和每股净资产。

一、每股收益

每股收益是指本年净收益与年末普通股股份总数的比值。其计算公式为

$$每股收益=\frac{净利润}{年末普通股股份总数} \tag{11-29}$$

如果公司发行了不可转换优先股，则计算时要扣除优先股股数及其分享的股利，以使每股收益反映普通股的收益状况：

$$每股收益=\frac{净利润-优先股股利}{年度末股份总数-年度末优先股股数} \tag{11-30}$$

已扣除优先股股利的净利润，通常被称为“盈余”，扣除优先股股利后计算出的每股收益又称为“每股盈余”。

每股收益，是衡量上市公司盈利能力最重要的财务指标，它反映了普通股的获利水平。在分析时，可以在公司间进行比较，以评价该公司相对的盈利能力；也可以进行不同时期的比较，以了解该公司盈利能力的变化趋势；还可以进行经营实绩和盈利预测的比较，以掌握该公司的管理能力。

在使用每股收益分析盈利性时应注意以下问题：

(1) 每股收益不反映股票所含有的风险。例如，假设某公司原来经营日用品的产销，最近转向房地产投资，公司的经营风险增大了许多，但每股收益可能不变或提高，并没有反映风险增加的不利变化。

(2) 股票是一个“份额”概念，不同股票的每一股在经济上不等量，它们所含有的净资产和市价不同即换取每股收益的投入量不相同，在进行每股收益的公司间比较时要注意这一点。

(3) 每股收益多，不一定意味着多分红，还要看公司股利分配政策。每股收益是衡量上市公司盈利能力最常用的财务指标。

为了克服每股收益指标的局限性，可以延伸分析市盈率、每股股利、股利支付率等财务比率。

【例 11-19】 根据表 11-2 资料，假定 M 公司的普通股为 700 万股，未发行优先股，则 2020 年普通股每股收益为多少？

【解】

$$每股收益=\frac{1\ 575}{700}=2.25(元/股)$$

二、市盈率

市盈率是指普通股每股市价为每股收益的倍数。其计算公式为

$$市盈率=\frac{普通股每股市价}{普通股每股收益} \tag{11-31}$$

市盈率反映投资人对每元净利润所愿意支付的价格。市盈率越高，表明市场对公司的未来越看好。

在市价确定的情况下，每股收益越高，市盈率越低，投资风险越小；反之亦然。在每股收益确定的情况下，市价越高，市盈率越高，风险越大；反之亦然。仅从市盈率高低的横向

比较看，高市盈率说明公司能够获得社会信赖，具有良好的前景；反之亦然。

使用市盈率指标时应注意以下问题：

(1) 该指标不能用于不同行业公司的比较，充满扩展机会的新兴行业市盈率普遍较高，而成熟工业的市盈率普遍较低，这并不说明后者的股票没有投资价值。

(2) 在每股收益很小或亏损时，市价不会降至零，很高的市盈率往往不说明任何问题。

(3) 市盈率高低受净利润的影响，而净利润受可选择的会计政策的影响，使得公司间的比较受到了限制。

(4) 市盈率高低受市价的影响，市价变动的影响因素很多，包括投机炒作等，因此观察市盈率的长期趋势很重要。

企业界通常是在市盈率较低时，以收购股票的方式实现对其他公司的兼并，然后进行改造，待到市盈率升高时，再以出售股票的方式卖出公司，从中获利。

由于一般的期望报酬率为 5%～20%，所以正常的市盈率为 5～20。

【例 11-20】 假定 M 公司 2020 年的普通股每股市价为 15 元，该股票每股收益为 1.8 元，则 2020 年该公司的市盈率为多少？

【解】

$$\text{市盈率}=\frac{15}{1.8}=8.33$$

三、每股股利

每股股利是股利总额与期末普通股股份总数之比。其计算公式为

$$\text{每股股利}=\frac{\text{股利总额}}{\text{年末普通股股份总数}} \tag{11-32}$$

式中，股利总额是指用于分配普通股现金股利的总额。

【例 11-21】 承前例，假定 M 公司 2020 年决定发放股利总额为 1 050 万元，则每股股利为多少？

【解】

$$\text{每股股利}=\frac{1\ 050}{700}=1.5(\text{元/股})$$

四、股票获利率

股票获利率是指每股股利与股票市价的比率。其计算公式为

$$\text{股票获利率}=\frac{\text{普通股每股股利}}{\text{普通股每股市价}}\times 100\% \tag{11-33}$$

股票获利率反映股利和股价的比例关系。股票持有人取得收益的来源有两个：一是取得股利，二是取得股价上涨的收益。只有股票持有人认为股价将上升，才会接受较低的股票获利率。如果预期股价不能上升，股票获利率就成了衡量股票投资价值的主要依据。使用该指标的限制因素，在于公司采用非常稳健的股利政策，留存大量的净利润用以扩充。在这种情况下，股票获利率仅仅是股票投资价值非常保守的估计，分析股价的未来趋势成为评价股票投资价值的主要依据。

股票获利率主要应用于非上市公司的少数股权。在这种情况下，股东难以出售其股票，也没有能力影响股利分配政策。他们持有股票的主要动机在于获得稳定的股利收益。

【例 11-22】 根据前述资料，M 公司普通股每股股利为 1.5 元，每股市价为 15 元，则股票获利率为多少？

【解】

$$股票获利率=\frac{1.5}{15}\times 100\%=10\%$$

五、股利支付率

股利支付率是指普通股净收益中股利所占的比重，它反映公司的股利分配政策和支付股利的能力。其计算公式为

$$股利支付率=\frac{普通股每股股利}{普通股每股收益}\times 100\% \quad (11-34)$$

股利支付率是反映企业一定时期净利润额中股利发放程度的一个指标。在股票持有者中，一部分投资者投资于企业的主要目的，有时并不是为了企业的长远发展，特别是短期投资者和散户，更不是为了操纵企业，而是为了获取股利，在企业净收益中有多少用于即刻就发放的股利，特别是现金股利，是他们最为关心的问题之一，他们希望这一比率越高越好；而对于那些长期投资者来说，虽然他们也希望企业发放股利，但是并不希望这一比率过高，因为发放股利，特别是发放现金股利，常常影响企业的支付能力、偿债能力和营运能力，他们希望这一比率最好维持在既能够维持企业在资本市场的形象和信心，又能够不影响企业的支付能力、偿债能力和营运能力。

【例 11-23】 根据前述资料，M 公司普通股每股股利为 1.5 元，每股收益为 1.8 元，则股利支付率为多少？

【解】

$$股利支付率=\frac{1.5}{1.8}\times 100\%=83.33\%$$

六、每股净资产

每股净资产是期末净资产(即股东权益)与年度末普通股股份总数的比值，也称为每股账面价值或每股权益。其计算公式为

$$每股净资产=\frac{年度末股东权益}{年度末普通股股份总数} \quad (11-35)$$

其中，年度末股东权益是指扣除优先股权益后的余额。

【例 11-24】 根据前述资料，M 公司每股净资产为多少？

【解】

$$每股净资产=\frac{8\ 250}{700}=11.79(元/股)$$

该指标反映发行在外的每股普通股所代表的净资产成本即账面权益。在投资分析时，只能有限地使用这个指标，因其是用历史成本计算的，既不反映净资产的变现价值，也不反映净资产的产出能力。例如，某公司的资产只有一块前几年购买的土地，并且没有负债，公司的净资产是土地的原始成本。现在土地的价格比过去翻了几番，引起股票价格上升，而其账面价值不变。这个账面价值，既不说明土地现在可以卖多少钱，也不说明公司使用该土地能获得什么。

每股净资产，在理论上提供了股票的最低价值。如果公司的股票价格低于净资产的成

本，成本又接近变现价值，说明公司已无存在价值，清算是股东最好的选择。正因为如此，在新建公司时不允许股票折价发行。

把每股净资产和每股市价联系起来，可以说明市场对公司资产质量的评价。反映每股市价和每股净资产关系的比率，称为市净率。其计算公式为

$$市净率=\frac{每股市价}{每股净资产} \tag{11-36}$$

【例 11-25】 根据前述资料，M 公司市净率为多少？

【解】
$$市净率=\frac{15}{11.79}=1.27(元/股)$$

市净率可用于投资分析。每股净资产是股票的账面价值，它是用成本计量的；每股市价是这些资产的现在价值，它是证券市场上交易的结果。投资者认为，市价高于账面价值时企业资产的质量好，有发展潜力；反之则资产质量差，没有发展前景。优质股票的市价都超出每股净资产许多，一般说来，市净率达到 3 可以树立较好的公司形象。市价低于每股净资产的股票，就像售价低于成本的商品一样，属于“处理品”。当然，“处理品”也不是没有购买价值，问题在于该公司今后是否有转机，或者购入后经过资产重组能否提高获利能力。

本章小结

财务分析是以企业财务报表为主要依据，采用一系列的分析技术和方法，对企业的财务状况和经营成果进行分析和评价，以反映企业在运营过程中的利弊得失、财务状况及发展趋势，为改进企业财务管理工作、优化经济决策提供重要的财务信息。财务分析的内容主要包括偿债能力分析、营运能力分析和盈利能力分析。财务分析的方法包括比较分析法和因素分析法。

财务比率分析属于专项分析。为了对企业财务状况和经营状况进行全面的了解，必须进行综合分析，其中应用比较广泛的有杜邦财务分析体系、沃尔比重评分法和综合评分法。杜邦财务分析体系是利用各主要财务比率指标间的内在关系，对企业综合财务状况及经济效益进行系统分析评价的方法。沃尔比重评分法和综合评分法则通过评分来反映企业财务状况是否理想。

对上市公司来说，最重要的财务指标有每股收益、市盈率、每股股利、股票获利率、股利支付率和每股净资产。

基本概念

连环替代法　流动比率　速动比率　资产负债率　产权比率

已获利息倍数　存货周转率　应收账款周转率　流动资产周转率

销售毛利率　销售净利率　资产净利率　净资产收益率　资本保值增值率

权益乘数　每股收益　市盈率　每股股利　股利支付率　每股净资产

练 习 题

一、单项选择题

1. 某公司 2020 年 12 月 31 日，资产总额为 1 000 万元，权益乘数为 4，现金营运指数为 1.2，经营应得现金为 900 万元，则现金债务总额比为(　　)。

A. 1.44　　B. 0.69

C. 0.63　　D. 0.71

2. 下列事项中，有助于提高企业短期偿债能力的是(　　)。

A. 利用短期借款增加对流动资产的投资

B. 为扩大营业面积，与租赁公司签订一项新的长期房屋租赁合同

C. 补充长期资本，使长期资本的增加量超过长期资产的增加量

D. 提高流动负债中的无息负债比率

3. 下列业务中，能够降低企业短期偿债能力的是(　　)。

A. 企业采用分期付款方式购置一台大型机械设备

B. 企业从某国有银行取得 3 年期 500 万元的贷款

C. 企业向战略投资者进行定向增发

D. 企业向股东发放股票股利

4. 在下列关于资产负债率、权益乘数和产权比率之间关系的表达式中，正确的是(　　)。

A. 资产负债率＋权益乘数＝产权比率

B. 资产负债率－权益乘数＝产权比率

C. 资产负债率×权益乘数＝产权比率

D. 资产负债率÷权益乘数＝产权比率

5. 某企业的资产利润率为 20%，若产权比率为 1，则净资产收益率为(　　)。

A. 15%　　B. 20%

C. 30%　　D. 40%

6. 两家商业企业本期销售收入、存货平均余额相同，但毛利率不同，则毛利率高的企业存货周转率(以销售成本为基础计算)也(　　)。

A. 高　　B. 低

C. 不变　　D. 难以判断

7. 某企业 2020 年的总资产周转次数为 2 次，非流动资产周转次数为 3 次，若一年有 360 天，则流动资产周转天数为(　　)天。

A. 360　　B. 180

C. 120　　D. 60

8. 已知甲公司 2020 年的所有者权益为 5 000 万，其中优先股的账面价值为 1 000 万元，发行在外的普通股股数为 1 000 万股，优先股数为 500 万股，普通股的每股收益为 0.8 元，该公司的市盈率为 25，则甲公司的市净率为(　　)。

A. 4　　B. 4.5

C. 5　　D. 0.5

9. 甲公司2020年的销售净利率比2019年下降5%，总资产周转率提高10%，假定其他条件与2019年相同，那么甲公司2020年的净资产收益率比2019年提高(　　)。

A. 4.5%　　B. 5.5%

C. 10%　　D. 10.5%

10. ABC公司是一个有较多未分配利润的工业企业，上年度将长期债券投资提前变卖为现金，在这项业务发生前后，速动资产都超过了流动负债，将会(　　)。

A. 对流动比率的影响大于对速动比率的影响

B. 对速动比率的影响大于对流动比率的影响

C. 影响速动比率但不影响流动比率

D. 影响流动比率但不影响速动比率

11. ABC公司无优先股，去年每股收益为4元，每股发放股利2元，留存收益在过去一年中增加了500万元。年底每股净资产为30元，负债总额为5 000万元，则该公司的资产负债率为(　　)。

A. 30%　　B. 33%

C. 40%　　D. 44%

二、多项选择题

1. 如果在价格上涨前把存货计价的先进先出法改为后进后出法，对价格上涨后的影响是(　　)。

A. 所得税减少　　B. 所得税增加

C. 流动比率提高　　D. 流动比率降低

2. 某公司当年经营利润很多，却不能偿还当年债务，为查清原因，应检查的财务比率有(　　)。

A. 资产负债率　　B. 流动比率

C. 存货周转率　　D. 应收账款周转率

3. 下列对于流动比率指标的表述中正确的有(　　)。

A. 流动比率比速动比率更加准确反映了企业的短期偿债能力

B. 不同企业的流动比率有统一的衡量标准

C. 流动比率需要用速动比率加以补充和说明

D. 流动比率较高，并不意味着企业就一定具有短期偿债能力

4. 下列各项中，影响企业长期偿债能力的事项有(　　)。

A. 未决诉讼　　B. 债务担保

C. 长期租赁　　D. 或有负债

5. 假设其他条件不变，下列计算方法的改变会导致应收账款周转天数减少的有(　　)。

A. 从使用赊销额改为使用销售收入进行计算

B. 从使用应收账款平均余额改为使用应收账款平均净额进行计算

C. 从使用应收账款全年日平均余额改为使用应收账款旺季的日平均余额进行计算

D. 从使用已核销应收账款坏账损失后的平均余额改为核销应收账款坏账损失前的平均余额进行计算

6. 某企业营运资本为正数，说明(　　)。

A. 流动资产有一部分资金来源靠长期资本解决

B. 长期资本高于长期资产

C. 营运资本配置率大于1

D. 财务状况较稳定

7. ABC公司是一个有较多未分配利润的工业企业。上年度赊购材料，在这项业务发生前后，速动资产都超过了流动负债，将会(　　)。

A. 降低速动比率　　B. 增加速动比率

C. 降低流动比率　　D. 增加流动比率

8. 假设其他因素不变，下列变动中有助于提高杠杆贡献率的有(　　)。

A. 提高净经营资产利润率　　B. 降低负债的税后利息率

C. 减少净负债的金额　　D. 减少经营资金周转次数

9. 常用的财务报表分析的方法有(　　)。

A. 比较分析法　　B. 比率分析法

C. 趋势分析法　　D. 因素分析法

10. 下列指标中比率越高，说明企业获利能力越强的有(　　)。

A. 资产报酬率　　B. 成本费用利润率

C. 负债比率　　D. 应收账款周转率

11. 反映企业短期偿债能力的指标主要是(　　)。

A. 资产负债率　　B. 流动比率

C. 速动比率　　D. 现金比率

三、判断题(对的打"√"，错的打"×")

1. 财务分析的目的是了解企业各方面的财务状况。(　　)

2. 流动比率越高，表明企业的偿债能力越强，经营管理水平越高。(　　)

3. 现金比率越大越好。(　　)

4. 某企业资产报酬率为16.8%，权益乘数为2.1，该企业的自有资金利润率为8%。(　　)

5. 存货周转次数越多，表明企业的经营状况越好。(　　)

6. 销售收入利润率是衡量企业资本金获利能力的指标。(　　)

7. 出售固定资产可使资产负债率提高。(　　)

8. 资产负债率大于100%时，说明企业有较好的偿债能力和负债经营能力。(　　)

9. 企业期末存货估价偏高会降低期末速动比率。(　　)

10. 比较分析法是指利用财务报表中性质相同的指标进行对比分析。(　　)

11. 所有者最关心的是企业的偿债能力，债权人最关心的是企业的盈利能力。(　　)

四、计算题

1. A公司有关资料如表11-9所示。

表 11-9　A 公司有关资料

项　目	期初数	期末数	本期数或平均数
存货	3 600 万元	4 800 万元	
流动负债	4 000 万元	4 500 万元	
流动比率		1.6	
总资产周转次数			1.2
总资产			18 000 万元

若该公司的流动资产等于速动资产加存货，速动比率为 0.75，则：

(1) 该公司流动资产的期初数与期末数各是多少?

(2) 该公司期初流动比率与期末速动比率各是多少?

(3) 该公司本期销售收入是多少?

(4) 该公司本期流动资产平均余额和流动资产周转次数各是多少?

2. 晶宜公司 2020 年度财务报表的主要资料如表 11-10 所示。

表 11-10　资产负债表

编制单位：晶宜公司　　　　2020 年 12 月 31 日　　　　万元

资　产	期初数	期末数	负债及所有者权益	期初数	期末数
流动资产			负债		
货币资金	50	45	流动负债	105	150
应收货款净额	60	90	长期负债	245	200
存货	92	144	负债合计	350	350
其他流动资产	23	36	股东权益合计	350	350
流动资产合计	225	315			
固定资产净额	475	385			
资产合计	700	700	负债及所有者权益合计	700	700

同时，该公司 2019 年度销售利润率为 15%，总资产周转率为 0.5 次，权益乘数为 2.5，自有资金利润率为 20%，2020 年度销售收入为 350 万元，净利润为 63 万元。

(1) 计算 2020 年年末的流动比率、速动比率、资产负债率和权益乘数。

(2) 计算 2020 年总资产周转率、销售利润率和自有资金利润率。

(3) 分析销售利润率、总资产周转率和权益乘数变动对自有资金利润率的影响。

3. 大宇公司2020年底的部分账面资料如表11-11所示。

表11-11　大宇公司2020年底部分账面资料　　元

项　目	期末余额
货币资金	1 503 600
交易性金融资产	30 000
其中：交易性金融资产公允价值变动减少额	840
应收票据	60 000
固定资产	24 840 000
其中：累计折旧	300 000
应收账款	210 000
其中：坏账准备	12 000
原材料	450 000
应付票据	90 000
应交税金	60 000
其他应付款	1 000 000
长期借款-基建借款	1 800 000

(1) 计算该企业的营运资本。

(2) 计算该企业的流动比率。

(3) 计算该企业的速动比率以及保守速动比率。

(4) 计算该企业的现金比率。

(5) 将以上指标与标准值对照，简要说明其短期偿债能力的好坏。

4. 某公司年初存货为30 000元，年初应收账款为25 400元，年末流动比率为2∶1，年末速动比率为1.5∶1，存货周转率为4次，年末流动资产合计为54 000元。

(1) 计算公司本年销售成本。

(2) 若公司本年赊销净收入为312 200元，除应收账款外，其他速动资产忽略不计，则应收账款周转次数是多少？

(3) 该公司的营业周期有多长？

5. 某公司某年的资产负债表如表11-12所示。

表 11－12　某公司某年的资产负债表

2020 年 12 月 31 日　　　　　　　　　　　　　　　　元

资　　产		负债及所有者权益	
项目	金额	项目	金额
现金	5 000	应付账款	?
应收账款	?	应交税金	5 000
存货	?	长期负债	?
固定资产净值	58 800	实收资本	60 000
		未分配利润	?
合计	86 400	合计	86 400

补充资料：

(1) 年末流动比率为 1.5（流动资产/流动负债）；

(2) 产权比率为 0.8（负债总额/所有者权益）；

(3) 用销售收入和年末存货计算的存货周转率为 15 次；

(4) 用销售成本和年末存货计算的存货周转率为 10.5 次；

(5) 本年毛利为 63 000 元。

计算表中未知项目的金额。

6. 某上市公司某年末股东权益和本年利润分配的有关资料如表 11－13 所示。

表 11－13　某上市公司有关资料　　　元

项　　目	金额
净利润	3 000
加：年初未分配利润	1 200
可供分配利润	4 200
减：提取法定盈余公积金	450
可供股东分配的利润	3 750
减：已分配优先股股利	0
提取任意盈余公积金	150
已分配普通股股利	2 000
未分配利润	1 600

续表

项　目	金额
股本(每股面值 1 元，市价 12 元)	5 000
资本公积	5 200
盈余公积	2 800
所有者权益合计	14 600

计算每股盈余、市盈率、每股股利、股利支付率、收益留存比率、每股净资产、市净率。

本章练习题参考答案

附录 1　复利终值系数表

期数	1%	2%	3%	4%	5%	6%	7%	8%	9%	10%
1	1.0100	1.0200	1.0300	1.0400	1.0500	1.0600	1.0700	1.0800	1.0900	1.1000
2	1.0201	1.0404	1.0609	1.0816	1.1025	1.1236	1.1449	1.1664	1.1881	1.2100
3	1.0303	1.0612	1.0927	1.1249	1.1576	1.1910	1.2250	1.2597	1.2950	1.3310
4	1.0406	1.0824	1.1255	1.1699	1.2155	1.2625	1.3108	1.3605	1.4116	1.4641
5	1.0510	1.1041	1.1593	1.2167	1.2763	1.3382	1.4026	1.4693	1.5386	1.6105
6	1.0615	1.1262	1.1941	1.2653	1.3401	1.4185	1.5007	1.5809	1.6771	1.7716
7	1.0721	1.1487	1.2299	1.3159	1.4071	1.5036	1.6058	1.7738	1.8280	1.9487
8	1.0829	1.1717	1.2668	1.3686	1.4775	1.5938	1.7182	1.8509	1.9926	2.1436
9	1.0937	1.1951	1.3048	1.4233	1.5513	1.6895	1.8385	1.9990	2.1719	2.3579
10	1.1046	1.2190	1.3439	1.4802	1.6289	1.7908	1.9672	2.1589	2.3674	2.5937
11	1.1157	1.2434	1.3842	1.5395	1.7103	1.8983	2.1049	2.3316	2.5804	2.8531
12	1.1268	1.2682	1.4258	1.6010	1.7959	2.0122	2.2522	2.5182	2.8127	3.1384
13	1.1381	1.2936	1.4685	1.6651	1.8856	2.1329	2.4098	2.7196	3.0658	3.4523
14	1.1495	1.3195	1.5126	1.7317	1.9799	2.2609	2.5785	2.9372	3.3417	3.7975
15	1.1610	1.3459	1.5580	1.8009	2.0789	2.3966	2.7590	3.1722	3.6425	4.1772
16	1.1726	1.3728	1.6047	1.8730	2.1829	2.5404	2.9522	3.4259	3.9703	4.5950
17	1.1843	1.4002	1.6228	1.9479	2.2920	2.6928	3.1588	3.7000	4.3276	5.0545
18	1.1961	1.4282	1.7024	2.0258	2.4066	2.8543	3.3799	3.9960	4.7171	5.5599
19	1.2081	1.4568	1.7535	2.1068	2.5270	3.0256	3.6165	4.3157	5.1417	6.1159
20	1.2202	1.4859	1.8061	2.1911	2.6533	3.2071	3.8697	4.6610	5.6044	6.7275
21	1.2324	1.5157	1.8603	2.2788	2.7860	3.3996	4.1406	5.0338	6.1088	7.4002
22	1.2447	1.5460	1.9161	2.3699	2.9253	3.6035	4.4304	5.4365	6.6586	8.1403
23	1.2572	1.5769	1.9736	2.4647	3.0715	3.8197	4.7405	5.8715	7.2579	8.2543
24	1.2697	1.6084	2.0328	2.5633	3.2251	4.0489	5.0724	6.3412	7.9111	9.8497
25	1.2824	1.6406	2.0938	2.6658	3.3864	4.2919	5.4274	6.8485	8.6231	10.835
26	1.2953	1.6734	2.1566	2.7725	3.5557	4.5494	5.8076	7.3964	9.3992	11.918
27	1.3082	1.7069	2.2213	2.8834	3.7335	4.8823	6.2139	7.9881	10.245	13.110
28	1.3213	1.7410	2.2879	2.9987	3.9201	5.1117	6.6488	8.6271	11.167	14.421
29	1.3345	1.7758	2.3566	3.1187	4.1161	5.4184	7.1143	9.3173	12.172	15.863
30	1.3478	1.8114	2.4273	3.2434	4.3219	5.7435	7.6123	10.063	13.268	17.449
40	1.4889	2.2080	3.2620	4.8010	7.0400	10.286	14.794	21.725	31.408	45.259
50	1.6446	2.6916	4.3839	7.1067	11.467	18.420	29.457	46.902	74.358	117.39
60	1.8167	3.2810	5.8916	10.520	18.679	32.988	57.946	101.26	176.03	304.48

期数	12%	14%	15%	16%	18%	20%	24%	28%	32%	36%
1	1.1200	1.1400	1.1500	1.1600	1.1800	1.2000	1.2400	1.2800	1.3200	1.3600
2	1.2544	1.2996	1.3225	1.3456	1.3924	1.4400	1.5376	1.6384	1.7424	1.8496
3	1.4049	1.4815	1.5209	1.5609	1.6430	1.7280	1.9066	2.0872	2.3000	2.5155
4	1.5735	1.6890	1.7490	1.8106	1.9388	2.0736	2.3642	2.6844	3.0360	3.4210
5	1.7623	1.9254	2.0114	2.1003	2.2878	2.4883	2.9316	3.4360	4.0075	4.6526
6	1.9738	2.1950	2.3131	2.4364	2.6996	2.9860	3.6352	4.3980	5.2899	6.3275
7	2.2107	2.5023	2.6600	2.8262	3.1855	3.5832	4.5077	5.6295	6.9826	8.6054
8	2.4760	2.8526	3.0590	3.2784	3.7589	4.2998	5.5895	7.2508	9.2170	11.703
9	2.7731	3.2519	3.5179	3.8030	4.4355	5.1598	6.9310	9.2234	12.166	15.917
10	3.1058	3.7072	4.0456	4.4114	5.2338	6.1917	8.5944	11.806	16.060	21.647
11	3.4785	4.2262	4.6524	5.1173	6.1759	7.4301	10.657	15.112	21.119	29.439
12	3.8960	4.8179	5.3503	5.9360	7.2876	8.9161	13.215	19.343	27.983	40.037
13	4.3635	5.4924	6.1528	6.8858	8.5994	10.699	16.386	24.759	36.937	54.451
14	4.8871	6.2613	7.0757	7.9875	10.147	12.839	20.319	31.691	48.757	74.053
15	5.4736	7.1379	8.1371	9.2655	11.974	15.407	25.196	40.565	64.359	100.71
16	6.1304	8.1372	9.3576	10.748	14.129	18.488	31.243	51.923	84.954	136.97
17	6.8660	9.2765	10.761	12.468	16.672	22.186	38.741	66.461	112.14	186.28
18	7.6900	10.575	12.375	14.463	19.673	26.623	48.039	86.071	148.02	253.34
19	8.6128	12.056	14.232	16.777	23.214	31.948	59.568	108.89	195.39	344.54
20	9.6463	13.743	16.367	19.461	27.393	38.338	73.864	139.38	257.92	468.57
21	10.804	15.668	18.822	22.574	32.324	46.005	91.592	178.41	340.45	637.26
22	12.100	17.861	21.645	26.186	38.142	55.206	113.57	228.36	449.39	866.67
23	13.552	20.362	24.891	30.376	45.008	66.247	140.83	292.30	593.20	1178.7
24	15.179	23.212	28.625	35.236	53.109	79.497	174.63	374.14	783.02	1603.0
25	17.000	26.462	32.919	40.874	62.669	95.396	216.54	478.90	1033.6	2180.1
26	19.040	30.167	37.857	47.414	73.949	114.48	268.51	613.00	1364.3	2964.9
27	21.325	34.390	43.535	55.000	87.260	137.37	332.95	784.64	1800.9	4032.3
28	23.884	39.204	50.066	63.800	102.97	164.84	412.86	1004.3	2377.2	5483.9
29	26.750	44.693	57.575	74.009	121.50	197.81	511.95	1285.6	3137.9	7458.1
30	29.960	50.950	66.212	85.850	143.37	237.38	634.82	1645.5	4142.1	10143
40	93.051	188.83	267.86	378.72	750.38	1469.8	5455.9	19427	66521	*
50	289.00	700.23	1083.7	1670.7	3927.4	9100.4	46890	*	*	*
60	897.60	2595.9	4384.0	7370.2	20555	56348	*	*	*	*
	*>99999									

附录 2 复利现值系数表

期数	1%	2%	3%	4%	5%	6%	7%	8%	9%	10%
1	.9901	.9804	.9709	.9615	.9524	.9434	.9346	.9259	.9174	.9091
2	.9803	.9712	.9426	.9246	.9070	.8900	.8734	.857	.8417	.8264
3	.9706	.9423	.9151	.8890	.8638	.8396	.8163	.7938	.7722	.7513
4	.9610	.9238	.8885	.8548	.8227	.7921	.7629	.7350	.7084	.6830
5	.9515	.9057	.8626	.8219	.7835	.7473	.7130	.6806	.6499	.6209
6	.9420	.8880	.8375	.7903	.7462	.7050	.6663	.6302	.5963	.5645
7	.9327	.8606	.8131	.7599	.7107	.6651	.6227	.5835	.5470	.5132
8	.9235	.8535	.7874	.7307	.6768	.6274	.5820	.5403	.5019	.4665
9	.9143	.8366	.7664	.7026	.6446	.5919	5439	.5002	.4604	.4241
10	.9053	.8203	.7441	.6756	.6139	.5584	.5083	.4632	.4224	.3855
1	.8963	.8043	7224	.6496	.5847	.5268	.4751	.4289	.3875	.3505
12	.8874	.7885	.7014	.6246	.5568	.4970	.4440	3971	.3555	.3186
13	.8787	.7730	.6810	.6006	.5303	.4688	.4150	.3677	.3262	.2897
14	.8700	.7579	.6611	.5775	.5051	.4423	.3878	.3405	.2992	.2633
15	.8613	.7430	.6419	.5553	.4810	.4173	.3624	.3152	.2745	.2394
16	.8528	.7284	.6232	.5339	.4581	.3936	.3387	.2919	.2519	.2176
17	.8444	.7142	.6050	.5134	.4363	.3714	.3166	.2703	.2311	.1978
18	.8360	.7002	.5874	.4936	.4155	.3503	.2959	.2502	.2120	.1799
19	.8277	.6864	.5703	.4746	.3957	.3305	.2765	.2317	.1945	.1635
20	.8195	.6730	.5537	.4564	.3769	.3118	.2584	.2145	.1784	.1486
21	.8114	.6598	.5375	.4388	.3589	.2942	.2415	.1987	.1637	.1351
22	.8034	.6468	.5219	.4220	.3418	.2775	.2257	.1839	.1502	.1228
23	.7954	.6342	.5067	4057	.3256	.2618	.2109	.1703	.1378	.1117
24	.7876	.6217	.4919	.3901	.3101	.2470	.1971	.1577	.1264	.1015
25	.7798	.6095	.4776	.3751	.2953	.2330	.1842	.1460	.1160	.0923
26	.7720	.5976	.4637	.3604	.2812	.2198	.1722	.1352	.1064	.0839
27	.7644	.5859	.4502	.3468	.2678	.2074	.1609	.1252	.0976	.0763
28	.7568	.5744	.4371	.3335	.2551	.1956	.1504	.1159	.0895	.0693
29	.7493	.5631	.4243	.3207	.2429	.1846	.1406	.1073	.0822	.0630
30	.7419	.5521	.4120	.3083	.2314	.1741	.1314	.0994	.0754	.0573
35	.7059	.5000	.3554	.2534	.1813	.1301	.0937	.0676	.0490	.0356
40	.6717	.4529	.3066	.2083	.1420	.0972	.0668	.0460	.0318	.0221
45	.6391	.4102	.2644	.1712	.1113	.0727	.0476	.0313	.0207	.0137
50	.6080	.3715	.2281	.1407	.0872	.0543	.0339	.0213	.0134	.0085
55	.5785	.3365	.1968	.1157	.0683	.0406	.0242	.0145	.0087	.0053

期数	12%	14%	15%	16%	18%	20%	24%	28%	32%	36%
1	.8929	.8772	.8696	.8621	.8475	.8333	.8065	.7813	.7576	.7353
2	.7972	.7695	.7561	.7432	.7182	.6944	.6504	.6104	.5739	.5407
3	.7118	.6750	.6575	.6407	.6086	.5787	.5245	.4768	.4348	.3975
4	.6355	.5921	.5718	.5523	.5158	.4823	.4230	.3725	.3294	.2923
5	.5674	.5194	.4972	.4762	.4371	.4019	.3411	.2910	.2495	.2149
6	.5066	.4556	.4323	.4104	.3704	.3349	.2751	.2274	.1890	.1580
7	.4523	.3996	.3759	.3538	.3139	.2791	.2218	.1776	.1432	.1162
8	.4039	.3506	.3269	.3050	.2660	.2326	.1789	.1388	.1085	.0854
9	.3606	.3075	.2843	.2630	.2255	.1938	.1443	.1084	.0822	.0628
10	.3220	.2697	.2472	.2267	.1911	.1615	.1164	.0847	.0623	.0462
11	.2875	.2366	.2149	.1954	.1619	.1346	.0938	.0662	.0472	.0340
12	.2567	.2076	.1869	.1685	.1373	.1122	.0757	.0517	.0357	.0250
13	.2292	.1821	.1625	.1452	.1163	.0935	.0610	.0404	.0271	.0184
14	.2046	.1597	.1413	.1252	.0985	.0779	.0492	.0316	.0205	.0135
15	.1827	.1401	.1229	.1079	.0835	.0649	.0397	.0247	.0155	.0099
16	.1631	.1229	.1069	.0980	.0709	.0541	.0320	.0193	.0118	.0073
17	.1456	.1078	.0929	.0802	.0600	.0451	.0259	.0150	.0089	.0054
18	.1300	.0946	.0808	.0691	.0508	.0376	.0208	.0118	.0068	.0039
19	.1161	.0829	.0703	.0596	.0431	.0313	.0168	.0092	.0051	.0029
20	.1037	.0728	.0611	.0514	.0365	.0261	.0135	.0072	.0039	.0021
21	.0926	.0638	.0531	.0443	.0309	.0217	.0109	.0056	.0029	.0016
22	.0826	.0560	.0462	.0382	.0262	.0181	.0088	.0044	.0022	.0012
23	.0738	.0491	.0402	.0329	.0222	.0151	.0071	.0034	.0017	.0008
24	.0659	.0431	.0349	.0284	.0188	.0126	.0057	.0027	.0013	.0006
25	.0588	.0378	.0304	.0245	.0160	.0105	.0046	.0021	.0010	.0005
26	.0525	.0331	.0264	.0211	.0135	.0087	.0037	.0016	.0007	.0003
27	.0469	.0291	,0230	.0182	.0115	.0073	.0030	.0013	.0006	.0002
28	.0419	.0255	.0200	.0157	.0097	.0061	0024	.0010	.0004	.0002
29	.0374	.0224	.0174	.0135	.0082	.0051	.0020	.0008	.0003	.0001
30	.0334	.0196	.0151	.0116	.0070	.0042	.0016	.0006	.0002	.0001
35	.0189	.0102	.0075	.0055	.0030	.0017	.0005	.0002	.0001	*
40	.0107	.0053	.0037	.0026	.0013	.0007	.0002	.0001	*	*
45	.0061	.0027	.0019	.0013	.0006	.0003	.0001	*	*	*
50	.0035	.0014	.0009	.0006	.0003	.0001	*	*	*	*
55	.0020	.0007	.0005	.0003	.0001	*	*	*	*	*
	*<.0001									

附录3　年金终值系数表

期数	1%	2%	3%	4%	5%	6%	7%	8%	9%	10%
1	1.0000	1.0000	1.0000	1.0000	1.0000	1.0000	1.0000	1.00000	1.0000	1.0000
2	2.0100	2.0200	2.0300	2.0400	2.0500	2.0600	2.0700	2.0800	2.0900	2.1000
3	3.0301	3.0604	3.0909	3.1216	3.1525	3.1836	2.2149	3.2464	3.2781	3.3100
4	4.0604	4.1216	4.1836	4.2465	4.3101	4.3746	4.4399	4.5061	4.5731	4.6410
5	5.1010	5.2040	5.3091	5.4163	5.5256	5.6371	5.7507	5.8666	5.9847	6.1051
6	6.1520	6.3081	6.4684	6.6330	6.8019	6.9753	7.1533	7.3359	7.5233	7.7156
7	7.2135	7.4343	7.6625	7.8983	8.1420	8.3938	8.6540	8.9228	9.2004	9.4872
8	8.2857	8.5830	8.8923	9.2142	9.5491	9.8975	10.260	10.637	11.028	11.436
9	9.3685	9.7546	10.159	10.583	11.027	11.491	11.978	12.488	13.021	13.579
10	10.462	10.950	11.464	12.006	12.578	13.181	13.816	14.487	15.193	15.937
11	11.567	12.169	12.808	13.486	14.207	14.972	15.784	16.645	17.560	18.531
12	12.683	13.412	14.192	15.026	15.917	16.870	17.888	18.977	20.141	21.384
13	13.809	14.680	15.618	15.627	17.713	18.882	20.141	21.495	22.953	24.523
14	14.947	15.974	17.086	18.292	19.599	21.015	22.550	24.214	26.019	27.975
15	16.097	17.293	18.599	20.024	21.579	23.276	25.129	27.152	29.361	31.772
16	17.258	18.639	20.157	21.825	23.657	25.673	27.888	30.324	33.003	35.950
17	18.430	20.012	21.762	23.698	25.840	28.213	30.840	33.750	36.974	40.545
18	19.615	21.412	23.414	25.645	28.132	30.906	33.999	37.450	41.301	45.599
19	20.811	22.841	25.117	27.671	30.539	33.760	37.379	41.446	46.018	51.159
20	22.019	24.297	26.870	29.778	33.066	36.786	40.995	45.752	51.160	57.275
21	23.239	25.783	28.676	31.969	35.719	39.993	44.865	50.423	56.765	64.002
22	24.472	27.299	30.537	34.248	38.505	43.392	49.006	55.457	62.873	71.403
23	25.716	28.845	32.453	36.618	41.430	46.996	53.436	60.883	69.532	79.543
24	26.973	30.422	34.426	39.083	44.502	50.816	58.177	66.765	76.790	88.497
25	28.243	32.030	36.459	41.646	47.727	54.863	63.294	73.106	84.701	98.347
26	29.526	33.671	38.553	44.312	51.113	59.156	68.676	79.954	93.324	109.18
27	30.821	35.344	40.710	47.084	54.669	63.706	74.484	87.351	102.72	121.10
28	32.129	37.051	42.931	49.968	58.403	68.528	80.698	95.339	112.97	134.21
29	33.450	38.792	45.219	52.966	62.323	73.640	87.347	103.97	124.14	148.63
30	34.785	40.568	47.575	56.085	66.439	79.058	94.461	113.28	136.31	164.49
40	48.886	60.402	75.401	95.026	120.80	154.76	199.64	259.06	337.88	442.59
50	64.463	84.579	112.80	152.67	209.35	290.34	406.53	573.77	815.08	1163.9
60	81.670	114.05	163.05	237.99	353.58	533.13	813.52	1253.2	1944.8	3034.8

期数	12%	14%	15%	16%	18%	20%	24%	28%	32%	36%
1	1.0000	1.0000	1.0000	1.0000	1.0000	1.0000	1.0000	1.0000	1.0000	1.0000
2	2.1200	2.1400	2.1500	2.1600	2.1800	2.2000	2.2400	2.2800	2.3200	2.3600
3	3.3744	3.4396	3.4725	3.5056	3.5724	3.6400	3.7776	3.9184	3.0624	3.2096
4	4.7793	4.9211	4.9934	5.0665	5.2154	5.3680	5.6842	6.0156	6.3624	6.7251
5	6.3528	6.6101	6.7424	6.8771	7.1542	7.4416	8.0484	8.6999	9.3983	10.146
6	8.1152	8.5355	8.7537	8.9775	9.4420	9.9299	10.980	12.136	13.406	14.799
7	10.089	10.730	11.067	11.414	12.142	12.916	14.615	16.534	18.696	21.126
8	12.300	13.233	13.727	14.240	15.327	16.499	19.123	22.163	25.678	29.732
9	14.776	16.085	16.786	17.519	19.086	20.799	24.712	29.369	34.895	41.435
10	17.549	19.337	20.304	21.321	23.521	25.959	31.643	38.593	47.062	57.352
11	20.655	23.045	24.349	25.733	28.755	32.150	40.238	50.398	63.122	78.998
12	24.133	27.271	29.002	30.850	34.931	39.581	50.895	65.510	84.320	108.44
13	28.029	32.089	34.352	36.786	42.219	48.497	64.110	84.853	112.30	148.47
14	32.393	37.581	40.505	43.672	50.818	59.196	80.496	109.61	149.24	202.93
15	37.280	43.842	47.580	51.660	60.965	72.035	100.82	141.30	198.00	276.98
16	42.753	50.980	55.717	60.925	72.939	87.442	126.01	181.87	262.36	377.69
17	48.884	59.118	65.075	71.673	87.068	105.93	157.25	233.79	247.31	514.66
18	55.750	68.394	75.836	84.141	103.74	128.12	195.99	300.25	459.45	770.94
19	63.440	78.969	88.212	98.603	123.41	154.74	244.03	385.32	607.47	954.28
20	72.052	91.025	102.44	115.38	146.63	186.69	303.60	494.21	802.86	1298.8
21	81.699	104.77	118.81	134.84	174.02	255.03	377.46	633.59	1060.8	1767.4
22	92.503	120.44	137.63	157.41	206.34	271.03	469.06	812.00	1401.2	2404.7
23	104.60	138.30	159.28	183.60	244.49	326.24	582.63	1040.4	1850.6	3271.3
24	118.16	185.66	184.17	213.98	289.49	392.48	723.46	1332.7	2443.8	4450.0
25	133.33	181.87	212.79	249.21	342.60	471.98	898.09	1706.8	3226.8	6053.0
26	150.33	208.33	245.71	290.09	405.27	567.38	1114.6	2185.7	4260.4	8233.1
27	169.37	238.50	283.57	337.50	479.22	681.85	1383.1	2798.7	5624.8	11198.0
28	190.70	272.89	327.10	392.50	566.48	819.22	1716.1	3583.3	7425.7	15230.3
29	214.58	312.09	377.17	456.30	669.45	984.07	2129.0	4587.7	9802.9	20714.2
30	241.33	356.79	434.75	530.31	790.95	1181.9	2640.9	5873.2	12941.	28172.3
40	767.09	1342.0	1779.1	2360.8	4163.2	7343.2	2.729	69377.	*	*
50	2400.0	4994.5	7217.7	10436.	21813.	45497.	*	*	*	*
60	7471.6	18535.	29220.	46058.	*	*	*	*	*	
	*>9999									

附录4　年金现值系数表

期数	1%	2%	3%	4%	5%	6%	7%	8%	9%
1	0.9901	0.9804	0.9709	0.9615	0.9524	0.9434	0.9346	0.9259	0.9174
2	1.9704	1.9416	1.9135	1.8861	1.8594	1.8334	1.8080	1.7833	1.7591
3	2.9410	2.8839	2.8286	2.7751	2.7232	2.6730	2.6243	2.5771	2.5313
4	3.9020	3.8077	3.7171	3.6299	3.5460	3.4651	3.3872	3.3121	3.2397
5	4.8534	4.7135	4.5797	4.4518	4.3295	4.2124	4.1002	3.9927	3.8897
6	5.7955	5.6014	5.4172	5.2421	5.0757	4.9173	4.7665	4.6229	4.4859
7	6.7282	6.4720	6.2303	6.0021	5.7864	5.5824	5.3893	5.2064	5.0330
8	7.6517	7.3255	7.0197	6.7327	6.4632	6.2098	5.9713	5.7466	5.5348
9	8.5660	8.1622	7.7861	7.4353	7.1078	6.8017	6.5152	6.2469	5.9952
10	9.4713	8.9826	8.5302	8.1109	7.7217	7.3601	7.0236	6.7101	6.4177
11	10.3676	9.7868	9.2526	8.7605	8.3064	7.8869	7.4987	7.1390	6.8052
12	11.2551	10.5753	9.9540	9.3851	8.8633	8.3838	7.9427	7.5361	7.1607
13	12.1337	11.3484	10.6350	9.9856	9.3936	8.8527	8.3577	7.9038	7.4869
14	13.0037	12.1062	11.2961	10.5631	9.8986	9.2950	8.7455	8.2442	7.7862
15	13.8651	12.8493	11.9379	11.1184	10.3797	9.7122	9.1079	8.5595	8.0607
16	14.7179	13.5777	12.5611	11.6523	10.8378	10.1059	9.4466	8.8514	8.3126
17	15.5623	14.2919	13.1661	12.1657	11.2741	10.4773	9.7632	9.1216	8.5436
18	16.3983	14.9920	13.7535	12.6896	11.6896	10.8276	10.0591	9.3719	8.7556
19	17.2260	15.6785	14.3238	13.1339	12.0853	11.1581	10.3356	9.6036	8.9601
20	18.0456	16.3514	14.8775	13.5903	12.4622	11.4699	10.5940	9.8181	9.1285
21	18.8570	17.0112	15.4150	14.0292	12.8212	11.7641	10.8355	10.0168	9.2922
22	19.6604	17.6580	15.9369	14.4511	13.4886	12.3034	11.0612	10.2007	9.4424
23	20.4558	18.2922	16.4436	14.8568	13.4886	12.3034	11.2722	10.3711	9.5802
24	21.2434	18.9139	16.9355	15.2470	13.7986	12.5504	11.4693	10.5288	9.7066
25	22.0232	19.5235	17.4131	15.6221	14.0939	12.7834	11.6536	10.6748	9.8226
26	22.7952	20.1210	17.8768	15.9828	14.3752	13.0032	11.8258	10.8100	9.9290
27	23.5596	20.7059	18.3270	16.3296	14.6430	13.2105	11.9867	10.9352	10.0266
28	24.3104	21.2813	18.7641	16.6631	14.8981	13.4062	12.1371	11.0511	10.1161
29	25.0658	21.8444	19.1885	16.9837	15.1411	13.5907	12.2777	11.1584	10.1983
30	25.8077	22.3965	19.6004	17.2920	15.3725	13.7648	12.4090	11.2578	10.2737
35	29.4086	24.9986	21.4872	18.6646	16.3742	14.4982	12.9477	11.6546	10.5668
40	32.8347	27.3555	23.1148	19.7928	17.1591	15.0463	13.3317	11.9246	10.7574
45	36.0945	29.4902	24.5187	20.7200	17.7741	15.4558	13.6055	12.1084	10.8812
50	39.1961	31.4236	25.7298	21.4822	18.2559	15.7619	13.8007	12.2335	10.9617
55	42.1472	33.1748	26.7744	22.1086	18.6335	15.9905	13.9399	12.3186	11.0140

期数	10%	12%	14%	15%	16%	18%	20%	24%	28%	32%
1	0.9091	0.8929	0.8772	0.8696	0.8621	0.8475	0.8333	0.8065	0.7813	0.7576
2	1.7355	1.6901	1.6467	1.6257	1.6052	1.5656	1.5278	1.4568	1.3916	1.3315
3	2.4869	2.4018	2.3216	2.2832	2.2459	2.1743	2.1065	1.9813	1.8684	1.7663
4	3.1699	3.0373	2.9173	2.8550	2.7982	2.6901	2.5887	2.4043	2.2410	2.0957
5	3.7908	3.6048	3.4331	3.3522	3.2743	3.1272	2.9906	2.7454	2.5320	2.3452
6	4.3553	4.1114	3.8887	3.7845	3.6847	3.4976	3.3255	3.0205	2.7594	2.5342
7	4.8684	4.5638	4.2882	4.1604	4.0386	3.8115	3.6046	3.2423	2.9370	2.6775
8	5.3349	4.9676	4.6389	4.4873	4.3436	4.0776	3.8372	3.4212	3.0758	2.7860
9	5.7590	5.3282	4.9164	4.7716	4.6065	4.3030	4.0310	3.5655	3.1842	2.8681
10	6.1446	5.6502	5.2161	5.0188	4.8332	4.4941	4.1925	3.6819	3.2689	2.9304
11	6.4951	5.9377	5.4527	5.2337	5.0286	4.6560	4.3271	3.7757	3.3351	2.9776
12	6.8137	6.1944	5.6603	5.4206	5.1971	4.7932	4.4392	3.8514	3.3868	3.0133
13	7.1034	6.4235	5.8424	5.5831	5.3423	4.9095	4.5327	3.9124	3.4272	3.0404
14	7.3667	6.6282	6.0021	5.7245	5.4675	5.0081	4.6106	3.9616	3.4587	3.0609
15	7.6061	6.8109	6.1422	5.8474	5.5755	5.0916	4.6755	4.0013	3.4834	3.0764
16	7.8237	6.9740	6.2651	5.9542	5.6685	5.1624	4.7296	4.0333	3.5026	3.0882
17	8.0216	7.1196	6.3729	6.0472	5.7487	5.2223	4.7746	4.0591	3.5177	3.0971
18	8.2014	7.2497	6.4674	6.1280	5.8178	5.2732	4.8122	4.0799	3.5294	3.1039
19	8.3649	7.3658	6.5504	6.1982	5.8775	5.3162	4.8435	4.0967	3.5386	3.1090
20	8.5136	7.4694	6.6231	6.2593	5.9288	5.3527	4.8696	4.1103	3.5458	3.1129
21	8.6487	7.5620	6.6870	6.3125	5.9731	5.3837	4.8913	4.1212	3.5514	3.1158
22	8.7715	7.6446	6.7429	6.3587	6.0113	5.4099	4.9094	4.1300	3.5558	3.1180
23	8.8832	7.7184	6.7921	6.3988	6.0442	5.4321	4.9245	4.1371	3.5592	3.1197
24	8.9847	7.7843	6.8351	6.4338	6.0726	5.4509	4.9371	4.1428	3.5619	3.1210
25	9.0770	7.8431	6.8729	6.4641	6.0971	5.4669	4.9476	4.1474	3.5640	3.1220
26	9.1609	7.8957	6.9061	6.4906	6.1182	5.4804	4.9563	4.1511	3.5656	3.1227
27	9.2372	7.9426	6.9352	6.5135	6.1364	5.4919	4.9636	4.1542	3.5669	3.1233
28	9.3066	7.9844	6.9607	6.5335	6.1520	5.5016	4.9697	4.1566	3.5679	3.1237
29	9.3696	8.0218	6.9830	6.5509	6.1656	5.5098	4.9747	4.1585	3.5687	3.1240
30	9.4269	8.0552	7.0027	6.5660	6.1772	5.5168	4.9789	4.1601	3.5693	3.1242
35	9.6442	8.1755	7.0700	6.6166	6.2153	5.5386	4.9915	1.1644	3.5708	3.1248
40	9.7791	8.2438	7.1050	6.6418	6.2335	5.5482	4.9966	4.1659	3.5712	3.1250
45	9.8628	8.2825	7.1232	6.6543	6.2421	5.5523	4.9986	4.1664	3.5714	3.1250
50	9.9148	8.3045	7.1327	6.6605	6.2463	5.5541	4.9995	4.1666	3.5714	3.1250
55	9.9471	8.3170	7.1376	6.6636	6.2482	5.5549	4.9998	4.1666	3.5714	3.1250

参考文献

[1] 斯蒂芬 A. 罗斯，罗德尔福 W. 威斯特菲尔德，杰弗利 F. 杰富. 公司理财[M]. 11 版. 吴世农，沈艺峰，王志强，等译. 5 版. 北京：机械工业出版社，2017.
[2] 王化成. 财务管理[M]. 4 版. 北京：中国人民大学出版社，2013.
[3] 陈炳辉，单惟婷. 企业财务管理学[M]. 北京：中国金融出版社，2004.
[4] 陈余有，张传明. 财务管理[M]. 3 版. 北京：中国财政经济出版社，2010.
[5] 李竟成. 财务管理学[M]. 北京：北京大学出版社，2016.
[6] 李清华. 财务管理[M]. 北京：经济科学出版社，2003.
[7] 陈国欣. 财务管理[M]. 天津：南开大学出版社，2004.
[8] 吕长江，王克敏，韩慧博，等. 财务管理学[M]. 天津：南开大学出版社，2004.
[9] 郭复初，王庆成. 财务管理学. [M]. 3 版. 北京：高等教育出版社，2009.
[10] 财政部会计资格评价中心. 财务管理[M]. 北京：中国财政经济出版社，2013.
[11] 王庆成. 财务管理学[M]. 北京：中国人民大学出版社，2004.
[12] 林秀香. 企业财务管理[M]. 北京：中国财政经济出版社，2004.
[13] 胡元木. 财务管理学基础[M]. 北京：经济科学出版社，2004.
[14] 刘淑莲. 财务管理[M]. 3 版. 大连：东北财经大学出版社，2013.
[15] 荆新，王化成，刘俊彦. 财务管理学[M]. 8 版. 北京：中国人民大学出版社，2018.
[16] 王欣兰. 财务管理学[M]. 北京：清华大学出版社，2005.
[17] 孙茂竹，范歆. 财务管理学[M]. 3 版. 北京：中国人民大学出版社，2012.
[18] 中国注册会计师协会. 财务成本管理 CPA[M]. 北京：中国财经出版传媒集团，中国经济出版社，2019.
[19] 张俊民. 财务分析[M]. 上海：复旦大学出版社，2006.
[20] 丁元霖. 财务管理[M]. 3 版. 上海：立信会计出版社，2012.
[21] 张超英，王东升，马葵. 企业财务分析[M]. 北京：北京大学出版社，2006.
[22] 李淑平. 中级财务管理学[M]. 3 版. 武汉：武汉理工大学出版社，2013.
[23] 朱开悉. 财务管理学[M]. 长沙：中南大学出版社，2004.
[24] 张忠寿. 现代企业财务管理学[M]. 上海：立信会计出版社，2005.
[25] 王遐昌，印浩. 财务管理学：理论与实务[M]. 上海：立信会计出版社，2008.